本书为国家社会科学基金重大项目“清末民国社会调查数据库建设”（15&ZDB041）阶段性研究成果。

现代社会调查在中国的兴起 1897—1937

The Rise of the Modern Social Investigation in China: 1897—1937

李章鹏 著

· 北京 ·

图书在版编目（CIP）数据

现代社会调查在中国的兴起： 1897—1937 / 李章鹏著. -- 北京 : 西苑出版社, 2020.12（2021.10 重印）
ISBN 978-7-5151-0764-6

Ⅰ. ①现… Ⅱ. ①李… Ⅲ. ①社会调查－历史－研究－中国－1897-1937 Ⅳ. ①D693.79

中国版本图书馆CIP数据核字（2020）第185649号

现代社会调查在中国的兴起：1897—1937

XIANDAI SHEHUI DIAOCHA ZAI ZHONGGUO DE XINGQI：1897—1937

策 划 人	赵 晖
责任编辑	辛小雪 苏泓睿
装帧设计	朱晓瑜 黄 尧
责任印制	陈爱华
出版发行	西苑出版社 XIYUAN PUBLISHING HOUSE
地 址	北京市朝阳区和平街11区37号楼 邮政编码：100013
电 话	010-88636419
印 刷	三河市嘉科万达彩色印刷有限公司
开 本	710mm×1000mm 1/16
字 数	435千字
印 张	27
版 次	2021年2月第1版
印 次	2021年10月第2次印刷
书 号	ISBN 978-7-5151-0764-6
定 价	79.80元

序言

现代社会调查在中国兴起史的整体考察

晚清民国时期，有一个重要的社会和学术文化现象，即现代社会调查得以在中国兴起并实现最初发展。对于这一重要的历史现象，学术界长期关注并有过多方面、多学科的涉猎与探讨，但迄今为止，尚缺乏建立在全面、扎实史料基础上的综合性整体把握和贯通深入的史学研究。最近，李章鹏终于完成了学术突破，推出他打磨十余年的《现代社会调查在中国的兴起：1897—1937》一书，很是令人欣慰。

无论是古代的中国还是西方，都曾产生并长期存在调查事实和调查现象。在西方社会向近代转进的过程中，调查观念、技术方法和理论建构等方面，都先行经历了深刻的发展变化，传统调查逐渐演变成现代调查。政府部门因现代行政和社会问题频发、亟谋解决之道，民间社会团体和个人出于了解社会、改造社会的目的，高校、科研机关和学者们为了研究社会和学术发展的需要，均开展了大量相关的社会调查。这些调查，不仅切实增进了人们对社会的了解和认知，影响了社会变革与改造，也推动了相关学科的成长，特别是新兴社会科学的诞生。因为现代社会调查在西方兴起的时期，也正是社会科学的各门学科先后独立、渐成“科学”的时期，不少社会学科的崛起，都同社会调查紧密关联。实际上，社会调查不仅推动了社会科学的最初成长，后者反过来也促进了社会调查的发展，两者可谓相辅相成。

现代社会调查在中国肇兴于晚清，活跃于民国，深受西方和日本的影响和启发，也是近代中国社会发展和学术文化演进的历史产物。在今天看来，研究现代社会调查在近代中国兴起和最初发展的历史，至少具有以下几个层面的学术意义。

其一，清末民国社会调查所留存下来的调查资料、报告，是一种具有现代学术意义的特殊史料（其中，许多是包含问题意识的历史数据），对于研究中国近现代史自有其特殊的重要性。而这些调查所属学科和所涉领域，调查主体的社会和学术背景以及调查目的均不尽一致，学术水平也参差不齐。要想有效利用这些调查资料进行历史研究，有必要先对其进行整体分辨和甄别。这就决定了对清末民国社会调查进行系统、整体的研究，了解其中所蕴含的问题意识很是必要。

其二，清末民国的社会调查是许多新兴学科史的重要组成部分，整体研究这一时期的社会调查，具有重要的学科史价值。在这方面，社会学、经济学、宗教学、人类学、民族学、民俗学、心理学等学科史的研究，已较为关注此类调查，还有一些学科史（如教育学史等），则仍没有引起足够重视。阅读近代中国不断涌现的大量社会调查，不难发现其包括的范围十分广泛，像流行病学、地方病调查属于医学范畴，其与地方社会状况和人群的医疗健康卫生状况密切相连，在西方，流行病学调查被认为有效地推动了近现代社会调查的发展，而在中国，这方面的调查史还缺乏深入扎实的考量；部分地质矿物调查与矿产、部分农学调查与农业紧密相连，大体可归入经济调查中，其意义也有待勘定。十二年前，笔者曾与夏明方教授共同主编《清末民国社会调查与现代社会科学兴起》一书（福建教育出版社 2008 年版），邀请一些学者就社会调查与近代中国新兴的人口学、经济学、民族学、教育学、民俗学、民商法学和边政学等的关系，进行过有益的探索，从中可以清晰而深刻地了解这一点。

其三，在近代中国，无论是政府机关、政党政派，还是社会团体、学术机构，往往强调社会调查是认识社会、寻求解决中国积贫积弱问题的必要前提，甚至宣称社会调查乃社会变革的有机组成部分。不管其社会实践结果如何，了解这些主体如何调查，其所秉持的理论、所得结论与调查数据之间的真实关系，多少也能为探究清末新政、国民政府的施政，以及相关社会改良或改造提供一种独特的视角或参照。

其四，现代社会调查方法自系统引入中国起，就开始面临中国化问题。民国时期，许多调查专家凭借丰富的调查经验，做出了有益的探索。有的专家甚至进行了系统的总结、提高，并已开始在某种程度上升华至“中国社会调查学”的自觉高度。这无疑是我们今天建设中国特色社会调查学的宝贵遗产。

在近代中国，社会调查方法作为调查专家自身实践经验的总结，往往与某一种型式的调查捆绑在一起。像李景汉的《实地社会调查方法》，就是其长期调查经验的结晶，而李氏一直从事的是布斯（Booth）式调查。整个清末民国时期，尤其是民国时期，分属不同学科、领域的各种型式的调查有很多。这些调查的方法若何、有何特点等，均值得加以深入细致的考察。严格来说，只有将清末民国各种型式调查的方法一一探究和总结，中国近代社会调查学的整图才能完成拼接。

现代社会调查在中国的兴起是非常复杂的历史现象。其调查主体之繁多，调查范围和内容之广泛，调查的方法和套路之多样，决定了其调查成果的庞杂无比。有关调查的数量，虽不能做出精确的统计，但可以肯定的是，其数量之大，超乎想象。据李章鹏统计，仅晚清期刊全文数据库和民国期刊全文数据库所刊载的1897—1937年间国人所从事的国内调查报告，就达到11413篇，发表于其他刊物、单独出版印行、收藏于各地各级档案馆和图书馆、未曾公开发表出版的调查成果定然更多，已经散佚的成果也一定不少。凡此，都决定了对清末民国的社会调查进行整体性研究的难度之大。

李章鹏是我的博士研究生。他进入中国人民大学清史研究所学习前，李文海先生任主编、夏明方和我任副主编的《民国时期社会调查丛编》已公开出版。为了推进相关研究，我与夏老师商定，让他以现代社会调查为主题展开博士学位论文写作，章鹏本人敢于迎难而上，欣然同意。博士毕业后，李章鹏一直关注学术界的有关动态，继续深化拓展相关专题的研究。目前的这部书，就是他在博士论文的基础上，又经过了十四年深化拓展研究的结晶。这些年来，他曾先后参与中国人民大学“985工程”校级攻关项目“清末民国社会调查与现代社会科学兴起”以及我主持的国家社会科学基金重大项目“清末民国社会调查数据库建设”（15&ZDB041）等多项研究，作出重要而切实的贡献，近期还在继续整理出版清末社会调查资料。

原始材料，是历史学研究的基础。清末民国调查报告及相关材料，是研究中国现代调查史最为主要的材料。李章鹏在撰写博士学位论文期间，就注重原始资料的搜集，除了借助一些工具书外，更是查阅了一百余种刊物和大量的单行本调查报告，并在此基础上，对调查报告的数量作出统计分析。在他博士毕业后，晚清期刊全文数据库、民国期刊全文数据库、大成老旧刊全文数据库等一系列数据库相继上线。这些数据库所收录的晚清民国期刊的数量要远远多于从前他所掌握的，这就对其原有的统计分析构成了挑战。为了将自己的分析建立在更为坚实的史料基础之上，李章鹏决定充分利用相关数据库所提供的便利，重新进行统计分析，于是不得不对博士论文反复修改。否定自己是困难的，正是在一次次否定自己的过程中，章鹏改进了相关研究，使自己的论述具有了较为坚实的史料基础。

《现代社会调查在中国的兴起：1897—1937》一书，是李章鹏依据丰富扎实的资料积累，经过十几年长期研究而完成的一部学术力作。该书力求在参照中国传统调查史和西方现代社会调查发展史的前提下，综合把握现代社会调查在中国兴起的过程，并在较为细致、全面地鉴别史料的基础上，对清末民国社会调查成果的地域、内容、时间上的分布等进行统计分析，从而较为客观地揭示了中国的现代社会调查从产生到初兴再到活跃的情形，并深入分析了这些调查与清末新政、相关学科建设以及社会实验之间的历史关联。

关于现代社会调查的兴起与相关学科中国化和社会改造之间的历史关系，本书以燕京大学社会学系和定县实验区（试验）为个案，加以专门透视。作者揭示了燕京大学社会学系的社会研究前后明显经历了从重“Booth式调查”到重“社区研究”的转变过程，并着重分析了社会调查与定县实验工作复杂而微妙的关系，进而指出李景汉等人的调查所存在的某种非客观性，读来启人深思。书中对清末现代人口调查的初兴情况、中国现代社会调查与统计（学）关系的认知等，也有独到认识和较为深入的剖析，其公开发表的有关成果，业已获得学术界一定程度的认可。

在中国，现代社会调查肇兴于清末，这个观点由李章鹏在学术界首次明确提出，目前已成为学界的共识。本书对这一观点又做了进一步的改进和深化，认定目前有明确资料证明国人最早的调查应为1871年黄宽对广州附近流行病的调查，但形成潮流的现代调查始兴于1897年起出现的物产（土产）调查，并强调物产调查也是国人所从事的最早一类社会调查。现代社会调查肇兴于清末观点的提出，推翻了社会学界曾普遍认同的中国现代调查开始于1914年左右北京社会实进会有关人力车夫调查的陈说，在一定程度上改写了中国现代社会调查史，从而将清末社会调查整体性地提到学界面前。

最初提倡在中国从事现代社会调查，是国人维护利权意识的一种投射，而清政府参与进来，则是因应新政改革的时代之需。清政府对调查的重视、提倡和各级调查、统计机构的建立，表现出清政府欲将新政改革这一建立近代国家的努力，筑基于系统、客观地了解、把握国家社会实情之上的意愿。前文笔者所谓深入研究清末社会调查，或可为观察清廷新政改革提供一种独特视角，正是准此以言。

整体性把握近代中国的社会调查，是本书的一大特色。无论是对清末民国社会调查的数量统计分析，还是对现代社会调查与现代统计学关系的探讨，无论是对清末的人口调查所做的考究，还是对燕京大学社会学系社会调查、定县实验（试验）区调查的研议，作者均自觉着眼于发掘清末民国社会调查兴起的整体表现及其主要特点，以及所涉主要方面的关系。这一点实难能可贵。近十余年来，学术界对清末民国社会调查做了大量的个案研究，但在较为详尽地搜集社会调查报告及相关资料的基础上，对中国近现代社会调查发展史进行整体性探究的，仍然难得一见。笔者相信，本书的出版，将整体性地推进中国现代社会调查史研究的广度和深度，对相关学科史的探究，也定有裨益。

不过学无止境，研究亦无止境，关于清末民国社会调查史的整体把握，还有许多面向值得继续探索。比如，在近代中国，国共两党均做了大量的社会调查，其调查主体的信仰，调查重点、方法、理念、实际操作等，均存在巨大差异，就同一事情的调查结论、解释及所提出的解决问题的思路、办法也多有不同，有时甚至针锋相对。关于两党的调查，实际可以分别做单独研究，亦可做比较研究。由于两党在近代中国特殊的历史地位，其有关调查如果能有专门透视，肯定会增加本书的分量。

在国人引进、从事社会调查的过程中，社会调查被赋予太多的功能和意义。诚如当时人所见及，在构建民族国家、促进经济、社会、学术发展进步的过程中，社会调查均曾扮演过重要角色。国人之所以赋予社会调查这么多的功能，实与社会调查被视为科学研究的一种基本方法分不开。然而，调查的水平以及客观反映现实社会的程度，实际上受多种因素的影响。就主观因素而言，调查者的学术素养、调查态度与能力，均制约具体调查成果的水准；一个学派、学科、党派中不同学术和社会背景人物的各自调查习惯、理论倾向，也会影响成果的最终呈现形式。甚至他们之间的矛盾、特殊心结或在科研机构的人事位置，都可能影响一门学科的发展样态。就社会调查本身而言，它在本质上属于对社会的一种经验性研究，无论是欧美，还是近代中国，社会调查与社会理论的建构都存在脱节现象，利奇、弗里德曼对社区研究派的批评和社区研究派对"社会调查"派的非议，均从不同侧面说明了这一点。

社会科学，既然被认为是以科学方法研究人类社会的各门学科及其总和，那么客观性、可检验性、普遍性和可证伪性，便自然成为其评价标准。《现代社会调查在中国的兴起：1897—1937》一书在不同部分，都讨论过相关调查的客观性问题，但究竟应以什么标准来评价清末民国社会调查的科学性，或者说清末民国社会调查的科学性究竟何在，其实仍是值得深入探究和反思的问题。

中国现代社会调查史的课题宏大、所涉学科众多，一个人的精力、学养毕竟有限，因此《现代社会调查在中国的兴起：1897—1937》一书存在不足甚至舛误之处，在所难免。希望该书的出版，能真正引起学界同仁的关注和讨论，以促使相关研究得以更趋完善。

黄兴涛

2020 年 12 月 30 日

目录

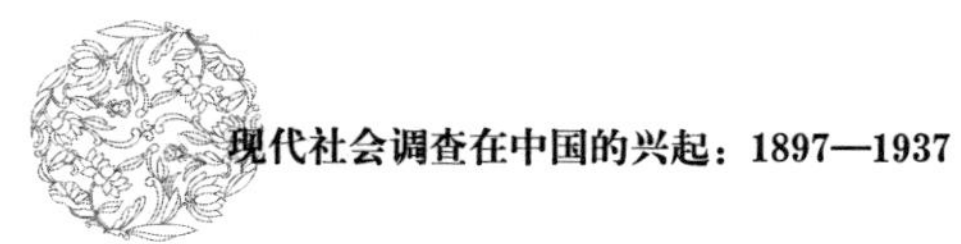

导　论

现代社会调查肇兴于清末，活跃于民国。在中国近代史上，从事社会调查的主体既有政治党派、政府机构、乡村改造团体，也有大中院校、科研单位、专门的调查机构，还有许许多多的个人。调查的内容十分广泛，涉及社会生活的方方面面。调查的方法和方式较为多样，西方新式调查法产生后，很快就传输到了中国。调查所涉学术领域也比较广泛，历史学、社会学、人类学、民俗学、经济学、统计学、宗教学、教育学、人口学、农学、法学、医学、地质学、矿学、心理学、家政学、测量学等都曾与社会调查发生过这样或那样的联系。把社会调查作为服务社会、改造社会的工具，视社会调查为学术研究的方法，在民国时期是比较普遍的现象。许多调查主体之所以从事社会调查，或者是出于认识社会，服务、改良社会的需要，或者是出于学术研究的目的，也可能是两者兼而有之。现代社会调查是个复杂的事物，它在中国的兴起是一个很有意义的学术和社会现象。因此，整体认知现代社会调查的兴起，对于了解近代学术的变革和社会的改良，具有双重的历史意义。

对现代社会调查进行全面的考察，不是一篇文章或一本书所能胜任。

本书打算从整体上考察现代社会调查在中国兴起的过程，理清其中一些重要问题，如中国的现代社会调查到底肇兴于何时？民国时期社会调查的活跃程度怎样？现代社会调查在兴起过程中与社会改良、相关学术发展的关系如何？等等。客观地讲，这些问题还是较为宽泛，但本书试图从一定的角度，或通过一些个案对之进行探讨。

第一节

现代社会调查概念的界定

本书论题成立的一个前提条件乃是社会调查可作现代、传统之分。那么，社会调查可以区分为现代的与传统的吗？

李景汉、张世文及《社会科学百科全书》（*Encyclopaedia of the Social Sciences*）的编者认为社会调查只是近代的产物。① 在他们看来，社会调查完完全全是现代的，因而也就无所谓现代的与传统的区别了。

与此不同的是，在另外一些人（如黄福燕、刘大钧等）的著作中，社会调查被区分为传统的和现代的，而且无论古今中外均有社会调查发生。稍有不同的是，刘育仁认为，欧美的社会调查有传统的和现代的之分，而中国的社会调查直到民初才发生。②

① 李景汉：《中国社会调查运动》，《社会学界》1927 年第 1 卷；李景汉：《实地社会调查方法》，北平：星云堂书店，1933 年，第 21—28 页；张世文：《农村社会调查方法》，上海：商务印书馆，1947 年，第 6—15 页；塞列根曼（Edwin R.A.Seligman）主编：《社会科学百科全书》第 8 卷，纽约：麦克米伦公司，1932 年，第 251—252 页；第 14 卷，纽约：麦克米伦公司，1934 年，第 162 页。

② 刘育仁：《第三章：社会调查的历史》，《中国社会调查运动》，燕京大学学士学位论文，1936 年。

如果仔细地分析一下上述几个例子，我们就会发现，判断社会调查有没有传统与现代之分往往取决于人们如何认识社会调查的内涵和外延。当对社会调查进行严格的区分时，很多人往往只将社会调查看成近代的产物。当从比较宽泛的意义上来理解社会调查时，人们则很容易将社会调查追溯到古代，认为社会调查古已有之。不过，古代的社会调查与近代的社会调查之间确实存在巨大差别，不容忽视。李景汉、张世文及《社会科学百科全书》的编者都曾给社会调查作了严格的定义，从他们所给的定义中，我们能够很自然地推断出社会调查直到近代才发生。如李景汉曾给社会调查作了以下定义："社会调查，是以有系统的科学方法，调查社会的实际情况，用统计方法整理收集的材料，（包括制表绘图、求得百分比、平均数等项）分析社会现象构成的要素。由此洞悉事实真相，发现社会现象之因果关系。"[①] 强调科学地认识社会，这恐怕是近代的事情了。当然，在定义和将社会调查二分之间并不必然存在一一对应的关系，有些人在区分传统社会调查和现代社会调查时并没有合乎规范地界定社会调查，但从他们的行文中，我们还是能够比较轻易地看出他们对社会调查的理解。

如果说在20世纪30年代还有李景汉、张世文及《社会科学百科全书》这样一些有影响的人或书对社会调查进行了严格的定义，那么到20世纪80年代，人们对社会调查的认识已是十分泛化，正如威廉·米勒所说："'调查'（survey）一词已被人们广泛地使用，它可以用来指任何数据收集或回顾（review）方法。"[②] 与此相应，认为社会调查只是近代产物的观点在20世纪30年代还比较流行，到了20世纪80年代后将社会调查作传统和现代二分的看法则大行其道，《中国大百科全书·社会学卷》，先后出版了8版的艾尔·巴比的《社会研究法》，以及许多社会学、社会调查方面的专著均认为社会调查是一项非常古老的事物，其中绝大多数都将社会调查作了这样的二分。

社会调查是个历史性的概念，不同时期有不同的含义，不同的人有不同的定

① 李景汉：《实地社会调查方法》，北平：星云堂书店，1933年，第10页。

② William L. Miller. *The Survey Method in the Social and Political Sciences: Achievements, Failures, Prospects.* New York: St. Martin's Press, 1983, p. 6.

义，而且社会调查本身也在不断地发展变化着。因而现在要给社会调查下定义，必须充分借鉴已有的一些观点，并最好能容纳不同时段、不同型式的调查。

从总的趋势来看，人们关于社会调查的理解逐渐泛化，以至于有人认为中国远古时的“结绳”“书契”都是古代社会调查的雏形①，认为宋代的中书舍人和翰林学士二职，“与其说是秘书，倒不如说更像今天的调研咨询人员”②。与这些非常泛化的理解相比，今天也有人给社会调查下了相对严格的定义，但仍有其缺点，后文将继续分析。

笔者认为，并非凡是资料收集、分析工作都是调查。我们在现实的工作和学术研究中都要进行资料、信息的收集和整理分析工作，这些工作并不都是调查，甚至可以说，绝少是调查。社会调查应有其自己的特性，只有满足了一定条件的数据、信息的收集和整理才称得上是调查。那么，如何定义调查、社会调查和现代社会调查呢？

关于什么是调查，1915 年出版的《辞源》给了一个定义：“调查，犹言考察。调者，发取之意（见《汉书・王莽传注》）。故今谓刺取舆论，或征集文卷，以求事物之实情，曰调查。”③水延凯等人在考察了“调”“查”的意思后，也下了个定义：“‘调查’主要是通过对客观事物的考察、查核和计算、算度来了解客观事实真相的一种感性认识活动。”④应该说，两者都说出了调查的大致意思，但各有缺点。两者相较，前者一个最大的缺点就是没有给调查定性，所以，外延显得过于宽广；后者则未曾说明资料的来源和调查的方法，这方面前者虽也有欠缺，但已部分点明。

实际上，汉语中“调查”作为一个完整的词合用是清末时期的事情，是经日本人翻译西文返输而来的。所以，在给“调查”下定义时还必须考虑到其在西方的意思。“调查”在英文中对应的单词有两个，一个是 investigation，另一个是 survey。《新牛津英语词典》对 investigation 和 survey 的解释，似乎只站在当代

① 水延凯等编著：《社会调查教程（修订本）》，北京：中国人民大学出版社，1988 年，第 25 页。

② 李大钧等：《调查研究概述》，长春：吉林大学出版社，1990 年。

③ 方毅等编校：《辞源・上》，言部，酉第 40 页，上海：商务印书馆，1915 年。

④ 水延凯等编著：《社会调查教程（修订本）》，北京：中国人民大学出版社，1988 年，第 3 页。

人的立场上，而没有考虑到这两个词所应包含的历史意义，因而其“现代性”表现得十足。虽然如此，但它们对我们以后解释现代社会调查还是有很大借鉴意义的，对我们定义“调查”这个词具有一定的提示作用。在英语中，investigation 和 survey 这两个词的解释必须建立在“enquiry (inquiry)”的基础上，在它们之间有一种从 enquiry 到 investigation 再到 survey 层层递进的关系。[①] 所以，我们在定义“调查”时，必须把“enquiry”作为一个基本的词汇予以考虑。

在现实的社会调查中，人们除了通过 enquiry（询问）获取信息，还通过收集文卷、实地观察等渠道求得资料。此外，社会调查还具有以下一些特征：（1）它是为一定目的服务的。（2）它是人们有意识地、自觉地收集资料和信息的活动，虽然在古时“调查”这个词还没产生，但从事调查的人应明白自己去干什么，也就是说他们必须具备最起码的相应的行为意识。（3）每个调查都应遵循一定的程序，使用一定的技术。

综合以上论述，我们似乎可以给调查下一个比较合乎规范的定义了。所谓调查，就是人们为了某种目的，自觉地、有着相应行为意识地、按照一定程序、以一定手段，通过询问、实地观察或征集文卷等途径从事资料、信息的收集、整理工作，以求得事物实情的一种经验活动，或者是一种在此基础上作进一步理性分析的认识活动。

“社会”是个很复杂的事物，人们对它的定义众说纷纭。《新牛津英语词典》认为“社会”有三个层次的含义：居住在一定区域、受或多或少秩序规范的人群，或者是某种人群群体、组织，或者是在其他人群团体中的地位。[②]这种区分仅仅是一种狭义上的定义。事实 上，“社会”要比这复杂、丰富得多，它是一个由多种多样要素构成的系统。一定数量的人口，一定的地域和生态环境，一定的生产方式和经济结构，一定的社会组织和政治制度，一定的文化形态和心理特征，一

---

① W. T. Harris. *Webster's New International Dictionary of the English Language*. Springfield: G. & C. Merriam Company, 1910, p. 1114, 1137, 2087. 皮艾尔绍（Judy Pearsall）主编：《新牛津英语词典》，上海：上海外语教育出版社，2001 年，第 613、961、1868—1869 页。

② 皮艾尔绍（Judy Pearsall）主编：《新牛津英语词典》，上海：上海外语教育出版社，2001 年，第 1767 页。

定的行为规范和生活方式等，都是构成社会的不可缺少的要素。可以说，凡是人类生活中所碰到的、所生产出来的事物，均可概括进“社会”中去。《韦氏英语新国际词典》所定义的“社会”一词，虽包含上述三层意义，但含义要丰富得多 。[①]人们对“社会”的理解虽有狭义和广义之分，但实际的调查所涉及的内容却非常广泛，它几乎涉及社会生活的方方面面。因而，从广义的角度定义社会调查应比较妥当。简单地说，社会调查就是对社会的调查，或者可以说是对某种社会现象、某种社会事实的调查。

如果单从字面上来考察，社会调查应该是文艺复兴以后的产物，社会调查就是现代社会调查，因为“调查”“社会调查”虽有其语源，但到近现代才最终出现，而人们将“社会”与“调查”连用时给“社会”所赋予的含义，恐怕也是中世纪未曾有的。然而，正如上文所述，近来人们关于社会调查的理解已非常泛化，事实上古代也确有大量的社会调查发生。但这并不意味着，古代的社会调查与近代以来的社会调查差别有限，甚至是完全同质的。相反，它们之间存在着巨大的差别。概括而言，它们之间的差别主要有以下几点。

（1）调查的服务对象不同。现代社会调查主要服务于社会改良、社会服务或纯学术研究，而古代社会调查主要是为统治者征取劳役和税赋服务。

（2）调查的对象范围不同。与调查的服务对象相适应，古代主要局限于户口、财产尤其是土地的调查。近代以来，调查的范围大大扩展，几乎涉及社会生活的所有方面。

（3）调查的方法和技术明显有别。现代学术发展与社会调查互相渗透、互相促进，统计学、社会学、人类学、民族学等学科均对社会调查产生了重大影响，同时，社会调查也在很大程度上促进了这些学科的建设。依据与这些学科的关系，我们可以把社会调查区分为统计学调查、社会学调查、人类学调查、民族学调查等。古代社会调查只满足于简单的数字统计和事实的简单记载。在技术手段上，现代社会调查受惠于科学技术的发展，尤其是近来计算机和网络技术的普及与利用。

---

① W. T. Harris. *Webster's New International Dictionary of the English Language.* Springfield: G. & C. Merriam Company, 1910, pp. 1987—1988.

（4）调查的主体不同。古代社会调查的主体往往是各级政府机构或者是从属于政府的一些组织，如中国的保甲等。现代社会调查的主体则非常广泛，任何组织和个人都可以是调查的主体。

（5）调查的自觉程度不同。现代社会调查一般都有理论思想（主要是实证主义）为指导，而社会调查也逐渐被当成一种独立的学问得到人们的重视。这是传统调查所不完全具备的。

（6）调查的目标不同。现代社会调查力求对调查对象作一个全面的考察，而古代社会调查往往是就事论事，只停留于事实的片段了解。

了解了上述区别，我们也就不难给现代社会调查下定义了。不过，在界定现代社会调查之前，先看看已有的一些定义。

《社会科学百科全书》的定义为："广义的社会调查是指对选定群体（community）或组织的经济、社会和其他相关方面进行直接（第一手）地研究（调查）、分析和整理。进行这样的调查，其目的可能是为社会理论家得出结论提供科学的资料，也可能是为了形成方案，来改善特定群体的生活条件和工作环境。尽管任何一种类型调查的结果可能屈从于其他类型的调查，但调查的范围和方法主要由初始目的所决定。"①

《国际社会学百科全书》关于社会调查（social survey）的定义是："运用有目的的设计的询问方法收集社会资料的过程。调查中要根据特定课题使用问卷中标准化的提问，访问从调查总体中抽取的样本。调查取得的资料通常在编码和校对之后再进行定量分析，以便提供有关变量的描述性信息或寻求所研究的两个或多个变量间的关联或相关。"②

《辞海（缩印本）》对社会调查所下的定义为："为了解某一社会现象或社会问题，通过使用某种技术，按照一定的程序，进行深入而系统的资料收集和分析。按其调查目的可分为应用性调查与科研性调查；按其调查对象的范围可分为典型

---

① Edwin R. A. Seligman. *The Encyclopedia of the Social Sciences*. New York: The Macmillan Company, 1934(14), p. 162.

② ［英］迈克尔·曼主编：《国际社会学百科全书》，成都：四川人民出版社，1989年，第639页。

调查、个案调查、抽样调查和整体调查。广义的调查包括观察、访问、文件分析、问卷调查、参与调查、报表统计、内容分析等。狭义的调查是指采用科学抽样方法的问卷调查。由于它运用标准化的技术和程序，可以进行定量分析，因此成为主要的社会调查方法。”①

这些定义虽名为“社会调查”，实际上说的都是现代的社会调查。可以说，它们都具有一定的权威性，但各有缺失。第一个定义是指 Booth 式调查，第二个定义所指偏重于抽样调查，而第三个定义提到的很多，却不够严谨。这三个定义还有一个共同的特点，它们都未能从历史的情境中考察社会调查。给调查、社会调查、现代社会调查下定义，必须充分照顾到历史因素，必须尽量容纳不同发展时段的、不同型式的社会调查，否则，某个时段的社会调查就可能成为视域的盲点，一些社会调查就无法用我们所给的定义来解释。在极端情况下，这种定义只能解释一种社会调查。上述三个定义就是很好的例子。只有充分照顾到历史因素，我们所下的定义才能把定义对象的自身特点展示出来。

考虑到古代社会调查与现代社会调查的区别，并借鉴已有的定义，我们或许可以把现代社会调查作以下定义。

现代社会调查就是指为了一定的社会改良、社会服务或学术研究目的，人们针对某种社会事实、社会现象或者是某个区域的社会情形，自觉地、全面地通过询问、实地观察或征集文卷等途径从事资料、信息的收集、整理工作，以求得事物实情的一种感性认识活动，或者是一种在此基础上作进一步理性分析的认识活动。通常情况下，调查者或调查的设计者应依据目的事先确定调查的主题、对象、范围和方式，整个调查过程都必须符合与此相应的规范要求。

---

① 辞海编辑委员会编：《辞海（缩印本）》，上海：上海辞书出版社，1990 年，第 1782 页。

第二节 研究现状

民国时期，已有人对当时的社会调查进行研究、总结。后来一段时间对社会调查的研究趋于平静。改革开放后，随着学术的发展和学人视野的拓宽，清末民国时期各式各样的社会调查逐渐引起学界的重视，学者们对它们的研究正不断展开。人们或对它们进行专门的探讨，或在使用它们时对其进行甄别、判断，或在论述其他问题时涉及它们。

近十几年，人们对清末民国时期社会调查的讨论呈现出以下几个特点：一是参与讨论的人越来越多，公开发表的文章日益增多；二是所讨论的内容愈加广泛，此前未曾注意到的调查被挖掘出来，一些过去未曾给予重视的调查主体获得了更多的关注；三是讨论更加深入，一些研究继续梳理有关调查的内容、调查方法、调查理论，一些研究力求将相关调查放入所在历史和学科背景中讨论，意欲发现更多的学术意义和社会意义。相对而言，学界对民国时期社会调查的探究要远远多于对清末时期社会调查的探究，但对清末时期社会调查的讨论也在不断增多。

清末民国时期社会调查所涉内容十分广泛，调查主体身份各异，从事调查的目的也各有不同，清末民国时期社会调查情况较为庞杂，有关此时期社会调查的

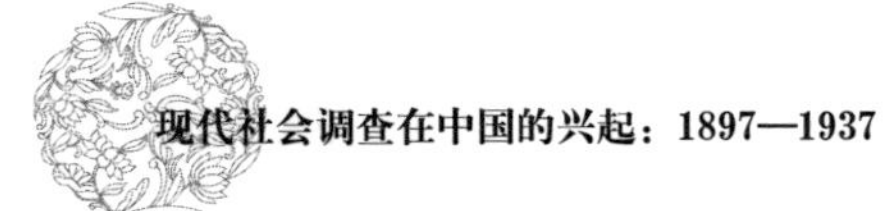

研究也就显得较为分散、复杂。不过，概括起来或可归结为以下几个方面。

（一）专门的整体性研究

燕京大学刘育仁写的学士毕业论文《中国社会调查运动》以大量的统计数字描述了1928—1935年中国社会调查的内容、时间和地域分布。[①]到目前为止，这依然是一篇难得的好文章。但作者仅仅分析了一段时间内中国社会调查的内容、时间和地域分布，而对中国社会调查的复杂性缺乏应有的重视，对中国社会调查的整体发展脉络分析得也不是很清楚。事实上，作者的目的就是配合布朗、吴文藻的有关主张，力求证明“社会调查”正走向衰落，代之而起的应是“社会学的调查”——社区研究。

中国人民大学王万俊撰成的博士学位论文《社会调查方法的研究与社会调查方法的运用——二十世纪上半叶中国社会调查方法的构成解析》及其在此基础上修改而成的《二十世纪上半叶中国社会调查方法解析》，将民国时期社会调查方法区分为研究型和运用型两种形态，分为引入时期（1924年以前）、拓展时期（1925—1937年）和总结—深化时期（1938年以后），对民国时期社会调查的对象确定方法、资料收集方法和资料整理分析方法进行剖析，认为开放性、本土化、实用性和多元化是民国时期社会调查方法的四大基本特征。[②]他着眼的仅是社会调查的方法问题。

崔晓黎、尚晓原写成的《综述：本世纪以来的中国农村调查——第一部分：1949年以前》，把民国时期社会调查从调查者的角度分为文化教育系统、研究系统、政府系统、实验区和其他类型的社会调查，并分别对它们加以简单的述评。[③]

台湾学者江勇振（Yung-chen Chiang）的《中国的社会改造和社会科学：

① 刘育仁：《中国社会调查运动》，燕京大学学士学位论文，1936年。

② 王万俊：《社会调查方法的研究与社会调查方法的运用——二十世纪上半叶中国社会调查方法的构成解析》，中国人民大学博士学位论文，2000年；王万俊：《二十世纪上半叶中国社会调查方法解析》，成都：四川人民出版社，2011年。

③ 未刊本，中国人民大学清史研究所夏明方教授提供。

1919—1949》[①]，选择了燕京大学社会学系、南开大学经济研究所等机构，以及毛泽东、陈翰笙等人的社会调查作为研究点，意图揭示民国时期中国经验科学与社会运动之间的互动关系，但在这方面它做得恰恰不够。在这本书中，作者有一种将社会调查等同于相应的经验科学的倾向，我们从中很少发现有关社会调查与相应的经验科学的相互关系的论述，也就更少发现经验科学与社会运动之间的互动。不过作者的意图还是值得肯定的。另外，作者在利用大量档案的基础上对洛克菲勒基金会与燕京大学社会学系、南开大学经济研究所研究取向之间关系的论述，有着比较独到的贡献。

笔者的博士学位论文《现代社会调查在中国的兴起：1897—1937》[②]和论文《清末中国现代社会调查肇兴刍论》[③]在统计的基础上较为系统地分析了清末、民国时期现代社会调查兴起的情况，并在学术界首次明确提出中国现代社会调查肇兴于清末的观点。笔者的博士学位论文还提出“型式”这一概念，并以此为分析视角把握社会调查发展脉络及其与相关学科或社会改良、改造之间的关系。

黄兴涛、夏明方主编的《清末民国社会调查与现代社会科学兴起》所收集的各篇文章从各自不同的角度论述了社会调查（含社区研究）与统计学、社会学、农业经济学、民俗学、边政学以及人口研究、民族研究等之间的关系。[④]

杨鹏编著的《20世纪二三十年代中国农村调查运动研究》试图全面地分析20世纪二三十年代农村调查运动的背景、原因、内容、意义，并总结其存在的不足。[⑤]

水延凯主编的《中国社会调查简史》笼统地论述了中国社会调查的历史，但未对传统调查和近现代社会调查进行区分。该书简要地分类介绍了清末民国时期的社会调查及调查方法。[⑥]

---

① Yung-chen Chiang. *Social Engineering and the Social Sciences in China, 1919—1949.* New York: Cambridge University Press, 2001.

② 李章鹏：《现代社会调查在中国的兴起：1897—1937》，中国人民大学博士学位论文，2006年。

③ 李章鹏：《清末中国现代社会调查肇兴刍论》，《清史研究》2006年第2期。

④ 黄兴涛，夏明方主编：《清末民国社会调查与现代社会科学兴起》，福州：福建教育出版社，2008年。

⑤ 杨鹏编著：《20世纪二三十年代中国农村调查运动研究》，咸阳：西北农林科技大学出版社，2017年。

⑥ 水延凯主编：《中国社会调查简史》，北京：中国人民大学出版社，2017年。

此外，李景汉的《中国社会调查运动》[①]、赵承信的《社会调查与社区研究》[②]、黄兴涛和夏明方的《清末民国社会调查及其学术内蕴》[③]、李金铮和邓红的《另一种视野：民国时期国外学者与中国农村调查》[④]、汪小宁的《20世纪上半叶中国社会调查运动中的认识论转向考察》[⑤]、侯建新的《二十世纪二三十年代中国农村经济调查与研究评述》[⑥]、张泰山的《20世纪30年代前后的中国农村经济调查与成果回顾》[⑦]、陶诚的《30年代前后的中国农村调查》[⑧]、范伟达和范冰编著的《中国调查史》[⑨]等研究成果，也意图从不同角度对中国社会调查作一总体把握。

（二）对调查主体及其调查的研究

第一，对政府机构和政治党派调查的考察。

清末，清政府已开始组织、开展社会调查，当前学术界对此已给予一定的关注。陈勇在一篇文章中介绍了清政府统计机构的调查活动。[⑩]江兆涛专门考察了中外法制调查局及其调查工作。[⑪]姚婕、冯丽和樊汇川、石云里则分别分析了清廷官员考察日本陆军、日本教育和境外茶业的情形。[⑫]

---

① 李景汉：《中国社会调查运动》，《社会学界》1927年第1卷。

② 赵承信：《社会调查与社区研究》，《社会学界》1936年第9卷。

③ 黄兴涛，夏明方：《清末民国社会调查及其学术内蕴》，《中国图书评论》2008年第11期。

④ 李金铮，邓红：《另一种视野：民国时期国外学者与中国农村调查》，《文史哲》2009年第3期。

⑤ 汪小宁：《20世纪上半叶中国社会调查运动中的认识论转向考察》，《广西师范学院学报（哲学社会科学版）》2019年第3期。

⑥ 侯建新：《二十世纪二三十年代中国农村经济调查与研究评述》，《史学月刊》2000年第4期。

⑦ 张泰山：《20世纪30年代前后的中国农村经济调查与成果回顾》，《湖北师范学院学报（哲学社会科学版）》2002年第1期。

⑧ 陶诚：《30年代前后的中国农村调查》，《中国社会经济史研究》1990年第3期。

⑨ 范伟达，范冰编著：《中国调查史》，上海：复旦大学出版社，2015年。

⑩ 陈勇：《清末政府统计机构的设置及其调查活动》，《调研世界》2005年第8期。

⑪ 江兆涛：《清末中外法制调查局考略》，《兰台世界》2013年第28期。

⑫ 姚婕：《清末官员日本陆军考察热的社会背景》，《杭州师范学院学报（人文社会科学版）》2001年第5期；冯丽：《清末赴日考察学务官员对日本教育的观察和考量》，《普洱学院学报》2014年第1期；樊汇川，石云里：《清末民初的境外茶业考察及其影响》，《中国农史》2018年第2期。

关永强、王玉茹的《近代中国官方经济调查的发端——经济讨论处系列机构初探（1920—1937）》一文是笔者发现的为数不多的专门探讨民国北京政府机构调查工作的文章。[①]该文认为，近代中国的官方经济调查发端于经济讨论，尚有值得商榷之处。

共产党、国民党在民国时期都很重视调查，但调查各具特色。截至目前，学术界有关对共产党调查的研究比对国民党调查的研究多出许多。在对共产党调查的研究中，以对有关人物的研究为主。但从整体上考察共产党调查的作品也有一些。张雪峰的博士学位论文《中国共产党人建国前的农村调查（1921—1949）》较为全面、系统地阐述了民国时期共产党人所从事的农村调查。[②]罗平汉《中国共产党农村调查史》一书分阶段介绍了中国共产党农村调查的历史。[③]李赫武在一篇文章中分别介绍了五四运动时期、大革命时期的调查工作和白区中中国共产党的国情调查有关情况及其国际国内影响[④]；在另一篇文章中，他从“为建立和建设革命根据地而进行的调查”“为武装斗争而进行的调查”“为执行土地革命路线和政策而进行的调查”等方面论述了中国共产党对革命道路的认识与社会调查之间的关系[⑤]。黄耀春、彭道宾探讨了中央苏区调查统计工作在革命和建设中的作用。[⑥]张曙明则简述了延安整风运动中《中共中央关于调查研究的决定》出台前后的一些情况。[⑦]

在国民党调查方面，任伟伟的博士学位论文《南京国民政府社会调查研究》对政府系统的调查进行了数量统计分析，并着重阐述了国防设计委员会（资源委员会）、地质调查所和山东地方政府的调查工作[⑧]；马玉华《国民政府对西南少

① 关永强，王玉茹：《近代中国官方经济调查的发端——经济讨论处系列机构初探（1920—1937）》，《清华大学学报（哲学社会科学版）》2015年第4期。

② 张雪峰：《中国共产党人建国前的农村调查（1921—1949）》，华中师范大学博士学位论文，2009年。

③ 罗平汉：《中国共产党农村调查史》，福州：福建人民出版社，2009年。

④ 李赫武：《中国共产党人对近代中国国情的调查研究》，《甘肃行政学院学报》2003年第1期。

⑤ 李赫武：《中国共产党人对中国革命道路的认识与调查研究》，《甘肃行政学院学报》2003年第3期。

⑥ 黄耀春，彭道宾：《中央苏区调查统计工作的特点作用及对统计改革的启迪》，《统计研究》2001年第6期。

⑦ 张曙明：《延安整风与调查研究》，《安徽教育学院学报（哲学社会科学版）》1995年第1期。

⑧ 任伟伟：《南京国民政府社会调查研究》，山东大学博士学位论文，2012年。

数民族调查之研究：1929—1948》一书以档案资料为依据，系统、分类地介绍了国民政府及西南几省地方政府的西南少数民族调查情况，并对国民政府的治边思想、边疆民族政策及治理西南地区的措施进行了讨论。①

第二，对社会团体、学术组织调查的研究。

这方面以对燕京大学社会学系的探讨较为瞩目。阎明《历史上的燕京大学社会学系》②、赵晓阳《寻找中国社会生活史之途：以燕大社会调查为例》③、朱浒和赵丽《燕大社会调查与中国早期社会学本土化实践》④、吕付华《派克、布朗与中国的"社区研究"》⑤以及娄岙菲和李涛《许仕廉与燕京大学社会学中国化实践》⑥等从不同的角度论述了社会调查、社区研究在燕京大学社会学系的学科建设及学术研究乃至社会学本土化方面的地位和作用。

南开大学经济研究所（经济学院）、金陵大学农业经济系的社会调查也获得了一定程度的关注。张静对金陵大学农业经济系土地利用调查进行了探讨。⑦孟玲洲和张德明以及彭南生和易仲芳的文章讨论了南开大学经济研究所的调查与该所提出的乡村工业理论之间的关系。⑧

此外，容观考察了中山大学的人类学相关研究⑨，王传探讨了岭南大学西南社会经济研究所对中国西南地区的社会调查⑩，范铁权和马世荣阐释了中国农村

---

① 马玉华：《国民政府对西南少数民族调查之研究：1929—1948》，昆明：云南人民出版社，2006年。

② 阎明：《历史上的燕京大学社会学系》，《中国社会导刊》2007年第14期。

③ 赵晓阳：《寻找中国社会生活史之途：以燕大社会调查为例》，《南京社会科学》2016年第2期。

④ 朱浒，赵丽：《燕大社会调查与中国早期社会学本土化实践》，《北京社会科学》2006年第4期。

⑤ 吕付华：《派克、布朗与中国的"社区研究"》，《思想战线》2009年第2期。

⑥ 娄岙菲，李涛：《许仕廉与燕京大学社会学中国化实践》，《北京教育学院学报》2018年第6期。

⑦ 张静：《太平洋国际学会与1929—1937年中国农村问题研究——以金陵大学中国土地利用调查为中心》，《民国档案》2007年第2期。

⑧ 孟玲洲，张德明：《经济学中国化的历史节奏：南开经济学人的城市工业调查与研究》，《天津社会科学》2013年第4期；彭南生，易仲芳：《南开经济学人的乡村工业理论与实践》，《安徽大学学报（哲学社会科学版）》2012年第5期。

⑨ 容观：《中山大学人类学教学和研究述略》，《广西民族学院学报（哲学社会科学版）》2001年第5期。

⑩ 王传：《岭南大学西南社会经济研究所与中国西南研究》，《中山大学学报（社会科学版）》2012年第4期。

经济研究会的有关调查和研究[1]，王献军介绍了海南岛黎苗考察团的有关调查活动[2]。

第三，对人物调查思想、活动的研究。

在对中国现代社会调查史的研究中，人物方面的研究为最多，而人物方面的研究又以对毛泽东、费孝通的研究为最多。

关于毛泽东调查，多数研究集中于论述毛泽东调查思想的形成过程、内容、特点及其意义。也有学者论述了毛泽东调查思想的哲学基础，或某个调查的具体过程。还有个别学者研究了毛泽东调查对地方志编写的借鉴意义，或毛泽东在中央苏区调查统计工作的地位和作用。法国著名汉学家毕仰高把毛泽东农村调查放到其农民观的形成过程中考察[3]，很有深度。

关于费孝通调查，有的描述费孝通单个调查的调查过程或意义，也有的对费孝通调查思想的发展历程加以探索，还有的从总体或不同侧面就费孝通调查的学术价值作出分析。傲东的一篇文章将利奇和费孝通的观点作了比较分析，试图找出他们的分歧之所在，内容较为深刻。[4]

陶永祥编著的《毛泽东与调查研究》[5]、孙克信等编著的《毛泽东调查研究活动简史》[6]和丁元竹的博士学位论文《费孝通社区研究的理论与方法》[7]是有关

---

① 范铁权，马世荣：《知识传播与学术研究——以中国农村经济研究会为中心》，《农业考古》2012 年第 6 期。

② 王献军：《民国时期的“海南岛黎苗考察团”》，《海南大学学报（人文社会科学版）》2016 年第 5 期。

③ ［法］毕仰高：《毛泽东农民观（1912—1949）》，第 40—41 页。该文是毕仰高为参加哈佛大学 2003 年 12 月 5—7 日举办的题为“毛泽东再评价——纪念毛泽东诞辰 110 周年研讨会”活动而提交的论文。原文材料由中国人民大学清史研究所黄兴涛教授提供。

Lucien Bianco. *Mao's Views on Peasants (1912—1949): A Report on Mao Re-evaluated—A Conference to Mark the 110 Anniversary of the Birth of Mao Zedong and Honor Stuart Schram for His Signal Contribution to Mao Studies.* Harvard University, 2003.

④ 傲东：《参与观察、类型比较和文化变迁的经验基础——评费孝通与利奇之间的理论分歧》，《青海民族研究（社会科学版）》2002 年第 1 期。

⑤ 陶永祥编著：《毛泽东与调查研究》，北京：中央文献出版社，2011 年。

⑥ 孙克信，于良，佟玉琨，等编著：《毛泽东调查研究活动简史》，北京：中国社会科学出版社，1984 年。

⑦ 丁元竹：《费孝通社区研究的理论与方法》，北京大学博士学位论文，1991 年。

毛泽东、费孝通研究的综合性成果。

除毛泽东、费孝通之外，张闻天、陈翰笙、李景汉、林耀华也得到了学术界较多的关注。其他的，如陈达、卜凯、陶孟和、杨成志、吴泽霖、方显廷、李安宅、许烺光等人也获得了学术界的重视。岳谦厚、张玮在《抗战时期张闻天之晋陕农村调查简述——兼述新发现的晋西北兴县农村调查原始资料》中，简要地介绍了张闻天等人未曾发表的有关兴县调查的资料情况，较有价值。[①] 岳、张二人还在已知的和新发现的张闻天晋陕农村调查资料的基础上，对晋陕农村社会展开了较为深入的研究，其编著的《20 世纪三四十年代的晋陕农村社会：以张闻天晋陕农村调查资料为中心的研究》一书以晋西北兴县 14 村、陕北神府县直属县 8 村、米脂县杨家沟村作为主要分析对象，阐述了 20 世纪三四十年代晋陕农村的基本面貌和演变的历史。[②]

另外，还有些学者对不同的调查主体及其调查进行比较研究。

（三）对各种类别（从内容的角度区分）的调查的考察

民国时期，蔡正雅、张心一、王子建、朱祖晦诸先生分别对同时代的工业调查、棉产调查、劳工生活程度研究作了述评[③]，刘永鑫则比较深入地研究了 1944 年以前的中国物价指数和生活费指数[④]。

当代所作研究涉及地方概况调查、民族调查、人口调查、社会生活调查、经济调查、习惯调查、抗战损失调查、文化事业调查等类别。其中，有关经济调查

---

① 岳谦厚，张玮：《抗战时期张闻天之晋陕农村调查简述——兼述新发现的晋西北兴县农村调查原始资料》，《晋阳学刊》2005 年第 2 期。

② 岳谦厚，张玮：《20 世纪三四十年代的晋陕农村社会：以张闻天晋陕农村调查资料为中心的研究》，北京：中国社会科学出版社，2010 年。

③ 蔡正雅：《工业清查》，《社会半月刊（上海）》创刊号，1934 年 9 月；张心一：《中国棉产统计方法之商榷》，《统计月报》1931 年第 3 卷第 2 期；王子建：《中国劳工生活程度——十四年来各个研究的一个总述》，《社会科学杂志（北平）》1931 年第 2 卷第 2 期；朱祖晦：《谈中国生活费用调查》，《实业统计》1933 年第 1 卷第 3、4 号合刊。

④ 刘永鑫：《中国物价指数及生活费指数之研究》，燕京大学学士学位论文，1944 年。

的探讨最多，有关民族调查、人口调查、习惯调查的讨论也不少。

地方概况调查方面，袁为鹏、高廉的文章介绍了1930—1933年间全国镇市村落调查的情形[①]；吴建雍的《民国初期北京的社会调查》简单分析了民国初期北京的社会调查产生的时代背景、原因，对西德尼·戴维·甘博的《北平居民是怎样生活的》相关情况作了较为详细的绍介[②]；杨学新、庞琳的文章综合阐述了20世纪二三十年代河北农村的调查情况[③]。

民族调查方面，马玉华分别介绍了国民政府历次调查云南土司、贵州少数民族、西南少数民族的情况及其历史背景[④]；聂蒲生简单地论述了抗战时期民族语言学家对云南各民族语言的调查及其贡献[⑤]；李列的《民族想像与学术选择：彝族研究现代学术的建立》一书，以一名彝族学者特有的视角，选择一些具有代表性的学者和学术成果，对1928—1949年间有关其本民族——彝族的研究进行学术史梳理和总结[⑥]。

人口调查方面，笔者的《清末中国的近代人口调查》一文较为全面、系统地介绍、分析了清末中国近代人口调查的情况[⑦]；夏卫东的《民国时期浙江户政与人口调查》一书力求从整体上考察晚清民国浙江省人口调查和户政制度的变革[⑧]；郑发展的文章对民国时期河南的人口调查进行了评论[⑨]；王广义和张宽的文章则介绍了王箬渔的《调查东北移民日记》的重点内容，并对其学术价值作了评介[⑩]。

---

① 袁为鹏，高廉：《全国县以下镇市村落调查（1930—1933）评介》，《河北师范大学学报（哲学社会科学版）》2018年第5期。

② 吴建雍：《民国初期北京的社会调查》，《北京社会科学》2000年第1期。

③ 杨学新，庞琳：《20世纪二三十年代河北农村社会状况调查述评》，《河北学刊》2010年第4期。

④ 马玉华，齐逾：《国民政府对云南土司的调查》，《贵州民族研究》2004年第4期；马玉华：《试论民国政府对贵州少数民族的调查》，《贵州民族研究》2005年第2期；马玉华：《20世纪上半叶民国政府对西南边疆少数民族的调查》，《中国边疆史地研究》2005年第1期。

⑤ 聂蒲生：《抗战时期民族语言学家对云南各民族语言的田野调查研究》，《中央民族大学学报（哲学社会科学版）》2003年第6期。

⑥ 李列：《民族想像与学术选择：彝族研究现代学术的建立》，北京：人民出版社，2006年。

⑦ 李章鹏：《清末中国的近代人口调查》，《清史研究》2020年第1期。

⑧ 夏卫东：《民国时期浙江户政与人口调查》，北京：中国社会科学出版社，2011年。

⑨ 郑发展：《民国时期河南人口统计调查述论》，《河南社会科学》2008年第5期。

⑩ 王广义，张宽：《民国时期东北移民的片断记忆——稿本〈调查东北移民日记〉的发现及其学术价值》，《图书馆》2015年9月。

经济调查方面，有关农业调查的探讨相对多些。赵从胜、邓杰、易凤林、马伟和衣保中、周彦乔和倪根金分别对海南岛、川西、江西、东北、广东有关农业及农村副业调查进行了述评。[①] 何炳棣在《中国古今土地数字的考释和评价》最后一部分，在甄别中国历史上土地数字真确性的基础上，对民国时期的一些土地调查进行了分析。[②]

习惯调查方面，江兆涛的博士学位论文《清末变法修律中的习惯调查：中国法制现代化中的本土化自觉》从西法东渐的视角较为系统地介绍了清末民事、商事和诉讼事的习惯调查，并对习惯调查在清政府相关法律编纂中所扮演的角色进行了较为中肯的分析。[③] 眭鸿明的《清末民初民商事习惯调查之研究》考察了明末清初两次民商事习惯调查的主客观动因和过程，系统地梳理了两次调查的主要内容，进而揭示了清末民初民商事习惯调查所依存的社会机理。[④]苗鸣宇的《民事习惯与民法典的互动：近代民事习惯调查研究》在介绍、比较清末和民国民事习惯调查的基础上，详细地考察了民事立法与民事习惯反复磨合的过程。[⑤]

此外，迟景德以抗战损失调查机构的沿革为经，以其调查统计工作为纬，对抗战损失调查的来龙去脉作了比较详细的交代。[⑥] 华安通过考证认为，新中国成立前第一个有关婚姻问题的调查应是陈鹤琴先生 1920 年左右所作的调查（调查报告《学生婚姻问题之研究》分期发表于《东方杂志》第 18 卷第 4—6 期）。[⑦]

① 赵从胜:《近代化视域下的民国时期海南岛农业调查与开发》,《南海学刊》2017 年第 4 期; 邓杰:《民国时期川西羌寨萝卜寨农业发展概述——以中华基督教会全国总会 1940 年代的川西农业调研为例的考察》，《四川文理学院学报》2018 年第 6 期；易凤林：《“传统农业生产的缩影”：民国江西农作物调查》，《农业考古》2016 年第 4 期；马伟，衣保中：《清末以来中国东北调查报告中的农业资料及相关研究》，《农业考古》2019 年第 3 期；周彦乔，倪根金：《抗战前民国广东朝野振兴蚕业的探讨——以民国广东蚕桑调查报告为中心》,《农业考古》2015 年第 6 期。

② 何炳棣：《中国古今土地数字的考释和评价》，北京：中国社会科学出版社，1988 年。

③ 江兆涛：《清末变法修律中的习惯调查：中国法制现代化中的本土化自觉》，中国政法大学博士学位论文，2010 年。

④ 眭鸿明：《清末民初民商事习惯调查之研究》，北京：法律出版社，2005 年。

⑤ 苗鸣宇:《民事习惯与民法典的互动: 近代民事习惯调查研究》,北京：中国人民公安大学出版社，2008 年。

⑥ 迟景德：《中国对日抗战损失调查史述》，台北：“国史馆”，1987 年。

⑦ 华安：《旧中国社会学婚姻问题的初始调查》，《社会》1984 年第 3 期。

（四）调查个例的研究

民国时期的相关研究主要以书评的形式出现。梁方仲评价卜凯《中国土地利用》的文章[①]是其中水平较高的一篇。在该文中，梁方仲站在善意批评的立场上，指出了《中国土地利用》一书存在的以方法论为中心的七个方面的问题。该文内容紧凑，基本上道出了《中国土地利用》的缺点。费孝通从提倡社区研究出发，以自己在云南禄村等地的调查所得为依据，指出农村复兴委员会的《云南省农村调查》在云南农村土地出租、经营等方面都存有不足。据此，他进而认为农村复兴委员会这种统计式调查是不足以认识中国的。[②]

当代的研究形式则要多样化些，除了书评，还有比较研究、考证研究等形式。郭大松的《〈济南道院暨红卍字会之调查〉辩证》，岩间一弘对中国共产党20世纪30年代末和上海公共租界工部局1941年从事的有关职员阶层调查的比较研究，以及小田以社群心态的解读为着眼点对1933年农村复兴委员会在浙江省的调查的研究[③]，均较有特色。

（五）对外国人在华调查的研讨

清末民国时期外国人在华从事了大量的调查，这些调查已引起中国学术界的注意和重视。在中国知网上，笔者共搜得四十余篇相关研究文章，其中以对日本人在华调查的研究数量居多。在对西方人调查的研究中，有关少数民族、边疆的调查似乎较易引起学者的注意。日本的南满洲铁道株式会社（以下简称

---

① 梁方仲：《卜凯〈中国土地的利用〉评介》，《社会科学杂志（北平）》第9卷第2期，1947年12月。

② 费孝通：《内地农村的租佃和雇佣——评农村复兴委员会的〈云南省农村调查〉》，《中农月刊》1940年第1卷第4期。在《禄村农田》中，费孝通也有类似的评价。

③ 郭大松：《〈济南道院暨红卍字会之调查〉辩证》，《青岛大学师范学院学报》2005年第3期；［日］岩间一弘，甘慧杰：《1940年前后上海职员阶层的生活情况》，《史林》2003年第4期；小田：《社群心态的解读——围绕1933年的浙江乡村调查而展开》，《社会科学》2004年第7期。

满铁）、东亚同文会（东亚同文书院）、鸟居龙藏的调查是较受欢迎的研究对象。除了这些文章，解学诗的专著《评满铁调查部》在利用大量原始资料的基础上，对满铁及其调查部进行了全貌性的评述，并分析了日本学者有关“满铁调查部论”的论争。[①]另外，日本学者也对东亚同文书院、兴亚院等在中国的调查进行了探究。[②]

（六）社会学史的有关研究

绝大多数中国社会学史著作都把社会调查作为一个当然组成部分，将之放到相应的主题下处理。它们往往先是简要地叙述内容，然后作简要的评价。但很少有著作深入地探讨这些调查与社会学的具体关系。孙以芳的《中国社会学的发展》、孙本文的《当代中国社会学》、杨雅彬的《中国社会学史》《近代中国社会学》等均是如此。阎明的《一门学科与一个时代——社会学在中国》总体上也是这样，但他比较详细地论述了北京社会实进会对人力车夫的调查过程，他依据的都是美国各档案馆收藏的一手材料。一般来说，中国社会学史学者并未注意到中国现代社会调查的复杂性，他们所选择的调查大都是比较经典的。但有一些调查，如卜凯的调查，不必然属于社会学，所以在论述时必须作适当的交代，遗憾的是，社会学史学者这样做的很少。

（七）其他方面

有文章介绍了《月华》杂志与民国时期回族调查之间的关系。[③]在20世纪30年代的农村性质大论战中，论辩双方都评论了一些调查，他们的主要目的是

---

① 解学诗：《评满铁调查部》，北京：人民出版社，2015年。

② ［日］薄井由：《东亚同文书院大旅行研究》，上海：上海书店出版社，2001年；［日］本庄比佐子，山内雅生，久保亨，等编：《兴亚院与战时中国调查》，东京：岩波书店，2002年。

③ 雷晓静：《〈月华〉与社会调查》，《回族研究》2000年第2期。

宣示自己的主张。还有一些研究的直接对象，虽然不是民国时期的社会调查，但其与民国时期的社会调查息息相关，梁方仲的《中国历代户口、田地、田赋统计》[①]、朱君毅的《民国时期的政府统计工作》[②]和王德发的《中华民国统计史（1912—1949）》[③]的研究对象均是如此。前者论述的截止年代是清末，它为我们研究民国时期社会调查提供了一个参照。后两者论述的虽是民国时期的统计工作，但统计与社会调查的关系非常密切，有许多统计工作实际上就是调查工作。

此外，对经典调查进行的追踪调查、再调查在某种程度上可视为对经典调查的另类研究。其中一些追踪调查、再调查成果，如庄孔韶的《银翅：中国的地方社会与文化变迁》[④]、周大鸣的《凤凰村的变迁：〈华南的乡村生活〉追踪研究》[⑤]等也获得了较高的学术声誉。有的学者在利用已有调查资料和调查报告进行学术研究时，可能会对所利用的资料予以或多或少地评价和鉴别，这也可视为一种探讨。

可以说，近年来对清末民国时期社会调查进行研究已成为一种学术热潮。与此相适应，在资料出版方面，许多民国时期的调查研究成果陆续再版，一些未刊的研究成果也分别被整理出来予以公开出版、发表，而且一些大型的资料集也已渐次推出。

由李文海先生担任主编，夏明方、黄兴涛两位教授担任副主编的《民国时期社会调查丛编》[⑥]的出版极大地推动了清末民国时期社会调查的资料汇编、出版工作，进而提升了学术界对清末民国时期社会调查的关注度，并促进了相关学科的学术研究。

《民国时期社会调查丛编》出版后，李、夏、黄三位先生继续主持编辑出

---

① 梁方仲编著：《中国历代户口、田地、田赋统计》，上海：上海人民出版社，1980 年。

② 朱君毅：《民国时期的政府统计工作》，北京：中国统计出版社，1988 年。

③ 王德发：《中华民国统计史（1912—1949）》，上海：上海财经大学出版社，2018 年。

④ 庄孔韶：《银翅：中国的地方社会与文化变迁》，北京：生活·读书·新知三联书店，2000 年。

⑤ 周大鸣：《凤凰村的变迁：〈华南的乡村生活〉追踪研究》，北京：社会科学文献出版社，2006 年。

⑥ 李文海主编，夏明方，黄兴涛副主编：《民国时期社会调查丛编》，福州：福建教育出版社，2004 年、2005 年。

版了《民国时期社会调查丛编（二编）》[①]《民国时期社会调查丛编（三编）》。[②] 2015年，黄兴涛教授主持的国家社科基金重大项目“清末民国社会调查数据库建设”获得立项，清末民国时期社会调查资料数字化工作正式启动，课题组同时开始集中力量收集、整理、编辑晚清社会调查资料和报告。

国家图书馆选编的《民国时期社会调查资料汇编》[③]《民国时期社会调查资料续编》[④]和《民国时期社会调查资料三编》[⑤]，郑成林选编的《民国时期经济调查资料汇编》[⑥]《民国时期经济调查资料续编》[⑦]和《民国时期经济调查资料三编》[⑧]，胡浩、钟甫宁、周应恒编著的《卜凯农户调查数据汇编：1929—1933》[⑨]，全勤、姜小青主编的《二十世纪三十年代国情调查报告》[⑩]，以及国家图书馆古籍馆编的《国家图书馆藏清代民国调查报告丛刊》[⑪]和孙善根整理的《二十世纪三十年代鄞县奉化县情调查资料辑录》[⑫]等相继出版。

日本机构的调查报告、资料，如徐勇主持编译的《满铁调查》《满铁农村调查》[⑬]，许金生主编的《近代日本在华兵要地志调查资料集成》[⑭]，冯天

---

① 李文海主编，夏明方，黄兴涛副主编：《民国时期社会调查丛编（二编）》，福州：福建教育出版社，2009年、2010年、2014年。

② 李文海主编，夏明方，黄兴涛副主编：《民国时期社会调查丛编（三编）》，福州：福建教育出版社，2014年。

③ 国家图书馆选编：《民国时期社会调查资料汇编》，北京：国家图书馆出版社，2013年。

④ 国家图书馆选编：《民国时期社会调查资料续编》，北京：国家图书馆出版社，2015年。

⑤ 国家图书馆选编：《民国时期社会调查资料三编》，北京：国家图书馆出版社，2017年。

⑥ 郑成林选编：《民国时期经济调查资料汇编》，北京：国家图书馆出版社，2013年。

⑦ 郑成林选编：《民国时期经济调查资料续编》，北京：国家图书馆出版社，2015年。

⑧ 郑成林选编：《民国时期经济调查资料三编》，北京：国家图书馆出版社，2016年。

⑨ 胡浩，钟甫宁，周应恒编著：《卜凯农户调查数据汇编：1929—1933》，北京：科学出版社，2017年、2019年、2020年。

⑩ 全勤，姜小青主编：《二十世纪三十年代国情调查报告》，南京：凤凰出版社，2012年。

⑪ 国家图书馆古籍馆编：《国家图书馆藏清代民国调查报告丛刊》，北京：燕山出版社，2007年。

⑫ 孙善根整理：《二十世纪三十年代鄞县奉化县情调查资料辑录》，宁波：宁波出版社，2016年。

⑬ 华中师范大学中国农村研究院，黑龙江省档案馆合编译：《满铁调查》，北京：中国社会科学出版社，2015年；徐勇，邓大才主编：《满铁农村调查》，李俄宪，译，南宁：广西师范大学出版社，2018年。

⑭ 许金生主编：《近代日本在华兵要地志调查资料集成》，北京：线装书局，2016年。

瑜主编的《东亚同文书院中国调查手稿丛刊》[①]《东亚同文书院中国调查手稿丛刊续编》[②]，邵汉明、王建朗主编的《近代日本对华调查档案资料丛刊》[③]，解学诗、宋玉印主编的《满铁内密文书》[④]，周俊旗、郭登浩主编的《天津社会科学院图书馆馆藏满铁华北文献资料选编》[⑤]，曾凡刚主编的《满铁调查报告》[⑥]，辽宁省档案馆编的《满铁调查报告》[⑦]等也被整理出版。从这些资料集中可以看出，满铁调查广受中国学界钟爱。

此外，许多大型资料集，如张研、孙燕京主编的《民国史料丛刊》《民国史料丛刊续编》，中国社会科学院近代史研究所编的《抗日战争史料丛编》，吴贵飙主编的《民国时期西康资料汇编》，江沛主编的《中国近代铁路史资料选辑》，翁连溪主编的《中国文房文献集成》，李习文、刘天明主编的《民国时期宁夏文献集成》，王筱雯主编的《中国近代工业史料汇编·东北卷》，邵汉明主编的《南满洲铁道株式会社社史资料汇编》，中国社会科学院经济研究所编的《中国社会科学院经济研究所藏近代经济史料初编》，陈廷湘主编的《民国乡村建设晏阳初华西实验区档案选编》，韩永进主编的《民国文献类编续编》，国家图书馆编的《民国华侨史料汇编》《民国华侨史料续编》《民国华侨史料三编》，古籍影印室编的《民国赈灾史料初编》、詹福瑞主编的《民国赈灾史料续编》和夏明方选编的《民国赈灾史料三编》，田奇选编的《民国时期地方概况资料汇编》《民国时期地方概况资料续编》，郑成林选编的《民国时期国情统计资料汇编》《民国时期国情统计资料续编》，郑成林选编的《民国时期社会统计资料汇编》，王余光编的《清末民国图书馆史料汇编》《清末民国图书馆史料续编》，张羽新、张双志编的《民国藏事史料汇编》，王春瑜编的《中

① 冯天瑜主编：《东亚同文书院中国调查手稿丛刊》，北京：国家图书馆出版社，2016 年。

② 冯天瑜主编：《东亚同文书院中国调查手稿丛刊续编》，北京：国家图书馆出版社，2018 年。

③ 邵汉明，王建朗主编：《近代日本对华调查档案资料丛刊》，北京：国家图书馆出版社，2019 年。

④ 解学诗，宋玉印主编：《满铁内密文书》，北京：社会科学文献出版社，2015 年。

⑤ 周俊旗，郭登浩主编：《天津社会科学院图书馆馆藏满铁华北文献资料选编》，北京：燕山出版社，2014 年。

⑥ 曾凡刚主编：《满铁调查报告》，南宁：广西师范大学出版社，2005 年。

⑦ 辽宁省档案馆编：《满铁调查报告》，南宁：广西师范大学出版社，2008 年、2010 年。

国稀见史料》，桑兵主编的《清代稿钞本》，中央财经大学图书馆编的《清末民国财政史料辑刊》《清末民国财政史料辑刊补编》，田正平主编的《中国近代教育文献丛刊》，国家图书馆古籍馆编的《国家图书馆藏近代统计资料丛刊》，杨春清编的《近代财政史料汇编》，以及《近现代中国边疆界务资料》《近现代中国边疆界务资料续编》《近现代中国边疆界务资料三编》，等等，均包含大量的调查统计材料。

在台湾地区，成文出版社有限公司与美国中文资料中心于 1977 年联合整理出版了《民国二十年代中国大陆土地问题资料》①，台湾学生书局、台北文海出版有限公司和台北宗青图书出版公司等出版了民国时期系列调查报告。

综观以上七个方面的研究，其不俗的成绩为后人的深入探讨打下了基础，但这些研究还存在诸多方面的不足：（1）论点方面的不足。除了具体研究可能存在的不足，目前学术界对民国时期社会调查的复杂性认识得还不够深入，社会学界在很大程度上忽视了晚清的社会调查。（2）整体性研究不够。对调查、学术、社会三者间的互动研究还比较少见，深度也有欠缺。（3）各调查间的比较研究尚待加强。（4）重要调查机构的专门研究还很缺乏。（5）研究专著不多。

近年来，学术界对中国现代社会调查史的研究出现了一些新的动向：（1）不再局限于人物的研究。随着学者的研究兴趣所及，各种社会调查被挖掘出来。（2）晚清的调查已作为专门的研究对象被更多学者关注。（3）已有学者（如台湾的江勇振）意图找到学术、社会与具体调查三者之间的关系，以打破那种社会学者只注重调查的学术价值，而历史学者对此却关注得不够的局面。

---

① 萧铮：《民国二十年代中国大陆土地问题资料》，台北：成文出版社有限公司，1977 年。

第三节 本书的方法和结构

本书试图在对中国现代社会调查的兴起过程进行总体把握的基础上，回答一些基本问题。考察的对象，主要是中国人自己所从事的社会调查，所依靠的资料主要是当时人所作的调查报告及调查方法方面的论著。选择 1897—1937 年作为论述的时段，主要是有两方面的原因：第一，根据笔者掌握的资料，1871 年中国已有人开始从事现代社会调查，但自 1897 年起，调查的数量才开始连续增加，现代社会调查才渐成一股时代的潮流。第二，1937—1949 年的各种社会调查型式基本上在此前已经出现，而且这一阶段调查的数量与上一阶段相比大为减少，1912—1937 年已足可展示现代社会调查活跃的局面。当然，抗战期间的社会调查也有自身的特点：西南边疆及少数民族调查较多，社区研究的创作出现了一个高峰，等等。这些，都具有时代的特色。

将燕京大学社会学系和定县实验区这两个单位作为个例考察的重点，主要是出于以下几点考虑：（1）民国时期，社会学是与社会调查关系比较紧密的一门学科，而燕京大学社会学系所取得的成就恰恰可以代表这门学科所能达到的水准。（2）相较于其他试验区（实验区），定县的社会调查与定县平民教育运动结合得更为紧密。（3）燕京大学社会学系有清河试验区，而定县试验区（实验区）与一些学术机构也有着各种各样的联系。这两个试验区（实验区）既有相似之处，也有不同的地方，可以作比较研究。之所以选择燕京大学社会学系和定县调查作为个例探究，还有两个重要原因。一方面，燕京大学社会学系前期从事的是 Booth 式调查，后期则意图以社区研究代替 Booth 式调查，社区研究代替 Booth 式调查应是研究范式的一个转换，而社区研究派在中国社会学界开创了较具特色的燕京学派，其地位亦为世界社会学界所承认；另一方面，李景汉等人在定县所从事的调查属于 Booth 式调查范畴，当吴文藻等人在燕京大学大力提倡社区研究时，定县的社会调查正如火如荼地展开并已经取得丰硕的成果，李景汉的《定县社会概况调查》当为中国 Booth 式调查的经典之作，其水平同样获得学界和社会的公认。将这两个个例放在一起讨论，有助于深化对民国时期社会学乃至整个学界的经验研究及其范式争论、转换的认识。可以说，燕京大学社会学系和定县实验区为考察社会调查与相关学术、社会改造之间的关系提供了很好的平台。

定量分析和定性研究相结合是本书的主要研究方法。笔者分别对清末、民国时期的社会调查的数量作了统计，并在此基础上作了进一步的分析，力求反映这两个时期社会调查的整体状况和特点。

“型式”是本书进行定性研究的一个非常重要的概念。

社会调查，可依据不同的标准进行不同的分类。如从内容上来分，大的划分可有政治调查、经济调查、社会调查和文化调查，更细的划分可有文教调查、卫生调查、婚姻家庭调查等；从地域上来分，有沿海、内地、边疆的调查或城市、乡村的调查；从方法上来分，有全面调查、个案调查和重点调查或通信调查、访问调查、蹲点调查、资料调查，等等。这些划分，可作进一步研究的起点，但在某种程度上，又不免简单。依据这些划分，我们可以窥测社会调查的大体面貌和一些特点，但对社会调查发展脉络的清理及其与相关学术、社会变动之间关系的把握帮助不是很大。而且清末民国时期社会调查的数量极为庞大，内容也非常纷繁，依据这些划分难以对社会调查进行总体而深入的观测。

有鉴于此，笔者力图以调查的目的、套路，调查与相关学术的关系等作为一个综合的指标来区分社会调查。为了显示与“类型”的区别，本文引入“型式”

这个概念。

托马斯・库恩在《科学革命的结构》一书中，提出"范式革命"这一科学哲学命题。[①]他认为，科学发展是一个常规科学和科学革命交替、渐变和激变相结合的过程。常规科学以一定的学科范式为基础，在原有范式日渐完善的过程中，反常现象不断增多，原有范式慢慢陷入危机，最终发生科学革命，由新范式取代旧范式而进入新的常规科学。

托马斯・库恩的"范式"概念对本书的写作确实具有重要的指导和借鉴意义，但不能将其照搬过来，理由主要有以下几点：（1）民国时期社会调查不仅是一种学术现象，也是一种社会现象。对那些不具有明显学术色彩的社会调查，显然不能使用"范式"概念加以解释。（2）许多学科都使用统计调查从事研究。这些统计调查，既要遵循统计调查的一般程序和规范，同时又必须具有本学科自身的学术范式。所以，"范式"概念不足以说明统计调查这种类型的调查。（3）各学科的不同分支，甚至不同的研究问题所使用的研究范式差别有可能非常大。（4）民国时期同一学科、同一社会领域的许多调查所遵循的范式或规范也许不同，这些不同范式的调查在中国开始出现的时间可能有先后之别，但并无替代关系。

笔者提出"型式"概念，正是要对清末民国时期，尤其是民国时期的社会调查进行较为深入的研究，同时，将尽可能多的清末民国时期的社会调查纳入讨论的视野。所谓"型式"，是对"类型"和"范式"概念的借用和转用。符合一定范式、规范的某种类型的调查，可命名为某某型式调查。同时，提出该概念还有另一层考虑，即对某某型式调查，以"型"概括这种型式的所有调查，以"式"命名次一级范围的调查。如可将所有统计调查称为统计型调查，统计型调查下又可分为一般的统计调查、Booth 式调查、随机抽样调查等。

"型式"概念的提出可克服上述类型划分的缺点，为单个社会调查的评价提供各自的坐标。英国社会学者罗斯提供了一套评价标准，然而这套标准只是针对抽样调查而设。经过修改，可以将之适用于一般的统计调查和 Booth 式调查（后

---

① ［美］托马斯・库恩：《科学革命的结构》，金吾伦，胡新和，译，北京：北京大学出版社，2003 年。

文详解），但社区研究与抽样调查差别太大，罗斯的标准很难适用。我们只有把一个调查放到相应的型式中考察才能看出其真正的水平。

除导论外，本书拟分七章对相关问题进行阐述。第一章分两节分别介绍国外社会调查史和中国传统社会调查史，以有助于从整体上了解中国现代社会调查的方法论、理念来源和所对应的传统之参照。

第二章主要以统计分析来揭示清末社会调查的总体状况和基本特点，并通过一定的指标分析来判断这期间的社会调查是否具有现代性，结论是清末中国现代社会调查已然肇兴。

第三章依据原始档案、当时报刊刊载的各种原始材料和其他原始资料，力图从整体上把握清末人口调查的发展脉络，对近代人口（户口）调查在清末初兴的情况进行较为详细的论述，以进一步深入理解清末社会调查整体情形。本章认为，清末近代人口调查的初兴经历了一个从点到面、从地方到全国的过程。除了民政部（巡警部）主持下的北京户籍调查、全国户口实数调查和宣统年间户口普查，当时还发生了其他的全国性人口调查、大量的地方性个例调查和一些特别调查。清末人口调查呈现出多样性、复杂性的特征，近代调查中既含有传统因素，传统调查中也表现出一定的近代特性，清末中国的人口调查还受到外国殖民者的一些制约，这可视为近代中国半殖民地社会性质的一种体现。本章还讨论了清末人口调查结果的构成，概述了相关原始材料的收藏情况，并重点探讨了宣统年间户口普查调查结果可能少估、多估的情形和不能确定少估、多估的情形。

第四章主要是通过统计分析来描述1912—1937年社会调查的时间、地点和内容分布，并对各种型式的调查加以简要概述，以此来反映这个时期社会调查的活跃情形。在此基础上对这个时期社会调查的两大基本特点——社会调查与社会服务、改良密切相关，社会调查与相关学科紧密相连，作一简要分析。

第五章主要目的是分析现代统计（学）的传入与清末民国时期社会调查的关系。本章简要介绍了现代统计知识的传入与统计学科在中国的建立情形，认为现代社会调查在中国的兴起和发展变化与现代统计（学）的传入有连带的历史关系。一方面，统计型调查的大量产生、调查观念的发展变化、统计型调查在中国的专业化表现都与统计学有莫大的关系；另一方面，中国现代社会调查的发展对民国统计学学科建设也产生了重要而微妙的影响。统计和调查是近代人们认识社会的两大基本工具，本章虽然分析的是统计学与现代调查的关系，但所涉调查涉及众多学科，而且无论是晚清，还是民国，统计型调查的数量均属最多。因此，本章的分析应该可以认为是对晚清民国时期社会调查的一种整体性探究。

与前五章的综合性整体把握不同，本书的第六章、第七章，则是一种个例的分析，试图以两个个例，来透视现代社会调查的兴起与学术现代化和社会改造之间的历史关系。第六章主要是试图通过对燕京大学社会学系社会调查总体状况的分析，透视其在该系学科建设乃至社会学中国化中的地位，并对该系 Booth 式调查与社区研究的关系作一初步探讨。第七章主要是在介绍定县试验（实验）区社会调查总体状况的基础上，分析平民教育整体工作思路的形成过程和社会调查在具体实验工作中的地位，以及社会调查所受之反作用，进而揭示李景汉等人调查的某种非客观性。

本书的难点非常多，最主要的难点有三：（1）资料浩如烟海，极为分散，试图一次性收集完整，几乎不可能。尽管笔者尽了极大的努力，并得到了许多老师、朋友热情的帮助，仍有不少遗漏，有待今后进一步补充完善。同时，把考察的对象限于本国人所作的调查本身也有局限，有可能影响我们看问题的深度。为了在一定程度上弥补这一不足，在论述相关问题时对一些必须涉及的外国人在中国的调查，也将予以适度的探讨。从笔者的角度来看，一些由外国人主持并撰写报告，但在实地考察中有中国人参与，甚至由他们独力承担的调查不能完完全全算成外国人的调查。此外，本书还有一个不足，就是对此期中国人写成但用外文发表的调查报告收集得较少。（2）现代社会调查十分复杂，任何概括性的把握都有可能有失偏颇。（3）对社会调查与相关学术领域的关系的研究，都必须具备与之相应的丰富的专业知识，而这方面笔者相对欠缺。这些都是制约本书写作的客观因素。但本书在以下方面仍具有一定的贡献：（1）对国人最早从事现代社会调查和现代社会调查肇兴的时间以及肇兴的具体表现，提出了新的见解和辨析。（2）本书对此期的各种各样的社会调查作了较为系统、全面的收集，收集到的调查报告达一万三千余篇（本）。同时，在大量掌握相关资料的基础上，笔者努力作出了统计分析，可使人们对此期社会调查的全貌有较之以往更为清晰、更为具体的认识。

（3）从历史学的角度来考察社会调查的兴起，并对其中的一些问题作出历史的分析，虽然多有局限，但毕竟是一次有益的尝试，尤其是相对于不太重视探讨具体的历史过程的社会学史的有关研究来说，应当不无参照补充之功效。（4）所提“型式”概念，不失为一种分析清末民国时期社会调查的有力工具。

第一章

现代社会调查溯源

现代社会调查在中国的兴起、发展和流布，是复杂的社会历史现象和学术现象。中国古代虽已有许多社会调查事实发生，但现代意义上的社会调查却不是中国古已有之的一种社会现象。现代社会调查起源于西方，社会调查在西方经历了一个漫长的发展、变化过程。即使在当下，作为人们认识世界的一种基本方法，社会调查方法仍在不断更新，社会调查所作用的领域也在不断拓宽。

清末时期，现代社会调查经日本传入中国。此前，西方人（包括传教士、中国海关雇员、殖民者等）出于不同的目的，已在中国从事各种调查。但这些调查从总体上来讲并未引起中国人作出相应的反应和行动。粗略而言，清末中国现代社会调查受日本影响较大，民国社会调查受欧美诸国尤其是美国、英国的影响较大，法、德、奥、俄和瑞典等国也施以程度不等的影响。这种状况，与中国近现代学术体系的建立及思想理念的变化、发展历程颇相吻合。

对事物进行追根溯源的研究，是历史研究的一个基本方法，也是其显著特点。研究中国现代社会调查，自然也离不开追根溯源。总体而言，中国现代社会调查的方法论和理念均来自西方，探讨或交代西方社会调查史，有利于我们明了中国现代社会调查之源，加深对中国现代社会调查发展进程的了解。西方社会调查史，是理解中国社会调查发展面貌的一个很好参照。同时，中国现代社会调查所查对象是中国社会，如欲对其进行深入研究，自然也离不开对中国传统研究方法尤其是社会调查史的了解。只有将中国现代社会调查放在国外社会调查史和中国传统调查史以及相关事物中考察，我们才能获得较为深刻的认识。

第一节

国外社会调查的流变

在历史中，调查“自身”本无传统与现代之分，它“自身”并不能叙述和区别不同历史时期的自己。社会调查之所以有传统与现代之分，是后人为了研究之便，依据不同历史时期的各种表征作出的区别概括。当然，这并不是说，后人对它们进行区别毫无意义，也不是说传统社会调查与现代社会调查之间的差别无关宏旨。我们之所以说调查“自身”本无传统与现代之分，就是要强调现代社会调查是有其历史源头的。作为一门学问的社会调查学，与其他学问一样，是有其知识积累过程的。而由具体调查到调查方法的自觉提炼再到调查学的诞生与发展，恰恰是现代社会调查发展史中现代社会调查区别于传统社会调查的一个重要标志。

也正因为如此（多少也由于史料的限制），我们不能明确而简单地判定哪一个调查是世界上第一个现代意义上的社会调查。我们只能说现代社会调查大约起源于哪个时期。当然，这只是就世界社会调查史整体而言。在中国，现代社会调查属于舶来品，只要史料许可，确定其起始年代就具有一定可能性。

（一）新型统计调查的出现与发展

传统调查一般集中在政府手里，其内容主要是一国或一个地区的人口、土地和财产方面的调查，其目的大都是为了政府征税和抽调民力之便。为了提高效率和准确性，人们有时也对调查中的经验和教训加以总结。现代调查与传统调查有一定的联系，如人口、土地和财产也都是现代调查的重要内容，传统调查的经验、教训为现代调查提供了某种方法上的准备。不过，随着时代的发展，现代调查的特征越来越明显。现代调查最先萌发于资本主义发展较早的英、法两国。自17世纪开始，英、法两国逐渐产生了一系列出于不同目的调查，调查活动也开始转到其他社会组织手中，调查内容渐渐从人口、土地信息变为人口统计学和社会问题。经过两个多世纪的发展，这种新型统计调查才在19世纪得以确立。[①]在这个过程中，社会调查方法被不断提炼出来。此后，随着社会调查更多地被应用于不同的社会研究之中，调查的技术、手段和方法也日趋多样化，日趋成熟，作为研究社会的一种基本方法，社会调查日益受到重视。逐渐地，社会调查作为一门独立的学问被一些学者加以探讨、总结，社会调查学的诞生渐渐地成为现实。

根据一些学者的看法，早在古埃及时期社会调查就已发生。[②]古埃及在建造金字塔时，为了征集费用，曾对全国人口和财产进行过简单的调查和统计。[③]在西方，古希腊、古罗马时期也已出现有关社会调查的记载。古希腊在公元前400年就进行过人口普查。[④]罗马共和国每4年对每个家庭的人口和财产进行普查登记，奥古斯都后来将这种普查推广到整个罗马帝国。[⑤]

这里所说的古埃及、古希腊和古罗马时期的调查，很显然属于传统调查。这

---

① 西奥多·M. 波特，多萝西·罗斯主编：《剑桥科学史（第七卷）：现代社会科学》，第七卷翻译委员会编译，郑州：大象出版社，2008年，第71页。

② 袁方主编：《社会研究方法教程》，北京：北京大学出版社，1997年，第46页。

③ 张彦主编：《社会统计学》，北京：高等教育出版社，2005年，第2页。

④ 张彦：《社会统计学：原理与方法（修订本）》，南京：南京大学出版社，1997年，第2页。

⑤ 陈希孺：《数理统计学小史》，《数理统计与管理》第18卷第3期，1999年3月。

些调查，距现在较为遥远，留下的记载也是片鳞半爪，其具体内容和详细过程已无从考察。

古代英国最为著名的一次调查是征服者威廉发动的调查。1086年，威廉为了征收贡赋，曾在英格兰实行人口和土地调查。威廉的调查员踏遍每一个城市和村庄，详细调查所属人民的土地和财产，就连“一头猪、一头牛也必须登记入册”。调查结果被编为《土地调查清册》，英格兰人将之戏称为“末日审判书”。[①]威廉的这次侧重于财产的调查产生了比较长远的影响，甚至在19世纪末的一些调查中均可看到其影响所在。因而有些学者将这次调查称为英国现代社会调查（social survey）的开端。[②]

16、17世纪，伴随着英国国际贸易的拓展和民族国家的建立，重商主义开始产生，其在国家经济立法中的影响日渐增强。18世纪后期，英国古典经济学兴起，重商主义对国家经济政策制定的影响才逐渐让位于古典经济学。法国资本主义经济的发展要比英国晚，也比英国弱，因而其反映资本主义发展的经济学思想——重农主义的产生也要比英国晚。与重商主义相比，重农主义呈现出其自身的一些特点，“重商主义为商业革命辩护，同一理由，重农主义为农业革命申诉”。[③]不管重商主义与重农主义之间存在多大的差别，它们有一个共同的观点，即都认为人口乃一国重要财富，劳动创造了价值。

英国自1538年起建立了教区人口登记制度[④]，但这种人口登记制度很难动态地、真实地反映英国人口的整体变化情况。著名的重商主义经济学者威廉·配第（William Petty）对此种状况表示不满，他很想知道英国的人口确数。配第早年曾在伦敦大学学医，毕业后先在牛津大学担任外科教授，后至爱尔兰做医官。在

---

① 中共中央电视台《大国崛起》节目组编著：《大国崛起·英国》，北京：中国民主法制出版社，2006年。

② Martin Bulmer, Kevin Bales, Kathryn Kish Sklar. “The Social Survey in History Perspective” in *The Social Survey in History Perspective, 1880—1940,* ed. by Martin Bulmer, Kevin Bales, Kathryn Kish Sklar. New York: Cambridge University Press, 1991, p. 5.

③ 赵迺抟：《欧美经济学史》，北京：东方出版社，2007年，第51页。

④ 参见［英］杰弗里·巴勒克拉夫：《当代史学主要趋势》，北京：北京大学出版社，2006年，第98页。

爱尔兰期间，他曾主持土地测量之事，将土地公允地分配给士兵，颇得舆论的赞许。后来，他将精力集中于人口统计学和经济问题的探讨，并首创用粗浅的统计方法分析社会经济问题。[①]威廉·配第曾使用政治算术（political arithmetic）的方法推算从诺亚大洪水时代开始的世界人口增长情况。配第的推算，缺乏可靠的人口统计数据验证。配第死后，英国人口统计学有所发展，但发展得比较缓慢。哈雷（Edmund Halley）曾创造了寿命期望表，并将之首次应用于寿命保险的计算中。1666年，伦敦发生了一场大火，1688年英国又发生了光荣革命。经过这两次事件后，英国人口是增是减，一直没有定论。

柯尔柏在担任法国财政总监期间，主持了一系列的大规模社会调查，如1664年的法国社会概况调查，1665年的制造业的调查，以及不定期的人口状况调查，为以后行政统计调查的制度化奠定了基础。法国路易王朝时期，人口调查结果往往被看作国家机密而被严加保守。1697年，法国由德·博维尔公爵主持人口调查，该调查认为法国的人口规模不变或正在下降。此结果一直被使用了五六十年。人口统计方面的这种状况，显然不能令人满意，一些热衷于人口统计的官员和民间人士渴望知道全国人口的准确信息。于是在法国，首先会选择一些教区作为全国的样本，并计算出这些教区的人口出生率（以这些教区六年的人口出生数平均值除以教区人口总数），再以此作为全国人口出生率的代表乘以全国的人口出生总数，从而确定全国人口数量。在英国，则以纳税者名单或死亡报表来计算全国人口。相比而言，法国的人口计算方法要比英国的高明些。英国的人口计算方法的缺陷非常明显。[②]不过，依上述方法计算出来的法国人口总数也只是个约数，其准确性还需作进一步探讨。为了求得人口的确数，英国议会曾于1753年和1758年两次通过法案，要求进行全国人口普查，但因引起加税的恐慌而遭到强烈的反对，最终作罢。

英、法等国没有确切的人口数字，这种情况直到18世纪末19世纪初才有

---

① 赵廼抟：《欧美经济学史》，北京：东方出版社，2007年，第28页。

② 西奥多·M. 波特，多萝西·罗斯主编：《剑桥科学史（第七卷）：现代社会科学》，第七卷翻译委员会编译，郑州：大象出版社，2008年，第72—73页。

了改变。在法国，启蒙思想家及其反对者都认为，在其统治下公民人数增长最快的政府无疑是最好的政府。在英国，托马斯·罗伯特·马尔萨斯（Thomas Robert Malthus）于1798年出版了《人口原理》，1803年再版，两版的内容和观点略有差别。马尔萨斯的人口理论将人们对人口不足的担忧转变为对人口过多的担忧，他从另一个侧面说明了人口统计之重要和必要。1800年，英国农业发生灾难性的歉收，食物成为急需。1801年，在里奇曼（Richman）的推动下，英国举办了全国第一次人口普查，同时利用教区资料对1700年以来的英国人口进行回溯调查，并规定今后每十年进行一次人口普查。此前，1749年瑞典进行了人类历史上第一次现代意义上的人口普查。1790年，美国为了平均分配国会议席而举行人口普查。1801年，法国成立统计总局，内务部开始着手全国和资源总数的普查。至19世纪30年代，欧洲许多主要国家建立了人口普查常设机构，与此同时，与贸易、工业、卫生、征兵、犯罪等有关的统计机构也建立起来。

在政府机构统计调查取得重大进展的同时，英、法、美诸国的个人也越来越多地开展了社会统计。1833年，曼彻斯特统计协会成立，这是世界上第一个个人统计组织。1834年，伦敦统计协会成立，其成员包括著名的马尔萨斯、里查德·琼斯（Richard Jones）、阿道夫·凯特莱（Adolphe Quetelet）、查里斯·巴伯格（Charles Babbage）和亚当·瑟得维奇（Adam Sedgwick）等人。1839年，美国波士顿成立统计协会。1860年，法国巴黎统计会成立。

这些统计学会的成员有些是政府官员、议会议员，有些与各皇家委员会的关系极为密切，甚至其本人就是皇家委员会成员。因而，他们的调查得到了相关皇家委员会、咨询委员会的保护，他们对社会、政府提出的批评、反对意见被纳入可容许的范围内，在个别情况下，他们的结论推动了有关法制的更改。随着社会调查的开展，收集和分析资料的活动逐渐出现了专职化的趋势。以英国为例，1835—1854年间从事经验社会研究的人员中专职人士占2%，1855—1874年占14%，1875—1900年则占24%。[①]由于专业化的发展，人口学和统计学渐渐分离

---

① ［苏］科恩：《十九世纪至二十世纪初资产阶级社会学史》，梁逸，译，上海：上海译文出版社，1982年，第119页。

出来，成为独立的学科，流行病学等也开始发展为相关学科的一门子学科。

大量社会调查结果的公开发表，丰富了人们的知识，拓宽了人们的视野，从较为长远的历史角度来看，它甚至与其他知识体系一道促进了人们思维方式的转变。

现代社会调查的发生，与社会科学的兴起在时间上同拍。现代社会调查的确立时期，也恰恰是社会科学的酝酿诞生时期。17、18 世纪西方自然科学进步飞快，一些人开始用自然科学的方法来观察、研究社会，社会研究中的经验主义迅速崛起。以经验主义研究社会，正是上述统计协会的重要任务，它们研究的主题也主要集中于资本主义发展中显现出来的一些重要问题，如劳动人民、城市贫民、移民的生活以及犯罪现象等问题。

资本主义制度的确立，尤其是工业革命极大地改变了英、法等国社会的面貌：英、法等国从农业社会迅速进入工业社会，城市化进程大为加速，大量人口从农村移向城市，城市呈现初步繁荣的同时城市贫民也在迅速增加，城市的社会治安开始恶化，社会阶级分化趋势愈加明显，资本主义经济周期化现象逐步显现，工人运动开始蓬勃兴起。

劳动阶级、城市贫民、移民的生活状况以及犯罪现象等社会问题，自然成为这些统计协会研究的对象。由于深受古典经济学自由放任主义观念的影响，它们坚信资本主义和市场经济是最好的制度安排，资本主义社会所呈现出来的问题只不过是城市中下层社会阶级个人道德、精神“病态”的种种表现，只要中下层阶级个人道德、精神健康进步了，社会问题也就可以解决了。他们不提倡任何形式的政府干预和制度革新。因此，它们关注的对象仅仅是城市中下层社会阶级的生活状况，尤其是其中的病态方面。

1791—1825 年，乔治・辛克勒发动苏格兰宗教界人士对苏格兰 881 个教区进行了内容十分广泛的统计调查。其内容涉及苏格兰的地理、矿藏资源、教区史、农业和手工业的状况以及居民的性别、年龄、职业、宗教信仰、出生率、死亡率、自杀、被杀和失业以及酒徒人数等。就其内容之广泛程度而言，此项调查有点类似于德国的“国家记述”统计调查。此项调查结果的第二十一卷《苏格兰统计记述》

公布后，对许多欧洲国家的人口调查、普查表的内容产生了巨大影响。[①]

1832年，詹姆士·凯·夏特沃斯（James Kay-Shuttleworth）发表了其经典作品《曼彻斯特棉纺织业中工人阶级的道德和身体状况》。1834年，曼彻斯特统计协会雇用代理人调查了4102户纺织工人家庭，强调调查有关住房的供给情况，因为他们相信过分的拥挤和混乱是社会无序的一个有力的证明。为了准备1834年的贫穷法案报告，查德维克（Chadwick）经过调查提交了《劳动阶级的卫生条件报告》，描述了劳动阶级居住区的社会和卫生条件。彼时，霍乱等流行病盛行。伦敦统计协会早期会员威廉·法（William Farr）则对生命统计学作出了重要贡献，他将统计方法引进对流行病如霍乱的分析，并用统计方法研究流行病与人口密度之间的关系，从而将流行病的治疗建立在较为客观的统计分析基础上，他因此而成为流行病学创始人之一。

1830年后，法国人的调查工作也集中于中下层社会阶级身上。1840年，弗雷热博士发表了其经典之作《大城市人口中的危险阶级》。1836年，亚历山大·帕朗·迪沙特莱开始了长达15年之久的巴黎卖淫现象的调查。

19世纪60年代兴起的社会达尔文主义，进一步强化了这种倾向。一方面，它大大增强了人们关于世界范围内西方资本主义制度优越性的意识；另一方面，更使这些调查者找到了支持其观点的生物学、哲学基础，“以前研究者把犯罪归因于贫穷和缺乏教育，那么现在他们找到了有关遗传性堕落和生理、心理恶习受生物学规律制约的证明”。[②]

由于各种力量的推动，英、法等国从1800年后逐渐形成了一场调查统计运动。这些力量来自国会、政府（含政府官员）、专家、资本家、志愿者以及各种统计协会等。调查统计运动推动了相关学科的建立和发展，如人口统计学（含生命统计学）、流行病学等，同时也为国家和社会提供了相关信息和知识，推动了对社会的研究。其中，政府不仅是信息的消费者，在某种程度上也是信息和知识的生

① ［苏］科恩：《十九世纪至二十世纪初资产阶级社会学史》，梁逸，译，上海：上海译文出版社，1982年，第120页。

② 同①，第122页。

产者。这是问题的一个方面，问题的另一个方面是，由于调查者过于信奉自由主义观点，他们的调查结果也不尽如人意，其提出的解决问题的办法更有一种“南辕北辙”的感觉。

1834年，英国《济贫法（修正案）》即是在这种经验调查推动下修订的。修正案原则上反映了自由主义观点。它要求有劳动能力的失业者必须进入“贫民习艺所”才能得到救济，而习艺所的条件极其糟糕，甚至比监狱还差。因此，《济贫法（修正案）》通过后广受批评，著名作家狄更斯在《雾都孤儿》（又译为《奥立弗·退斯特》）中将习艺所形容为“人间地狱”。[①]

现代社会调查在德国的表现与英、法等国有所不同。我们今天所说的统计学（statistics）一词最早出现于18世纪的德国。不过，18世纪德国的统计学（statistics）与我们今天所说的统计学的含义大相径庭。18世纪德国的统计学是指对一个国家或一个地区的人口、资源、地理情况、风俗习惯、政府体系以及社会事务等进行分类描述的一种学问。因其调查内容几乎涉及一个国家或一个地区的所有方面，所以有学者将之称为“国家的描述性的科学”。[②]

18世纪和19世纪前半叶德国所进行的调查主体就是建立在这种统计学基础上的。一些学者将之称为旧式社会统计学。日本人从德国引进这种调查后，结合统计学新近发展，将之改良为国势调查。清末从日本传入中国的调查，从这个角度可归为国势调查。国势调查对清末民初的中国调查影响颇大。

今天的统计学近缘，与其说是18世纪的德国统计学，毋宁说是威廉·配第提出的“政治算术”。[③]所谓政治算术，就是定量分析人口和经济的一种方法。统计学发展到今天大致是沿着这样一条路径来进行的：政治算术—社会统计学—数理统计学。这里所说的社会统计学，是与德国旧式社会统计学相对应的新式社

① ［英］查尔斯·狄更斯：《奥立弗·退斯特》，荣如德，译，上海：上海译文出版社，1984年，第501—506页。

② 西奥多·M. 波特：《统计学和统计学的方法》，西奥多·M. 波特，多萝西·罗斯主编：《剑桥科学史（第七卷）：现代社会科学》，第七卷翻译委员会编译，郑州：大象出版社，2008年，第205页。

③ 有人将威廉·配第尊为统计学的创始人，参见《配第——政治经济学之父·统计学的创始人》，《北京统计》2004年第1、2期。

会统计学，其特点就是以数量分析社会问题。不可否认，在这一进程中，德国的旧式社会统计学对新式社会统计学施加了某种程度的影响（如对国家事务进行分类调查等）。这点，从“统计学”一词传入英国并得到广泛使用的情况中可见一斑。

德国之所以注重描述性的调查，与其国情和思想传统有关。德国直至 18 世纪 70 年代尚未统一，诸侯公国林立，工业经济发展较晚，资本主义社会矛盾未能充分显现，而其思想界向来注重宏观地、历史地、哲学式地研究社会问题，所以在德国没有能发展出经验主义定量分析社会问题的传统。

19 世纪后半叶，尤其是统一后，德国的经济获得迅速发展，各种社会问题日渐凸显。因而，英国式社会调查在德国也有了发展，德国调查方法和分析问题的方法也自然受到英、法两国的影响。

（二）Booth 式调查的诞生及扩展

19 世纪 40 年代末，英国对社会进行经验研究的兴趣衰退了，社会调查的数量大为减少。其原因是多方面的，社会调查者的改良主义目的似乎已经达到，英国议会通过了一系列改善工人阶级状况的法令，而工人运动在宪章运动失败后暂时偃旗息鼓。不过，这并不意味着社会问题、社会矛盾已经彻底解决，相反，社会矛盾处于一种潜伏状态。贫穷问题没有削弱，经济危机一再发生。

资本主义尤其是在工业革命发展初期，人们认为资本主义和市场自身是完美的，是能够自我调节的，贫穷、犯罪等社会不良现象能够随着资本主义的发展而不断减少。这种乐观主义情绪，既是自由放任主义观点的一种反映，也是新兴资产阶级的一种集体意识。尽管人们普遍存在这种乐观主义情绪，但资本主义的社会矛盾和贫穷、犯罪等社会现象并没有随着经济的发展而减少，相反，它们呈现出某种程度的恶化趋势。1873 年，西方资本主义世界再次发生经济危机。经济危机的爆发集中凸显了资本主义的社会矛盾和存在的不良社会现象，直接冲击了自由放任主义观点的基础。经济危机的爆发，说明了市场严重失灵，说明了自由放任主义关于“理性人”的假设存在严重缺陷，经济危机一再发生，则说明了资本主义经济呈现出周期性波动规律，说明了市场失灵现象绝不是偶然发生的。

19世纪上半叶工人运动蓬勃开展，尤其是1848年前后席卷欧洲的工人运动展现了工人阶级的力量，解决工人贫穷和政治参与问题则成为社会必须正视的一个问题，资产阶级政府不得不在政策上乃至政治上作出适当的调整。工人阶级的力量和声音逐渐渗入资产阶级政权体制中，宣称代表工人阶级的政党和政治团体（如工党、工联主义者）纷纷为工人阶级代言，针对工人等阶级的要求，资产阶级政府在制定政策时必须予以重点考虑。正是对工人等阶级利益的重视和照顾，才逐步推动资本主义国家的社会立法，进而逐步推动资本主义福利国家的建立。

显然，注重个人道德、精神状况的调查及其理论基础——自由放任主义已不能说明、解决资本主义面临的社会矛盾，此种类型的调查已越来越不合时宜。

注重个人道德、精神状况的调查存在的最大的一个问题是忽视社会对个人的影响，不能正视贫穷问题、犯罪问题首先是社会问题这一事实。因而，其对这些问题的解释以及拟定的对策恐怕要差之千里。此类调查中的反对政府干预、相信市场自我调节的倾向，不久就受到多重力量的挑战：不同党派都更关注政策的调整与制定，工会活动家更注重为工人代言，一些左派思想家提出关于贫穷的新的解释，部分调查者在调查方法、调查理念等方面作出新的尝试。①

记者亨利·马休（Henry Mayhew）以旁观者的姿态，访问工作中或公共场所中的工人阶级成员，客观而详细地描述了工人阶级的职业情况、生活条件和经济环境。②马休的文章陆陆续续地于1849—1851年间发表在《时事晨报》（*Morning Chronicles*）上，1861年结集出版，定名为《伦敦劳动阶级和伦敦的穷人》（*London Labour and the London Poor*）。相对于以前的调查，马休作了两点主要改进：一是以客观中立的态度从事调查；二是亲自访问工人阶级成员，使得工人阶级的声音直接体现于调查结果中，而最终公布于世。这两点，成为此后Booth式调查的两个重要元素（客观中立态度和直接访问）。这两个元素，直到现在，恐怕都是大

---

① Martin Bulmer, Kevin Bales, Kathryn Kish Sklar. “The Social Survey in History Perspective”, in *The Social Survey in History Perspective, 1880—1940*, ed. by Martin Bulmer, Kevin Bales, Kathryn Kish Sklar. New York: Cambridge University Press, 1991, p. 13.

② 同①，p. 14。

多数社会调查所必须具备的。当然，我们也应该看到，直接访问的萌芽还可往前追溯。英国著名的法官、慈善家和社会改革家霍华德在18世纪曾使用与犯人交谈的方法，广泛地调查了欧洲各国监狱状况。他调查了欧洲200座监狱的情况，写出了《英格兰和威尔士监狱状况，以及外国监狱的初步观察和报告》。他以确凿的事实，说服英国众议院通过监狱改革法案，改善犯人的待遇。

勒普莱，法国矿山工程师，受法国七月革命事件的刺激，决定以一个自然科学家的眼光观察社会生活，以便弄清社会革命产生的原因。他利用在英国、西班牙、意大利、德国、奥地利、匈牙利、俄国和斯堪的纳维亚半岛等不同国家和地区的工作之便，采取个人观察和自由访问的方法，先后调查了三百多个欧洲家庭。1855年，调查成果《欧洲工人》一书问世。该书后来扩充到六卷，于1877—1879年间出版。勒普莱以家庭为主要观察对象，力求对家庭地理环境、家庭史、家庭成员的职业、家庭的生活来源、生活方式、收支情况以及家庭社会关系等方面进行专题式研究。经过研究，他将家庭分为三类：第一种是宗法制家庭——个人服从家庭，家庭作为唯一的不可分割的单位而起作用；第二种是树干式家庭——家庭的一切财产都要移交给父亲所挑选的一个继承人，其他子女成年后都必须迁移出去；第三种是不稳定的家庭——缺乏传给子孙的足够资金，父母与成年子女不住在一起。勒普莱觉察到资本主义的发展引起了家庭的发展变化，他认为第三种家庭正是处于急剧工业化、都市化进程中的法国家庭的典型形态。

勒普莱的调查对法国乃至整个西方的经验研究产生了广泛而深刻的影响，因此，有些学者将他的研究视为“Social Survey”的起点。[①]不可否认，勒普莱在调查史中的地位是非常重要的。但在我们看来，只有查理·布斯（Charles Booth）

---

① Martin Bulmer, Kevin Bales, Kathryn Kish Sklar. “The Social Survey in History Perspective”, in *The Social Survey in History Perspective, 1880—1940*, ed. by Martin Bulmer, Kevin Bales, Kathryn Kish Sklar. New York: Cambridge University Press, 1991, pp.14—16. Alain Desrosière. “The Part in Relation to the Whole: How to Generalise? The Prehistory of Representative Sampling”, in *The Social Survey in History Perspective, 1880—1940*, ed. by Martin Bulmer, Kevin Bales, Kathryn Kish Sklar. New York: Cambridge University Press, 1991, pp.218—224.

从事的社会调查才具备包括 Bulmer 等人在内的一些权威学者所认可的“survey”应具备的几乎所有元素，而且，后来发生的此种类型的调查基本上都是以布斯的伦敦调查为标本而展开的。所以，我们将“Social Survey”称为 Booth 式调查。

查理·布斯是一名利物浦造船业企业家，他对以统计学研究社会问题、社会事实一向感兴趣。1885 年成为英国皇家统计学会成员后，他着手研究 1881 年的调查资料。在此过程中，他开始构思另一项研究计划。1886 年，他带领他的调查团队对伦敦居民的生活和劳动状况进行全面而深入的调查，著名的女社会党人、费边社创始人之一比特丽丝·韦伯参与了伦敦调查的全部过程。布斯的调查目的是要发现合乎科学的事实，探求事务的本来面貌，为城市工业区经常性的贫穷问题找到合理的解决办法。其调查资料主要来源于其调查团队的实地调查，官方统计机构的统计材料，以及警察局卫生督查员和学校督查员的报告等。1889—1891 年间，布斯出版了三卷本调查成果《伦敦人民的生活和劳动》。1902—1903 年，《伦敦人民的生活和劳动》第三版出版，由三卷本扩充为十七卷本。与勒普莱的做法类似，布斯等人也重点分析了伦敦居民的家庭生活，首先将伦敦的居民分为干粗活的工人、流浪汉、犯罪分子、有仆役的阶级等类，对他们的家庭收支状况分别加以研究；后来，他们又根据生活条件的不同，将居民分为三个等级：低级、中级和高级，分类的标准是一个家庭居住的房间数和雇用的仆役人数。

这部巨著的研究涉及伦敦居民生活的方方面面。它将伦敦分为五十个区，分别考察了它们在贫穷率、人口密度、出生率、死亡率、早婚率等方面不同的排列情况。这部著作问世后，得到了社会舆论的广泛关注，最终促进了英国有关最低工资、养老保险、失业补助的法令得以在 20 世纪初通过。同时，这部著作也是经验社会研究的一个典范，其后的许多社会调查都深受其影响。就经验社会研究而言，布斯的调查主要作出了两方面的贡献：一是提出了“贫困线”的概念，并在数字上确立了一种可观察、可测量的标准；二是对收集的资料、信息力求精确、客观、全面、详尽。可以说，布斯在某种程度上实现了其揭示科学事实的初衷。正因为如此，有人将布斯称为社会科学的创始人之一。[①]

德国的恩斯特·恩格尔的研究也深受勒普莱调查的影响。恩格尔起初也是矿山工程师，后来成为职业统计学家、普鲁士统计局局长。他曾对勒普莱及其助手收集到的各国家庭收支情况进行综合分析，提出了著名的“恩格尔定律”—— 一个家庭越穷，用于饮食、衣服、住房等必要开支所占收入的比重就越高。

马克斯·韦伯是资产阶级社会学理论家，他既注重社会学理论研究，也注重经验社会研究，1892 年出版的《易北河以东德国农业工人的状况》是其第一部经验著作。后来，他又出版了《关于工业劳动的心理物理原理问题》一书作为经验社会研究的方法论导论。

阿道夫·列文施坦的《劳工问题》（1912 年出版）是 20 世纪初对工业劳动所作的最广泛的研究。1911 年间，他向德国八个工业区的三类工人（矿工、冶金工和纺织工）发出了八千张调查表。依据回收的调查表（回收率达 63%），他撰写了《劳工问题》一书。

美国曾经是英国的殖民地。在某种程度上，美国亦可视为西方资本主义后发国家之一。其社会科学（如社会学、人类学、经济学等）之起步，固然受英国的影响，但受德国的影响恐怕更大。然而，在对社会进行经验研究方面，美国秉承得更多的是英国的传统，经验社会研究在美国得到了发扬光大，并呈现出自己的特点。

种族和外来移民问题，是美国两大社会问题。这两大社会问题对美国的影响显然要比其他国家重要得多。因而，这两大社会问题自然成为美国早期社会调查的焦点。其中，著名的有杜波依斯对费城黑人的调查，调查成果以“费城黑人”为题于 1899 年公开出版。[②]

贫民问题是英法社会改良者、社会调查者一直关注的重要问题，这方面美国也不例外。1888 年，雅各布·里斯在《另一半人是怎样生活的》一书中，深入地描

---

① Martin Bulmer, Kevin Bales, Kathryn Kish Sklar. *The Social Survey in History Perspective, 1880—1940*. New York: Cambridge University Press, 1991, p. 20.

② 汪天德：《美国社会学研究及主要理论的发展》，《江苏社会科学》2010 年第 1 期。

述了纽约贫民窟中穷苦大众贫困潦倒的生活。1902 年，林肯·斯蒂芬司出版了他在美国 7 个大都会贫民窟调查的基础上写成的著作《城市阴影》。[①]

对贫民和弱势群体的关注，或多或少地体现了调查者的慈善仁爱之心。资产阶级慈善组织建立之初，虽然倡导者或领导者多数是宗教界人士，但其工作是世俗的，而且其解决世俗的贫穷问题的办法，除了在一定程度上依赖宗教热情，恐怕更多地还来自他们对现实的了解和探索。因而，许多慈善组织成立后，就从事了大量的社会调查，慈善组织成为社会调查的重要主体力量之一。

布斯在伦敦调查期间，英国的慈善工作出现了一种新的动向。1884 年，牧师巴涅特为了纪念其好友汤恩比，在伦敦东区建立了一个社区睦邻服务中心——“汤恩比服务所”（Toynbee Hall）。汤恩比服务所成立后，许多类似的服务机构在英国相继成立，一场社区睦邻运动在英国轰轰烈烈地开展起来。不久，该运动迅速传遍欧洲大部分国家，东南亚以及日本等国也竞相效仿。美国受这一运动影响最大，这一运动在美国开展得也最为广泛、最为深入。

美国成立的第一个社区服务中心是纽约邻里互助会（Neighborhood Guild），该互助会由 S. 科伊特于 1886 年创立。1889 年，简·亚当斯和 E.G. 斯塔尔等人创立了在美国乃至整个世界历史上最享有盛名的社区睦邻服务所——赫尔大厦（Hull House）。到 1937 年，全美已有社区睦邻服务所五百多个。[②]可以说，社区睦邻服务所工作已超越慈善范围，而进至社会工作的范畴。

与英国汤恩比服务所不同，赫尔大厦更注重社会问题的整体解决，更注重对整个社会问题而不是零散的社会现象进行调查了解。以赫尔大厦为代表的美国社会工作机构及其成员对美国社会调查的开展所起的作用，恐怕比英国的同行给予英国社会调查的影响要大得多。

此外，与英、法两国不同的还有，美国的利益团体众多，活动能量很大，由

---

① 周晓虹：《社会学经验研究传统的形成与确立》，《南京大学学报（哲学·人文科学·社会科学版）》2001 年第 1 期；汪汝会：《林肯·斯蒂芬斯：揭开地狱盖子的美国新闻人》，《学习博览》2008 年第 7 期。

② 徐富海：《从汤恩比馆到赫尔大厦——社区睦邻运动发展过程及启示》，《中国民政》2016 年第 14 期。

大财团乃至政府支持的基金会也非常多。在诸多力量（慈善团体、社会工作者、专业人士、财团、政府、利益团体和基金会等）的支持或直接参与下，美国社会调查（Social Survey）虽导源于英国，但其发展之迅速是英国所不能比拟的。至1927年，美国的社会调查已达2775次之多。①

其中，匹茨堡调查（Pittsburgh Survey）、春田调查（Springfield Survey）与布斯的伦敦调查极为类似，都是对一个城市的全城调查。1907年，在罗斯基金会的支持下，保罗·凯洛格对匹茨堡的劳动立法、工人家庭生活、女工及工人工资等问题作了详细调查，后共汇集成六大册调查报告于1909—1914年间出版。这是美国第一个系统性的大型社会调查。②春田调查对20世纪二三十年代的中国调查产生了重要影响。这次调查是应当地居民的要求而举行的，旨在改善城市公共事业。调查内容包括教育、工商业、市政管理、公共卫生、居住条件、娱乐场所、治安等。调查报告的依次披露，促使城市居民更加关心城市建设，有力地推动了市政建设。③

大量社会调查的产生，不仅丰富了人们关于社会的知识，而且由于调查方法的改进以及对客观、精确的调查理念的追求，这些调查所提供的知识也被认为是符合事实、符合科学的。这些调查的侧重点虽然不同，有的调查城市贫穷现象，有的调查社会犯罪问题，还有的调查教育问题，等等，其所揭示的社会事实也不尽相同，但它们都有一个共同点，即都认为它们所依赖的社会存在病态，并欲对之作出诊断，它们所获得的社会事实也往往证实了这一点。也就是说，社会调查（Social Survey）者以科学的方法证实了西方资本主义社会存在病态这一客观事实，需要进行社会干预和救治。社会调查方法和观念的转向，是西方社会矛盾、社会问题日益凸显的一个反映，在某种程度上是对自由放任主义的一种回击。而大量社会调查（Social Survey）的产生，则促进了人们思想观念的转变，以往的完全放任的自由主义观念逐步让位于新自由主义。

---

① Martin Bulmer, Kevin Bales, Kathryn Kish Sklar. *The Social Survey in History Perspective, 1880—1940*. New York: Cambridge University Press, 1991, p. 30.

② 袁方主编：《社会研究方法教程》，北京：北京大学出版社，1997年，第50页。

③ 同②。

20 世纪二三十年代的经济大危机宣告了旧自由主义的终结，凯恩斯提出的政府干预主张渐被各国政府采纳，凯恩斯主义为西方各国制定经济政策奠定了新的理念基础。1929 年，应胡佛总统的要求，在洛克菲勒基金的支持下，美国政府特别委托著名社会学家威廉·奥格本（William Ogburn）教授组队全面调查美国的社会状况，以便对社会实施系统的干预改革。调查结果《最近社会趋势》于 1933 年公开出版。正由于威廉·奥格本的调查是在全面、系统地改造社会的基础上展开的，所以有些学者将它与凯恩斯主义相提并论。[①]这种评论显然有故意拔高之嫌，不过，奥格本调查在社会调查史上还是值得一提的。

奥格本调查与典型的 Booth 式调查存在着两大差别：一是典型的 Booth 式调查一般为地域性的局部调查，而奥格本调查则为全美调查；二是典型的 Booth 式调查一般为静态性共时调查，而奥格本调查则是一定程度上的动态性历时调查。虽然如此，奥格本调查与典型的 Booth 式调查还是存有重要而关键的共同点：二者均以社会改造、改革为目的，均秉持客观、全面、精确的调查理念，在具体调查方法上，二者的共同之处也很多。

依据巴尔默的观点，Booth 式调查在 20 世纪 30 年代的美国已渐渐丧失了生命力。[②]由于掌握的材料有限，对此观点，笔者不能妄加评断。但从其将林顿的中镇（Middletown）调查视为代替 Booth 式调查而兴起的另一种类型调查的起点来看，此观点尚有斟酌、商讨之必要。笔者认为，新型调查的兴起并不必然导致 Booth 式调查的衰落乃至消亡，至少在中国是如此。

---

① "Social Investigation, Social Knowledge, and the State: An Introduction", in *The State and Social Investigation in Britain and the United States*, ed. by Michael J. Lacey, Mary O. Furner. New York: Woodrow Wilson Center Press and Cambridge University Press, 1993, pp. 48—49.

② Martin Bulmer. "The Decline of the Social Survey Movement and the Rise of American Empirical Sociology", in *The Social Survey in History Perspective, 1880—1940*, ed. by Martin Bulmer, Kevin Bales, Kathryn Kish Sklar. New York: Cambridge University Press, 1991, pp. 291—312.

（三）随机抽样调查的发生、发展

从较为宽泛的意义上看，前文所讲的新型统计调查和 Booth 式调查，以及此处的随机抽样调查，均可归纳为统计调查。为了在概念上有所区别，我们可以将这种总称式的统计调查称为统计型调查。

全面而详细地调查一个国家和社会的所有事物或某种社会现象的全部事项，有时成本太高，甚至是非常艰难的，如果要动态地调查，恐怕就更难了。随机抽样调查的诞生，很好地解决了这一难题。

历史上，人们为了解决大量观察社会现象的难题，曾设计出不同种类的抽样调查，如广阔的选样调查和代表性的选样调查。[①]中国共产党提倡的典型调查以及费孝通主张的类型调查在某种程度上亦可视为抽样调查。这些调查虽名为抽样调查，但它们没有将样本代表性置于可测量的基础上，它们对样本代表性的讨论还很不充分，它们所采取的解决样本代表性问题的方法是模糊的。因而，即使一些水平较高的调查，其代表性也往往为人所诟病。

随机抽样调查虽有其发展、成熟的过程，但截至目前，它都是解决代表性问题的最佳方法。当然，这并不否定其他类型调查的价值和意义，而且随机抽样调查自有其局限性，并不能代替其他类型的调查，在许多场合，只有将它与其他研究手段结合在一起，才能对研究对象进行很好的、较为深入的研究。

对社会问题、社会事实进行全面而详尽的调查，虽然对随机抽样调查的发生、发展提出了需求，但随机抽样调查的发生并不始于社会研究领域。与其他一些社会科学的发生过程一致，自然科学在随机抽样调查的发生过程中发挥了重要的作用，而随机抽样调查的发展更是与数理统计学的发展密不可分。

早在重商主义时期，威廉·配第等人就曾使用粗浅的概率知识计算过世界人口数量。

阿道夫·凯特莱是我们探讨统计调查历史不得不提到的一个人物。凯特莱是

---

① 樊弘：《社会调查方法》，上海：商务印书馆，1927 年，第 85—88 页。

自然科学学者，同时又是政府统计学家。他一方面对许多自然科学领域（如天文学、气象学等）进行研究；另一方面也注重对社会现象进行统计分析。他利用法国多年犯罪统计结果呈现的一致性，创造了“常人”理论模型。他认为在相当大量的观察下，人们各种特性的分布受正常分布律的支配，每个人都成为“常人”，用平均数可以计算出“常人道德”。尽管他提出的“常人”“常人道德”概念及其计算方法很成问题，但他关于大量观察情况下的规律性的探讨构成了随机抽样的一个理论基础。①

英国数学家阿瑟·L. 鲍莱（Arthur L. Bowley）率先提出使用随机抽样技术，大大推进了数理统计学的发展。在 1906 年的一次会议上，他对如何测定抽样误差问题作了系统说明，论证了用抽样方法所取得材料的可靠性，他认为调查结果中的估计误差是可以计算的。1910 年，在其所著的《统计学基础教程》中，他首次增加“抽样法”一章介绍抽样方法在工业、商业及矿业中的应用问题。②他还将数理统计方法运用到社会调查中。他调查了雷丁、北安普顿、瓦灵顿和斯坦利等地 5% 的工人阶级家庭，根据调查所得著成《生计与贫穷》（*Livelihood and Poverty*）一书，并于 1915 年公开出版。在这本书中，鲍莱运用数学中的概率论对相关调查数据进行了分析，并较为严谨地计算出误差范围。

对数理统计学作出重要贡献的还有弗朗西斯·高尔顿（1822—1911 年）、弗朗西斯·伊西德罗·埃奇沃思（1845—1926 年）、卡尔·皮尔逊（1857—1936 年）、R.A. 费希尔（1890—1962 年）以及耶日·奈曼（1894—1981 年）等人。这些人生活的年代与阿瑟·L. 鲍莱（1869—1957 年）部分重合。其中，尤以卡尔·皮尔逊的影响最大。他在大量观察研究社会现象的基础上，将统计学科发展为一门测量学科，这“是一个新的专门技术形式的基础和‘现代国家’的一个重要资源”。③

---

① 艾琳·简斯·约：《18 世纪和 19 世纪的社会调查》，西奥多·M. 波特，多萝西·罗斯主编：《剑桥科学史（第七卷）：现代社会科学》，第七卷翻译委员会编译，郑州：大象出版社，2008 年，第 75 页。

② 江宏编译：《鲍莱》，《统计》1985 年第 7 期。

③ 西奥多·M. 波特：《统计学和统计学的方法》，西奥多·M. 波特，多萝西·罗斯主编：《剑桥科学史（第七卷）：现代社会科学》，第七卷翻译委员会编译，郑州：大象出版社，2008 年，第 209 页。

从20世纪20年代起，美国经济学、社会学、政治学等社会学科逐渐发展出科学的工程学这一概念，而政府和官僚机构对行政程序合理性的要求日益增长，刺激了对管理工具的可预测和可控制性能的需求。所有这些，都严重依赖数量测定和统计方法，卡尔·皮尔逊的研究工作则为此提供了关键的数学工具。不仅如此，他还为统计学科的确立奠定了制度基础。在1900年前，统计学远未成为独立的学科。卡尔·皮尔逊原是应用数学家，后受高尔顿等人影响，从事生物学的研究。在高尔顿的支持下，他在伦敦大学建立优生学实验室，并与同事W.F.R.韦尔登创办了杂志——《生物统计学》（*Biometrika*）。

对现代数理统计学的发展作出决定性贡献的是英国学者R.A.费希尔。他强调统计方法在实验设计中的重要性，成功地将概率模型带进实验领域，并建立方差分析法来分析这种模型。①

耶日·奈曼的研究也大大推动了概率统计学的发展和应用。鲍莱在《统计学原理》中讨论了概率论的运用及误差的计算方法。而曾与卡尔·皮尔逊共同学习的耶日·奈曼在1934年发表的一篇论文中发展了鲍莱的数理统计方法，确保了数据的公平性。②他认为，在进行抽样调查时必须进行分层抽样，一个社会可以划分成若干社会阶层或部分，他们对应着不同的可调节的利益变量，然后可以在各个阶层随机选择单元调查。③

真正显示抽样调查可预测和可控制性能的是美国民意调查。早在19世纪，美国就进行了大量的预选民意调查。预选民意调查的主要执行者有两类：一类是政党工作人员；一类是新闻媒体。政党工作人员从事调查，主要是想弄清选民的意向，以便调整选举策略；新闻媒体从事调查，主要是为了吸引人们的眼球，扩大报刊的发行量。他们的主要做法则是派人到各地旅行，任意选择大量的选民，

① 齐治平：《数理统计学的产生和发展》，《辽宁师范大学学报（自然科学版）》1989年第4期。

② Alain Desrosière：《大数政治学：统计学推理史》，西奥多·M. 波特：《统计学和统计学的方法》，西奥多·M. 波特，多萝西·罗斯主编：《剑桥科学史（第七卷）：现代社会科学》，第七卷翻译委员会编译，郑州：大象出版社，2008年，第212页。

③ 苏珊·赫布斯特：《政治和企业中的民意调查》，西奥多·M. 波特，多萝西·罗斯主编：《剑桥科学史（第七卷）：现代社会科学》，第七卷翻译委员会编译，郑州：大象出版社，2008年，第507页。

采用预选的办法，询问投票意向，然后进行统计分析。预选民意调查把复杂的公众意见简化为一组简单的数字，一方面为政党工作人员、新闻媒体、商人寻求传达和影响舆论的方法提供了便利[①]；另一方面也为此后的民意调查提供了一些可资借鉴的做法。

1936年，流行政治杂志《文艺文摘》（*Literary Digest*）组织了一场大规模的预选民意调查，可惜的是，它未能正确地预报大选的结果。同年，乔治·盖洛普采取随机抽样的办法准确预告了大选结果。这一结果使盖洛普声名鹊起。盖洛普创办的美国舆论研究所[通称盖洛普民意测验所（Gallup Poll）]逐渐发展为世界上规模最大、最负声望的民意调查机构，大大促进了美国的民意调查产业的发展。

随机抽样技术确确实实地解决了在大范围进行大量调查的困难，而且有效地克服了以往调查者主观上的一些偏见。因此，许多社会科学领域渐渐将统计分析视为一种保障客观性的必要手段。

当抽样技术开始应用于社会调查时，一些人也开始将其应用于农业和矿业调查中。而自20世纪30年代起，政治民意调查者、市场调查者、政府调查员和学院派研究者之间存在着密切的联系。一些大型工业企业（如通用汽车公司等）拿出资金成立或委托调查机构从事产品市场调查，一些专业研究者也开始在大学科研机构对这种新鲜事物加以关注和研究，于是抽样调查在经济学、社会学、政治学等领域逐渐得到应用。不过，由于战争的影响，随机抽样调查技术直到“二战”后才得到广泛的应用。

① 苏珊·赫布斯特：《政治和企业中的民意调查》，西奥多·M. 波特，多萝西·罗斯主编：《剑桥科学史（第七卷）：现代社会科学》，第七卷翻译委员会编译，郑州：大象出版社，2008年，第506页。

（四）人类学调查、社会学调查

今天，有许多学者，特别是社会学者，很自然地将历史上几乎所有类型的社会调查都纳入社会学中进行考察，其实不然。历史上，早期人类学调查、社会学调查和我们在本书中所提出的“统计型”调查是有严格分野的，很多人类学家、社会学家都曾或多或少地对统计型调查加以贬斥。况且，除了这三种类型的调查，还有其他类型的调查。即使是统计型调查，如从学科领域来划分，还可划分为人口学调查、经济学调查、流行病学调查，等等。涉及这些学科的调查自有其特有的学术规范。很显然，经济学、流行病学等学科的调查不属于社会学调查。所以，我们今天在编写有关学科的历史，尤其是社会学史时，对此必须有一个自觉的分别。当然，社会学的研究对象是不断发展变化着的。最初，依据孔德的观点，社会学是一切社会科学的总称，但这并不是将全部社会调查纳入社会学史的理由，因为孔德本人并不十分看重以统计型调查为代表的经验研究 。[①]而且，随着新兴学科的诞生，社会学的领域一步一步地被蚕食，最后定型于现在的研究范围。

从发生的时间顺序来看，人类学调查要比社会学调查早得多。

从某种程度上讲，新航路开辟后，西方国家就开始有意识地对广大亚、非、拉地区展开调查了解，殖民官员、士兵、传教士、探险家、海员、随船医生以及科学考察者等记录下了随他们足迹所至而观察到的社会、自然现象。

这些记录，为西方人了解非西方社会提供了大量的信息和知识，具有一定的客观性。但是，我们也必须看到，这些记录是以西方人的视角来撰写的，是西方人对“野蛮人”的记录，字里行间经常充斥着西方中心主义的笔调和口吻。有些作者为了迎合本土社会的猎奇心理，以特有的编排方式来撰拟自己所遇见的事物。

① 西奥多·M. 波特：《社会研究的类型与对象：从启蒙运动到1890年》，西奥多·M. 波特，多萝西·罗斯主编：《剑桥科学史（第七卷）：现代社会科学》，第七卷翻译委员会编译，郑州：大象出版社，2008年，第29页。

也就是说，他们的观点和所要发现的事物在其未出发前就已在很大程度上确定了。有的作者试图客观地反映他们所见到的一切，却因为不符合赞助者的愿望，被排除在下次旅行之外。①

早期人类学家，除了摩尔根，无论是信奉进化论还是信奉传播论的学者，都严重依赖这些记录，泰勒、麦克伦南、弗雷泽以及拉策尔等人均是如此。他们利用这些二手资料构建了对人类社会发展史的宏观解释，并在书斋中指导着远方的记述。

路易斯·亨利·摩尔根，美国律师，也是颇有成就的铁路大亨，曾当选过纽约州共和党参议员。在一次考察印第安部落的过程中，他结识了易洛魁－塞讷卡部落酋长的儿子——受过教育、说一口流利英语的伊利·帕克。在帕克的引荐下，摩尔根在很长一段时间内多次访问易洛魁人及其他美洲土著民族，为土著争取土地权益积极奔走。他系统考察了印第安亲属制度，将人类原始社会划分为三个时代：蒙昧时代、野蛮时代和文明时代②，并认为母系氏族制度要早于父系氏族制度③。1851 年，摩尔根依据这些调查材料写作并出版了《易洛魁联盟》一书。1877 年，摩尔根完成了其毕生最重要的著作《古代社会》（全称为《古代社会或人类从蒙昧时代经过野蛮时代到文明时代的发展过程的研究》）。对摩尔根所取得的成就，恩格斯曾给予很高的评价：“摩尔根是第一个具有专门知识而想给人类的史前史建立一个确定的系统的人。他所提出的分期法，在没有大量增加的资料认为需要改变以前，无疑依旧是有效的。”④杨堃教授则认为：“资产阶级的民族学之正式出现，是从摩尔根的母系氏族的理论开始的。”⑤

---

① 哈里·科贝尔松：《科学民族志与科学旅行，1750—1850》，西奥多·M. 波特，多萝西·罗斯主编：《剑桥科学史（第七卷）：现代社会科学》，第七卷翻译委员会编译，郑州：大象出版社，2008 年，第 88 页。

② 贾东海，孙振玉主编：《世界民族学史》，银川：宁夏人民出版社，1995 年，第 168 页。

③ ［英］艾伦·巴纳德：《人类学历史与理论（修订版）》，王建民，刘源，许丹，译，北京：华夏出版社，2006 年，第 33—34 页。

④ 恩格斯：《家庭、私有制和国家的起源》，《马克思恩格斯全集》，第 23 卷，第 204 页。

⑤ 杨堃：《民族学概论》，北京：中国社会科学出版社，1988 年，第 60 页。

摩尔根是“19世纪极少进行严肃的田野研究的理论家之一”。[①]也有人认为，“除了摩尔根对易洛魁人的研究，直到19世纪末，没有人类学家从事田野研究，这一点确实令人吃惊”。[②]不过，这种状况在19世纪末发生了改变。

1898年，由艾尔弗雷德·科特·哈登、里弗斯、查尔斯·加百利·塞利格曼等人组成的探险队远赴托雷斯海峡附近的岛屿考察，在随后的10年内，六卷本的调查报告陆续出版。托雷斯海峡探险队所取得的成绩并不十分显著，但被公认为是英国人类学学统中的一个转折点，英国人类学由原来的书斋研究逐渐转变为对一个地区进行全面、详细、深入的详细研究。[③]这次考察，使得英国人类学下一代核心人物里弗斯和塞利格曼得到了训练和启发。此后，他们多次远赴印度或太平洋岛屿调查。

几乎与此同时，美国人类学家弗朗兹·博厄斯也展开了调查。博厄斯原是德国犹太人，1881年获得博士学位，1883—1884年随探险队到加拿大巴芬岛进行实地科学考察，接触到了爱斯基摩人，因为对他们的习俗很感兴趣，他转而研究人类学。1887年，博厄斯加入美国国籍，1896年后任哥伦比亚大学体质人类学讲师、教授。博厄斯非常注重实地调查，曾对英属哥伦比亚进行了4次调查，并联合美国、俄罗斯学者共同组织了著名的“杰塞普北太平洋考察队”，于1897—1902年间对北美西北海岸的印第安部落和西伯利亚土著居民的社会和文化进行了实地考察。考察成果由博厄斯编成二十余册调查报告，并陆续出版。[④]通过调查，博厄斯培养了一大批学生，并为人类学历史学派的理论形成积累了丰富的素材。

此外，俄罗斯激进分子V.G.博古拉兹、L.J.斯特伯格和W.卓科尔森被流放到西伯利亚时乘机对当地土著展开了调查。洛里默·法伊森和艾尔弗雷德·W.豪威特则长期在澳大利亚进行土著研究。

---

① [英]艾伦·巴纳德：《人类学历史与理论（修订版）》，王建民，刘源，许丹，译，北京：华夏出版社，2006年，第33页。

② [英]爱德华·埃文思-普里查德：《论社会人类学》，冷凤彩，译，北京：世界图书出版公司，2010年，第51页。

③ [挪威]弗雷德里克·巴特：《英国和英联邦的人类学》，弗雷德里克·巴特等著：《人类学的四大传统——英国、德国、法国和美国的人类学》，北京：商务印书馆，2008年，第17—18页。

④ 贾东海，孙振玉主编：《世界民族学史》，银川：宁夏人民出版社，1995年，第178—179页。

19 世纪末 20 世纪初，人类学民族志方法已在整体上发生了转向，由专业人类学家进行的民族志探险已成为司空见惯的事。[①]

1922 年，英国人类学研究范式发生了重大转变。就在这一年，马林诺夫斯基的《西太平洋上的航海者》和拉德克利夫 – 布朗的《安达曼岛民》同时出版。受第一次世界大战影响，1914—1918 年，马林诺夫斯基被困于特罗布里恩德群岛，“被迫”从事了近四年的土著调查。而布朗的调查要比马林诺夫斯基早十几年，1906—1908 年间布朗就开始在安达曼岛从事田野作业。

马林诺夫斯基和布朗的研究工作在人类学史上产生了广泛而深远的影响。他们改变了理论与实地研究脱节的研究方式，开创了人类学历史上著名的功能学派，培养了一大批知名的学者，其影响所及超越了英国学界。功能学派在很长一段时期内成为世界人类学的一派显学。马林诺夫斯基和布朗，尤其是马林诺夫斯基创造的参与（局内）观察法，成为以后人类学田野工作的典范。在理论研究上，二人虽各有侧重，理论贡献也有所不同，但其结构—功能理论显示出强大的张力，为“二战”后帕森斯的后结构主义提供了理论借鉴。

在功能学派影响世界学界的同时，美国人类学家博厄斯及其学生也在潜心从事实地研究，并发展了历史学派的文化相对主义理论。其中，玛格丽特 · 米德对萨摩亚的实地研究将文化与种族心理结合起来考察，认为男女个性的特点不是天生的，而是由文化决定的。鲁思 · 本尼迪克特（Ruth Benedict）曾经在夸克特尔人、祖尼人、平原印第安人、美拉尼西亚群岛上的多布人等部落长期从事田野调查。1934 年，她出版《文化模式》一书，从人格心理的角度比较各个部落的支配行为的规范。她认为，这些行为规范被公认为一种文化模式，人们都遵循这种文化模式，部落的民风也因此赖以形成。《文化模式》的出版，标志着种族心理学派（也被称为“文化与人格”学派）的形成。[②]“二战”期间，本尼迪克特使用同一种

---

① 亚当 · 库珀：《人类学》，西奥多 · M. 波特，多萝西 · 罗斯主编：《剑桥科学史（第七卷）：现代社会科学》，第七卷翻译委员会编译，郑州：大象出版社，2008 年，第 317 页。

② 贾东海，孙振玉主编：《世界民族学史》，银川：宁夏人民出版社，1995 年，第 178—202 页；[英] 艾伦 · 巴纳德：《人类学历史与理论（修订版）》，王建民，刘源，许丹，译，北京：华夏出版社，2006 年，第 110—115 页。

视角对日本移民进行了调查研究，其结果《菊与刀》至今仍被视为人类学经典之作。

法国的人类学、民族学大家迪尔凯姆（亦被译为“涂尔干”“杜尔干”）和莫斯等人，虽然非常重视对落后民族的实地调查，但他们本人没有作过田野研究。莫斯之后，法国虽有一些学者到非洲等地调查原始部落，水平也相当高，但他们没有像英国人、美国人一样提炼出理论。①

在社会学产生以后的很长一段时间内，理论建构与社会经验研究之间很少发生联系。直到19世纪末，迪尔凯姆、维贝尔、滕尼斯的研究使得这种状况有所改变。但“只是在20世纪20年代，理论社会学与经验社会学的结合问题才受到充分重视，并且开始专门制定经验社会研究的方法论和技术”。②

20世纪20年代起，美国社会学界出现了经验研究与社会学理论建设同步的趋势。其中，著名的有以帕克为首的芝加哥学派的城市研究，林德夫妇对门奇市的小城镇研究，以及沃纳与他的合作者对麻省小城镇纽伯里波特的社会分层研究等。这些研究都注重理论与经验研究相结合，注重理论假设—经验调查—理论检验这一实证研究程序，表现出与统计型调查不同的研究路向，有些社会学者甚至对统计型调查大加贬斥，认为这些调查是“社会政治家”的工作。③

虽然帕克等人贬低以统计型调查为代表的经验研究，但另外一位著名社会学家的主张似乎预告了更新的研究趋势。F.H. 吉登斯就曾声称：“社会学在方法上是一门统计科学。”也正是在他的倡导下，哥伦比亚大学社会学系非常重视定量分析的方法。④

---

① ［英］罗伯特·帕金：《法语国家的人类学》，［挪威］弗雷德里克·巴特，［奥］安德烈·金格里希，［英］罗伯特·帕金，等：《人类学的四大传统——英国、德国、法国和美国的人类学》，北京：商务印书馆，2008年，第186页。

② ［苏］科恩：《十九世纪至二十世纪初资产阶级社会学史》，梁逸，译，上海：上海译文出版社，1982年，第145页。

③ 罗伯特·C. 班尼斯特：《社会学》，西奥多·M. 波特，多萝西·罗斯主编：《剑桥科学史（第七卷）：现代社会科学》，第七卷翻译委员会编译，郑州：大象出版社，2008年，第291页。

④ 贾春增主编：《外国社会学史（修订本）》，北京：中国人民大学出版社，2000年，第192页。

第二节 中国古代的调查

现代社会调查虽然是西方近代社会的产物，但与西方人一样，古代中国人也有了解、认知社会、处理社会问题的需要。以现在的眼光来看，调查与统计，无疑是人们认知社会的有效工具。尽管现代调查技术和理念不是出自中国，但中国自古就有大量调查统计事实发生。

有些学者将史书中记载的结绳记事视为中国调查之始。[①]对照今人关于调查的定义，这种观点有穿凿附会之嫌，不足采纳。

关于中国调查之始的年代问题，许多学者根据《禹贡》的记载，认为早在夏禹时期中国就已发生调查统计现象。[②]《禹贡》将全国分为九州，依据土质的优劣，将九州的田和赋的复合分组为三等九级。但《禹贡》乃战国时的作品，故有学者指出，中国最早的调查统计应该发生在殷商时期，甲骨文中有关“登人”的记载为其明证。[③]周朝每三年清查一次户口，即所谓三年一“大比”，户口编查

---

① 水延凯等编著：《社会调查教程（修订本）》，北京：中国人民大学出版社，1988 年，第 25 页。

② 刘大钧：《中国之统计事业》，《统计论丛》，上海：黎明书局，1934 年，第 146 页。

③ 卫聚贤：《历史统计学》，上海：商务印书馆，1934 年，第 88 页。

已形成制度且具规模。[①]战国时期，韩、赵、魏、秦等国推行上计制度，对民户、垦地均进行登记调查。[②]

此后，各个朝代也均有人口调查统计的事实发生，有些朝代甚至出现了统计调查制度化、常态化的现象。

秦统一六国后，继续执行原有的上计制度，并有所发展。秦以十月为岁首，上计的时间规定在九十月间，上计的内容比较全面，包括户口、垦田以及钱谷出入等。"初令男子书年""令黔首自实田"，也就是让男子自己书写年龄，让老百姓自己报告占有的田亩数字。这是调查法中的"自填法"。虽然朝廷对虚报信息规定了惩罚措施，但凭借这种"自填法"还是很难得到准确的数字。不过，中国自古不十分讲究数字的精确，只要不是律法十分败坏，这种通过"自填法"得到的"约数"，对于维持朝廷所需的兵源和财源还是能够起到一定作用的。

汉朝建立后，延续了秦朝的一些做法。汉朝的"上计律"规定了上计的时间、报告的程序和内容，凡不按时上计或上计不实等事情，都会受到法律制裁。汉朝每年八月实行全国范围的"算人"（调查户口），并制作簿籍。簿籍的内容分为两部分，一部分是人户情况的登记，记有户主、人数、家庭成员姓名、性别及年龄等；另一部分是财产情况，记有土地、房屋以及其他有关财产等。[③]

东晋为了便于对南迁侨民的管理，实行土断制度（即将南迁侨民编入当地户籍的一种制度），同时又对侨民和土著实行分类管理，将侨民登记为白籍，土著登记为黄籍。北魏高宗太安（455—459年）初，二十余批派遣使者循行天下，观察风俗，探视民间疾苦[④]，此系派员调查法的实施。北魏实行均田制，北齐延续了这种做法，施行授田课税，征兵服役。武成帝河清三年（564年）规定："率以十八授田，输租调，二十充兵，六十免力役，六十六退田，免租调。"[⑤]均田制、授田课税若要顺利实施，须要求朝廷对全国土地和人民的年岁分组情况有大致的

---

① 吴大钧：《户口普查》，中央统计联合会编：《统计讲演集》，上海：中华书局，1937年，第219页。
② 李惠村，莫曰达：《中国统计史》，北京：中国统计出版社，1993年，第23页。
③ 同②，第61页。
④ 同②，第90页。
⑤ 《隋书·食货志》。

了解。为了帮助北周朝廷更有效地征税征兵，苏绰帮助周太祖宇文泰改革制度，创计账、户籍之法，“绰始制方案程式、朱出墨入，及计账、户籍之法”。[①]

隋朝建立后，继承、发展了北朝的一些制度，同时，对一些制度实行了重大改革和革新，如在中央实行三省六部制，在地方实行州、县二级管理制，在人才选拔方面实行科举制。三省六部制和科举制尤其是科举制的施行，对后世产生了重大而深远的影响。为了防止人民逃避赋役，隋杨朝廷在户口管理方面实行貌阅，开皇五年（585年），高祖令州县“阅其貌以验老小之实”。[②]

唐朝延续并发展了隋朝的一些重要制度。唐初制定了一套相当完整的检查户口的方法。执行这项统计工作的基层组织是乡、里、村，执行者中最主要的是里正。唐政府规定：“每一岁一造记账，三年一造户籍。”[③]唐延载元年（694年）发展了隋朝的貌阅办法，采用团貌办法，令“诸户口计年将人丁、老疾应免课役及给侍者，皆县亲貌形状，以为定簿。一定以后，不得更貌。疑有奸欺者，听随事貌定，以付手实”。[④]在土地调查方面，唐武德七年（624年）实行均田制，下令丈量全国土地。[⑤]刘晏，曾任户部侍郎、度支使、吏部尚书、同平章事等职。为了增加财政收入，他实施常平法，在各道派遣官员调查商情和物价，以丰买歉卖，即“自诸道巡院距京师，重价募疾足，置递相望。四方物价之上下，虽极远不四五日知。故食货之重轻，尽权在掌握……朝廷获美利，而天下无甚贵贱之忧，得其术矣”[⑥]，“诸道各置知院官，每旬月具州县雨雪丰歉之状，白使司。丰则贵籴，歉则贱粜，或以谷易杂货供官用，及于丰处卖之”[⑦]。应该指出的是，唐朝还编制了统计资料汇编《国计簿》，这是我国官方最早的调查统计资料汇编。《旧唐书·宪宗本纪》有言：“己卯，史官李吉甫撰《元和国计簿》。”[⑧]

---

① 《周书·苏绰传》。

② 李惠村，莫曰达：《中国统计史》，北京：中国统计出版社，1993年，第98页。

③ 《唐六典》卷三《尚书户部》。

④ 《旧唐书·职官志》。

⑤ 参阅《唐六典》卷三《尚书户部》。

⑥ 《旧唐书·刘晏传》。

⑦ 《资治通鉴》卷二二六。

⑧ 《旧唐书·宪宗本纪》。

宋朝把户籍分为主户和客户两类，又将人户分为五等，按这种分类而编造的人口及财产簿册，叫“五等丁产簿”，又称“五等版籍”。[①]据许多学者探讨，宋朝存在五种户口调查统计系统。[②]宋朝还延续了唐朝编制统计资料汇编的做法，多个时期都编造统计资料汇编《会计录》，如《景德会计录》《祥符会计录》《庆历会计录》等。[③]

北宋王安石变法是我国历史上一次著名的变法革新运动。其改革措施，涉及本节所讨论的调查有保甲制度，既是一种社会控制体制，也是一种新型户籍制度，其影响所及延至民国时期。从理论上来讲，保甲制度是一种常态化的人口登记管理制度，不过，后世也有利用其进行即时人口调查的事例。方田均税法（简称“方田法”）是王安石均摊赋税的一条重要方法。为推行方田均税法，首先必须丈量土地。丈量土地，实际上是政府对土地实行的一种直接调查。有些州在丈量土地以推行方田均税法时，为了防止漏报、瞒报，将各户的土地、山塘一块一块地核实，标明其面积、坐落，绘成图样。这种图连接起来，因形状类似鱼鳞，所以人称“鱼鳞图”。“鱼鳞图”按户集结成册，叫“鱼鳞图册”。[④]“鱼鳞图册”是北宋土地调查的一项重要发展。

宋朝只有婺州、漳州等地编制鱼鳞图册，并没有广泛推行。明洪武二十年（1387 年），朱元璋命令各州县分区编造，以田地为主，分号详列面积、地形、四至、土质以及户主姓名，一式四份，分存各级政府，以作征税根据。明朝鱼鳞图册，为我国完整地产记录。在户口方面，明初实行户帖制度，明太祖曾派出大军到各地“点户比对”，所查内容比西方罗马时期的人口普查要全面得多，所以有些西方学者认为这是世界上“最早试行全面的人口普查的历史证据”。[⑤]后来为征派赋役，明朝编造黄册（因造送户部的户口簿册封面为黄色，故名“黄册”），其内容较户帖更广。洪武十四年（1381 年）“诏天下府、州、县编赋役黄册。以

① 戴建国：《宋代籍帐制度探析——以户口统计为中心》，《历史研究》2007 年第 3 期。

② 吴松弟：《宋代户口的汇总发布系统》，《历史研究》1999 年第 4 期。

③ 李惠村，莫曰达：《中国统计史》，北京：中国统计出版社，1993 年，第 144—145 页。

④ 同③，第 136 页。

⑤ 梁方仲：《中国历代户口、田地、田赋统计》，上海：上海人民出版社，1980 年，第 17 页。

一百一十户为里，推丁粮多者十户为长，余百户为十甲。甲十户，名全图。其不能十户，或四五户若六七户，名半图……”[①]明朝把编制黄册的年份叫作“大造之年”，规定每隔十年必须重新核实重编。黄册制度施行既久，编造人员常和官吏串通舞弊，私自涂改捏造，致使人户、田地和实际不符，黄册因而形成具文。为此，主管官吏常另编一册作为征派赋役的依据。因是私编，不报户部，故名“白册”，亦称“实征黄册”。[②]明朝中后期，土地兼并现象严重，士绅豪民利用特权逃避缴税，嘉靖、万历年间，“豪民有田不赋，贫民曲输为累”。[③]为了缓解社会矛盾，加强朝廷税收征收的能力，万历六年（1578 年），“帝用大学士张居正正议，天下田亩通行丈量，限三载竣事。用开方法，以径围乘除，畸零截补。于是豪滑不得欺隐，里甲免赔累，而小民无虚粮。总计田数七百一万三千九百七十六顷，视弘治时赢三百万顷”。[④]

清廷基本沿袭了前朝的一些做法，并将之发展完善。清初实行户口编审制，每五年编审一次。雍正四年（1726 年），直隶总督李绂奏请实行保甲制代替编审制，“编审五年一举，虽意在清户口，不如保甲更为详密，既可稽查游民，且不必另查户口”。[⑤]乾隆二十二年（1757 年），根据顺治户口牌甲之令，下发保甲户口清查法十五条，实施保甲制，并利用保甲清查户口。[⑥]清初还参酌明制编定黄册，因须上报皇帝御览，又称“御览黄册”。[⑦]清朝的鱼鳞图册绘制法与明朝亦大略相同，为核实《赋役全书》的依据之一。

在长期的调查实践中，中国古人发明、应用了一些统计调查方法和工具，如自填法、派员调查法和登记调查法等。战国时期谱牒已经出现，据说职方氏还发明了统计图表。[⑧]在土地调查中，一些朝代使用了直接丈量法，甚至应用数学中

① 《明史·赋役志》。

② 李惠村，莫曰达：《中国统计史》，北京：中国统计出版社，1993 年，第 191 页。

③ 《明史纪事本末》卷六十一《江陵柄政》。

④ 《明史·食货志》。

⑤ 同②，第 206—207 页。

⑥ 同②，第 204 页。

⑦ 同②，第 208 页。

⑧ 卫聚贤：《历史统计学》，上海：商务印书馆，1934 年，第 91 页。

的开方法来计算土地的面积。自隋朝起，绘画技巧被应用到调查的结果制作中，隋朝貌阅，唐朝亲貌、团貌，宋、明、清朝鱼鳞图册的制作，均是如此。绘画技巧的应用，固然是统治者确保赋役、加强社会控制的一种手段，但也是调查统计技术进步的一种体现，尤其是鱼鳞图册的制作，在一定程度上提高了调查结果的可靠性。

在调查事项方面，中国古代调查大多集中于土地财产和人口（丁口）两项。但我们也必须看到，中国古代调查并不仅仅限于这两项。北魏高宗曾派人到各地查询民风和社会风气，而对社会风气和风俗的调查，在某种程度上可追溯至周朝的采风。唐朝刘晏曾为实施常平法进行商情和物价调查。可见，中国古代调查的事项还算比较广泛。即使是土地调查和人口调查，其内容也有一个由简到繁的过程。不过，所有这些调查大都以官府为主导，为统治者统治之需而举行的。

中国传统社会还存在丰富的调查统计思想。《管子·问》就被学者视为一篇有关当时全部社会状况的调查统计提纲。[①]商鞅提出了“强国知十三数”的调查统计思想，“强国知十三数：境内仓、口之数，壮男、壮女之数，老、弱之数，官、士之数，以言语取食者之数，利民之数，马、牛、刍藁之数。欲强国，不知国十三数，地虽利、民虽众，国愈弱至消”。[②]仲长统曾提出16条政务纲领，其中第一步就是“明版籍以相数阅”[③]，人口调查在其政策构想中占有相当重要的地位。

古人也曾零散地使用过类似于今天的统计法来分析当时的社会问题。唐朝的繁荣胜过西汉，但在朝廷的统计中，唐朝的户口反而比汉朝少。针对这种现象，唐朝著名学者杜佑经过分析认为，这是因为版籍失修、户口不实。他明确指出，唐朝的户口要少计算了三百余万。[④]以今天的眼光来看，我国古人中使用统计法分析社会问题最著名、最具有思想性的恐怕要数洪亮吉了。洪亮吉对清初一百余年的人口增长规律进行了简单的统计分析，提出了与马尔萨斯人口理论类似的论

---

① 李香亭，梁如霞：《〈管子〉中的统计思想及其应用》，《管子学刊》1991年第2期。

② 《商君书·去强篇》。

③ 《昌言·损益篇》。

④ 李惠村，莫曰达：《中国统计史》，北京：中国统计出版社，1993年，第121页。

断，他因而也被一些学者视为“中国的马尔萨斯”。

毋庸置疑，中国古代确实发生了大量的调查统计事实，几乎每个朝代都从事过多寡不均、水平不一的统计调查。如何评价中国古代的调查，是个很值得探讨的问题。首先是真实性问题，许多专家、学者在研究相关问题时曾对历史上的一些数据进行甄别和考证。其中，梁方仲、何炳棣、姜涛等人认为，中国古代人口调查的内涵与现代的大不一样，中国古代人口调查主要是应统治者征税、抽调民力的需求而展开的，其内容也主要反映了这一要求，甚至调查标的事实上就是一种赋税单位，因而调查所得并不直接反映当时人口的真实数量。加上其他一些原因，中国历代人口数据的可靠性很值得推敲。一个最明显的例子就是，依据《宋史·地理志》的记载，宋徽宗大观四年（1110 年），全国共有户 20882258，有口 46734784。每户平均只有 2.24 口，显然不符合人口规律。有学者据此估计当时人口应达到 1 亿多，与《宋史·地理志》的所记差别相当大。[①]在评价中国古代调查时，除了要从整体上关注调查的真实性问题，还要具体调查分析，要将之放在整个中国调查史、世界调查史中去分析。前者不是短短一节所能完成，也不是本书目的之所在。对于后者，相信本书能给人一种大致的参考。

① 杨贵：《诡名子户对宋代户口统计的影响》，《陕西师大学报（哲学社会科学版）》1986 年第 3 期；何忠礼：《宋代户部人口统计考察》，《历史研究》1999 年第 4 期。

第二章

现代社会调查在清末中国的肇兴

与西方相比，中国古代社会调查似乎更有连续性，自商朝以降，几乎每个重要朝代都曾发生过调查，而且均有史料为证。其中，有些调查在满足了其调查主体的特定目的后，还为后人留下了大量调查统计资料，成为今人研究、了解那个时代相关问题的重要原始一手材料。当然，在使用这些材料时，必须对之加以考证、甄别。不仅如此，有些朝代的一些做法还流传到下一个朝代，体现了较强的继承性。不过，中国现代调查之兴起并不是传统调查自然发展的结果，而是来自西方国家以及学习西方的日本。

第一节

现代社会调查在中国肇兴的时间问题

关于中国现代社会调查之肇兴时期，学术界，尤其是社会学界曾有一种共识，即绝大多数社会学史著作在考察中国社会学史时，几乎都把中国人所作的现代社会调查追溯到北京社会实进会有关人力车夫的调查（他们认为此次调查发生于 1914 年左右）。[①]它们虽然没有用“肇兴”这个词，但从行文中我们还是可以推论出，中国现代社会调查的肇兴最早不早于 1913 年这一结论。

实际上，这样一种将中国现代社会调查追溯到北京社会实进会的说法，未曾经过严谨的考察，其结论也就不见得靠得住。

有些学者的论述早就有意或无意地提出中国最早的现代社会调查应发生于清末这一事实。如王晓秋教授认为，最早至 1833 年，澳门《中国丛报》（英文版）已刊登有调查材料。[②]台湾学者王树槐则对 1897 年传教士的一次烟毒调查进行了

---

① 杨雅彬：《近代中国社会学（上）》，北京：中国社会科学出版社，2001 年，第 68 页；阎明：《一门学科与一个时代：社会学在中国》，北京：清华大学出版社，2004 年，第 17 页；郑杭生，李迎生：《中国社会学史新编》，北京：高等教育出版社，2000 年，第 76—77 页。

② 张注洪，王晓秋主编：《国外中国近现代史研究述评》，北京：中国文史出版社，1999 年。

述评。[①]如果说这些论者所论的还是外国人在中国的调查，那么，对清末两次著名的调查——人口调查和民商事习惯调查，国内外学界均有人加以关注和研究。日本学者中村哲夫、岛田正郎、滋贺秀三、西英昭和中国学者刘广安、胡旭晟等人都曾对清末民商事习惯调查（始于 1907 年）进行过程度不等的探讨。[②]而关注清末户口调查的学者就更多了，大凡论述中国人口调查史乃至中国人口史的，清末户口调查及其所得数据都是绕不开的话题。

可见，清朝末年中国境内已经出现了较为新型的社会调查。那么，是不是可以说清末就是中国现代社会调查的肇兴时期呢？

刘大钧在《中国之统计事业》[③]一文中以 1860 年为界，明确地将中国历史上的调查统计划为两个时期，即 1860 年以前为古代式的，1860 年以后为近代式的。中国古代式的调查统计可上溯到《禹贡》所记载的土地统计，近代式的则以 1859 年海关册的创立为开端。这篇文章还将近代式的调查统计分为清末、南京国民政府成立前及南京国民政府成立后三个时期。刘氏认为，清末的人口统计由于政局的变化及各种政治力量斗争的需要等原因而不很可靠，北洋政府时期的各种调查统计除了路政统计尚属精确，其他的都不令人满意。

刘大钧把中国现代社会调查的开端定在清末应是比较符合历史事实的，但可惜的是，他的这一观点并未得到人们的重视。

在后来的历史发展中，学术界关于中国社会调查发展史的主流观点似乎是传

---

① 王树槐：《鸦片毒害——光绪二十三年问卷调查分析》，台湾《中央研究院近代史研究所集刊》第 9 期，1980 年 7 月。

② ［日］中村哲夫：《清末乡绅调查情况》，《社会经济学史》1978 年第 6 期；［日］中村哲夫：《清末地方习惯调查报告书》，载《布目潮沨博士古稀纪念论集——东亚的法与社会》，汲古书院，1990 年；［日］岛田正郎：《清末近代法典的编纂》，创文社，1980 年；［日］滋贺秀三：《民商事习惯调查报告录》，载滋贺秀三主编：《中国法制史——基本资料研究》，东京大学出版社，1993 年；［日］西英昭：《〈民商事习惯调查报告录〉成立过程的再考察——基础资料的整理和介绍》，《中国社会与文化》2001 年第 16 期；［日］西英昭：《清末・民国时期的习惯调查和〈民商事习惯调查报告录〉》，载《中国文化与法治》，北京：社会科学文献出版社，2007 年；刘广安：《传统习惯对清末民事立法的影响》，《比较法研究》1996 年第 1 期；胡旭晟：《20 世纪前期中国之民商事习惯调查及其意义》，《湘潭大学学报（哲学社会科学版）》1999 年第 2 期。

③ 刘大钧：《中国之统计事业》，《统计月报》1930 年第 2 卷第 10 期。

统、现代二分与1914年左右为中国现代社会调查起点的综合体。以《中国大百科全书·社会学卷》为代表，它认为“最早的社会调查可追溯到公元前3000年古埃及王国所作的人口、财产调查，以及中国公元前2100年夏禹时期所作的人口调查”，“中国的社会调查最早的是1914—1915年北京社会实进会举办的‘洋车夫生活状况调查’”。[①]以大百科全书为代表的观点遮蔽了人们对清末这一历史时期社会调查的关注，刘大钧比较符合历史的观点在很长一段时间内也就几乎成为绝响。

笔者虽然大体上赞同刘大钧的观点，但他把1860年作为中国现代社会调查与传统社会调查的分界点有欠妥当。1859年，海关所从事的调查虽然是中国境内出现的较早的调查，但它们毕竟主要为外国人所作，而且它们对后来中国社会调查潮流的兴起也几乎没有什么影响。

在笔者的论文《清末中国现代社会调查肇兴刍论》和博士学位论文《现代社会调查在中国的兴起：1897—1937》中，笔者依据有关材料，在学术界首次明确提出中国现代社会调查肇兴于清末的观点。[②]2007年，中国人民大学清史所举行“清末民国社会调查与现代社会科学兴起”学术研讨会[③]，中国人民大学教授黄兴涛报告了我们俩合著的相关论文《现代统计学的传入与清末民国社会调查的兴起》，从另一个侧面论证了现代社会调查肇兴于清末的观点。这次研讨会的召开以及《民国时期社会调查丛编（二编）》和《民国时期社会调查丛编（三编）》的出版进一步推进了有关问题的研究。也就是在这次研讨会上，王雪梅、邱志红、王大任等人分别介绍了他们的研究成果《清末政府与商人组织的商事习惯调查及其成果》《清末民初的习惯调查与现代民商法学的建立》和《近代中国人口调查的现代化过程与方法论演进》，对相关问题进行了探讨。

与此同时，或稍后一段时间，学术界已有多人对清末调查进行了系统或专题

① 中国大百科全书编委会：《中国大百科全书·社会学卷》，北京：中国大百科全书出版社，1991年。

② 李章鹏：《清末中国现代社会调查肇兴刍论》，《清史研究》2006年第2期；《现代社会调查在中国的兴起：1897—1937》，中国人民大学博士学位论文，2006年，第17—41页。

③ 会后编辑出版《清末民国社会调查与现代社会科学兴起》（黄兴涛，夏明方主编，福州：福建教育出版社，2008年）。

研究。眭鸿明教授在认真爬梳史料的基础上，对清末民初民商事习惯调查的起因、过程内容以及历史意义进行了深入的研究。[①]苗鸣宇通过对清末民初民事习惯调查的研究，展现了当时民法典草案修订、执行与民事习惯之间的互动关系。[②]张勤、毛蕾通过考证，提出清末习惯调查由宪政编查馆、各省调查局和修订法律馆两套系统分别举行的观点。[③]华中师范大学牟永如的硕士学位论文《清末社会调查研究》以及他与其导师合著的《社会调查真开始于民国吗？——以清末社会调查为中心探讨》对现代社会调查肇兴于清末的观点作了进一步的阐述。[④]

依据北京师范大学教授李志英的说法，我国现代社会调查起兴于清末，现已成为近代史学界的共识。[⑤]近年来，社会学界也有人开始接受笔者的观点，如复旦大学社会学系范伟达教授等人在其编著的《中国调查史》中引用了笔者的论点。[⑥]此外，水延凯主编的《中国社会调查简史》笼统地论述了中国社会调查的历史，未对传统调查和近现代社会调查进行区分，该书第七章简要地分类介绍了清末新政时期的社会调查。[⑦]

这些研究，不管是明确论证现代社会调查肇兴于清末这一观点的，还是对具体问题进行探讨的，均深化了人们对相关事物的认识。

不过，总体而论，截至目前，对清末社会调查关注得较多的是历史学界，其他学界包括社会学界还没有对此引起足够的重视。因而，在这里仍有申论的必要。

要判断中国现代社会调查肇兴于何时，只依据中国境内最先出现现代社会调

---

① 眭鸿明：《清末民初民商事习惯调查之研究》，北京：法律出版社，2005 年。

② 苗鸣宇：《民事习惯与民法典的互动：近代民事习惯调查研究》，北京：中国人民公安大学出版社，2008 年。

③ 张勤，毛蕾：《清末各省调查局和修订法律馆的习惯调查》，《厦门大学学报（哲学社会科学版）》2005 年第 6 期。

④ 牟永如：《清末社会调查研究》，华中师范大学硕士学位论文，2008 年；牟永如，许小青：《社会调查真开始于民国吗？——以清末社会调查为中心探讨》，《甘肃社会科学》2008 年第 2 期。

⑤ 李志英：《古代方志与近代社会调查之渊源关系探究》，《北京师范大学学报（社会科学版）》2013 年第 3 期。

⑥ 范伟达，范冰编著：《中国调查史》，上海：复旦大学出版社，2015 年，第 64—66 页。

⑦ 水延凯主编：《中国社会调查简史》，北京：中国人民大学出版社，2017 年，第 201—211 页。

查的事实来判断是不够的，它还必须回答以下三个问题：国人自己所从事的现代社会调查最早出现于何时？国人何时开始较为连续地从事社会调查的？作为一种潮流的社会调查又起于何时？

杨德望、高类思是两位中国籍的耶稣会士，1752年被法国传教士带到法国留学。在法国期间，重农学派的代表、时任法国财政大臣杜尔哥曾接见他们，并交给他们一份包含52个问题的询问提纲，希望他们回到中国后对其展开调查研究。这52个问题大致可分为四类，有关中国土地、劳动、资本、地租、赋税等农业经济资料的问题30个，有关造纸、印刷、纺织等工艺资料的问题15个，有关自然地理、物产资料的问题4个，有关中国历史的问题3个。1766年1月，杨、高二人回到北京后，与在华法国传教士合作，著文回答了杜尔哥的关切。参考杨、高二人的答复及他们提供的资料，杜尔哥最后写成《关于财富的形成和分配的考察》[①]这一重农学派的代表作，系统阐明了重农主义学说，并第一次论述了农业领域内的剩余价值问题。[②]

1871年，黄宽在《海关医报》上发表调查报告“*Report on the Health of Canton for the Half Year Ended 30th September*”。[③]此后，黄宽相继发表了一系列有关广东地区传染病的调查研究文章。[④]黄宽，广东人，是中国第一个留学英国的学生，

① ［法］杜阁：《关于财富的形成和分配的考察》，北京：商务印书馆，1961年。

② 谈敏：《重农学派经济学说的中国渊源》，上海财经大学博士学位论文，1989年，第101—108页；黄启臣：《16—18世纪中国文化对欧洲国家的传播和影响》，《中山大学学报（社会科学版）》1992年第4期；谭树林：《清初在华欧洲传教士与中国早期的海外留学》，《历史教学》2002年第6期。

③ Dr. F. WANG. *Report on the Health of Canton for the Half Year Ended 30th September.* Medical Reports, 1871, No. 2 of the Series.

④ Dr. F. WANG. *Report on the Health of Canton for the Half Year Ended 31th March.* Medical Reports, 1872, No.3 of the Series. Dr. F. WANG. *Report on the Health of Canton for the Half Year Ended 30th September.* Medical Reports, 1872, No.4 of the Series. Dr. F. WANG. *Memorandum on Leprosy.* Medical Reports, 1873, No.6 of the Series. Dr. F. WANG. *Report on the Health of Canton for the Half Year Ended 30th September.* Medical Reports, 1873, No.6 of the Series. Dr. WANG. *Report on the Health of Canton for the Half Year Ended 30th September.* Medical Reports, 1877, 14th Issue. Dr. WANG. *Report on the Health of Canton for the Half Year Ended 31th March.* Medical Reports, 1878, 15th Issue.

曾在爱丁堡大学学习医科，获得医学博士学位。[①]回国后从医，成为著名的外科医生。1863 年，海关成立医务处聘请 17 人为医务官，黄宽身在其中，且为唯一的中国人[②]，调查广东流行病情形即是他作为海关医务官的职务行为之一。由于曾受过系统的西方医学教育，黄宽的流行病调查成果比较符合近现代学术规范，而流行病调查被一些学者认为对英国近现代社会调查的发展发挥了重要作用。[③]

为了回答杜尔哥的提问，杨德望、高类思是否从事过调查尚须发掘有关法文史料方能作出明确的判断。而且，他们的相关活动发生于乾隆年间。就笔者目前所掌握的材料而言，黄宽应是近代中国最早从事现代社会调查的人，不过，他的流行病调查只是一种海关医务官的职务行为，而近代海关行政又由外籍税务司掌控，他的调查成果也以英文发表于《海关医报》（*Medical Reports*）上，对当时的国人影响有限，与清末兴起的社会调查潮流并无太多的联系。因此，黄宽的调查只是个例，中国现代社会调查并未由此而兴起。

此外，早在 1877 年，阳湖赵子钦曾提倡延聘西人采用现代方法调查中国的矿产和矿政[④]，可惜的是，他的主张未能引起多少反响。在此之前，容闳、陈兰彬奉清廷之命到秘鲁、古巴等地查办华工事宜。容闳后来认为这就是社会调查[⑤]，陈翰笙等人则将容闳、陈兰彬的报告称为“调查报告”[⑥]。但实际上，这些报告通篇充满了“讯”“供”“禀”“口供”“禀词”等字样[⑦]，俨然是司法调查书。

---

① 据张大庆考证，因当时爱丁堡大学的学制与现今的不同，黄宽获得的博士学位只相当于现在的学士或硕士学位（参见张大庆：《黄宽研究补正》，《中国科技史杂志》2011 年第 1 期）。

② 刘泽生：《首位留学美英的医生黄宽》，《中华医史杂志》2006 年第 3 期。

③ Martin Bulmer, Kevin Bales, Kathryn Kish Sklar. “The Social Survey in History Perspective,” in *The Social Survey in History Perspective, 1880—1940*, ed. by Martin Bulmer, Kevin Bales, Kathryn Kish Sklar. New York: Cambridge University Press, 1991, pp. 8—9.

④ 赵子钦：《中国宜多聘西人查矿说略》，《格致汇编》1877 年第 8 卷。

⑤ 容闳：《西学东渐记》，长沙：岳麓书社，1985 年，第 130—134 页。

⑥ 陈翰笙主编：《华工出国史料汇编・第一辑・中国官文书选辑二》，北京：中华书局，1985 年，第 579 页；陈翰笙主编：《华工出国史料汇编・第一辑・中国官文书选辑三》，北京：中华书局，1985 年，第 1043 页。

⑦ 陈翰笙主编：《华工出国史料汇编・第一辑・中国官文书选辑二》，北京：中华书局，1985 年，第 579—894 页；陈翰笙主编：《华工出国史料汇编・第一辑・中国官文书选辑三》，北京：中华书局，1985 年，第 1043—1059 页。

无论是从形式上、从作者当时主观认识上还是从内容上，这些报告都不能被称为社会调查。当然，它在目的上和所使用的技术设备上具有现代的意味。这些报告充其量只能是带有某种现代性的传统的司法调查。

除了黄宽的调查，1897年6月浏阳黎宗鋆在《农学报》上发表的《浏阳土产表》是笔者目前所能发现的近代国人较早的调查成果之一，谭嗣同为其作了序。[①]它的公开发表可视为中国现代社会调查的起点。刊载这份调查表的《农学报》是中国最早传播现代农学的刊物，创办于1897年。自创办伊始，该报就刊登了大量日本人所做的调查统计报告，在一定范围内传播了现代调查统计知识和方法，对后来的社会调查也起到了一定的示范作用。《浏阳土产表》的发表也确实发挥了示范作用，在随后的几年内，各种土产、物产的调查结果纷纷出炉，除了《农学报》继续刊载各种调查结果，其他一些刊物也刊载了相关调查成果。物产调查（含土产调查）乃清末较有特色的一种调查。

笔者在上海图书馆晚清期刊全文数据库中共搜得39篇物产（土产）调查报告（详细搜索情况见下文）。此39篇报告主要介绍了某地有哪些物产（土产），或者进一步描述了这些土产的特性。这个数字并未将有关各种物产、土产的生产、商业贸易情形的报告统计在内。1904年，山西农工局曾经严厉批评所属州县地方官对何为土产认识不清，并明确指出："苟为本地所出，民生利用不必广销、精制而后谓之土产也。"[②]依据这样的定义，土产所涵盖的范围要广泛得多，凡各地所产、所输出的物品均可称为土产。如将反映土产生产、贸易情形的调查报告都予以统计，所得篇数要比39篇多出许多，笔者所收集到的商务调查报告中的一部分，包括矿产调查在内的实业调查报告之绝大多数均可计算于内。

自1897年起至1911年，除了1902年和1910年，几乎每年都有物产调查报告发表。如果将商务调查、实业调查中有关物产的调查也予以统计，则只有1902年没有公开发表的物产调查报告。具体情况可参见表2.1。

---

① 谭嗣同：《浏阳土产表叙》，《农学报》1897年第3册；黎宗鋆：《浏阳土产表》，《农学报》1897年第3—5册。

② 《山西农工局遵批通饬各属复查土产札》，《四川官报》1904年第5册。

表 2.1　物产调查报告按年分布表

年份 \ 报告篇数	物产调查
1897	1
1898	5
1899	3
1900	2
1901	1
1902	—
1903	6
1904	8
1905	2
1906	1
1907	3
1908	4
1909	2
1910	—
1911	1
小计	39

1898 年、1899 年和 1903 年、1904 年这两个两年的调查报告要比其他年份多。前者主要是《浏阳土产表》的示范和《农学报》编辑部有意提倡的缘故。这两年共有 8 篇物产调查报告公开发表，其中有 7 篇发表于《农学报》，只有 1 篇发表于其他刊物。①从内容和篇章结构来看，发表于《农学报》的 7 篇调查报告与《浏阳土产表》具有某种内在一致性。后者的原因较多。首先是《农学报》的影响继续存在，这两年共有 14 篇物产调查报告发表，其中 5 篇发表于《农学报》。其次是与留日学生的提倡分不开。1902 年与 1903 年间，浙江、湖北、江苏、安徽等省的留日学生相继成立调查组织，大力提倡社会调查。②留日学生创办的期刊

① 《四川物产表》，《湖北商务报》1899 年第 28 期。

② 程明超：《湖北调查部记事叙例》，《湖北学生界》1903 年第 1 期；《浙江同乡会调查部叙例》，《浙江潮（东京）》1903 年第 2 期；《江苏同乡会调查部公约》，《江苏（东京）》1903 年第 1 期；《安徽调查会的章程》，《安徽俗话报》1904 年第 17 期。

也纷纷刊登各种调查报告，有些刊物还辟有调查专栏。1903 年与 1904 年这两年共有 5 篇物产调查报告发表于留日学生创办的《江苏》《浙江潮》中（其中《绍兴新昌县物产表》先后发表于《浙江潮》和《农学报》[①]）。另外，清政府的倡导、地方农事试验机构的职责行为等均对这两年的物产调查有所贡献。

物产调查经历了一个从民间提倡到官方渐渐参与进来的过程。清末最初的物产调查的从事者虽也有人具有官方背景，但从事调查并不是其职责之所在。刊登这些调查成果的《农学报》由上海务农会创办，罗振玉、蒋黻等任主编，虽获得官场的一些资助、支持，但基本上是一家民间刊物。可以说，最初物产调查的陆续出现是与《农学报》和罗振玉等人的推许分不开的。也就是在《浏阳土产表》发表的三年后，罗振玉在《农学报》上发文，公开倡导调查农业、土产，并进一步阐明土产调查相关事项。[②]至于官方，早在 1897 年左右，曾有监察御史奏请调查物产行情。[③]1903 年商部具奏章程，要求各省将土货及工业产品情形咨报该部。1904 年，商部再次发文要求各省按照刊布表式及其说明，立定期限调查土产。[④]这次调查应是清政府推行的一次较早的全国性现代调查。安徽曾上报各属农工商表及运道地图，河南曾呈报户口地土物产畜牧表。[⑤]河南南阳县知县潘守廉所著的《河南省南阳府南阳县户口地土物产畜牧表图说》恐怕也是这次调查的一项成果。潘调查了南阳县的户口、物产、畜牧等，并绘制有《南阳县全境舆图》。[⑥]

从实际调查和罗振玉与商部的主张对比来看，在一段时期内，民间和官方关注物产调查的重点有所不同。以《农学报》为代表的民间调查者、提倡者虽也主张调查其他方面，但更注重调查各地有哪些农产和畜产，而官方则主张调查各种物产及其生产、销售情形。[⑦]

---

① 《绍兴新昌县物产表》，《浙江潮（东京）》1903 年第 4 期或《农学报》1904 年第 246 期。

② 罗振玉：《郡县查考农业土产条说》，《农学报》1900 年第 108 册。

③ 《总理衙门奏复褚给谏成博洋商改造土货应筹抵制折（附江督札）》，《时务报》1897 年第 27 期。

④ 《商部咨各省督抚考查土货文》，《时报》1904 年 7 月 8 日。

⑤ 《商部咨催各省汇送土性物产表册文》，《四川官报》1904 年第 21 册。

⑥ 《河南省南阳府南阳县户口地土物产畜牧表图说》，1904 年，石印本，北京大学图书馆藏。

⑦ 罗振玉：《郡县查考农业土产条说》，《农学报》1900 年第 108 册；《考察各省土货表例说》，《时报》1904 年 7 月 8 日。

1897 年这一年，各地报刊还登载了《渝城物价表》《江西恽叔畬大令积勋查勘萍乡煤矿情形条陈》[①]《黄幼达孝廉上盛京卿查勘芦汉铁路情形说帖》[②]等调查结果。《渝报》自 1897 年第 1 期起连续刊载《渝城物价表》，介绍重庆各种商品的价格，并声称四川省他郡的物价“采访毕至”亦当刊登。[③]不过，四川其他地方的物价，笔者在《渝报》的随后几期中未曾见到。《农学报》《渝报》等均是当时比较趋新的刊物，调查土产、统计物价反映了调查统计者和期刊编者关注民生、经济的思想意愿，这在当时应属领先于时代的举动。

自 1897 年起，国人开始连续从事社会调查，但最初几年的调查数量并不是很多。1902 年前的六年间的调查报告，笔者在上海图书馆晚清期刊全文数据库只搜得 26 篇，其中物产调查 12 篇，约占总数的 46.1%。直到 1903 年后，社会调查的数量才显著增长起来。

1902 年年底，浙江留日学生成立了同乡会调查部并制定了“调查部则例”[④]，对组织调查部的动机、目的，调查部的组织形式，以及有关调查的要求和内容都作了较为详细的规定。为扩大影响，1903 年年初，“调查部则例”再次发表。浙江留日学生同乡会调查部是中国人为从事现代调查而成立的第一个组织，中国人进行组织化的现代调查也由此开始。此后，湖北、江苏、安徽等省的留日学生也相继成立了调查组织。在留日学生的推动下，中国迅速掀起了一股现代社会调查的潮流。

笔者曾对《中国近代期刊篇目汇录》第一卷和第二卷的上、中、下册[⑤]所收集的清末期刊作了一个简单的统计。根据统计我们发现，很多期刊曾经辟有调查专栏，曾刊登有关调查的文章的期刊则更多，其结果可参见表 2.2。

---

① 《江西恽叔畬大令积勋查勘萍乡煤矿情形条陈》，《时务报》1897 年第 35 期。

② 《黄幼达孝廉上盛京卿查勘芦汉铁路情形说帖》，《时务报》1897 年第 47 期。

③ 《渝城物价表》，《渝报》1897 年第 1—8 期，1898 年第 10—15 期。

④ 《浙江同乡会调查部叙例》，《浙江潮（东京）》1903 年第 2 期。

⑤ 这四本《汇录》所收的期刊开始出版的时间都在 1912 年前，而其后的两本《汇录》则在 1912 年之后了。

表 2.2　辟有调查栏、刊登有关调查信息的期刊数表

卷期＼期刊数	专辟调查栏期刊数	刊有有关调查文章期刊数	期刊总数
一卷	0	5	41
二卷上	5	15	45
二卷中	23	38	88
二卷下	25	50	87
总计	53	108	261

在两百多种期刊中，曾经辟有调查栏目的有 53 种，占总数的 20.31%；刊登过有关调查文章的有 108 种，占总数的 41.38%。由此，我们可以想见当时社会调查的状况。

下面，我们再按年来分析，可参见表 2.3。

表 2.3[①]　辟有调查栏、刊登有关调查信息期刊数按年分布表

年份＼期刊数	专辟调查栏期刊数	刊有有关调查文章期刊数
1899 前	0	5
1900	0	3
1901	0	3
1902	0	2
1903	5	7
1904	7	9
1905	5	9
1906	7	14
1907	4	6
1908	6	14
1909	7	10
1910	10	18
1911	2	7
总计	53	107

① 由于一种杂志开始出版年份不能确定，所以刊有有关调查文章的刊物总数少了一种。

表 2.3 的数字以这些期刊开始刊有调查栏和有关调查的文章的年份为准，后来续有刊登的不累计，因而它们并不能代表当年刊有相关内容刊物的全部数量。但由于这些期刊是连续出版物，调查增加的趋势大体能从此表中反映出来。从表 2.3 中我们可以看出，刊登有关调查文章的期刊数量自 1903 年有了大幅度增长。值得一提的是，1903 年这一年已有期刊开始创立专门的调查栏目。

事实上，中国人国内调查的数目自 1903 年后就有了显著的增长。笔者在晚清期刊全文数据库中分别输入与清末社会调查关联度较高的“调查”“统计”“概况”“踏查”“考察”“考查”“视察”“旅行”“研究”“个案”“分析”“普查”“清查”“估计”“报告”“指数”“社区”“测验”“参观”“情形”“事情”“状况”“年鉴”“抽样”“选样”“样本”“人种”“民族志”“民族研究”“惯行”“观察”“清丈”“查田”“登记”“观测”“比较”“豫察”“勘察”“实地”“田野”“原野”“现状”“观感”“查察”“试验”“查视”“视学”“实况”“实态”“测量”“习惯”“惯习”“风俗”“习俗”“风土”“测绘”“事态”“综览”“概貌”“概观”“概说”“查学”“市势”“国势”“县势”“省势”“生活费”“表”“户口”“人口”“查考”“采访”“访查”“探查”“查报”“呈报”“遵查”“查明”“汇报”“报告”“提学使”“勘查”“查勘”“综计”“户数”“口数”“丁数”“总计”“劝学”“鼠疫”“疫症”“疫”“人户”“巡视”“户”“丁”“编查”“户籍”“口”“人数”“民数”“漫游”“人民”“游记”“学务”“清册”“总册”“茶业”“丝业”“茶务”“边务”“流行病”“土产”“物产”“稽查”“核查”“查核”共 117 个词进行全字段搜索、下载、鉴别，并重点查、核《学部官报》《商务官报》《商务报》《两广官报》《广东地方自治研究》《劝业会旬报》《江南警务杂志》《四川警务官报》《南洋兵事杂志》《农学报》《江西农报》《教育杂志》《直隶教育杂志》等刊物，共得

1211篇国人所从事的调查报告。[①]其中，国内调查报告939篇，华侨调查报告31篇，调查外国的报告241篇。另外，一些图书馆、档案馆还藏有大量的原先未公开出版的档案材料、其他原始资料以及曾经公开印刷发行的单行本。2010年，国家图书馆古籍馆曾汇编、出版国家图书馆馆藏的清朝民国调查报告，其中，清朝调查报告三十余种，笔者在后文论述清末人口调查时也使用了大量的档案材料和一些单行本原始资料。欲将所有材料收集完成，凭个人力量几乎不可能。本章下文的讨论，如未作特别说明的，均是基于笔者对晚清期刊全文数据库所收集到的调查报告的统计。

表2.4是社会调查报告按年分布表。

表2.4　社会调查报告按年分布表[②]

类别 年份	社会调查
1897	4
1898	6
1899	5
1900	6
1901	2
1902	3
1903	46
1904	64
1905	113

① 鉴别的过程中，坚持从严的原则：（1）凡统计报告（表），标题未注明“调查”或内容中也找不出“调查”字样，没有证据说明其是调查结果的，不作为调查报告。但如有个人提倡，或政府有关部门发布命令要求调查，且呈现出来的统计结果与事先公布的调查表式一致者，其均作为调查处理；除了明显可判断出不是调查报告的领事报告、《学部官报》中的京外学务报告，均作为调查报告处理。（2）同一期刊不同期数刊登的一些文章主题、形式具有一定的相似性，但有的标明是调查，有的没有标明。没有标明且没有证据证明其为调查结果的，不作为调查报告。（3）介绍各省户口调查情形，且包含户口数据的奏折视作调查报告，不包含户口数据的，则不作为调查报告。（4）定期（如一日、两日、三日、七日、十日、半个月）发布的商情报告不作为调查报告。

② 同一篇调查报告刊登于不同的地方，以一篇计数，并以最先公开发表的年份为计数基准时间。一篇调查报告，跨年刊发的，以最先刊发的年份为准，不重复计数。

（续表）

年份 \ 类别	社会调查
1906	54
1907	153
1908	145
1909	137
1910	125
1911	76
小计	939

从表 2.4 可知，1902 年前六年的社会调查报告总数共 26 篇，而 1903 年一年则有 46 篇，后者比前者高出 76.9%。1903 年，社会调查数量之所以能够显著增长，与留日学生的提倡密不可分，仅《浙江潮》《江苏》这两份留学生创办的刊物在 1903 年就刊载了 41 篇调查报告，其中，《浙江潮》刊有 31 篇，《江苏》刊有 10 篇。1903 年及之后的调查报告数目虽然各个年份高低不同，但总数却达到 913 篇，这个数目是 1903 年以前调查报告总数的 35 倍多。自 1903—1911 年的短短几年内，中国调查机构相继成立，宣传调查的报刊持续增加，而公开发表的调查成果也蔚然可观，可以说这个时期社会调查已然形成一种潮流。

第二节 清末社会调查的总体状况

国人对国内调查的年份分布情况已如前文所述，下文拟对这939篇调查报告作进一步的分析。

在大的方面，我们可以依据这些调查所涉内容把它们分为综合调查、社会（狭义）调查、经济调查、文化宗教调查、教育调查、法政调查等几类。其具体情况可参见表2.5。

表2.5 清末国内调查按内容分布表

类别 / 篇数	综合调查	社会(狭义)调查	经济调查	文化宗教调查	教育调查	法政调查	合计
篇数	44	68	362	19	389	57	939

这些调查中，教育调查篇数最多，约占全部调查的41.5%；其次是经济调查报告，计362篇，占总数的38.6%；两项合计751篇，占总数的79.98%。可以说，清末调查以教育调查和经济调查为主，两者所占比重远远超过其他领域的调查。不过，应该指出的是，在教育调查部分，《直隶教育杂志》《直隶教育官报》于1905年、1907年、1908年、1909年，《江宁学务杂志》等[①]于1910年分别连续、集中刊登了大量的直隶查学、视学和江苏视学查视两省各府、州、县学务状况的报告。具体情况参见表2.6。

表2.6 直隶查学、视学和江苏视学查视学务情形表

年份 省份	1905	1907	1908	1909	1910	小计
直　隶	32	67	47	60		206
江　苏					26	26
合　计						232

如果在统计时将这些报告剔除在外，则教育调查仅得157篇，比经济调查少了许多，经济调查在国内调查总数中所占比重则大幅度提高，占比达51.2%，比其他领域的全部调查都多。教育调查则下降到第二位，占比仅为22.2%。

在经济调查中，实业调查最多，共得158篇；其余依次为商务调查111篇，物产调查39篇，交通调查31篇，金融调查11篇，度量衡调查11篇，其他1篇。在实业调查中，农业调查最多，共得51篇农业调查报告，其次是工业、手工业调查，共得42篇，再次是实业综合、矿产调查，分别有39篇、26篇。表2.7为清末经济调查按年、按内容分布表，表2.8为清末实业调查按年分类表。

① 其中，25篇刊登于《江宁学务杂志》，1篇刊登于《新闻报》。

表 2.7　清末经济调查按年、按内容分布表

类别 年份	经济							小计
	商务	物产	实业	金融	度量衡	交通	其他	
1897	1	1	1			1		4
1898		5						5
1899		3	1	1				5
1900	1	2	1					4
1901		1						1
1902								
1903	4	6	1	2		2		15
1904	9	8	17	1	1	1		37
1905	16	2	17	1		1		37
1906	7	1	13	1		3		25
1907	15	3	26	1		2		47
1908	22	4	19	1	10	4		60
1909	14	2	21	1		8	1	47
1910	14		28	1		7		50
1911	8	1	13	1		2		25
小计	111	39	158	11	11	31	1	362

表 2.8　清末实业调查按年分类表

类别 年份	实业				小计
	实业综合	工业、手工业	矿产	农业	
1897			1		1
1898					
1899		1			1
1900		1			1
1901					
1902					
1903	1				1
1904	6	6	1	4	17
1905	9	5	3		17
1906	4	1	1	7	13
1907	9	4	4	9	26
1908	5	4	2	8	19
1909	2	10	3	6	21
1910	2	9	6	11	28
1911	1	1	5	6	13
小计	39	42	26	51	158

曾有学者认为，中国近代最早的社会调查发生于民初的城市里，而农村调查的兴起则更是以后的事。然而，笔者在晚清期刊全文数据库中共搜得农业调查报告 51 篇，如果加上物产调查中的农产品调查，商贸调查中的农产品贸易调查和其他类别调查中与农村、农业有关的调查，数目则更为可观。不仅如此，依据前文介绍，1897 年《农学报》刊登的《浏阳土产表》，可视为中国现代调查兴起的起点，而且 1897 年后最初几年的调查又以物产调查居多。应该指出的是，包括《浏阳土产表》在内的物产调查成果所涉内容大多与各地农产有关。也就是说，如果将 1897 年《浏阳土产表》的公开发表视为中国现代调查兴起的起点，那么当可推断，中国现代社会调查起于清末农村、农业的调查，而不是起于民初的城市。

民国时期备受关注的丝、茶滞销问题，其实在清末已时有发生，这也反映到社会调查中。这个时期专门的丝茶业调查成果已达 30 篇。其中，丝业调查成果 18 篇，茶业调查成果 12 篇。在丝业调查中，有关丝的制作的成果居多，计 13 篇。在茶业调查中，有关茶叶贸易方面的居多，计 10 篇。

如果将国内调查总数与经济调查数量按年进行对比，更能发现经济调查在现代社会调查于清末兴起的过程中所处的地位和发挥的作用。具体情形可参见表 2.9、表 2.10 和图 2.1、图 2.2。所谓修正后的数据，是指去除直隶查学、视学和江苏视学查视学务报告后的数据。

表 2.9 清末社会调查、经济调查按年分布对比表

类别 年份	社会调查	经济调查
1897	4	4
1898	6	5
1899	5	5
1900	6	4
1901	2	1
1902	3	0
1903	46	15
1904	64	37
1905	113	37
1906	54	25
1907	153	47
1908	145	60
1909	137	47
1910	125	50
1911	76	25
小计	939	362

表 2.10 清末社会调查、经济调查按年分布对比表（数据修正后）

类别 年份	社会调查	经济调查
1897	4	4
1898	6	5
1899	5	5
1900	6	4
1901	2	1
1902	3	0
1903	46	15
1904	64	37
1905	81	37
1906	54	25
1907	86	47
1908	98	60
1909	77	47
1910	99	50
1911	76	25
小计	707	362

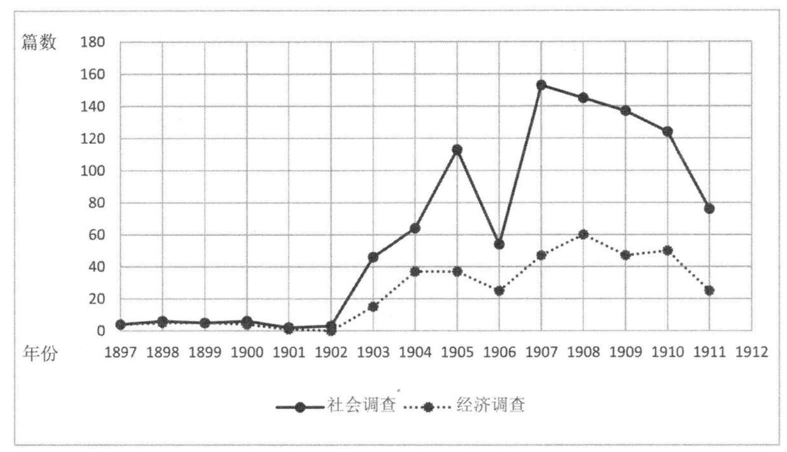

图 2.1　清末社会调查、经济调查按年分布对比图

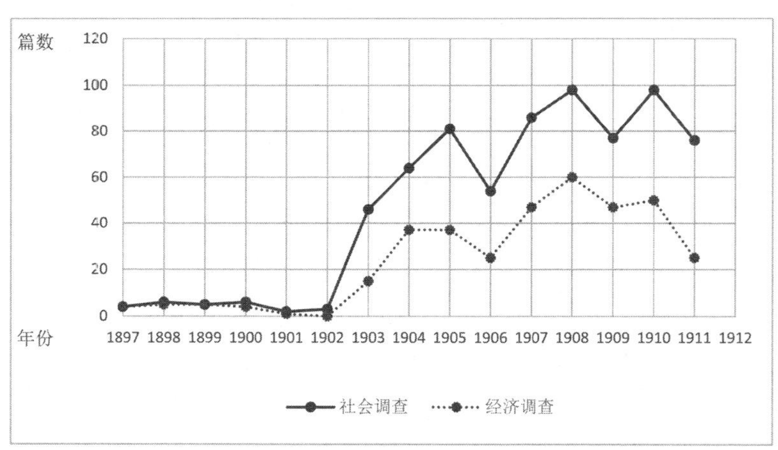

图 2.2　清末社会调查、经济调查按年分布对比图（数据修正后）

从上述两对图表可知，清末社会调查整体发展轨迹与经济调查高度正相关，尤其是修正后的数据变化轨迹曲线更是非常相似。1901 年前，社会调查的数量几乎为经济调查所垄断，只是 1903 年以后，其他调查才较为明显地多了起来，但经济调查所占比重仍然很高，其中，1904 年、1907 年、1908 年、1909 年、1910 年这五年的经济调查数量占数据修正后的整个社会调查数量的一半以上。

清末除了经济调查和教育调查外，其他方面的调查也占有一定的比重。排在第三位的为狭义的社会调查，计有68篇调查成果，在整个清末调查中占比为7.24%；其余的依次为法政调查（57篇）、综合调查（44篇）和文化宗教调查（19篇），占比分别为6.07%、4.69%和2.02%。

可见，清末调查涉及社会、经济、政治、文化、军事等各个方面。事实上，清政府中央各个职能部门几乎都发布过命令，要求其下级单位或地方政府从事与该部职能相关的各种调查，地方政府及其职能部门也各自从事大量的相关调查。如学部及各省学务处调查教育，法部调查民事、商事习惯及民风民俗，商部调查商务和实业，矿政局调查矿产，理藩部调查边政及少数民族风情，民政部调查户口和其他一些民政事项，等等。1908年，清政府更是下令成立专门以统计、调查为工作职责的机构体系。这年，宪政编查馆奏请在各直省设立调查局，在各部院创立统计处。[①]根据这份被批准的奏折，清政府迅速在上下各级建立了调查、统计机构。为了规范调查、统计工作，清政府先后颁布了一些法令、政策。其中，最具有代表性的就是1908年颁布的统计表总例[②]，要求各级政府机构必须严格按照格式进行调查、统计工作，这对刚刚起步的中国社会调查的发展应具有积极的作用。人口普查和民商事习惯调查是清政府在清末发起的两场较有特色的全国性调查。依据现存史料可知，当时全国各省各地都为此做了大量的工作。可惜的是，相关调查成果只有很小一部分公开发表。相对这些全国性的、宏观的调查，清末还存在许多地方性的、较为微观的调查；也有些调查在某种程度上可称为“个案调查”，对单个厂矿企业的调查，上海龙门师范学堂对上海西门外的贫儿院的调查[③]等即是如此。这里之所以在个案调查上打上引号，是因为这些调查并不是典型意义上的个案调查。清末既有人和机构对某个领域、某个行业或某种事物的概况进行统计、调查，也有人开始关注一些弱势群体和人们的生计问题，这些调查不多，但确已发生。

---

① 《宪政编查馆奏请饬各省设调查局折》《又请饬各部院衙门设统计处片》，《北洋法政学报》1908年第52、53合册。

② 《宪政编查馆奏定统计表总例》，《北洋法政学报》1909年第104册。

③ 《参观贫儿院记》，《龙门杂志》1909年第6期。

以上所述的是清末国人国内调查的内容分布情况，下面简单介绍一下这些调查的地域分布。就地域而言，直隶的调查最多，调查成果共有 251 篇，其余依次为江苏（180 篇）、浙江（113 篇）、江西（49 篇）、全国（43 篇）、广东（43 篇）、河南（31 篇）、四川（28 篇）、辽宁（23 篇）、安徽（19 篇）、湖北（18 篇）、湖南（17 篇）等。此外，跨省的亦有 28 篇。具体情况参见表 2.11（见页码 96—97）。如前文所述，直隶、江苏曾有 200 多篇视学报告连续刊登于期刊，如将这些报告排除在外，则江苏的调查成果最多，计 154 篇，直隶的排位则下移至第四，共 45 篇，仍居前列。全国除了今天的青海，其余各省区均有调查，但是调查数量多寡不一。这些调查大都发生在沿海、沿江经济比较发达、交通便利、风气开通以及实行新政较为有力的地区，那些交通闭塞、边远贫穷的地区调查很少，甚至根本没有。然而，随着人们渐渐重视边疆的开发，清末对边地、少数民族的调查也时有出现[①]，其中，最为突出的例子是对东三省的调查，数量已很多，就单个省份而言，辽宁省有 23 篇，吉林省有 9 篇，黑龙江省有 8 篇，跨省中的东三省（满洲）调查也有一些，几者相加，已达 40 多篇。

除了大量出现的国内调查，这个时期的国人也比较注重对国外进行调查。笔者在晚清期刊全文数据库中共搜得这样的调查成果 272 篇，其中，有关各国华侨的专门调查成果 31 篇，有关外国的调查成果 241 篇。

1898 年，姚锡光上书张之洞，报告其调查日本教育的情况，主张学习日本明治维新，固守汉学伦理和历史而一切致用之法率取诸西人，当务之急，是要效仿日本创办陆军学校和专门学校系统。[②]姚锡光的报告是笔者发现的最早的国人调查外国的成果，比国人调查潮流兴起的时间点只晚了一年。这亦可视为现代社会调查在中国兴起的一种表现。而姚锡光主张效仿日本创办新式教育，与当时中国开始派遣学生留日若合符节。1896 年，清政府已开始派遣学生留日[③]，1898 年，

① 雪生：《腾越关之商务》，《云南》1907 年第 9 号；李逢谦：《调查河套情形记》，《东方杂志》1908 年第 7 期；［日］奇峰：《蒙古调查记》，《东方杂志》1908 年第 7 期。

② 姚锡光：《东瀛学校举概公牍：查看日本各学校大概情形手折（戊戌闰三月二十日上南皮制府）》，《湘报》1898 年第 119—121 期。

③ 史革新：《20 世纪初西史东渐与中国近代新史学的发轫》，《郑州大学学报（哲学社会科学版）》2004 年第 2 期。

湖北、湖南两省也开始派遣留学生赴日。[①]自1898年后最初的3年(1899—1901年)内，笔者没有发现国人调查外国的成果，而1902年有相关成果1篇，1903年2篇，1904年则有了大幅度的增长，达14篇。1904年的调查数量之所以有大幅度的增长，与1903年年底创办的《商务报》分不开，《商务报》以及后来的《商务官报》相继刊登了大量的驻外使领馆的商务、经济调查报告。收集、调查驻在国（地）的商务、经济情形，是一国驻外使领馆的重要职责之一。而中国驻外使领馆的商务、经济报告之所以能够在这时大量公开发表出来，除了有《商务报》这样专门的期刊予以刊登，也与1901年外务部改组成立后对外交管理体制的改革、完善有关。从所收集到的全部报告来看，一些使领馆在一段时期内基本上是定期报告调查所得。1906年至1909年，国人调查外国成果数量达到了高峰，其中，1907年数量最多，计52篇，其余依次为1908年(48篇)、1909年(47篇)、1906年(39篇)。清末国人调查外国的成果按年分布情形可参见表2.12。

表2.12　国人调查外国成果按年分布表

年份 / 数量	1898	1902	1903	1904	1905	1906	1907	1908	1909	1910	1911	小计
数量	1	1	2	14	9	39	52	48	47	18	10	241

依据笔者掌握的资料，国人调查所涉的国家和地区共21个。其中，日本是国人调查最多的国家，笔者搜得的调查报告共78篇。其余依次为美国（31篇）、朝鲜（28篇）、德国（21篇）、英国（14篇）、法国（10篇）、秘鲁（9篇）等。此外，区域性（南洋）调查报告计5篇，事涉多个国家的2篇，论题述及不同大洲或不同国家的5篇。具体情形可参见表2.13（见页码98—99）。

241篇调查报告可归为综合、社会（狭义）、经济、教育、军政五类。其中，经济调查计170篇，占总数的70.5%，远远高于其他内容的调查。其次是军政调查，44篇，占比18.3%。再次是教育调查，15篇，占比6.2%。三者相加，共占比95%。其余的，综合调查、社会（狭义）调查分别有5篇和7篇，各占2.1%

① 《两湖议遣子弟出洋》，《湘报》1898年第10号。

和 2.9%，相对较少。

甲午战争后，尤其是清末新政期间，国人开始学习日本，调查、了解日本成为一时之需。相对于其他列强，国人对日本的关注度很高，调查日本的报告要远远多于其他国家。在前三类调查报告中，有关日本的调查所占比重均多于其他国家。在经济调查中，调查日本的报告 49 篇，占比 28.8%，比排在第二位的美国（26 篇）多出 23 篇。在军政调查中，调查日本的 18 篇，占比 40.9%，比排在第二位的德国多出 10 篇。在教育调查中，调查日本的 10 篇，占比 66.67%。具体情形，可参见表 2.14（见页码 100—101）。

经济、军政、教育是国人在考察外国时关注最多的领域，对日本，国人尤其重视，这亦可在一定程度上反映出当时中国努力革新求强的几个面向。还应该指出的是，对日本经济的调查，不仅仅是欲学习日本如何管理经济，如何发展相关产业，而且也包含对日本某些产业发展的警惕。丝、茶本是中国出口的传统大项，明治维新后，日本丝、茶的生产、销售得到长足的发展，逐渐对中国的丝、茶产生排挤效应。瓷器也是中国传统的优势产品，但在清末，日本将现代工艺应用到瓷器制作中，中国的制瓷技术因而显得相对落后了。调查日本的丝、茶制作、销售状况和瓷器的生产工艺，也就成为振兴国内相关产业之必需。

实际上，对世界各国经济的调查，可谓是商战思想的某种程度的反映。除了日本，美国、英国、德国和法国是当时世界政治、经济强国。国人对这四国的调查均包含了相当比例的经济调查。19 世纪末，美国经济实力已跃居世界榜首，国人有关美国的 31 篇调查成果中有 26 篇是经济调查成果，可知，国人在清末更关注美国的经济。对英国、德国，国人除了调查其经济，对其政治状况和制度也较为关注。在 14 篇调查英国的报告中，有 7 篇经济调查报告和 6 篇政治调查报告。在 21 篇调查德国的报告中，有 13 篇分属经济领域，8 篇分属政治领域。在对英国、德国、日本的政治调查报告中，有关政治大臣的考察贡献了相当一部分。可见，清末新政期间，清政府将官制、宪政改革所欲借鉴的目光更多地投向了日本、德国、英国这三国。

朝鲜、南洋在传统上与中国有着较为紧密的联系，对它们进行调查应是比较自然的事。值得指出的是，调查朝鲜的报告排在第三位，有 28 篇，其中 25 篇是商务报告，几乎全由中国驻朝鲜各地领事馆提供，这说明驻朝领事馆还是比较忠实地履行了这方面的职责。另外，对秘鲁的调查也较为醒目，秘鲁是个南美小国，与清末中国的交往并不是太多，然而调查秘鲁的报告也有 9 篇，就数量而言不是很多，却位居各国“排行榜”的前列。这些报告也均为中国驻秘鲁使领馆所为。

根据以上分析，晚清，尤其是清末社会调查总体状况可以概括如下。

依据笔者所掌握的史料，就时间而言，1871 年黄宽的流行病调查是目前已知国人所从事的最早的现代社会调查。1897 年《农学报》发表的《浏阳土产表》和《浏阳土产表叙》是中国现代社会调查兴起的一个标志。自此以后，物产调查开始连续出现，可以说，中国现代社会调查起于物产（土产）调查。庚子后，在留日学生的推动下，中国现代社会调查逐渐形成一股潮流。就内容而言，清末的社会调查内容繁多，涉及社会生活的方方面面。如从大的方面划分，教育调查的数量最多，其次是经济调查。但若对数据进行修正，则经济调查最多，而且社会调查与经济调查在整体发展轨迹上高度相关。就地域而言，全国各省区几乎均有调查，但多寡不一，调查大都集中在政治、经济、文化发达的省区。就调查主体而言，清末社会调查起于民间个人的提倡，而政府对它亦越来越重视。就调查所涉国别而言，国内调查、国外调查都获得了时人的垂青，日本是国人调查最多的域外国家，这与清末学习日本革新自强是分不开的。对不同的国家，国人的重视程度不同，调查的领域也显有不同。

表 2.11　清末调查按省、按年分布表

年份＼省别	黑	吉	辽	蒙	直隶	鲁	晋	豫	皖	苏	浙	赣	闽	台
1897												1		
1898		1			1					1	2			
1899										3	1			
1900								2		2	1			
1901												1	1	
1902														
1903					1					11	31			
1904	1		1			1	1	1	4	18	6	6	1	1
1905			2		37	3		1	8	22	8	12		1
1906			1		8	3	1	1	1	15	2	1	2	
1907			7		77	1	2	14	1	15	1	12	2	
1908	1	5	4	3	50	2	1	3		13	22	7	2	
1909	2		3	1	69				1	15	19	5	2	
1910	2	1	4	2	6	3	1	5	2	46	12	2	2	1
1911	2	2	1		2	3		4	2	19	8	2	2	
小计	8	9	23	6	251	16	6	31	19	180	113	49	14	3

（续表）

粤	桂	湘	鄂	川	云	贵	藏	陕	青	甘	新	全国	跨省	小计
		1		1									1	4
		1												6
				1										5
												1		6
														2
												3		3
		1	1										1	46
12	1		2	3		1						1	3	64
	1	3	1	4								5	5	113
2		1	2		2	1		1				3	7	54
1	1	2	3	2	2	2	1	1				4	2	153
11	5		3	3	2		1				2	5		145
3	1		2	3								10	1	137
4	1	8	1	6				1		1	2	6	6	125
10	2		3	5	2							5	2	76
43	12	17	18	28	8	4	2	3		1	4	43	28	939

表 2.13　国人调查外国成果按年、按国别分布表

国别 年份	日	美	俄	法	秘	马来亚	古巴	英	奥匈	朝	比	菲
1898	1											
1899												
1900												
1901												
1902	1											
1903	1	1										
1904	6	4	2	2								
1905	4	1			1	1	1	1				
1906	13	10		3	1	1		1	1	2	1	1
1907	23	4		2	2	1		1	3	6	2	
1908	11	2	2	1	2	1		5	1	10		
1909	9	8	2	1	2		1	4		10	1	
1910	5			1				2				
1911	4	1			1							
小计	78	31	6	10	9	4	2	14	5	28	4	1

（续表）

新	西	德	意	挪	荷属	澳	越	印	南洋	跨国	世界	小计
												1
												1
												2
												14
												9
1	1	1									2	39
2		2	2				1				1	52
		11	1						1			48
		6		1	1					1		47
					3	1	1	1	4			18
		1						1		1	1	10
3	1	21	3	1	4	1	2	2	5	2	4	241

表 2.14　国人调查外国成果内容按国别分布表

内容＼国别		日	美	俄	法	秘	马来亚	古巴	英	奥匈	朝	比	菲
综　合		1									1		
社　会			4								1		
经济	综合		2					1					
	商务	23	16	4	5	8	3	1	3		25	1	1
	实业	18	6			1	1		1				
	丝、茶	6	1	1	2				2	1		2	
	交通通信	1	1										
	金融	1							1				
教　育		10	1						1		1		
军政	军事			1	2					2			
	政治	11			1				6	2		1	
	司法	7											
小　计		78	31	6	10	9	4	2	14	5	28	4	1

（续表）

新	西	德	意	挪	荷属	澳	越	印	南洋	跨国	世界	小计
				1	1				1			5
						1	1					7
												3
3		8			2		1		1	1		106
	1	2	3					1	3			37
		2			1			1				19
		1										3
												2
											2	15
										1		6
		8									1	30
											1	8
3	1	21	3	1	4	1	2	2	5	2	4	241

第三节 清末调查的几个重要特征

中国现代社会调查在肇兴的过程中，除了表现出上述一般状况，还呈现出以下几个特征。

（一）受国外社会调查影响较大

刘育仁曾这样概括他心目中中国社会调查兴起的过程："中国的调查则完全受了英美的影响，有英美的社会调查，才有中国的社会调查。"[①]把这句话中的"英美"改为"国外"，亦可形容我们这里所说的社会调查。

国外社会调查对清末社会调查的影响主要表现在两个方面：一方面是最初调查的动机受外人调查刺激而起。中国最早的两个调查机构——浙江同乡会调查部和湖北调查部的成立动机都是如此。另一方面是学习、模仿国外调查。浙江同乡会组织调查部的目的是要达到与西方人一样的境界，"一省之中人人无调查之职

① 刘育仁：《第三章：社会调查的历史》，《中国社会调查运动》，燕京大学学士学位论文，1936年。

任，人人有调查之义务”。[①]湖北调查部则明确宣告要模仿各国调查之公例，“海外留学生报告外事，海内士大夫研究内情”。[②]如果说这样的调查分工是各国的公例，那么浙江同乡会调查部、江苏同乡会调查部遵循的都是这样的公例。

在中国社会调查大量增长的过程中，世界各国所从事的调查引起了国人的重视，许多外国人所作的调查被介绍到国内。它们之所以被介绍到国内来，可能是国人了解国内外社会的需要，但也不排除它们中的一些是被介绍者作为学习的榜样来看待的，如《日本学校总数表》[③]等均是如此。另外，也有一些调查方法、理论、论说以及调查工具被介绍进国内来。

中国现代社会调查的肇兴固然受到欧美的影响，但日本给予的影响恐怕更为直接。翻开中国现代社会调查初起时的《农学报》，我们就会发现，日本人所作的调查比比皆是。这些作品得以在中国公开发表，与藤田丰八是分不开的。藤田丰八不仅翻译了这些作品中的绝大多数，还可能率先在中国使用了“调查”这个汉字词语。[④]作为一种潮流的社会调查，其在中国的肇兴主要得力于留日学生的提倡。中国最早的几个调查组织——浙江、湖北、江苏、安徽等省同乡会调查部全部由留日学生组成。在中国社会调查的开展过程中，日本人的一些作品又被翻译介绍进来。清末调查的兴起与现代统计知识、理论乃至统计学的传入密不可分，而清末中国的统计学受日本的影响至深且巨（后文将有更详细的探讨）。

（二）与关注民生、争取利权息息相关

与为人所推崇的Booth式调查重在对社会问题的解剖不同，中国现代社会调查则因对利权和民生的关注而起。

---

① 《浙江同乡会调查部叙例》，《浙江潮（东京）》1903年第2期。

② 程明超：《湖北调查部记事叙例》，《湖北学生界》1903年第1期。

③ 《日本学校总数表》，《东方杂志》1904年第11期。

④ 在《浮尘子调查》（藤田丰八，译，《农学报》1897年12月第16册）里首次翻译使用。笔者搜索后认为，中国前二十四史未曾出现过“调查”这个词，直到《清史稿》记载1908年左右的事情时才开始使用。依据现已掌握的材料可以判断，“调查”确实是一个来源于日本人的外来词。

1897年在《浏阳土产表叙》中，谭嗣同明确指出，黎宗鋆是奉其命而作《浏阳土产表》的，而其之所以有此意向，是因体会到中国（特别是湖南）民众民生多艰、产业凋敝、农产不足以维持正常生计，从而调查农产、讲求农学，方可厚生利用。[①]在谭嗣同看来，调查农产、讲求农学是发展农业生产、维持民生的一种有效方法。正是在《浏阳土产表》的示范和《农学报》的倡导下，一批物产（土产）调查报告相继发表出来，中国现代社会调查也由此发轫。

争取利权，是清末国人引入、从事现代社会调查的又一重要考量。早在1877年，阳湖赵子钦就曾提倡聘请西人调查矿产以争利权。也就是在《浏阳土产表》发表的同一年，给事中褚成博上奏请求仿照洋商，调查物产行情，改造土货，以维利权。[②]1902—1903年间，浙江、湖北、江苏、安徽等省同乡会调查部的成立，与对利权丧失的警醒有重要关联。下面再看几个例子。往昔意大利人欲租三门湾，而地方官吏不知所在。“今日浙人不知浙东多矿，弃之不顾”，“弃之不顾宜有觊觎之者矣。矿者，国之精也。失矿，则失国。附志于此，以告浙人忧心时局者”。作者忧于此，作《三门湾紧要调查书》，以启调查之风。[③]《华商联合报》发布启事：“本报以调查一门关系紧要，且现当研究商法时代，尤应将各埠商业情形及习惯通例详细调查，以为研究之预备。”[④]感于中外商战，内力不竞，“本报以联合为宗旨，实为交通海内外商界之总机关”，“并以调查各海口进出货品之大宗及商务实业之现状，以便尽通告之天职”。[⑤]宁波商业销路滞钝，商会不首起调查，有人就大发感慨：“乃调查挽救出诸新议员之商请，吾窃为宁郡之商会诸君羞，吾又为宁郡之商业前途厄。”[⑥]在此人看来，切实调查、搞清商业滞销的原因，寻出挽救宁波商业的法子，是宁波商会的职责所在。

---

① 谭嗣同：《浏阳土产表叙》，《农学报》1897年第3册。

② 《总理衙门奏复褚给谏成博洋商改造土货应筹抵制折（附江督札）》，《时务报》1897年第27期。

③ 《三门湾紧要调查书》，《浙江潮（东京）》1903年第5期。

④ 《本馆启事二》，《华商联合报》1909年第2期。

⑤ 《本馆致安南、槟榔屿中华商务总会函》，《华商联合报》1909年第17期。

⑥ 《宁波商务总会总董会调查商业之原因》，《华商联合报》1909年第15期。

不仅民间认识到调查对挽救利权的重要性，清廷的认识也越来越清晰。1906年，清政府为了与外人争矿权，要求各省迅速成立矿政调查局，调查矿产及其开采办法，并规定如有欲开采矿产的商民须该局派员勘探的，该局应给予便利。[①]商部成立后，针对中国农业与外人竞争不力的情况，奏请调查棉花烟草，“窃维振兴农业，自以改良种植调查比较为入手之方”。[②]

在利权方面，与最早时期人们对矿权和物产的关注不同，1903年后除了继续关注矿权和物产，人们逐渐把瞩目的焦点集中在商贸、实业方面。这在笔者所收集到的调查中有着较为明确的反映。清末时期，商贸、实业方面的调查成果数量比修正后（去除江苏、直隶两省的视学报告）的教育调查成果数量多出很多，二者在数量上是269对157，相差112篇。

（三）与清末新政密切关联

清政府最早的官办调查机构之一——四川学务调查所的产生，就是应教育改革需要而设立的。清政府自宣布实行教育改革后，教育问题一直为人们所关注，这点在清末社会调查中有着明显的反映，教育调查成果数量居各大类调查的首位。去除直隶、江苏两省视学报告，教育调查成果虽比经济调查少，但仍比居于第三位的社会（狭义）调查多出89篇。另外，清政府有关调查的公文也以教育调查为主。

随着各种新政措施的推展，清政府越来越认识到调查的重要性，“调查各件，关系重要，得随时派员分赴各国各省实地考察”，“惟是考察各省事实以为斟酌损益之方，较之考察外国规制犹为切要”。清政府逐渐意识到，学习国外固然必要，但制度的移植必须与中国现实相结合，“倘于本国之设施固有之沿袭，未能一一得其真际，恐仍无以协综核审定之宜”[③]，“惟各省地大物博，习尚不同，使非人情风俗纤悉周知，恐创定民商各法见诸实行必有窒碍。与其成书之后多所推求，

① 《商部奏陈矿政调查局章程折》，《东方杂志》1906年第2期。

② 《本部奏调查各省谷棉烟草收获情形折》，《商务官报》1910年第12期。

③ 《宪政编查馆奏请饬各省设调查局折》，《北洋法政学报》1908年第52、53合册。

曷若削简之初加意慎重？”[①]有鉴于此，清政府决定广设调查机构，调查中国各地情形，以为创立制度的参照。

在实际操作层面，此期清政府每有重大举措，都强调必须先调查。法律改革，有各地风俗、民事、商事、诉讼事习惯调查；边疆开发，有理藩部调查局之设；币制、盐政改革，有币制调查和盐政调查；风俗改革，有妇女缠足调查和禁烟调查；宪政改革，先后有自治和户口调查；教育改革，有持续不断的教育调查；等等。

（四）承上启下

清末的社会调查虽多，人们也给予较为足够的重视，但许多调查的水平却相对低下。一些调查者甚至连什么是调查都没有完全搞清楚。在一些报刊的调查栏里，我们经常看到一些新闻报道、法令制度、别人研究文章的摘录等在今天看来明显不属于调查的东西。针对投稿者把新闻当成调查的现象，浙江省留日同乡会调查部特地在《浙江潮》发布《调查部特别征事广告》，对社会调查作出了更为具体的要求。[②]一些调查者及报刊编辑者对调查的误解应是社会调查作为新生事物初起时的必然现象，这是可以理解的，但这确实是中国社会调查肇兴时期的一个问题。

清末很多调查水平低下的问题在当时已有人通过个案评论的形式比较隐性地表示出来。沧江（即梁启超）就曾严厉地批评了1906年民政部在北京的户口调查，认为该调查严重失真。[③]明水（即汤觉顿）则对《币制调查局调查研究问题书》表达了强烈不满：“及读原件，而不禁大失所望”，“以一国最高之当轴，而思想识见瞀乱至此，欲吾国良币制之出现，正未知何日也”。[④]在《中国人口问题》一文中，明水通过对美国人洛克希禄、日本人根岸佶关于中国人口估计的述评，指出中国人口调查的不可信。[⑤]清末调查的水平，由此可见一斑。

---

① 《修定法律大臣沈等奏拟咨议调查章程折》，《东方杂志》1908年第8期。

② 《调查部特别征事广告》，《浙江潮（东京）》1903年第4期。

③ 沧江：《北京调查户口之报告》，《国风报》1911年第4期。

④ 明水：《读币制调查局调查研究问题书后》，《国风报》1910年第11期。

⑤ 明水：《中国人口问题》，《国风报》1911年第5期。

如前文指出，中国古代曾存在大量的社会调查事实。中国现代社会调查虽借鉴自日本和西方，但在初起的年代，传统因素所给予的影响也不容忽视。

北京师范大学李志英教授曾明确指出，清末一些调查源于地方志，有的调查更是照抄相关地方志的内容。①其实，古代在纂修方志时也有采风、采访的做法，采风、采访乃纂修方志时的一种调查、收集材料的方法。采访册，是采访后将收集到的材料整理、加工而得到的初步成果。现在，各地仍留存一些采访册，较早的有明崇祯年间的《镇江府金坛县采访册》。清朝的采访册比较多，2002 年台湾历史博物馆出版社曾公开出版清光绪年间的台湾及台湾各州县的采访册。应该说，传统方志可能含有传统调查因素，清末国人将一些内容当作现代社会调查拿出来发表，应是一种较为自然的反应。

不过，我们也应该看到，现代统计、调查的兴起对地方志的纂修也产生了影响。笔者在国家图书馆曾发现一本《各厅州县采访修志底册格式》②，国家图书馆网页上标明其出版于 1912 年以后，而依据其内容，笔者认为其应该发表于满清覆灭之前，因为该书使用“国朝”字样的地方达十几处，但使用“皇清”的地方更多。该书形成的具体年代目前虽尚难确认，但其形成于清末方志纂修的高潮阶段，则大体可以肯定。③《各厅州县采访修志底册格式》将所须采访的事项分为 54 卷，每卷下分若干大项，大项下又分若干细目，并有简单的说明。从其内容和体例上来看，它所列各项与传统的志书较为接近。然而，这么详细、全面、系统、专门地列出调查采访提纲的情况，此前还是较为罕见。不仅如此，该书编者还将调查了解地方情势对于通志编纂的意义，提升到一个非常高的高度，表示“查编纂通志一事，必以州县采访为凭，而采访必得之绅耆。然后州县不至任怨。一事采访

① 李志英：《古代方志与近代社会调查之渊源关系探究》，《北京师范大学学报（社会科学版）》2013 年第 3 期。

② 《各厅州县采访修志底册格式》，版本不详。

③ 此书在某州厅县志卷七“户口志”下，有这样的记载：“嘉庆年曾否奉行清查，拨出、增入某处若干户。现在十七年报部实在承粮花户若干户。”卷八“田赋志”下也有“嘉庆年”“现在十七年”等字样。初看上去，似成书于嘉庆年间。然而，在卷十五“学校志”下，却有“中、大、小学额”的记载。学校分大、中、小学三级，无疑是清末新政期间才有之事。

不到，即无以成一县之志。一县志书不到，即无以成通省之志”。[①]此种认识和主张在此前实不多见。在清末修成的方志、乡土历史中，也已存有不少现代调查统计内容。如宣统《奉天辉南厅志》在户口、庙宇、农产、矿产、植物、药材、动物、水产、学堂、社址等部分，均使用了大量统计调查成果。[②]如《泰州乡土志》既含有有关整个国家历史的图表，也有与泰州本地历史密切相关的图表，在介绍泰州的田地、漕米、田赋、丁银、户口、兵业等时，还使用了大量的统计数字，在介绍邮政时，将中国、日本、西洋各国的邮政情况进行了列表比较。[③]清末甚至出现了以调查报告充当地方志的现象，虽仅发现一例，却是已发生的事实。康敷镕（生平不详）曾撰述过青海地方志，其成果之一为《青海志》[④]，之二为《青海调查事项》[⑤]，二者在编排顺序上略有不同，实则一本书。

与现代社会调查一致，现代人口调查也初兴于清末。清末现代人口调查中既包含某些传统因素，传统的人口调查中也表现出一定的近代特性。这点后文作详细交代，此处不赘。

1903年、1904年，《农学报》连续刊登了邹汉勋的遗作《南高平物产记》。[⑥]邹汉勋，1854年去世，因此《南高平物产记》的完成时间应早于1854年。收集、整理地方物产记载，是传统舆地学的一项重要工作。关于物产的记述，传统方志中也较常见。李志英教授曾指出，发表在《浙江潮》上的《嘉兴平湖县物产表》实乃抄搬光绪十二年的《平湖县志》，类似的关于某地农业情况的社会调查在晚清时期有很多。[⑦]前文已说明物产调查对于现代社会调查在中国肇兴的意义，由此也可以想见，已有的有关物产的记载在现代社会调查初起的过程中所发挥的作用。

---

① 《各厅州县采访修志底册格式》，版本不详，第1页。

② 薛德履：《奉天辉南厅志》，1910年刻本。

③ 马锡纯：《泰州乡土志》，泰州教育会劝学所发行，上海锦章书局印刷，1908年。

④ 康敷镕：《青海志》，版本不详。

⑤ 康敷镕：《青海调查事项》，版本不详。

⑥ 邹汉勋：《南高平物产记》，《农学报》1903年第238期，1904年第239—240期。

⑦ 李志英：《古代方志与近代社会调查之渊源关系探究》，《北京师范大学学报（社会科学版）》2013年第3期。

“现代”与“传统”是两个相对的概念，但并不必然总是相互对立、相互排斥的。在现代调查传入中国的过程中，一些传统因素扮演了一定的角色。它们在成为现代调查可资借用的资源的同时，也对现代调查在中国的初期发展形成制约，让人很难截然分辨出相关调查到底是传统调查还是现代调查。不过，我们还应该看到，这些受传统因素渗入、影响很大的调查类别，如物产调查，随着时间的发展，显示出了一些新的特性。仅就物产调查而言，其调查范围已扩大至工矿产品及其制造、销售情形，并注意用数字来表述。其中，有些调查相对而言是对某种产品的几乎全方位的调查，有些调查虽然重在描述某种物品的生产过程，但其立意在于探讨、总结生产该物品的好的做法或不足之处，以资改进或作其他生产者的借鉴。

清末许多调查虽然水平不高，有些调查受传统因素影响很大，但就整体而言，清末调查是中国现代调查的开端。更进一步，民国时期一些类型的调查、一些学科的典型调查似乎在清末都能找到影子。社会学界一般认为最早的现代社会调查乃民初北京实进会从事的城市平民调查（即北京人力车夫调查），实际上，城市平民调查已在清末多次发生，对习艺所的调查、对贫儿院的调查[①]即是如此。今天回顾中国监狱学史，总要提到严景耀及其所从事的监狱调查[②]，然而，清末已有人对国内外监狱进行调查[③]，而且那时也已有一些法政学堂（如江西法政学堂[④]、江宁法政学堂[⑤]、直隶藩属法政学堂[⑥]、山东省城法政学堂[⑦]等）开始教授“监狱学”这门课。1905 年《时报》曾集中刊登各地岁时风俗调查记，比北京大学提倡调查

---

① 王元增：《京师习艺所参观记（二龙坑）》，《时报》1908 年 9 月 15 日第 2 版；《参观贫儿院记》，《龙门杂志》1909 年第 6 期。

② 严景耀：《北京犯罪之社会分析（附表）》，《社会学界》1928 年第 2 期；《北京犯罪问题》，《真理与生命》1927 年第 2 卷第 13 期、第 2 卷第 18 期；《北平监狱教诲与教育》，《社会学界》1930 年第 4 期。

③ 王元增：《太仓州监狱调查记》，《时报》1908 年 7 月 28 日、30 日第 9 版；《天津府凌守福彭调查日本监狱习艺详细情形呈直隶总督袁禀》，《东方杂志》1906 年第 2 期；章亮元：《考察陆军监狱报告书（附图）》，《南洋兵事杂志》1907 年第 7 期；《大理院奏调查日本裁判监狱情形折》，《北洋法政学报》1907 年第 30—36 期。

④ 《江西学务调查报告》，《教育世界》1907 年第 163—165 期。

⑤ 《江宁提学使呈报全属学堂一览表（续）》，《学部官报》1908 年第 71 期。

⑥ 《奏派调查直隶学务员报告书》，《学部官报》1907 年第 21 期。

⑦ 《本部视学官调查山东学务委员报告书》，《学部官报》1908 年第 55 期。

风俗早了十余年。1905 年，有人对皖北的语言进行调查研究[①]，似乎也开了民国时期语言调查的先河。清末也有人对少数民族进行调查，还有人进行类似后来的人种调查[②]和文化人类学调查。朱惠贞所作的《苏州婚嫁之风俗》[③]应当归入风俗调查，但若将其与燕京大学社会学系硕士研究生的人类学学位论文相较，其水平也不会太低。

清末还存在一些视察型、观察型的调查，这两类调查经民国一直流传到现在，只不过后来的调查范围更广，在技术方法上也更为成熟些。学生旅行调查作为培养学生的一个重要手段，在清末也被传入中国，许多中小学校曾利用假期组织学生旅行调查，但就笔者所收集到的材料而言，这些作品还很难有称得上是社会调查报告的。

---

① 《皖北的土话》，《安徽俗话报》1905 年第 20 期。

② 滕越，杨发锐：《云南腾越厅属物产种人矿厂调查》，《新民丛报》1906 年第 15 期；直斋：《安南人种之调查》，《云南》1907 年第 6 期。

③ 朱惠贞：《苏州婚嫁之风俗》，《妇女时报》1911 年第 3 期。

第四节

清末调查的现代属性

清末许多调查水平较低，但并不能否认社会调查整体的现代特性。许多社会调查水平较低，恰恰是社会调查初起时必然出现的情况。上文概述出的四个方面特征，已在某种程度上说明了清末调查的现代属性。下文拟从四个方面对清末调查的现代属性作进一步分析。

（一）调查的主体和目的。清末调查起自个人的提倡，而渐及于政府各级机构。调查的主体呈现出多样化的特征，既有众多的个人调查者，也有政府相关机构；既有专门的调查机构，也有一些其他性质的组织。与传统调查比较，清末调查的主体发生了相当大的变化，它不再局限于政府及由政府控制下的社会组织。与此同时，调查者从事调查的目的也有了较大的变化，为统治者征收税赋和劳役不再是调查的最主要目的。相反，调查的目的也有一个多样化的问题。笼统地说，这个时期社会调查主要是为社会改良和社会行政服务的，服务于新政改革和外争利权是这个时期社会调查的最为主要的社会功能。具体到每个调查，目的则可能不一。1906 年的京师户口调查是为了实施某种民政的需要，宣统年间全国性户口普查的直接目的则是为宪政改革做准备。

与清末调查起自个人，而渐及于政府各级机构相吻合，调查目的的变化也有类似的顺序，人们先是关注利权和民生，继而为新政改革服务的声音渐起。这种吻合恐怕要与清末社会调查的源流及发生的时代背景有关。清末社会调查，在很大程度上可以说是一种外来的、新鲜的事物，一种新的外来事物要被输入国内，必有一些对这种事物感兴趣并有一定程度了解的人存在。庚子前，这种人实在太少。对于较早提倡在中国进行现代调查（矿产矿权调查）的赵子钦，有一点可以肯定，即他与在华外国人有一定的交往，对矿产调查也有一定程度的了解，这从他的文章内容及所投刊物可以看出来。再过了 20 年，中国现代社会调查才开始兴起。不过，最初几年的调查成果不是很多，且多集中在物产（土产）方面。这种情况直到 1903 年左右才有所转变。庚子后，大批的中国人开始到日本留学，这些留学生中的一部分受到日本、欧美调查潮流的影响，组织了中国最早的调查机构。而他们回国后，分散到中国政、军、学、经等各个领域。在他们的推动下，中国社会调查迅速开展起来。也正由于他们的推动，清政府各级机构为了适应新政的需要，进行了规模不等、内容繁杂的调查。最早在中国提倡或从事社会调查的人的思想都较敏锐、感情都较丰富，他们对中国的利权丧失和国际地位低下有着切肤之痛，“学生界中人，越在异国受外界之激刺而动其内部之感情，其脑质中无人不印有一中国在，且无人不思有所以效其力于中国在”。[①]因此，了解风物以挽救国家利权，也自然成为他们调查的首要选择。庚子后，清政府迫于内外压力宣布实施新政，为新政服务的调查也就应运而生。

（二）调查的对象范围。清末调查的对象已扩散至政治、经济、文化教育、社会（狭义）等领域的各个方面。这点从上文的介绍中可以看出。下面我们再分析一下湖北、浙江、江苏三省留日同乡会调查部所列的调查事项。

湖北同乡会调查部共列出了需要调查的 11 个大项（分别是政法、教育、经济、实业、军事、历史、地理、民族、出产、交通、外人势力）和 80 个小项，有些

---

① 程明超：《湖北调查部记事叙例》，《湖北学生界》1903 年第 1 期。

小项又作了进一步的区分。浙江同乡会调查部则列出了历史、地理、社会、物产、工业、经济、商业、农务、军事、教育、政治、刑法、交通机关 13 个大项和 140 个小项。单从大项上来看，两者除了些微差别，所列的项目差不多，只不过浙江将一些项目细化了。这些项目大都集中在今天所说的政治和经济方面。它们虽然没有按照政治、经济、社会（狭义）、文化教育等大类来分（因而前后顺序显得较为凌乱），但欲把社会生活分门别类加以研究应该是清末以来的事，这是中国古代未曾有的现象。在《湖北调查部记事叙例》和《浙江同乡会调查部叙例》中，虽没有明确提出 “社会调查”的概念，但它们显然受到了西方社会学的影响，背后都有一个关于“社会”的理解。湖北调查部提出，调查的三个直接目的之一就是“述人群关系之重，引国民相爱之力”。浙江同乡会调查部更是明确提出要调查社会。在“社会”项下，可进一步区分为人口、地区贫富状况、社会团体、习俗、自治制度五个部分。①当时人们关于社会的理解已非常现代了。如果考虑到这个时期社会科学还不是很成熟，关于社会的划分还远远没有达成共识这种情况，我们就不得不佩服浙江、湖北调查部的同仁对“社会”的理解深度。除此以外，他们对其他一些事物的理解也值得赞赏。湖北调查部在“经济”项下列有生产、分配、消费、岁入、岁出、钱法、积储等目，同时，它并不认为经济就只有这些内容，“中国之官吏恒居于分利之界，其为民生利者盖尠，重以赔款，搜刮弥厉，经济上之现象，可谓困哉”。②凡有关民生者都是经济。在这里只列出生产、分配、消费等目，而在下面又标有实业（含农、工、商）、出产、交通等项。在湖北调查部的成员们看来，生产、分配、消费等恐怕是个较为深层次的问题。与浙江、湖北相比，江苏同乡会调查部没有很全面地列举调查项目，但它所列举的项目比较有特色，它强调阶级（实际上是阶层）及其生计有关方面的调查，它将阶级划分为上上、上中、上下、中上、中中、中下、下上、下中、下下九级。③

---

① 程明超：《湖北调查部记事叙例》，《湖北学生界》1903 年第 1 期；《浙江同乡会调查部叙例》，《浙江潮（东京）》1903 年第 2 期。

② 程明超：《湖北调查部记事叙例》，《湖北学生界》1903 年第 1 期。

③ 《江苏同乡会调查部公约》，《江苏（东京）》1903 年第 1 期。

上述调查部叙例、公约所列举的调查事项已非常琐细，而许多实际的调查更为详尽。例如，《京外学务报告：黑龙江省学务统计总表（光绪三十三年）》以地域为经、以各类学堂为纬，用表格的形式详细地报告了师资、学生、经费、支出及各类教育组织总数、资产等相关事项，支出方面包括职员薪津、教员薪津、司事薪津、仆役工食、租息粮税、服食用品、试验消耗、陶画标本器具、营建修缮、杂用及学生人均费用等，这些都有详尽的统计。[①]

这个时期还出现了为改良某种社会弊病而进行的社会调查，如关于缠足的调查，关于禁烟的调查，司法部关于审判厅、监狱的调查，等等。这个时期，已有人开始关注并试图调查下层社会的疾苦了。如江苏同乡会调查部要调查各个阶层，其中至少有三个下级阶层是关注的重点。更值得一提的是，这时还出现了以调查农民疾苦为主要任务的调查组织，《农民疾苦调查会章程》这样说道："我农人诚古代所谓无告之民矣。仆等有鉴于此，爰设农民疾苦调查会。"《农民疾苦调查会章程》规定了所欲了解的有关农民疾苦的具体内容，"夫农民疾苦，其调查者有四端：一为官吏横征及育吏苛扰之事；一为田主虐待及私税所纳之额；一为凶荒饥馑之况；一为耕耘刈获之苦。此关于农民之困厄者也"。[②]事实上，清末也确实出现了有关下层社会的调查，对嘉定农民的调查即是一例。[③]调查了解下层社会，是欧美现代社会调查产生的一个重要动力，也是现今现代社会调查的一个重要组成部分。

（三）调查的方法、技术和自觉意识问题。现代调查与古代调查的一个标志性区别乃是现代调查意识的产生和坚持。在英美，investigation/survey 是个近代的词，它们被创造出来，不仅充实了英语词汇，更重要的是要用来指代它们所能代表的事物。而国人从日本引进"调查"这个词，是要模仿日本、欧美社会调查的副产物，目的绝不是要丰富汉语词汇。从结果来看，他们引进的也远远不只是"调查"这个词语，虽然总体水平有限，但他们确实通过模仿欧美、日本从事了各种

① 《京外学务报告：黑龙江省学务统计总表（光绪三十三年）》，《学部官报》1909 年第 88—90 期。

② 《农民疾苦调查会章程》，《天义》1907 年第 8—10 卷合册。

③ 《嘉定农人生计》，《江苏（东京）》1903 年第 7 期。

各样的实实在在的调查。所以，在清末，也许很多人对什么是现代社会调查认识得不够清楚，但当他们使用“调查”时，已能够在很大程度上说明他们具有一种自觉的调查意识。从整体而言，“调查”一词被引进并广泛流传也可说明现代调查意识已开始扎根于清末中国了。

现代社会调查的一个重要特点就是它在很大程度上是一个“自在体”。自现代社会调查产生后，人们逐渐把调查作为一门独立的学问来追求。经过不断的实践和经验总结，各种调查技术、方法和套路被发明出来，社会调查渐渐成为有着自身规范和特点的一门学问。社会调查在不断深化人们对社会的认识的同时，自身也获得了很大的发展。在这个过程中，社会调查与一些相关学科互相渗透、互相影响。社会调查作为人们认识社会的工具，无疑推动了一些学科的发展，这些学科反过来又规范、约束、丰富并促进着社会调查，社会调查与统计学、社会学、人类学、民族学等学科的关系均是如此。

清末虽然还谈不上调查方法中国化的问题，但已有人针对中国具体问题拟就调查方法，如在《北洋官报》上发表的《调查学务统计办法》和《南洋兵事杂志》上刊登的《江苏安徽两省三角测量之方案》等。与此同时，还存在着大量的以个案评论形式出现的研究文章。这时，还有组织开始注重调查的规范性问题。浙江同乡会调查部就曾在《浙江潮》刊登启事，要求投稿者必须注重调查的规范，清政府也曾发布各种统计表例以规范调查统计。在一些具体的调查中，我们也发现了某种规范的存在，如公开发表的清政府各级机构的调查统计表在形式上是比较规范的，《华商联合报》第 16 期和第 17 期发表的系列烟产运销调查报告对调查内容似乎也都有着一致的约定。

如前文所述，最早从事现代社会调查的国人是黄宽，但他的流行病调查系作为海关医务官的职务行为，且其成果以英文发表，对后来国人的社会调查几无影响。荷兰人高延（De Groot）1877 年开始在厦门附近作的人类学田野调查[1]，是中

---

[1] ［荷兰］高延：《婆罗洲华人公司制度》，袁冰凌，译，《中央研究院近代史研究所史料丛刊：33》，台北：“中央研究院”近代史研究所，1996 年，第 147 页；王铭铭：《小地方与大社会——中国社会人类学的社区方法论》，《民俗研究》1996 年第 4 期。

国境内出现的较早的学术意义上的调查，但他的调查成果《厦门岁时习俗》是用荷兰文写成，对清末国人的社会调查亦毫无影响。也有人把阿瑟·史密斯的《中国乡村生活》当成社会调查成果。[①]该书的副标题是《一个社会学的研究》，如果该书是调查的话，那么它应该属于社会学的调查。然而，该书“依据的主要是作者本人的经验与观察，尚不能算作系统、客观的社会调查”。[②]《中国乡村生活》在清末曾产生一定的影响，但并不是作为调查成果而被人们注视。西方学术意义上的社会调查在清末未曾引起国人的注意，但这并不意味着清末调查与社会学等学科毫无关系，它们之间还是具有或多或少的联系的，前文已有所论述。

在与相关学科的关系方面，清末调查与统计学的关系最为密切，统计式调查的成绩也较为突出。许多调查，尤其是清廷中央政府组织的调查比较注重规范化，按照事先拟好、颁布的调查表式展开调查、统计。统计的作用获得了调查者较为普遍的重视。一些人发表文章提倡统计、介绍统计的历史、方法和技术，而在吉林已有人计划成立统计学会，在河北则有人试图创立统计学堂。清政府在中央各部门设立统计处，颁布了多种统计表例，明确宣告要模仿日本编成《统计年鉴》。1903年，林卓南翻译了日本人横山雅南的《统计学》，1907年学部奏定在京师法政学堂开设“统计学”课程[③]，同年彭祖植出版了国人所作的最早统计学专著《统计学》，1910年《北洋法政学报》连载涂景瑜编的《统计学讲义》，统计学由此被系统地引进中国来。事实上，清末已存在着大量的统计式调查。前文曾提到，清末日本对中国调查的影响更为直接，而日本的调查又受德国的影响较大。[④]到了民国，英美的影响后来居上，中国社会调查的潮流自然也就随英美而转。

清末社会调查是国人最早试图以现代社会调查方法调查、了解国情和世情的一种认识、实践活动。与民国时期社会调查相比，清末社会调查专业深度可能不够，但这是社会调查初起的一个必然表现。清末调查涉及社会的各个层面，而欲对社会各个领域进行分门别类的调查，至少应该具备相关领域的专业知识。在某种程

---

① 张世文：《农村社会调查方法》，重庆：商务印书馆，1944年，第10页。

② 阎明：《一门学科与一个时代——社会学在中国》，北京：清华大学出版社，2004年，第17页。

③ 汪林茂编著：《中国走向近代化的里程碑》，重庆：重庆出版社，1998年，第77页。

④ ［日］高野岩三郎：《统计谈》，《法政杂志（东京）》1906年第3号。

度上，晚清社会调查是受现代调查方法、统计方法和专业规范共同作用的结果。事实上，晚清社会调查所涉的各个领域也确实在一定程度上呈现出相关专业的特征。

（四）调查的客观性。民国时期，社会调查被许多人当作科学认识社会的一个有效工具，原因就在于这些人坚信它具有确定不移的客观性。

布斯的伦敦调查在社会学界一直被认为是早期现代社会调查的经典之作。依据 Martin Bulmer、Kevin Bales 和 Kathry Kish Sklar 的观点，布斯的伦敦调查主要有四个特点：引进精确的贫穷线概念；试图精确地计算出处于贫穷线上下的人口；调查范围是地区的、全面的调查；组织一支调查队伍进行实地调查。①

这四个特点的核心就是要通过实地调查精确地反映调查对象的客观真实，也就要以可衡量的数字系统地描述真实。如果以布斯的伦敦调查的要求作为现代社会调查的衡量标准，几乎所有的清末调查都不具有现代性。清末很少有为单个调查组织专业调查队伍的，也很少有对一个地区进行全面实地调查的，更是绝无秉持精确调查之目标而结果又可衡量的。同时满足布斯的伦敦调查四个特点的，在清末绝无仅有。但我们不能因此就说，清末调查不具有现代性，因为就是在当时的西方，Booth 式调查也不是唯一的一类。Martin Bulmer 等人曾在同一篇文章中提到了 social survey 和 social investigation 的区别，布斯的伦敦调查应属于 social survey，而依据我们的推断，清末中国的社会调查应可归为 social investigation。当然，清末社会调查（social investigation）的水平要比西方、日本的差得远。

清末的社会调查总体水平较低，却不意味着这些调查丝毫没有客观性或绝对不可靠。社会调查所追求的真实有两种，一种是现象的真实；一种是现象间有系统联系的真实，也即理论的真实。清末的社会调查绝大多数仅仅把握的是前一种真实，后一种真实则未尝追求。也就是说，清末的社会调查仅仅描述了社会现象，几乎没有哪个调查能达到科学认识社会的程度。然而，这些调查所反映出来的某些客观事实是我们不能否认的。

---

① Martin Bulmer, Kevin Bales, Kathry Kish Sklar. “The Social Survey in Historical Perspective”, in *The Social Survey in Historical Perspective, 1880—1940*. New York: Cambridge University Press, 1991. pp. 19—20.

在清末，社会调查被一些人视为发现客观真实的有力工具，“故中国而不欲改革也。如欲改革必先于国中一切事物之性质、之状态而一一考察、一一研究。知病之所在而后可下药，知弊之所在而后可趋利”。[①]在这些人看来，通过社会调查发现事实是中国振衰起弊的前提，因而，必须一步一步地、脚踏实地地去调查。“此一圈线中而一一考察、而一一研究；彼一圈线中而一一考察、而一一研究”，“毋存其名而忘其实也，毋始励勤而终疲顿也”。[②]

这些人所要求的真实，不是调查对象的个别方面的真实，而是全面的真实。当然，这种全面的真实与现象间有系统联系的真实是有很大区别的。布斯的伦敦调查将调查对象分解成个人、家庭、亲属等有层次的单位来收集数据，并作进一步的分析以求得现象、问题之间的联系。而清末的调查只满足单个现象的平行叙述，绝少有揭示现象间内在联系的。因而，许多清末调查虽然意欲对调查对象作全面的了解，但了解的结果只能是各个现象的集合。这种区别，其实也是 social survey 和 social investigation 的区别。[③]

清末还有人认识到必须确保调查本身的客观性。如天津府自治局规定，调查员必须到各家作独立调查，“不得有偏私之举动”[④]，宪政编查馆对各省调查局的设立所提出的一项要求即是：“开办之始必须事事先求其简明确实，断不可参以虚饰之词，敷衍之见，乃可望由疏至密、去伪以存真。”[⑤]而清廷为保证人口普查能调查到真实情况，而特别规定完成任何正常调查手续都不得向人民收费。[⑥]这时还出现了相对较有水平的实地调查，如陆溁的茶务调查。应当说，清末大量的调查与统计学“联姻”，也保证了这些调查某种程度的客观性。

Booth 式调查起源于对贫困阶层的关注，而中国的现代社会调查初始时则更

---

① 《浙江同乡会调查部叙例》，《浙江潮（东京）》1903 年第 2 期。

② 同①。

③ Martin Bulmer, Kevin Bales, Kathry Kish Sklar. “The Social Survey in Historical Perspective”, in *The Social Survey in Historical Perspective, 1880—1940*. New York: Cambridge University Press, 1991. p. 3.

④ 《天津自治府试办调查简章》，《北洋法政学报》1906 年第 9 册。

⑤ 《宪政编查馆奏请饬各省设调查局折》，《北洋法政学报》1908 年第 52、53 合册。

⑥ 《民政部奏定调查户口章程》，《北洋法政学报》1909 年第 90 册。

多地关注国家的利权，服务于国家的政治革新。因而，在欧美纯粹是学术的调查，在中国却可能具有某种社会性，地质调查即是如此。[①]而中国的地质调查又往往和矿政调查联系在一起。

由于关注点不同，要求自然也就有所不同。这时的中国社会调查也许不需要多么的精确，只要能为公众了解一些实情、为国家制定政策提供参考就行。清末的社会调查虽没有达到“以可衡量的数字系统地描述真实”这一Booth式调查的要求，但它为民众了解事实、为国家政治革新提供了一定程度的服务却是无疑的。况且中国在社会调查方面是一个后发的国家，社会革新起步较晚，社会风气开化得也就较晚。作为刚刚起步的社会调查能够取得那样的规模，已是难能可贵。同时，清末的社会调查为我们提供了大量的反映当时社会实情的资料，这点也应该值得肯定。

清末许多调查水平不高，但个别调查还可称道，陆溁的茶务调查就是这样一个例子。[②]陆溁于宣统二年（1910年）到九江、湖北等处调查茶务，他走访了口岸海关和各个厂商，就所到口岸的厂商种类和资本、茶叶的种类和种植、茶砖的制造和销售以及各茶销路、清政府所收税数作了详细的统计和5年的比较分析，对中国茶业存在的问题及其原因有着一个比较符合实际的看法。他不仅关注茶叶税收，对茶农的生计也甚表同情。在统计分析的基础上，陆溁更提出了相关对策。不过，这样的例子还不太多见。

清末调查没有能够以可衡量的数字系统地描述真实，它们所得到的数字的可靠性也必须加以审视。但如果我们把这些调查放到整个调查发展的脉络中、放到清末中国社会和学术背景中去考察，清末调查在具有一定程度的现代性并反映一定程度的客观现实方面应是值得肯定的。

---

① 章鸿钊：《中华地质调查私议》，《地学杂志》1912年第1号；1912年第3、4号合刊。

② 陆溁：《调查国内茶务报告书》，版本不详。

第三章

清末社会调查举隅：近代人口（户口）调查在清末中国的初兴

民商事习惯调查和宣统年间的人口普查是清末两项重大调查，就规模而言，它们在清末乃至整个中国近现代调查史上都占有重要的地位。这两项调查都是清政府相关机构为适应新政、宪政改革的某种需要而发起、组织并加以实施的。尽管清末人口普查和民商事习惯调查有这样或那样的缺陷和不足，但它们留下的资料，对后人探讨当时的人口状况、民情风俗、民商事习惯和法制建设情况，以及中国人口发展史等问题都有很高的参考价值。

民商事习惯调查乃清末法制改革的重要组成部分，它的开展是为编订和审核新法律提供参考和借鉴。胡旭晟、李贵连等认为它是由修订法律馆指导实施的[①]，但张勤、毛蕾根据奉天省调查局习惯调查的档案资料

① 胡旭晟：《20世纪前期中国之民商事习惯调查及其意义》，《湘潭大学学报（哲学社会科学版）》1999年第2期；李贵连：《沈家本传》，北京：法律出版社，2000年，第274页。

认定，各省调查局和修订法律馆的习惯调查是分别进行的，而且各省调查局的调查由宪政编查馆负责指导、审核。①张勤、毛蕾认为，修订法律馆实施调查的方式，主要是依据其统一拟订的条目，派员到各省，由各省调查局协助进行，调查的内容限于民商事习惯方面。各省调查局为常设机构，它们的调查问题由其自行设定，比较自由。其调查可分为两个阶段，第一个阶段主要以表格式调查为主，第二个阶段则以问答式调查为主。调查的范围较广，包括民情风俗、绅士办事习惯、民事习惯、商事习惯和诉讼事习惯五大类。②目前，在清末民商事习惯调查中，修订法律馆主持的四川、江苏、陕西、广东、甘肃和湖南六省的调查已得到学术界的关注，而各省调查局自行调查的只有奉天一省被有关学者发现。事实上，收藏在各地档案馆、图书馆的相关资料定然还很多，如果将它们挖掘出来，其数量之多、内容所涉之深度③和广度当十分惊人。

学术界对清末民商事习惯调查的研究已比较深入，没有必要再对之进行重复探讨。然而，必须指出的是，依据笔者所掌握的材料，清末发起民商事习惯调查的主体可归为五类，除了修订法律馆和宪政编查馆，农工商部、度支部和各省调查局均曾发起或独立从事相关调查。农工商部曾行札各商会，试图调集商人通行习惯账样④，并发布章程，要求各省

① 张勤，毛蕾：《清末各省调查局和修订法律馆的习惯调查》，《厦门大学学报（哲学社会科学版）》2005年第6期，又载中国人民大学报刊复印资料《中国近代史》2006年第4期。

② 同①。

③ 如胡旭晟就认为，清末民商事习惯调查的水平要高于北洋政府时期的同类调查。参见胡旭晟：《20世纪前期中国之民商事习惯调查及其意义》，《湘潭大学学报（哲学社会科学版）》1999年第2期。

④ 《新加坡华商总会坐办林竹斋君致本馆经理陈君贻君函（为委寄农工商部商习惯账样事）》，《华商联合报》1909年第19期。

调查民间度量权衡使用习惯，以备划一度量权衡。[1]度支部也曾行文广东要求调查广州市面行用银币习惯。[2]调查民商事习惯，以备新政改革之参考，本为各省调查局的职责。[3]一些调查局，如广西调查局，曾自行拟订问题格从事调查。广西巡抚更是认为，该省问题格细目条文比修订法律馆的还要详细些。[4]面对修订法律馆和宪政编查馆的调查命令和不同的格式要求，各省或将自己原来的调查资料整理后呈上，或根据要求专门调查以进呈，或将专门调查的成果分咨他处，以满足不同部门的要求。[5]所以，一篇习惯报告可分属不同主体所发起的调查。换言之，就某省而言，修订法律馆、宪政编查馆和该省的调查结果可能是同一事物。

人口调查是清末社会调查的重要组成部分。与社会调查一致，近现代人口调查也初兴于清末。为了对清末调查有一个更为深入的了解，本章拟从整体上把握清末人口调查的发展脉络，对近代人口（户口）调查在清末初兴的情况进行较为详细的论述，揭示清末人口调查的复杂性、多样性。清末现代社会调查的整体状况，当可从本章和第二章的论述中窥知一二。

---

① 《委员调查度量权衡习惯》，《新闻报》1910 年 1 月 26 日。

② 《调查粤省银币习惯答问表》，《广东劝业报》1909 年第 78 期。

③ 《为咨送湖南商事习惯报告书事致修订法律馆咨文》（1911 年 10 月 4 日），中国第一历史档案馆馆藏（本章下文不标馆藏地者均为中国第一历史档案馆馆藏），修订法律馆档，10-00-0018-063。

④ 《为呈送民情风俗报告及绅士办事习惯报告事致宪政编查馆咨呈》（宣统朝），宪政编查馆档，09-01-04-0053-048。

⑤ 《为呈送民情风俗报告及绅士办事习惯报告事致宪政编查馆咨呈》（宣统朝），宪政编查馆档，09-01-04-0053-048；《为咨送广东省第三次民事习惯书致修订法律馆文》（1911 年 3 月 6 日），修订法律馆档，10-00-00-0018-058；《为咨送民事习惯答复册事致修订法律馆咨文》（1911 年 4 月 28 日），修订法律馆档，10-00-00-0018-062；《为咨送湖南商事习惯报告书事致修订法律馆咨文》（1911 年 10 月 4 日），修订法律馆档，10-00-00-0018-063。

第一节 学术界已有研究

对清末的人口调查，社会学界关注得不多，历史学界、人口学界则作了一定程度的研究。

清末户口普查期间，一些调查结果纷纷对外公布，国内外学者和报刊舆论对已有的调查结果进行了评论。如梁启超（沧江）曾撰文批评北京的户口调查。调查的结果显示，北京的女性数量仅为男性的一半。他认为，北京是经过千年徐徐发展的大都会，男女性别比差距不应该这么大，这不符合人口统计学所揭示的人口规律，而且北京乃官吏阀阅之渊薮，这些人家姬妾奴婢众多，女性明显要多于男性，所以，此次调查不足征信。[①]应该说，梁启超对人口学知识已有一定程度的掌握。就某种角度而言，这些评论可视为对清末人口调查的最初研究。

清末的户口数量，在清末已是谜一样的存在，各家的估算相差巨大。清末户口普查，并没有为解决此一问题提供清晰而有力的数据，其本身也逐渐成为一个

① 沧江：《北京调查户口之报告》，《国风报》1911 年第 4 期。

谜。其结果是否可靠亦众说纷纭。对普查结果的修正、重新估算，也是言人人殊。讨论其结果的可靠性，对清末人口数量进行重新估计，成为学术界研究清末户口普查乃至整个清末人口调查的一条主线。

清末户口普查结果渐次公布后，国内外一些学者纷纷开始依据他们所掌握的数据，对清末的户口数量作出估计。1932 年，王士达根据清政府民政部户口普查的一些原始材料，在借鉴已有观点的基础上，对各省户、口数量和全国户口总量进行了修正、重新估计，认为全国共有 70430432 户，372563555 口。王氏对清末户口普查的评价较高，认为它承上启下，给后来各次户口调查开辟了新的路径，且它深入民间，较清朝其他所有的户口编审都可靠。①1934 年，陈长蘅在借鉴王士达研究的基础上，主要依据国民政府内政部所接收的清末户口普查的原始档案材料，经过重新估算，认为全国总计有 71268651 户，368146520 口。②

当代著名学者何炳棣先生从研讨普查机构及其效能出发，认为清末户口普查结果不足信，他甚至认为自咸丰元年（1851 年）至 1949 年间，虽有数字，实际上却是人口统计学的真空时期。③姜涛研究员较为赞同何炳棣的观点，认为清末户口普查的质量不高，相对而言，户数调查要比口数调查的可信度高一些。④

米红等人利用清末民初两次户口调查的一些资料和其他回顾性调查资料，建立数学模型，分省检验两次调查结果的一致性，并对 1912 年中国人口数量进行重新估量。结果显示 1912 年的人口总数应为 392618884 人，同时，假定民国时期人口自然增长率当为 8‰左右，而依据 1953 年的全国人口数据，1912 年的人口总数约为 4.2 亿。⑤侯杨方教授在《宣统年间的人口调查——兼评米红等人论文及其

---

① 王士达：《民政部户口调查及各家估计》，《社会科学杂志（北平）》1932 年第 3 卷第 3 期；1933 年第 4 卷第 1 期。

② 实业部中国经济年鉴编纂委员会编：《中国经济年鉴》第三章 《人口》，上海：商务印书馆，1934 年，第 477—491 页。

③ 何炳棣：《明初以降人口及其相关问题（1368—1953）》，葛剑雄，译，北京：生活·读书·新知三联书店，2000 年，第 87—93、113 页。

④ 姜涛：《中国近代人口史》，杭州：浙江人民出版社，1993 年，第 81—85 页；王建朗，黄克武主编：《两岸新编中国近代史（晚清卷下）》，北京：中国社会科学文献出版社，2016 年，第 705 页。

⑤ 米红，李树苗，胡平，等：《清末民初的两次户口人口调查》，《历史研究》1997 年第 1 期。

他有关研究》中指出了米文的缺憾之处，并认为宣统年间人口调查是中国历史上第一次真正意义上的人口普查，其调查结果可以说是1953年以前中国历史上最精确、最全面的人口统计之一；同时，该文利用1953年人口普查的结果和其他的一些人口指标，分地区校正陈长蘅的估计，估算清末全国人口总数为399224019人。①杨海贵也对1910年前后的中国人口数量进行了考订，认为当时全国共计403022889人，并认为流行于20世纪前半期的“四万万同胞”之说当是事实。②

就以往学术界关于清末人口数量的研究而言，至少还有三个层面的问题需要持续地努力解决。第一，原始数据和材料问题。王士达、陈长蘅等人的讨论尚能在很大程度上依赖原始数据，当代学者对清末人口数量的估算则主要建基于王、陈二人的文章之上。其中，陈长蘅所掌握的数据又较王士达要全面些，不过还有欠缺，这点可参阅后文相关部分的阐述。如果能够较为系统地、全面地收集原始数据，并证之其他相关原始材料，进而探讨清末户口普查的可信度，可能更具有说服力。当然，由于历史变动和保管不善，今天要收集全部原始数据，难度相当大，甚至是不可能完成的任务。然而，原始数据、原始材料正是历史研究的根基之所在。第二，清末户口普查中户数的可信度问题。清末时期，各省、各地上报的材料中口数多有缺失。后人在评估时，或以其他来源的数据充当，或以户数乘以推定的当地每户口数充任。但问题是，各省上报户数的准确性也有待核验。第三，重新估计而得出的最终数据与人口发展规律是否相谐合的问题。1953年的全国人口普查结果，被学术界广泛认可，依据此次普查，1953年中国大陆的人口当为5.8亿左右。根据1953年人口普查资料和其他材料，蒋正华、米红等人推算1949年年底中国人口达5.54亿③，侯杨方估定为5.4亿④。相较于清末，米红等人估算1949

① 侯杨方：《宣统年间的人口调查——兼评米红等人论文及其他有关研究》，《历史研究》1998年第6期。

② 杨海贵：《清末民初人口研究（1901—1920）》，中国社会科学院研究生院博士学位论文，2013年，第122页；杨海贵：《丁尼对清末中国人口的估计》，《江苏社会科学》2013年第1期。

③ 蒋正华，米红，张友干：《1946—1949年中国大陆人口向台湾及海外迁移估计》，《中国人口科学》1996年第4期。

④ 侯杨方：《中国人口史（第六卷）：1910—1953年》，上海：复旦大学出版社，2001年，第281页。

年年底中国人口增长了38%左右，侯杨方估算的为35%左右。如果与经王士达、陈长蘅修正后的数据相较，1949年年底中国人口增长的百分比应该更多。如果是和平年代，短短三十几年有这样的增长幅度，不可谓大，也不可谓小。清朝覆亡后，中国社会处于长期动荡的状态，所经历的全国性、全局性战争就有多次，区域性、地方性战争次数更多，同时，全国性、区域性、地方性的自然灾害频仍。战争、自然灾害往往会造成人口的减少，这已为人类历史过往经验所证明。根据姜涛、卞修跃的保守估计，我国在全面抗战期间，因战争影响而造成的直接人口死亡就高达20620939人，全部人口损失超过5000万。[①]那么，其他战争是否也造成人口的损失？一些大的自然灾害会否造成人口减少？学者们所估算的民国期间人口增长的现象与此一人口规律是否背离？这些问题很值得探究。

学界除了研商清末全国人口普查结果，还有些学者对清末人口普查的其他方面给予关注。邱羽、袁泉在《试论清末户口调查》中简要地论述了清末户口普查的原因、过程和意义。[②]王倩、石庆海在《清末宣统年间安徽人口普查研究》中简述了清末安徽户口普查的过程，并对调查结果进行了重估。[③]文静在《对清末民初两次人口调查的分析（以当时新疆人口为中心）》中重新估算了清末户口普查中新疆的户口数据。[④]管书合在《清末长春的人口调查和人口数量》中简单地交代了清末长春户口调查的过程，并对调查数据进行了评价。[⑤]何亮和马龙的文章对清末人民反对户口调查的背景、原因和影响进行了探讨。[⑥]樊翠花、池子华的文章讨论了江苏乡民集体反对户口调查的原因，并认为反对户口调查风潮与其他民变交织，打击了乡村官绅的权威，延缓了地方的自治进程。[⑦]邱羽的《清末

① 姜涛，卞修跃：《抗日战争时期中国人口损失综合估计》，《学术动态（北京）》2005年第25期。
② 邱羽，袁泉：《试论清末户口调查》，《河北青年管理干部学院学报》2010年第3期。
③ 王倩，石庆海：《清末宣统年间安徽人口普查研究》，《宁夏大学学报（人文社会科学版）》2013年第5期。
④ 文静：《对清末民初两次人口调查的分析（以当时新疆人口为中心）》，《西北史地》1998年第4期。
⑤ 管书合：《清末长春的人口调查和人口数量》，《东北史地》2009年第3期。
⑥ 何亮，马龙：《论清末反抗户口调查的原因及影响》，《乐山师范学院学报》2010年第7期。
⑦ 樊翠花，池子华：《清末反户口调查风潮与政府合法性危机——以江苏为中心的考察》，《江苏社会科学》2009年第5期。

户口调查中的官绅与民》分析了清末户口调查中官绅与民众之间的矛盾及调适。[①]薛瑞汉的《善耆与清末户口调查》一文考则察了肃亲王善耆与清末户口普查的关系。[②]

学界亦有人注意到清末其他的人口调查。邱羽的硕士论文试图将1906—1908年间民政部（巡警部）发动的京师户籍调查和全国户籍调查与宣统年间的户口普查联系起来并进行论述，但主要阐述的还是宣统年间的户口普查。[③]管书合的《清末吉林全省第一次人口调查探析》梳理了1907年吉林省人口调查的具体过程，并对调查结果及调查中存在的问题进行了分析。[④]白雪的《清末甘肃户口调查》对1907年甘肃人口调查和宣统年间甘肃户口普查的推行过程和调查结果进行了考察。[⑤]路伟东的《晚清西北人口五十年（1861—1911）——基于宣统"地理调查表"的城乡聚落人口研究》对晚清五十年间西北地区人口问题进行了较为深入的研究，在研究过程中，作者收集、整理了宣统年间反映甘肃人口状况的甘肃各厅州县"地理调查表"。[⑥]

此外，学术界利用清末人口调查结果进行相关专题研究的就比较多了，毋庸一一论述。

---

① 邱羽：《清末户口调查中的官绅与民》，《学理论》2010年第26期。

② 薛瑞汉：《善耆与清末户口调查》，《河南广播电视大学学报》2007年第2期。

③ 邱羽：《清末户口调查述论（1906—1911）》，华中师范大学硕士学位论文，2011年。

④ 管书合：《清末吉林全省第一次人口调查探析》，《北方文物》2009年第3期。

⑤ 白雪：《清末甘肃户口调查》，《甘肃广播电视大学学报》2018年第6期。

⑥ 路伟东：《晚清西北人口五十年（1861—1911）——基于宣统"地理调查表"的城乡聚落人口研究》，上海：复旦大学出版社，2017年，第4—7页、第310—387页。

第二节

近代人口统计知识和理论的传入

在近代人口统计学系统地传入中国之前，以具体调查统计为载体的近代人口统计知识已在一定的范围内得到传播。

占领香港后不久，英国殖民者即在香港进行人口统计调查，并编有《人口调查报告》。[①]而报刊对人口统计的报道应该更早，1835年5月的《东西洋考每月统记传》刊登了英属殖民地和一些独立国家的人口数量，并将英属殖民地人口数量与中国的进行了简单的比较。[②]事实上，早期出版的由西方人发行的期刊曾刊登过许多人口统计结果和消息。有关报道虽然简短，却多少透露出一定的人口统计知识。如从1872年的一篇报道中可以知道，美国每隔十年举办一次人口普查，同时还举办土地、产业清查，以此作为社会治理、救济的重要依据。[③]从1873年发表的《伦敦生死册记》可以知道，伦敦不仅进行人口出生登记，死亡人口也要

① 徐曰彪：《近代香港人口试析（1841—1941年）》，《近代史研究》1993年第3期。

② 《烟户册》，《东西洋考每月统记传》1835年5月。

③ 《大美国事》，《教会新报》1872年第206期。

登记，从出生人数与死亡人数对比来看，伦敦当时的人口自然增长率还是比较高的。[①]从1876年的《各国按地方里数科算人数单》可以发现各国的人口密度之高低[②]，而人口密度应属人口统计的重要内容。从1887年的《折中计寿》可知，不同职业的人，其平均寿命不同[③]，平均法是重要的人口统计分析方法，职业类别是考察人口问题的参考因素之一。从1889年的《核计识字人多寡》可以观察各国识字率之多少[④]，文盲率、识字率乃至教育水平当为人口统计的重要内容。从1870年的《美国客民数清单》和1880年的《美国客民稽数》可以了解欧洲各国移民美国的人数和亚洲与欧洲移民美国人数之间的差距[⑤]，对一个移民国家而言，移民信息统计调查是非常重要的。从1870年的《野人数目》可知美国统计到的印第安人人数及其信仰基督教的情况[⑥]，对于一个多民族国家，少数族裔是其重要组成部分，理应纳入人口统计之中。

以上事例是单个的、片段的，与人口统计学著作相比，它们反映出来的统计知识是零碎的、不成系统的。但如果将其综合起来，还是可以获得人口统计所须掌握的信息成分，甚至会发现一些简单的人口统计分析方法。如将其同与人口有关的分析文章结合起来考察，所得可能会更多。1891年发表的《各国形势民籍考略》等文将各国的人口数量和地域方里、政事等分别罗列出来，以资比较，从中发现各国国力的强弱。[⑦]1877年发表的《大英国事：前后三十年比较兴旺清单》列表比较了1844年和1874年的人口数、收入支出和进出口总值及其人均价值，以说明英国这三十年的发展状况。该文认为，若一国所产财富足敷国民使用，即使人口增加了，国民人均使用之价值也不见减少，此种财富方可称为“取之不穷、

① 《伦敦生死册记》，《中西闻见录》1873年第15期。

② 《各国按地方里数科算人数单》，《万国公报（上海）》1876年第373期。

③ 《折中计寿》，《益闻录》1887年第633号。

④ 《核计识字人多寡》，《画图新报》1889年第12卷。

⑤ 《美国客民数清单》，《中国教会新报》1870年第85卷；《美国客民稽数》，《益闻录》1880年第49号。

⑥ 《野人数目》，《中国教会新报》1870年第114卷。

⑦ 《各国形势民籍考略》，《益闻录》1891年第1085号；《各国形势人民考》，《益闻录》1891年第1087号；《续录各国形势民籍考略》，《益闻录》1891年第1089号；《续各国形势民籍》，《益闻录》1891年第1101号。

用之不竭之财”。[①]这两篇文章不仅运用了统计分析法，也反映了资产阶级自由主义关于国力竞争、国民财富的观念。面对英、法、德、美等国不同的人口增长态势，《论各国民数增减》一文批驳了已有的生产发展导致人口增长、各族性喜移民导致人口增长等观点，该文的批驳还是比较有力的，但其结论却很荒唐，即它认为各国人口增长的原因不是人所能解释的。[②]马尔萨斯人口理论在 1880 年前后由传教士丁韪良传入中国[③]，而 1892 年《格致汇编》中的一篇文章虽没有正面批驳马尔萨斯的观点，却提出了不同的人口问题解决办法。该文认为，只要充分利用太阳的光合作用，必能生产出足够的粮食，而工业生产只能改变事物的形态，并不能加增事物的数量。[④]这篇文章在某种程度上修正了马尔萨斯的理论，同时也宣扬了西方经济学重农学派的某种观点。

1896 年，清政府已开始派遣学生留日[⑤]，1898 年，湖北、湖南两省也开始派遣留学生赴日[⑥]。庚子后，大批中国人到日本留学，通过他们，包括人口统计学在内的统计学开始系统地输入中国。

对中国清末时期统计学影响最大的非日本统计学家横山雅男莫属。单是孟森翻译的横山雅男《统计通论》，就曾先后出版过 10 次。横山雅男之影响，可见一斑。《统计通论》[⑦]共 9 篇，人口统计乃其中一篇，篇幅占该书的 1/5。

依据现有的材料，与横山雅男齐名的日本另一名社会统计学家吴文聪对清末中国统计学的影响似乎不大。但早在 1901 年，南洋公学译书院就试图翻译吴文聪的译著《社会统计学》[⑧]，但该书有没有最终译成出版不得而知。1902 年，梁启超在《禁早婚议》中讨论社会不良分子多为早婚父母所产时曾提到过吴文聪[⑨]，

---

① 《大英国事：前后三十年比较兴旺清单》，《万国公报（上海）》1877 年第 435 期。

② 《论各国民数增减》，《万国公报（上海）》1877 年第 435 期。

③ 王声多：《马尔萨斯人口论在中国的流传和论争》，《社会科学研究》1986 年第 6 期。

④ 《地球人数渐多应设法以添粮食论（附图）》，《格致汇编》1892 年第 7 卷。

⑤ 史革新：《20 世纪初西史东渐与中国近代新史学的发轫》，《郑州大学学报（哲学社会科学版）》2004 年第 2 期。

⑥ 《两湖议遣子弟出洋》，《湘报》1898 年第 10 号。

⑦ ［日］横山雅男：《统计通论》，孟森，译，上海：商务印书馆，1931 年。

⑧ 《南洋公学译书院所译书目》，《南洋七日报》1901 年第 8 期。

⑨ 梁启超：《禁早婚议》，《新民丛报》1902 年第 23 号。

这说明他至少接触过吴文聪的理论。

从日本传来的统计知识，除了系统的统计学著作，还有关于具体人口统计的统计方法方面的总结。1908 年的《预备立宪公会报》对东京市势调查（实即人口调查）的介绍就是很好的一例。公报首先介绍了东京市势调查的历史和具体做法；其次讨论了调查的标准、事项、方法、结果及应用。①

人口统计知识、理论的传入为清末近代人口统计提供了方法上的指导，并有力地促进了近代人口统计在中国的兴起。1909 年，清政府发布“宪政编查馆奏定统计表总例”，同时公布“民政统计表式解说”和“财政统计表式解说”。其中，人口（户口）统计隶属民政统计之下，民政统计表式共 148 种，人口（户口）统计表式数占民政统计表式数 1/4 强，达 40 种。②从这些人口统计表式中可以看出统计表拟订者对近代人口统计及其与新政相关事宜、清政府所面临的国内外形势之间关系的理解。

① 何械：《日本东京市势之调查》，《预备立宪公会报》1908 年第 14、16、17 期。

② 《宪政编查馆奏定统计表总例》，《北洋法政学报》1909 年第 104—107 册。

第三节 近代人口调查的实践

中国自古就已发生人口统计调查之现象。清初，曾实行三年一度、五年一度的丁口编审。乾隆五年（1740年），清政府决定停止丁口编审，要求各省每年编查一次保甲，并上报户口实数。乾隆四十年（1775年），下旨严查保甲，确保户口编查的真实性。乾隆五十九年（1794年），要求各省每年农历十月前将民数、谷数上报军机处，并由户部分别核议具奏。[①]至清末，保甲编查户口渐成积习，因多数不实，在时人看来，已不适应现实之需要。受西方、日本的影响，国人开始从事具有近代特征的人口调查，而近代人口调查在清末中国的初兴则经历了一个从点到面、从地方到全国的过程。

① 《民政部奏各省查报民数宜筹切实办法折》，《东方杂志》1908年第5期；《政务处吏部巡警部议覆御史顾瑗奏请厘定户籍并设立乡官折》，《时报》1906年9月4日；王士达：《民政部户口调查及各家估计（一）》，《社会科学杂志（北平）》1932年第3卷第3期。

（一）地方巡警（警察）机构的人口（户口）调查

1897 年，福建长乐高凤谦曾列一表，上列中国各省人数、面积、人口密度以及全国总人数、总面积、人口密度等。①但其数据来源不得而知。该表中所列四川人口数量只有 2143 万，显然过少，与 1897 年前后各家的估计、调查均不符，而各省面积及全国面积在当时并无相关确切数据。

依据上海《字林西报》的报道，1896 年李鸿章于出访欧美八国期间，在德国柏林曾接受有关国际学术组织请求，同意调查中国人口的确切数量，以作为该组织汇查世界人口的重要组成部分。这或许能成为中国进行近代人口调查的一个契机，可惜的是，此次调查流于旧有之渠道和形式，其结果甚至成为一个笑话，丁韪良曾批评指出，“数年前，中国稽查全国人数，比之往年，竟三分去其一，而户部不加究问，真是可笑”。②

戊戌时期，湖南积极推行维新变法，1898 年成立的保卫总局被视为中国近代警政的滥觞。③而保卫总局制定的清查户籍章程第一条就开宗明义地宣称：“清查户籍为本局第一要义。”④章程同时指出户籍调查的目的：“庶使本局一切去民害卫民生检非违索罪犯之事易于尽职，一切员绅吏役人等易于办事。”这已超越了古代社会调查主要服务于统治者征收税赋和维持治安的目的。章程还规定了户籍调查的内容，家庭人口结构、家长的职业均是调查的范围，这与过去的丁口调查大大不同。保卫总局调查户籍的目的、内容及后续所欲进行的户籍常态登记均已逾出传统户口调查范畴，而归属近代人口调查范畴。而且，此前尚无组织、个人提出如此清晰的主张，至少目前还未发现相关资料。不仅如此，在此后较长一段历史时期内，警察机构、队伍都是从事人口（户口）调查的主体力量之一，

---

① 高凤谦：《十八省疆域户口表》，《萃报》1897 年第 3 册。

② 《丁口册》，《时务报》1897 年第 43 册。

③ 郑晓红：《中国近代警政的滥觞：湖南保卫局》，《安庆师范学院学报（社会科学版）》2003 年第 5 期。

④ 《保卫总局清查户籍章程》，《湘报》1898 年第 146 号。

警察机构至今仍是户籍登记、管理的组织。因此，将湖南保卫总局的创立及其清查户籍章程的制定视为中国近代人口调查的发端亦不为过。

1902 年，袁世凯在直隶保定创建警务局和警务学堂，其《警务学堂章程》第四章明确指出警察工作入手须以清查户口为先，清查有两法，一为定时清查，二为随时清查。[①]继保定之后，袁又在天津创办巡警总局。其后，巡警总局连年在天津进行户口调查。[②]

直隶警察机构的创设，对清末地方警务制度的建设发挥了积极示范作用，各省警察机构逐渐成立起来。与直隶类似，调查户口、户籍也成为许多省份、地方警察机构的重要工作和职责。对此，他们或在机构章程中作出明确规定[③]，或在具体户口调查中拟定警察的工作范围和权限[④]，有些甚至制定或修订专门的警察调查户口章程[⑤]。事实上，各省、各地的警察机构也从事了大量的户口调查统计。中国第一历史档案馆收藏的一张统计表很有意思，这张表胪列了黑龙江省城、各府厅州县警察机构数量、警察人数，警察机构的收支和卫生、消防的收入与支出，以及户、口的数量。[⑥]从这张表可以看出，1909 年前黑龙江巡警局的卫生、消防工作刚刚起步，因为在包括省城在内的 20 处巡警局中只有 4 处巡警局（省城、绥化府城、呼兰府城、木兰县）有卫生方面的收支，只有 3 处巡警局（省城、绥化府城、呼兰府城）有消防方面的收支。与此相对，各处巡警局均从事了户口统

---

① 袁世凯：《创设保定警务局并添设学堂拟订章程呈览折》（1902 年 8 月 8 日），天津图书馆，天津社会科学院历史研究所编：《袁世凯奏议（中）》，天津：天津古籍出版社，1987 年，第 609 页。

② 李竞能主编：《天津人口史》，天津：南开大学出版社，1990 年，第 83 页。

③ 如《拟定天津四乡巡警章程》，《广益丛报》1905 年第 89 期。

④ 如《浙臬司详张抚清查户口办法并议定赏罚章程文》（《时报》1907 年 9 月 19 日）、《条陈清查户口章程》（《北洋官报》1907 年第 1279 册）、《改订清查户口章程》（《北洋官报》1907 年第 1416 册）等。

⑤ 如《河南警务处清查户口章程》（《申报》1907 年 9 月 26 日）、《江南巡警局厘定清查户口章程详江督宪文》（《南洋官报》1907 年第 72 册）、《天津巡警总局重定调查户口要规》（《北洋官报》1908 年第 1863 册）等。

⑥ 《黑龙江全身巡警局区官弁长警入款出款赢绌暨卫生消防户口统计表》（1909 年 1 月 15 日），民政部档，21-0487-0002。

计，其结果则可以作为此后黑龙江户口调查的一个比对参数。根据该表可以推断，户口统计方面的收入、支出应占各处巡警局总收支的一定比重。

（二）巡警部、民政部主持下的北京户籍调查、全国户口实数调查

1905 年，清政府决定改工巡局为巡警部。1906 年 1 月，巡警部奏定巡警部章程规定，警政司下设户籍科，户籍科掌理审定稽查户口章程，管理各省地方户籍报告、户口统计，各省寺院僧道人数、教民人数都应予以调查统计，外国人加入中国国籍者也归户籍科管理。①

4 月，巡警部奏请在京师清查户籍，认为各省保甲设施久成故事，年终户口报告形同具文，内外城巡警厅现已设立，拟从京师开始调查户籍，先查户、不查口，先易后难，徐图缜密，俟办理有效，人民咸知利益，再行详查丁口。尔后再定详细章程，通行各省。京师王公以下，二品大员以上，暂不查户，待将来详查丁口时再拟定办法予以调查。②同时，巡警部还制定了十二条稽查户口章程。根据该章程，京师按区位分为东、西、南、北、中五分厅，每厅下分若干区，每区按户由第一号编起至 500 号止。门牌分五种式样，五分厅各占其一，宗室、世袭勋爵、满汉二品大员以上府邸门牌上加特别标识以示尊崇。所编户口册分为三种，草册存于各区，副册存于分厅，正册存于总厅。居民有迁徙者，应报告各区，区员随时修改册籍，每三日汇报分厅一次，分厅每旬向总厅汇报一次。③

针对京师查户方案，有人提出不同意见，如御史王步瀛上奏批评：王公、大员应该起到率先垂范作用，如不查他们，何以服人，而且更易使人怀疑这些地方乃藏污纳垢之处。④对实际的查户过程，也有人指出其中的不足，京师地广而户

① 《奏定巡警部章程》，《时报》1906 年 2 月 7 日、8 日。

② 《巡警部奏请清查户籍折》，《时报》1906 年 6 月 7 日。

③ 《巡警部前订稽查户口章程十二条》，《东方杂志》1906 年第 13 期。

④ 《清查户口》，《卫生学报》1906 年第 5 册。

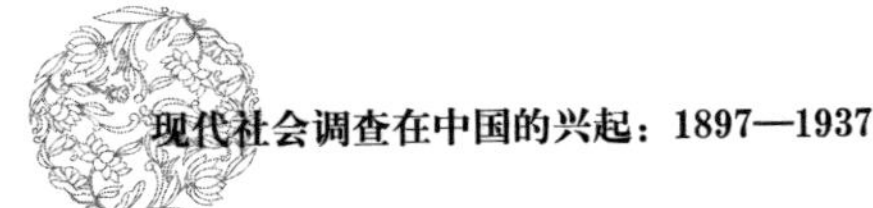

又极杂，未分段而先以白粉编记号，由西向东尚未竣事，西边住户已迁至东隅，辛苦一月而查户工作还毫无头绪。[①]

1906 年 11 月 6 日，清廷下旨将巡警部改为民政部，京师户籍调查工作归由民政部负责。经过努力，查户工作告一段落，统计内城正户 45035 户、附户 34988 户，外城正户 25438 户、附户 18329 户，共 123790 户。[②] 1907 年 2 月，民政部奏请详查丁口。两个多月后，为了回应御史王步瀛针对江西教案提出的调查教、民，山西道监察御史顾瑗提出的参酌中西成法，刊定程式，由各省将军、督抚组织实施户籍调查，以及学部因推进教育之需提出的调查学龄儿童的奏议，民政部在京师丁口调查尚在进行时，奏请各省参考京师户口调查办法，按照颁发表式，逐项清查户口，填写总表汇齐报部，详细册籍留存该管官厅。[③]

依据现存史料，很多省份如江西、江苏、湖北、浙江、河南、四川、广东、甘肃、陕西、黑龙江、吉林、辽宁等均曾组织实施户口调查，不过，学术界目前只收集到东三省、京师、甘肃等的部分调查结果。笔者在北京大学图书馆发现《江都县宜陵镇西广德乡彰墅庙户口一览表》一书，从其调查内容和成文时间来看，可以认为它是此次调查的一项成果。这本书是关于彰墅庙户口的清册，从其内容来看，具有一定的可信度。应该说，有关清末某个具体地点的户口清册目前已不多见，这本书无疑弥足珍贵。该书开首一表反映了彰墅庙的行政隶属、地理状况、出产情况、祠庙善堂等情形，第二张表为入户调查空白表，依据该表，须调查的主要项目有户主、年龄、职业、籍贯、男女人数、学龄儿童、入学堂（塾）、未入学、种田若干、存谷若干、有无吸烟者等，但实际上只调查了户主、年龄、职业、籍贯、男女人数和种田若干。其有关种田若干的记载大体上反映了彰墅庙的土地占有、租佃和雇用情况，此为该书一大特色。[④]

就调查的宗旨、组织者、实施者、方法、内容、程序、结果等方面而言，民政部（巡警部）主持的北京户籍调查、全国户口实数调查可被视为随后而来的全

---

① 《巡警部清查户口之结果》，《时报》1906 年 6 月 7 日。

② 《各省内务汇志》，《东方杂志》1907 年第 7 期。

③ 《民政部奏清查户口以举民政折》，《时报》1907 年 6 月 14 日。

④ 《江都县宜陵镇西广德乡彰墅庙户口一览表》，1908 年，写本，北京大学图书馆藏。

国户口普查的预备性调查。

这三次调查的组织者均是民政部（巡警部），巡警部在奏请清查京师户籍时就曾明确表示，待办理有效，再通行各省，而民政部在奏呈户口调查章程时也曾指出将要发起的户口普查与此前两次调查的承续关系。[①]这三次调查的主要实施者均为地方官、警察、地方绅士。前两次调查主要是应实施新政和中外交往之所需，而户口普查则主要是应宪政选举之所需。仿行宪政是清末新政的一个重要阶段，不仅如此，人口是一个社会的基础，查清人口是近现代行政的必要前提，无论是前两次调查，还是户口普查，调查主持者均认识到户口调查对其他工作的重要性，有人甚至认为户口调查是新政、宪政的始基。拟定调查表式、按表调查填写，先查户后查口，先分区分段编钉号牌再行调查，调查男女人数、学龄儿童数，分正户、附户调查，调查、编订其他性质的户与口，调查时应注意访探其他社会事项，上报何种结果、留存何种结果，编订户籍后注重婚姻、出生、死亡、迁移的动态登记，等等，这些在宣统年间户口普查中的规定做法，实际上在此前的民政部主持的户口调查中均已得到实施。

（三）宣统年间户口普查

关于对宣统年间户口普查的大致过程和各省调查情况，学术界已作了较为详细的探讨，毋庸赘述。但已有的研究对普查的复杂性认识还不够充分。

民政部奏定的《调查户口章程》于1909年1月1日奉旨颁行后，许多省份都按要求制定了施行细则。不过，各省制定的施行细则虽然依据的都是民政部奏定的《调查户口章程》，但有些差别还比较大。如《安徽省调查户口细则》共102条[②]，而山东《调查户口施行细则》只有33条[③]，前者显然要比后者详细得多，

① 《民政部奏调查户口章程折》，《北洋法政学报》1909年第90册；《巡警部奏请清查户籍折》，《时报》1906年6月7日。

② 《安徽省调查户口细则》（1909年），民政部档，21-0499-0017。

③ 山东《调查户口施行细则》（1909年），民政部档，21-0489-0020。

所规定的范围也要比后者广泛些；二者附录的表式也有差别，前者附录的是“户口异动簿填载式”和“查户册式”，而后者则附载“州县城乡各区段户数总表”“州县户数清册”“州县各区段户口总数表”和“州县户口清册”，前者表式侧重查户，后者着重调查结果——户和口的汇整。对于如何调查京师户口，民政部特别制定了《京师调查户口施行细则》《民政部暂定京师调查户口守则》《户口管理守则》《调查户口员官长警遵守守则》《调查户口执行法》《户口调查总簿填载式》《户口异动簿填载式》等，内容详尽，涉及户口调查、户籍管理诸多环节。[①]浙江省还就如何调查户数作了规定。[②]

除了省一级，还有县[③]甚至乡镇[④]也制定了实施细则。这些地方在制定细则时，应该考虑到了本地的实际情形和现实行政的需要。不仅如此，有些地方专门就特别户的调查订定了简章。[⑤]在调查过程中，有些省份还根据需要修改了调查办法。[⑥]

根据民政部章程，各省以巡警道为总监督，未设巡警道的暂以布政司为总监督，调查事务归下级自治董事会或乡长办理，尚未成立自治机构的地方由各自监督率所属巡警并遴派本地方公正绅董会同办理。实际的调查较为复杂。有的省份，如江苏，先前未设巡警道，由布政司主持调查，后巡警道成立，改由巡警道监督实施[⑦]；有的省份，如河南，先由调查局主持调查[⑧]；有的省份的调查由调查局、巡警道共同主持，但以调查局为主导。热河地方的户口调查本应由直隶布政司主持，但热河都统以“布政司与口外州县向不接洽，本都统又与该司并无统属之分”

① 《京师调查户口施行细则》，《时报》1910年3月23—29日；《民政部暂定京师调查户口守则》，《新闻报》1910年3月12日；《户口管理守则》，《新闻报》1910年3月12日；《调查户口执行法》，《新闻报》1910年3月13日；《调查户口员官长警遵守守则》，《新闻报》1910年3月13日；《户口调查总簿填载式》，《新闻报》1910年3月13日；《户口异动簿填载式》，《新闻报》1910年3月13日。

② 《浙江全省调查户数详细规则》，《浙江官报》1911年第32期。

③ 参见《直隶曲周县调查户口开办规则》，《北洋官报》1909年第2225—2227册。

④ 参见《漕河泾区调查户口粗定凡例》，《时报》1910年5月7日。

⑤ 参见《稽查轿担馆简章》，《广东警务官报》1910年第3期。

⑥ 参见《苏警署新定清查户口办法》，《江南警务杂志》1911年第13期。

⑦ 《督宪张批江苏巡警道详报调查各州厅县人户总数通饬遵办由（录原详）》，《江南警务杂志》1910年第7期。

⑧ 《第四次调查户口》，《新闻报》1910年3月13日。

为由申请改由热河道为总监督，同时将筹办自治一事也申请改归热河道兼办，民政部同意其量为变通。[①]1910年6月，直隶总督感于户口普查意义重大，但各省各地调查办法不一，头绪纷繁，滋事颇多，咨商民政部应将调查之要政专责于巡警道，民政部尚书肃亲王善耆极是其说。[②]然而，有的省份，如安徽的一些地方迟迟未能设立巡警机构，仍命令以编查保甲的方式调查户口。[③]对安徽巡抚来说，这也许是权宜之计，却与民政部的“调查务以确实为主，应力除从前保甲虚行故事之积习”要求相违背。

按照民政部章程，查户应分两阶段进行。然而实际情形也较为复杂。至1910年3月，河南省已进行第四次调查，须重新调查的原因每次均不同，或因分区不详，或民、教不分，或城乡分别不明晰。[④]其中的缘由，与阶段的划分并无直接的关联。像河南这样多次调查的情形，在各省各地都或多或少地存在，因为须重新调查的原因同样存在。事实上，民政部、各级监督会对调查结果进行审视，对不实的、有疑问的，均会发回要求重新核查。

以往学术界在讨论户口数量，尤其是探讨每户平均人口数时，对一些特别形态的调查并未给予应有的重视，甚至完全忽视了其中一些类别的调查。宣统年间，户口普查中特别形态的户口调查大致可以概括为以下几种：（1）少数民族户口调查。清政府对少数民族户口调查允许实行特殊政策[⑤]，要求凡未设行省的如内外蒙古、青海、西藏等地方，应由各管长官照民政部章程另定细则，北京大学图书馆收藏的《拟订蒙古编审户口条例》[⑥]即是对这一要求的体现。对满族户口的调查，民政部曾要求与汉族一样编钉门牌，调查户数、口数[⑦]。在当时的情况下，

① 廷杰：《为筹办自治及调查户口事致民政部电》（1909年2月），民政部档，21-0014-0007。

② 《直督咨民政部调查户口事甚繁重应责成警道担任部议准通行各省照办》，《新闻报》1910年6月18日；《巡警道又担任调查户口之责》，《新闻报》1910年6月24日。

③ 朱家宝：《为报明宣统二年份安徽编查户口情形事致法部》（1911年2月16日），刑部档，16-02-006-000083-0016。

④ 《第四次调查户口》，《新闻报》1910年3月13日。

⑤ 《清查番裔户口调查表》，《吉林官报》1909年第33期；《会商调查蒙番户口》，《新闻报》1910年1月23日；《清查土裔户口》，《大同报（上海）》1910年第23期。

⑥ 《拟订蒙古编审户口条例》，油印本，北京大学图书馆藏。

⑦ 《编造户口册不分满汉》，《新闻报》1910年8月21日。

满族自然不能被视为少数民族，民政部这一要求，亦是当时满汉融合思想的一种反映。然而，编造户口册不分满汉的想法并没有得到很好的贯彻，对满人的调查仍然依赖宗人府、内务府、旗制处等原有的旗人管理机构，而非地方政府或警察机构。①（2）海外华侨的调查。1907年，民政部就曾颁发表式要求驻外使领馆调查华侨户口，1909年的章程再次要求驻外使领馆汇报华侨户口情况。可惜的是，最终公布出来的结果显示，各种华侨的数目只有58275口②，委实太少。（3）租界的户口调查。清政府曾命令地方政府调查租界户口，也曾与有关外国使节交涉，要求其同意中国进行调查。由于觉得与其行政管理权相冲突，一些租界当局、驻华使节还是拒绝了清政府的要求。③（4）教民户口的调查。民政部曾通知各省另编教民户口表，并为此制定了调查表式。④（5）对衙署局所、工厂、学堂、商户、庙宇、乐户、会馆、船户、棚户等的调查。其中，船户、棚户完全是人户，其他的虽然是机构、社会组织或企业团体等，但其内亦住有人户。这方面的调查各省各地略有不同。《四川官报》曾刊登一张表，上列40多种此类户别的数据。⑤

宣统年间的自治户口调查亦可视为户口普查的一部分，二者实为一体两面的关系。地方自治是宪政改革的一个组成部分，自治户口调查和户口普查均应宪

① 民政部：《为咨送宣统三年十月汇报户数口数王公府第户口登记应用查口票事致宗人府》（1911年8月19日），宗人府档，06-01-001-000727-0209；民政部：《为咨催宣统元年各省第一次查报户数照式填表送部汇总入奏事致内务府》（1910年1月18日），内务府档，05-13-002-000997-0038；民政部：《为片查第二次调查口数表原报数目是否属实有无错误事致内务府》（1911年1月12日）内务府档，05-13-002-001002-0132；《旗制处实行调查户口办法》，《大同报（上海）》1909年第10期。

② 《为民政部汇造第二次查报户数清册排印时稍有错误立刻勘误事致内务府等》（1911年7月28日），内务府档，05-13-002-001006-0007。

③ 《上海租界户口不易调查请照会英公使转饬遵照由》（1911年2月17日），台湾“中央研究院”近代史研究所档案馆藏，外务部档，02-10-028-02-003；《调查租界地方户口》，《新闻报》1909年12月27日；《上海县照会统计处绅董文（为西官不允在租借办理统计调查事）》，《新闻报》1910年4月5日；《移各司道抚札租界内士民一律办理调查选举文》，《江苏自治公报》1910年第18期。

④ 《民政部咨行各省另编教民户口表》，《时报》1909年6月30日；《宪政编查馆为调查教民户口田产事咨各督抚文》，《外交报》1910年第9期；《督宪通饬各属调查户口无分民教一体妥办札文》，《四川官报》1910年第1册；《江宁省城宣统元年份天主耶稣教会教民分别统计表》，《江南警务杂志》1910年第4期。

⑤ 《宣统元年省城警区第一次调查户口一览表》，《四川官报》1910年第2册。

政选举而起，均与民政部有密切关系，最终均由警察机构、地方绅士负责实施，调查内容也具有交叉和关联。不同的是，自治户口调查虽由民政部指导，但地方的自主性、自发性更为突出，主持者为地方自治机构，调查内容方面二者虽有联系但也有所区别。直隶是清末新政改革先行的省份，地方自治也走在全国前面。1906 年，天津就开始试办地方自治，户口调查是确立选举人、被选举人和试行地方自治的必要前提。[①]1907 年，清政府发布命令，允许各省可以模仿直隶实行地方自治[②]，江苏省的一些地方开始成立自治试办机构，并举行户口调查[③]。1909 年 1 月 1 日，民政部调查户口章程奉旨通行全国后，江苏、湖南等省制定了自治调查和选举调查章程。[④]民政部先于 1910 年颁发自治区域调查表式十四件[⑤]，1911 年又制定了《调查厅州县城镇乡旧有境界及户口要例》《城镇乡户口调查表》和《城镇乡旧有境界调查表》[⑥]。就调查结果而言，各省各地自治户口调查的内容虽有

① 《天津府自治局章程》，《直隶教育杂志》1906 年第 15 期；《试办天津地方自治章程》，《万国公报（上海）》1907 年第 227 期。

② 《民政部通咨各省试办自治等会》，《新闻报》1907 年 8 月 9 日；《民政部拟订地方自治则例条件》，《新闻报》1907 年 8 月 10 日。

③ 《提议清查户口》，《新闻报》1907 年 8 月 29 日；《自治会拟办清查户口》，《时报》1907 年 11 月 7 日；《详呈调查户籍总章》，《新闻报》1908 年 10 月 7 日；《调查户口限期竣事》，《新闻报》1908 年 11 月 23 日。

④ 《江南筹办地方自治总局调查户口简章》，《北洋官报》1909 年第 2022 册；《通饬各属调查户口及城镇乡自治选民资格简则》，《江苏自治公报》1909 年第 1 期；《华娄两县详定筹备城厢自治公所调查细则凡例》，《江苏自治公报》1909 年第 7 期；《川沙厅详报川沙城厢区调查户口细则》，《江苏自治公报》1910 年第 14 期；《靖湖厅详报城厢自治筹备公所暂行调查章程》，《江苏自治公报》1910 年第 14 期；《各属初次调查城户口并带查选民资格细则》，《湖南地方自治白话报》1910 年第 3、5、6 期。

⑤ 恩寿：《为自治区域现饬遵照表式分别填注事给民政部电》（1910 年 7 月 12 日），民政部档，21-0377-0004；张人骏：《为部颁自治区域表已分行各该官处所遵照填写事给民政部电》（1910 年 7 月 5 日），民政部档，21-0381-0049。

⑥ 《调查厅州县城镇乡旧有境界及户口要例》（1911 年）、《城镇乡户口调查表》（1911 年）、《城镇乡旧有境界调查表》（1911 年），民政部档，21-0320-0012、21-0320-0013、21-0320-0014。

所差别[①]，但有两点是必须具备的，一是所在区域的面积和户口数，二是区域图。前者与自治区域的划分、选举人数和被选举人数的确定有关，后者与自治区域的最终决定有关。

（四）其他人口（户口）调查

1. 全国性调查

为了应新政改革之需，1907 年 10 月 22 日宪政编查馆奏请在各直省设立调查局、在各部院创立统计处。[②]根据这份被批准的奏折，清政府迅速在上下各级建立了统计机构。12 月，民政部遵旨成立统计处，经过半年的试办，该部统计处拟好各项统计表式并经民政部上报宪政编查馆复核。[③] 1909 年 3 月 11 日，宪政编查馆奏定统计表总例、民政财政统计表式解说，要求各省以 1907 年为始，每年一报，按照表式将统计结果上报，以供施行新政参考之用，供汇编统计年鉴之用。[④]如前文所言，民政部拟定的民政统计表式中有关人口（户口）统计的表式达 40 种。各州县理应按照期限将各种人口（户口）统计表逐层上报，后由各省汇总分别上报民政部、宪政编查馆等。奉天调查局曾申请将民政统计上报期限展限半年，宪政编查馆严令只许展限一个月。[⑤]广东劝业道也曾申请将 1908 年的统计作为第一次统计造报，宪政编查馆驳斥不准，却允许在分清年限的情况下，将 1907 年、1908 年两年统计并案办理。[⑥]广东劝业道掌管的虽不是民政统计，但从宪政编查

---

① 参见《四川绥定府太平县城镇乡地方自治区域表》，线装稿本，国家图书馆藏；《广西临桂县地方自治区域人口表》（1910 年 11 月 23 日）《奉天全身地方自治区域表》（1911 年 12 月 22 日），民政部档，21-0396-0024、21-0364-0055；《城镇乡地方自治区域表》（空白表），《江苏自治公报》1910 年第 14 期。

② 《宪政编查馆奏请饬各省设调查局折》《又请饬各部院衙门设统计处片》，《北洋法政学报》1908 年第 52、53 合册。

③ 《民政部奏遵设统计处折（附清单）》，《东方杂志》1908 年第 8 期。

④ 《宪政编查馆奏定统计表总例》，《北洋法政学报》1909 年第 104 册。

⑤ 《又咨复东督等民政各表统计造报期限文》，《政治官报》1909 年第 686 号。

⑥ 《宪政编查馆咨复粤督广东劝业道衙门统计应仍遵奏定年限办理文》，《政治官报》1909 年第 686 号。

馆的答复来看，宪政编查馆还是坚持一年一报这一基本要求。应该指出的是，作为办理宪政的统领机关，在户口普查的过程中，宪政编查馆也曾就如何调查户口作过指示。[①]

1908年8月，宪政编查馆会奏宪法大纲并逐年应行筹备事宜。依据这份奏折，第三年应汇报各省人户总数、编订户籍法，第五年应汇报各省人口总数、颁布户籍法，第六年实行户籍法。调查户口由民政部、各省督抚同办，制定户籍法由宪政编查馆、民政部同办。[②]调查户口与制定、实行户籍法存在密切的关系，这点在民政部奏定调查户口章程折中有着明确的论述。制定户籍法应先从调查户口入手，而调查户口应以制定、实行户籍法为指向。

据有关报道，法部为了编纂户籍法，曾于1909年发布通知，要求各省按照拟定表式进行民户统计、民籍统计、国籍统计、国户统计，并将民户分为贵族户、绅富户、上等户、平民户、下业户、无业户、不正营业户共七等。[③]法部的通知与民政部主持的全国户口普查显有不同，不过，在实际普查中，清政府也要求王公住所钉以不同式样的门牌以示尊崇，也要求特别调查船户、棚户等，并要求调查员特别注意一些危险户别，并在备注中注明。目前，还没有其他证据可以证实法部的要求在全国得到推行。

学术界已有人注意到甘肃图书馆所藏该省各厅州县地理调查表，并认为这些调查表是清末人口普查中基层调查信息登记汇总的简表[④]，也有人认为是清政府为了议员选举而进行的一次普查[⑤]。这两种观点并不准确。这些地理调查表实为

---

① 《调查民籍》，《时报》1909年4月10日；《宪政编查馆调查商埠警务户口咨文》，《商业杂志（绍兴）》1909年第1期。

② 《宪政编查馆会奏遵拟宪法大纲暨议院选举各法并逐年应行筹备事宜折》，《四川官报》1908年第28册。

③ 《咨行编纂户籍法调查四大纲要》，《时报》1909年12月6日；《编纂户籍法纲要书后》，《时报》1909年12月14日；《法部编审户籍章程书后（续）》，《时报》1909年12月17日。

④ 路伟东：《晚清西北人口五十年（1861—1911）——基于宣统“地理调查表”的城乡聚落人口研究》，第4页。

⑤ 甘肃省档案馆编：《甘肃历史人口资料汇编（第一辑）》，兰州：甘肃人民出版社，1997年，第224页。

陆军部军咨处（后来的军咨府）发起的地理调查的部分成果。依据甘肃各厅州县地理调查表，这次调查的内容主要由乡村镇名目、方向位置、离城里数、户数、人口、附记和区域图等部分组成。1909年，华阳县向四川总督禀告有关地理调查的情形。据其禀告，1908年年底，陆军部为了制定行军地理图，要求各省各厅州县将相关内容调查明确，以资参考。这次调查以城市村镇为经，以方向、里数、户数、附记为纬，并绘制区域图以辨方位，而署局之建置、学校之成立、庙宇之兴废、古迹之流弊、井堰之疏凿、山川之险要则作为附记于图标内分别注明。[①]显然，甘肃地理调查表与华阳县所言具有较强的一致性。民国鼎兴之初，江苏宝山县将《宝山县地理调查表》上报省都督，明确指出此表是依据前清陆军部颁发的表式填写的。[②]随后不久，《宝山共和杂志》刊登了《宝山县地理调查表》[③]，该调查表所呈现的内容事项与甘肃各厅州县地理调查表几乎一致。由此可以断定，甘肃各厅州县地理调查表实为奉陆军部之命而作的调查结果。

陆军部要求调查的咨文，至少得到了甘肃、四川、直隶、吉林、江苏、江西、安徽等省的响应[④]，但最终将调查表填写完毕并汇报给陆军部的却较少，直到1910年5月，陆军部只收到四川七十余州县填送的地理调查表[⑤]。

1907年10月，民政部上奏要求各省每年都填写地理报告表（土地报告表），但民政部的地理报告表式并不包含人口（户口）一项。[⑥]可见，陆军部的“地理调查表”与民政部的“地理报告表”并不是同一件事情。不过，在现实调查汇报中，

---

① 《四川华阳县禀调查地理完竣填表绘图赍司核转请示文并批》，《北洋官报》1909年第2256册；《呈苏都督文：送奉颁兵要地理调查表》，《宝山共和杂志》1912年第5期。

② 《宝山县地理调查表》，《宝山共和杂志》1913年第8期。

③ 《咨送地理调查表》，《吉林官报》1909年第30期；《督宪准陆军部咨札发填造表册文》，《四川官报》1909年第4册；《催饬各属赶造村镇户籍及地理调查表》，《时报》1909年9月10日。

④ 《督宪陈准军咨府咨请饬各属迅速造送地理调查表札饬各该县遵照文》，《北洋官报》1911年第2861册；路伟东：《晚清西北人口五十年（1861—1911）——基于宣统“地理调查表”的城乡聚落人口研究》，第310—387页。

⑤ 《催填村镇户口表之文牍》，《新闻报》1910年6月3日。

⑥ 民政部：《奏为酌定土地报告表式拟请颁发各直省照填报部事》（1907年10月25日），民政部档，21-0945-0005。

则有可能被当作同一件事情来处理。[①]

尽管全国性调查发起者各异，但最终的实际调查承担者均是基层官员和地方绅士。除了人口调查，清政府各部门还发动了其他全国性调查，加之清政府的一些新政措施和各省倡导的调查，这些都有赖基层官员的落实和地方绅士的配合。正所谓“上面千条线，下面一根针”，基层官员、地方绅士被迫陷入疲于应付的境地。

2. 地方性个例调查

此类比较常见的是因治安、清乡需要而作的调查。维持治安是传统保甲、团练和近代警察的重要职责，而调查户口（人口）则是维持治安的一个重要手段，有时也被视作前提。清末报纸杂志对此类调查的报道很多，此处不再赘述。应该提到的是，当时一些调查者还将治安户口调查与将来实行的地方自治联系起来。[②]另外，1906 年杭州拟对新城客民进行调查[③]，1910 年江苏巡抚应驻军要求命令警务公所调查元和县朱家庄户口[④]，虽然较为特殊，但亦可视为治安户口调查。

地方行政管理区域的变更、设立，往往也需要调查户口。1907 年，民政部参议厅提议东三省将新设厅州县各属疆界界址、村镇名目、距城道里、户口数目调查清楚，并报告民政部。[⑤]1910 年，民政部奏请饬令云贵总督派人测绘新设永康州地图并将之连同户口清册一并报部存案，以便划界。[⑥]1911 年，民政部奏请下令，凡改土归流的地方应划清行政区域并调查户口。[⑦]

---

① 赵尔巽：《咨呈民政部为送成都等处宣统元年份地理报告表事》（1910 年 10 月 31 日），民政部档，21-0945-0055。

② 《上海县奉札办理清乡查编户口章程》，《新闻报》1908 年 3 月 9 日。

③ 《新城调查客民新章》，《时报》1906 年 7 月 31 日。

④ 《清查朱家庄户口之抚批》，《新闻报》1910 年 6 月 23 日。

⑤ 民政部：《呈为提议请咨行东三省饬查户口疆理清册报部事》（1907 年 7 月 7 日），民政部档，21-0324-0002。

⑥ 民政部：《奏请饬云贵总督将永康州测绘地方详图户口清册咨部存案事》（1910 年），民政部档，21-0914-0010。

⑦ 民政部：《奏请饬属查核收回土地划清行政区域及调查户口等事》（1911 年），民政部档，21-0917-0019。

受灾的地方在救灾时，也常常调查户口，以确定被救助的对象和救灾物资分配方案。1901年，江西九江府江北地区遭灾，苏、皖筹赈公所曾对受灾田亩和户口进行较为详细的调查。[①]1909年，江苏海州发生水灾，筹赈总会调查被灾人口，并公布所需预算[②]，目的是要向社会筹集救济款，发动社会踊跃捐款。

另外，调查主体也会根据其他需要而进行调查。如1904年，河南南阳县知县潘守廉调查了南阳县的户口、物产、畜牧等，并绘制有《南阳县全境舆图》。潘的调查在一定程度上体现了商战思想。[③]一些地方为了兴学，在调查学务时，也调查学龄前儿童人数，甚至会调查当地的总体户口状况。[④]有些地方还调查了当地户口职业情形和某类职业的户口状况。[⑤]

3. 特别调查

较为引人注目的主要有以下三种。

首先是烟户调查。这里的烟户，专指有吸食鸦片之人的家庭，非指一般民户。清末，调查烟户被当作禁烟的一种重要手段，一般由禁烟公所主持。调查后，编列特殊的“烟户册”，并在烟户门首编钉特殊的门牌[⑥]，使人一看便知此户是烟户。

其次是对移居东北的韩民的调查。此类调查，涉及对在华韩民的管理，也涉及中朝、中日关系，被当作维护有关地区行政管理权甚至领土主权的一种重要手

---

① 《清查九江府属江北被灾田亩户口单》，《新闻报》1901年10月8—14日。

② 《海州水灾急振调查预算表》，《新闻报》1909年10月31日。

③ 《河南省南阳府南阳县户口地土物产畜牧表图说》，1904年，石印本，北京大学图书馆藏。

④ 如《常州户口学堂记数》，《新闻报》1909年6月22日；《黑龙江省学务统计总表（光绪三十三年）》，《学部官报》1909年第88册。

⑤ 参见《吉林省城户口职业表》，《吉林官报》1907年第26、28期；《调查沿海渔业船户区域表》，徐世昌等编纂，李澍田等点校：《东三省政略（下）》，长春：吉林文史出版社，1989年，第1576—1577页。

⑥ 《度支部会同禁烟王大臣外务部奏请饬各省将军督抚都统稽查吸户按照奏定吸烟牌照捐章程实力奉行》，《东方杂志》1909年第9期；《禁烟公所订吸户牌照章程》，《浙江官报》1911年第13期；《苏垣调查烟户之办法》，《江南警务杂志》1911年第11期；《怀来县详禁烟分期调查吸户情形文并批》，《北洋官报》1911年第2921册。

段和方法。《东三省政略》就载有相关韩民调查表。[①]

最后是对外国人的调查。曾有人调查东清铁路沿线[②]、营口埠[③]中外人口，也有人对黑龙江对面俄屯的户口进行暗访[④]。民、教矛盾是近代中国比较突出的矛盾，地方政府及时调查、了解辖区内教堂外国传教士和教民户口状况显得尤为必要。在1909年奏定的统计表总例中，宪政编查馆也曾要求各地每年按照表式填报在华外国人口和教民人口的统计表。1905年江苏省曾命令苏州三首县调查教堂现存户口确数。[⑤]1909年2月，署理伊犁副都统咨呈军机处宁远县传教士名籍和教民数目清册一本。[⑥]

① 《延吉全境华韩人民户口调查表》《延吉全境韩人民地亩调查表》《和龙峪华韩人民户口地亩表》《珲春户口地亩牲畜车辆调查表》《珲春韩民户口地亩牲畜车辆调查表》《调查韩侨户口数目表》，徐世昌等编纂，李澍田等点校：《东三省政略（上）》，长春：吉林文史出版社，1989年，第117、121、122、123、160、161、222、223、224、925页。

② 《东清铁路沿线中外户口之调查》，《新闻报》1911年11月6日。

③ 《营口埠最近户口调查表》，《新闻报》1909年5月11日。

④ 《俄屯户口里数表》，徐世昌等编纂，李澍田等点校：《东三省政略（上）》，长春：吉林文史出版社，1989年，第377页。

⑤ 《谕查教堂户口》，《新闻报》1905年10月6日。

⑥ 《咨呈军机处为光绪三十四年冬季分天主教堂坐落式样教士姓名籍贯及教民数目造册呈核由》（1909年2月18日），台北故宫博物院藏，清代宫中档，184684。

第四节

调查结果之构成及户口普查结果再讨论

无疑地，清末近代人口（户口）调查应比上文归纳的更为丰富多彩。由于年代久远、保存不善等原因，现存下来的清末人口统计调查材料较为零落。相信还有一些材料，也许是非常重要的材料，尚存于世，有待学术界、档案界进一步挖掘、整理。

（一）调查结果之构成

根据笔者已掌握、了解到的材料，清末近代人口调查的结果大致可以归为两类。一类是单重单层级或单个调查结果。所谓单重单层级，以陆军部地理调查结果最为典型。陆军部地理调查虽为全国性调查，但其最终成果基本上是各省厅州县地理调查表的汇总。各地巡警（警察）机构所从事调查的结果今天已难以发现，从《天津人口史》所引用的有关人口统计表来看，天津巡警总局的调查成果应属于单重单层级，但依据《天津巡警总局重定调查户口要规》，天津人口调查结果应该还有各分局、区户数移动簿，各分局、区户口草册、清册等[①]，显然应可归为多重多层级调查结果。单个调查结果往往表现为一篇调查报告、一张统计表或各种统计表汇总，它们与个例调查常常发生关联。不过，清末报刊报道的个例调查相当多，但调查成果保存下来的却很少。

另一类是多重多层级调查结果，以民政部主持的京师户籍调查、全国户口实数调查和户口普查为代表。此处，仅以宣统年间户口普查为例加以说明。当代学界一般仅关注到民政部调查第一次人户总数折单、汇造各省第一次查报户数表册、第二次人户总数折单、汇造各省第二次查报户数清册和民国元年内务部汇造的《宣统年间民政部调查户口统计表》，而且是通过王士达、陈长蘅的文章了解到这些信息。其实，依据民政部《调查户口章程》，调查结果还应包括各段户数册、口数册，各区户数册、口数册，各厅州县户数册、口数册，各省户数表册、口数表册，人口动态登记表，出生人口数目表册，迁移人口数目表册，死亡人口数目表册，各特别户户口调查表册等。[②]查口票既是调查工具，填写后也是某户人口状况最原始的数据来源。各户缴回查口票所获得的调查证，有点儿类似于今天的户口簿。1909 年浙江省针对第一阶段户数调查制定了专门的详细规则，依据该规则，其结果应包括各段户数底册、各段户数清册、各区户数总册、厅州县户数总册、厅州县户数表、全省户数表等。[③]

（二）原始材料之收藏

就笔者所掌握的情况来看，有关清末人口（户口）调查的原始材料主要收藏于以下几类地方。

（1）中国第一历史档案馆。该馆收藏了大量有关户口调查（含传统调查、近代调查）的奏折、往来咨文、调查表式及其他公文，同时收藏了一些调查成果，既包括传统调查的成果，如最具代表性的 1906 年的《广东省户口调查清册》，

① 《天津巡警总局重定调查户口要规》，《北洋官报》1908 年第 1863 册。

② 《民政部奏定调查户口章程》，《北洋法政学报》1909 年第 90 册。

③ 《浙江全省调查户数详细规则》，《浙江官报》1911 年第 32 期。

以旧管、新收、开除、实在四柱结算法来标识各州县男女人口增减变化[①]，也包括近代调查的成果，如《民政部具奏遵章第一次人户总数折单》[②]、民政部《奏报遵章调查第二次人户总数折单》[③]、《民政部汇造第一次查报户数表册》[④]、《民政部第二次查报户数清册》[⑤]、自治区域表、一些省份上报的户口统计表和驻军旗户册，以及1908年京师各种特别户调查表册、铺户人数增减表等。特别需要指出的是，该馆还收藏了1911年京师出生人口数目系列表册，这是学术界未曾注意到的。

（2）图书馆。如国家图书馆、北京大学图书馆、甘肃图书馆均藏有清末户口调查材料。国家图书馆收藏有旗民比丁册、户口册和京师内外城统计书等，北京大学图书馆收藏有《江都县宜陵镇西广德乡彰墅庙户口一览表》，甘肃图书馆收藏有该省各厅州县地理调查表，它们均很有特色。有关图书馆收藏的《东三省政略》《民政部统计书》《民政部调查京师内外城并区后最近户数表（光绪三十四年）》等也包含相关人口统计材料。

（3）地方档案馆。如四川、江苏吴江档案馆等也藏有相关材料。其中，江苏吴江的档案先被汇编成册，后被《辛亥革命史资料新编》收入公开出版。[⑥]

（4）清末报纸杂志。清末报纸杂志刊载了大量有关人口（户口）调查的奏折、上下级往来公文和一些统计报告（表），包括有关人口调查的消息、结果的报道以及与人口调查相关的其他材料。

（5）台北故宫博物院。该院收藏的主要是有关人口（户口）调查的奏折。

---

① 《广东省户口调查清册》（1906年8月），民政部档，21-0029-0001。

② 《民政部具奏遵章第一次人户总数折单》（1910年1月28日），民政部档，21-0970-0001。

③ 民政部：《奏报遵章调查第二次人户总数折单》（1911年1月17日），民政部档，21-0324-0012。

④ 《民政部汇造第一次查报户数表册》（1910年7月13日），民政部档，21-0971-0003。

⑤ 《民政部第二次查报户数清册》（1911年），民政部档，21-0029-0003。

⑥ 《清末吴江、震泽县筹备自治调查户口档案选》，章开沅，罗福惠，严昌洪主编：《辛亥革命史资料新编》第4册，武汉：湖北人民出版社，2006年，第276—339页。

（6）台湾“中央研究院”近代史研究所档案馆。该馆收藏的主要是涉外户口调查档案。

此外，国民政府成立后，内政部曾发文要求北平档案保管处将光绪三十四年至民国元年的户口文卷检运到部。这些档案文卷包括民治司、疆理司户籍卷1127卷24包，各省户口表册27卷2包，度支部移交民治司户籍卷436卷11包，疆理司过继卷275卷11包，民政部汇造各省第一次查报户数表册、民政部汇造各省第二次查报户数表册、内务部汇造户籍表册等各种表册55捆，度支部移交11卷、吏部移交5卷又27卷共1包，内外城各区调查户口册112本、光绪三十四年各警察局稽查户口清册50本共25包，满文驻防丁册样本1包，总计83包。①这些材料数量巨大，户口普查资料仅是其中的一部分。这些材料对研究清末户口状况非常重要，但它们是否还留存于世，是否静静地躺在中国第二历史档案馆或其他某个地方的角落，不得而知。

（三）户口普查结果准确与否之再讨论

前文已指出，何炳棣先生从研商普查机构及其效能出发，认为清末户口普查结果不足信。其实，具体调查者为谁并不是决定调查结果准确与否的主要因素。即使调查者全为警察，也未必能确保其结果准确，因为当时警察队伍除了有少数警察学校毕业生，多数还是由旧式力量组成，如1902年福建、安徽芜湖开办的巡警分别由原来的保甲局、保卫营改组而成②；1905年，天津组建四乡巡警，规定每50户或100户挑一名年力强壮、粗识文字者即可充任③；1906年，江西直接将绿营改为巡警④。何炳棣先生以广西、广东两省反对户口调查风潮为例，说明普

① 杜明：《国民政府内政部处理北洋内务部档案史料选（一）》，《民国档案》2005年第2期。

② 《闽省巡警章程》，《新闻报》1902年12月29日、30日；《开办巡警》，《新闻报》1902年5月21日。

③ 《拟定天津四乡巡警章程》，《广益丛报》1905年第89期。

④ 《查抄绿营改编巡警章程》，《时报》1906年6月5日。

查进行得匆忙而混乱，进而质疑普查结果的准确性。[①]这只是观察问题的一个角度，如反过来观察，是否可以说明，清末户口普查已深入穷乡僻壤了？事实上，有些地方的调查活动进展得还是比较细致的，如四川华阳县创办讲习所对调查员、调查长进行岗前培训[②]；许多地方都张贴白话告示，宣传调查的好处，其中江苏宜兴新任县令的告示较为通俗易懂[③]。据报道，安徽南陵县发生系列滋事事件，目的是要索回调查员已填好的各户人名草册[④]，江宁乡民之所以起衅，是因为调查员调查了乡民的生日时辰，当地又恰逢时疫盛行，有一家人员全部死亡，遂致谣言流传[⑤]。

就所须调查的户和口这两个基本元素而言，并不需要对近代人口知识有多深的了解。调查员是否认真负责，调查前是否经过深入、适当的宣传；地方政府能否给予必要而强有力的支持、协调，出了问题能否积极妥善地处理；民众对调查是否有一定的了解，采取的是抵制、隐瞒还是相对合作的态度，这些都是影响调查结果准确性的更为重要的因素。

正如王士达先生所说，清末户口普查承上启下，也深入民间，这是积极的一面，但在调查中也确实存在许许多多影响结果准确性的不良做法和不利因素。

除了实际操作过程存在各种不良做法，从人口学的角度而言，此次调查还存在以下不足：首先，调查标准时间不确定。调查的时长原计划持续五年，后因决定提前立宪，调查的时长也随之缩短为三年。这三年的全国各省厅州县人口状况都有可能产生变化，具体民户的户口状况甚至会发生突变。其次，对常住户口和籍贯户口并未进行严格的区分。最后，调查结果显示出的性别比例、各年龄阶段间的人口比例不符合一般人口规律。

---

① 何炳棣：《明初以降人口及其相关问题（1368—1953）》，葛剑雄，译，北京：生活·读书·新知三联书店，2000年，第90—91页。

② 《督宪批华阳县钮遵章办理调查户口委任员长开所讲习并申赉表册示稿禀（并原禀）》，《四川官报》1909年第19册。

③ 《宜兴汪令调查户口白话谕文》，《新闻报》1910年6月10日。

④ 《安徽南陵县乡民滋事殴伤调查员》，《东方杂志》1910年第5期。

⑤ 《调查户口起衅之原因》，《新闻报》1910年4月29日。

由于原始数据的缺失，也由于原始数据并不十分可靠，欲准确地计算或估算出宣统年间的户口数量几乎是不可能完成的任务。本章不打算如已有研究那样对清末人口进行估算，只想指出以往研究未曾注意到的清政府要求调查的户口项目和实际调查中出现的一些情况，这些项目、情况实实在在存在，对清末的户和口总量的估算、计算会产生较大的影响。

这些影响大致可以分为三种情形。

第一，可能少估的情形。

（1）一般民户的户、口漏报现象。在近代中国人口调查中，女性漏报瞒报、小孩少报的现象比较常见。宣统年间户口普查的结果也间接地说明了这一点。在实际调查中，整户的遗漏也是有可能的。依据有关奏折，乾隆年间浙江民户户数即达到4029487户，男女大小达到20221402丁口。[①]太平天国运动时期，浙江户口遭受极大损失，1868年，浙江男女大小只有6429804丁口。[②]同治年间，浙江户口增长极为缓慢，1872年，浙江男女大小才有6643333丁口。[③]光绪年间，浙江户口有了较快的增长，光绪三十二年（1906年），浙江男女大小统计12044325丁口。[④]这样的增长速度很不正常，对此，较为合理的解释应是同治与光绪年间的浙江户口申报流于虚应故事，存在弄虚作假的现象。根据陈长蘅先生的估计，1911年，浙江户数为4251383，口数为18072226[⑤]，户数比乾隆年间高，口数较乾隆年间还低。相对于五年前，大量的户、口应被调查、登记出来。根据有关材料，1908年，黑龙江户、口的数量分别为170733户、1261281口[⑥]，或213090户、

① 王亶望：《奏报浙江省人口及实贮谷石数目》（1779年12月29日），台北故宫博物院藏，清代宫中档，025702。

② 李翰章：《奏为查明浙省滋生民数事》（1869年1月30日），军机处档，03-4671-002。

③ 杨昌濬：《奏报浙江省滋生民数事》（1873年1月19日），军机处档，03-4671-092。

④ 张曾敭：《奏为光绪三十二年浙江省男女大小丁口民数事》（1907年1月31日），军机处档，03-5521-002。

⑤ 《中国经济年鉴》，第481页。

⑥ 《黑龙江全身巡警局区官弁长警入款出款赢绌暨卫生消防户口统计表》（1909年1月15日），民政部档，21-0487-0002。

1455657丁口[①]，而1911年则达269433户、1858792口[②]。这可以说明，黑龙江有大量的户、口在1908年没有被调查、登记出来。广西临桂县1909年调查所得人口总数为286890人，1910年则为320876人。[③]后者比前者增加了33986人，增长了11.85%，显然，1910年的调查检出了更多的户与口。

（2）特别户调查问题。清政府曾要求调查衙署局所、工厂、学堂、商户、庙宇、善堂、乐户、会馆、船户、棚户等特别户，并规定这些特别户如住有人则列为正户，人户则列为附户。但在有些地方的人口统计中，除了正户、附户，还出现了不列户、假定户户别的数据。[④]京师曾对铺户、庙宇、乐户、会馆、报馆、衙署局所等作过较为详细的调查、登记，湖南曾调查过船户[⑤]，山西也曾汇造过户口和工厂人数表[⑥]。在民政部汇造的《各省第一次查报户数表册》中，江西省船户户数也赫然列于其中[⑦]，但其他省份是否较为严格地调查过这些特别户，并将特别户列入整个户口统计之中还有待研究。

（3）少数民族户口问题。清政府对少数民族的户口调查实行特别措施，但许多地方少数民族的户口并未得到有效的、确切的调查，如西藏地区未经调查，广西一些少数民族户口未编入调查[⑧]，奉天醴泉蒙人不服调查[⑨]，一些省份土司统治地区的户口未能按要求调查等。1909年1月，贵州巡抚庞鸿书曾奏请切实调查

---

① 《全省户口表》，《东三省政略（下）·卷六·民政》，长春：吉林文史出版社，1989年，第1077页。

② 实业部中国经济年鉴编纂委员会编：《中国经济年鉴》，上海：商务印书馆，1934年，第482页。

③ 魏景桐：《咨呈民政部为送临桂县自治区域人口表事》（1910年11月23日），民政部档，21-0396-0023；《广西临桂县地方自治区域人口表》（1910年11月23日），民政部档，21-0396-0024。

④ 《调查户口之成绩》，《时报》1909年9月30日；《镇郡调查户口总数》，《新闻报》1910年1月7日；《通州户口之总数》，《新闻报》1910年3月3日。

⑤ 《宣统二年春夏二季湖南省河水总局清查船帮户口统计表》（1910年），民政部档，21-0501-0059。

⑥ 《宣统二年下届山西省各厅州县调查户口及工厂人数成绩表》（1911年），民政部档，21-0488-0044。

⑦ 《民政部汇造第一次查报户数表册》（1910年7月13日），民政部档，21-0971-0003。

⑧ 《谨拟改定调查户口提前办法》（宣统朝），民政部档，21-0317-0025。

⑨ 同⑧。

苗族户口[①]，一个多月后，他上奏汇报贵州编查户口情形，苗族户口依然由土司造报[②]。

（4）商埠、租界人口。普查期间，清政府曾特别要求调查商埠、租界人口。在民政部汇造的《各省第一次查报户数表册》中，江苏、江西、广东等省的商埠户数被单独列出。[③]由于租界当局的阻挠，清政府未能在租界中进行实际的户口调查。那么，各省是否将本省的商埠、租界户口统计入本省的户口总量中？又如何得知租界户口的确数？

（5）华侨人数问题。清政府曾要求驻外使领馆按表填报华侨人数。在民政部《改正侨居各国华民人数表》中，华侨人数只有58275人，显然过少，与实际情况不符。在最终汇总的全国人口数中，凡具有中国国民资格的华侨理应被统计在内。但要对华侨的中国国民资格进行认定，既牵涉中国国籍政策，也牵涉华侨所在国、地区的国籍政策，非常复杂，而且在当时并不具备前往各国进行翔实调查的条件。直到现在，华侨华人到底有多少人，仍然是待解之谜。

（6）有些省还有一些厅州县未及上报户口调查结果。

第二，可能多估的情形。

清政府虽然要求调查人民的籍贯，并将虽在本地常住但籍贯不在本地的人也纳入调查，但并未明确要求他们的原籍所在地将这部分人排除在户口总数统计之外。东三省移民多数来源于山东，其中许多人是季节性移民。当东三省统计这些移民时，其原籍地是否也要对此进行统计？奉天辽源州在1911年统计人口时，发现本年人口总数比上年夏季少，原因就是外城垦户多有春种时来而秋收后返回原籍者。[④]

① 庞鸿书：《奏请切实造报汉苗户口片》（1909年1月15日），台北故宫博物院藏，清代宫中档，408005547。

② 庞鸿书：《奏报黔省编查汉苗户口情形》（1909年3月2日），台北故宫博物院藏，清代宫中档，175566。

③ 《民政部汇造第一次查报户数表册》（1910年7月13日），民政部档，21-0971-0003。

④ 《奉天全省地方自治区域表》（1911年12月22日），民政部档，21-0364-0055。

第三，不能确定的情形。

（1）行政区划的新设、调整。在三年普查期间，东三省曾新设一些州县，西南诸省改土归流也曾新设州县，由于实施自治的需要，一些地方的自治区域也曾作过调整。所有这些，都给当地的户口调查带来不确定性。

（2）未确定调查标准时间。三年中各地人口既有出生，也有死亡；人户既有新增，也有消亡。

（3）延吉等地的韩民户口数问题。清政府 1909 年才颁布《大清国籍条例》及其施行细则。①颁布前已采取措施，要求在华韩民剃发易服、领照纳租，与华民一律编籍为氓。②颁布后，韩民必须依据国籍条例规定的条件、程序才能加入中国国籍。取得中国国民资格的韩民才能也应该纳入最终户口总数统计之中。然而，哪些人已取得中国国民资格，取得中国国民资格的韩民人数究竟有多少，却是非常复杂的问题。

① 《大清国籍条例》，《北洋法政学报》1909 年第 100 册。

② 衣保中，房国凤：《论清政府对延边朝鲜族移民政策的演变》，《东北亚论坛》2005 年第 6 期。

第五节

清末近代人口调查的多样性、复杂性

依据现有史料，清末近代人口调查的多样性、复杂性大致可以从三个层次来概述。

首先是调查本身的多样性、复杂性。

前文对此已多有交代，这里不作详论。整体而言，各种调查的调查主体，调查的目的，调查的内容、程序、做法均不尽一致。清末近代人口调查呈现出多样化的特征。不过，多数调查没有留下调查结果，只有报纸杂志进行过报道。

宣统年间的户口普查，虽有民政部的统一部署，但各省各地的具体落实、具体表现不尽一致。其间，由于提前实行宪政，调查进程大为缩短，由预订的五年缩短为三年，且由于时局的变化，一些省份未能最终完成调查任务，民政部也未能汇总最新全国调查结果。

与人口是一个社会的基础相一致，清末户口普查与新政改革的各个方面也发生了密切关联，其本身亦被视为新政的一个重要组成部分。

应宪政选举的需要是户口普查的直接原因，然而，清政府实施户口普查的目的并不仅仅如其向民众宣传的那样，只是为了宪政选举。在调查户口的章程折中，民政部明确指出，划分自治区域、普及教育、征集民兵、整理租税等无不以户籍为根本，各国均以户口为内务行政之大端。[①]同时，要求另行调查学龄前儿童数、壮丁数，无疑与兴办教育、征集民兵有关；要求调查员注意一些危险户别，也无疑与维持治安有关。[②]在完成户数调查后，要求各地进行户口变动登记，则是实施近代户籍管理的一个尝试，而实施有效的户籍管理则是近代社会治理的基础。

在调查过程中，户口普查与地方自治区域调查交织在一起。清政府将地方自治划分为城、镇、乡三级，并依据区域面积、人口数量对自治区域进行确定或调整[③]，有些地方为了划分、调整自治区域甚至发生了激烈的争执[④]。人口多寡、男性纳税额是计算选举人数、被选举人数的两个重要指标。[⑤]因此，自治区域户口调查又与选举调查紧密联系在一起。自治区域的确定、调整势必对户口调查产生影响，调整后的区域有重新进行户口调查的必要。清政府实行的地方自治，可被视为其地方行政管理体制近代化建设的一个组成部分，其政权触角亦有可能凭此由县城延伸至乡、镇等广大乡村地区。

其次是近代人口调查中的传统因素。

这又表现为两个方面，一方面，直至宣统年间，传统户口调查一直存在。自1740年开始，清廷一直要求各省每年上报民数。上报民数，行久渐成故事，有些省虚假捏报，有些省则不按时造报，但此事一直坚持至宣统年间。中国第一历史档案馆收藏有一些督抚上报民数的奏折，其中光绪年间以浙江省为最多，也最为连续，其次是安徽省。1907年3月的报刊曾登载一张光绪三十一年（1905年）的各省户口统计表。[⑥]1908年，也就是在民政部发起调查全国户口实数期间，该部上奏要求各省妥筹办法查报民数，该折声称，度支部已将各省光绪三十二年（1906

① 《民政部奏调查户口章程折》，《北洋法政学报》1909年第90册。

② 同①。

③ 《宪政编查馆奏核定城镇乡地方自治章程》，《浙江教育官报》1909年第11册。

④ 参见《武阳地方自治区域之争议》，《时报》1910年3月24日。

⑤ 参见《督院张批广东地方自治筹办处详拟订府厅州县地方自治划区分配议员额数释要暨议事参事等会章程摘要并各项表式缘由文（附件五）（附表）》，《两广官报》1911年第12期。

⑥ 《光绪三十一年分各省人口统计》，《时报》1907年3月11日。

年）民数清册移交民政部，凡未报的省份应由民政部催取。[①]1909年，湖南省按要求上报光绪三十四年（1908年）的民数、谷数[②]，贵州省则详报保甲调查汉民民数的经过和结果[③]。1910年，度支部、实录馆由于各自业务需要，还发文要求各省造报民数。[④]四柱户口清册，是传统户口调查结果的一种典型表现形式。1908年，湖广总督曾上报光绪三十三年（1907年）湖北的四柱户口清册[⑤]，中国第一历史档案馆也藏有一本1906年汇成的广东省四柱户口清册[⑥]。

另一方面，清末户口普查中含有大量的传统因素。各省调查的实际承担者依然以广大士绅为主，调查户数、口数、编钉门牌等做法在传统的保甲调查中也较常见，一些地方的敷衍塞责，与传统调查如出一辙。

当然，受近代人口调查及其理念的影响，一些传统调查也呈现出近代特性。如1908年民政部要求各省造报民数，必须按照民政部所拟表式据实填写。[⑦]1909年1月，贵州巡抚庞鸿书奏请切实调查汉、苗户口，这已突破了以往苗族户口由土司造报的传统做法。[⑧]

最后是清末近代人口调查与外国人在华人口调查发生交错、碰撞。

这在某种程度上是中国近代社会半殖民地性质的一种反映。清末外国人在华对中国人口状况的调查大致可以归为四类：第一，学者或学术组织的调查。如俄

---

① 《民政部奏各省查报民数宜筹切实办法折》，《现世史》1908年第2期。

② 岑春煊：《咨呈军机处湖南各府州厅县光绪三十四年民数谷数实力确查造册由》（1909年4月8日），台北故宫博物院藏，清代宫中档，184870。

③ 庞鸿书：《奏报黔省编查汉苗户口情形》（1909年3月2日），台北故宫博物院藏，清代宫中档，175566；《为贵州巡抚片奏黔省编查保甲按季清查归入户口册咨部一折奉旨事等》（1909年3月），刑部档，16-02-003-000171-0045。

④ 《上海县谕文（为饬造民数册籍事）》，《新闻报》1910年5月10日。

⑤ 赵尔巽：《为咨送光绪三十三年湖北各属民数户口清册事致法部》（1908年2月18日），刑部档，16-02-006-000146-0043。

⑥ 《广东省户口调查清册》（1906年8月），民政部档，21-0029-0001。

⑦ 《民政部奏各省查报民数宜筹切实办法折》，《现世史》1908年第2期；《民政部通咨各省文为调查人民实数事》，《大同报（上海）》1908年第11期；《督宪民政部咨催查报民数行司文》，《四川官报》1908年第22册。

⑧ 庞鸿书：《奏请切实造报汉苗户口片》（1909年1月15日），台北故宫博物院藏，清代宫中档，408005547。

罗斯地学会曾对中国人口进行调查，调查结果于1894年公开发表。[①]第二，海关的人口调查。清末海关的人口调查与地方政府密不可分，各地海关常常照会清地方政府，请求调查所管地方的户口[②]，以往学术界在探讨有关问题时，尚未注意到地方政府在海关人口调查中的角色和作用。第三，殖民者在租界、割让领土内的调查。英占香港、上海租界后，日本割占台湾后都曾进行过户口调查，甚至是定期调查。[③]第四，殖民者对中国人口的非法调查。如1899年、1901年俄国人在营口编钉门牌、调查户口。[④]1896年，日本意图在山东威海进行户口调查。[⑤]1907年、1909年日本人试图在中国延吉编钉门牌、调查户口。[⑥]编钉门牌、调查户口，进而施行户籍管理是主权国家应有的、专属的权力，日本人、俄国人的行为显然严重侵犯了中国的主权和行政管理权。更有甚者，日本军方为了侵略需要，1905年竟然派人深入顺天府乡间调查户口和纳税情况。[⑦]

国人从事的人口调查与后三者均曾发生过程度不等的交错或碰撞。海关的人口调查本与清地方政府户口编查密切关联。租界被殖民当局视为禁脔，殖民当局

① ［日］古城贞吉：《中国人口》，《时务报》1897年第45册。

② 《照请开造松属户口表》，《新闻报》1905年4月8日；《江苏人口》，《时报》1905年4月8日；《青浦县丁口统计》，《时报》1905年6月28日；《江海关札各属查报人口数》，《时报》1908年4月19日。

③ 参见《公共租界各省侨寓华人户口清册（据工部局调查）》，《时报》1905年12月1日；《租界举行调查户口人数》，《新闻报》1910年10月10日；《租界方里户口表》，《新闻报》1911年8月11日；《全台人数》，《新闻报》1896年6月28日；《台湾现住户口表（据己亥年终查核之数）》，《译林》1901年第8、9期。

④ 《拟查户口》，《觉民报》1899年第8期；《清查户口记闻》，《新闻报》1901年3月21日。

⑤ 《威海日军欲稽查近营村落户口及炮台遇窃》（1896年5月24日），台湾“中央研究院”近代史研究所档案馆，总理各国事务衙门档，01-25-047-02-018。

⑥ 《日本派驻间岛斋藤中佐派兵调查延吉厅东古城子华民户口》，《时报》1907年11月26日；《日人在延吉调查户口并钉门牌希转饬禁止由》（1909年1月19日）、《延吉日人查户口钉门牌一事抄送与日使往来照会由》（1909年1月29日）、《日人在延吉调查韩人户口编钉门牌事请催日使速禁由》（1909年2月6日），台湾“中央研究院”近代史研究所档案馆，外务部档，02-10-025-01-039、02-10-026-01-003、02-10-026-01-009。

⑦ 《日人查考顺天地丁户口钱粮》，《新闻报》1905年4月11日。

严防中国政府涉足。1899年，沙俄就拒绝了盛京将军调查金州租界的要求。[①]宣统年间，上海租界当局也一再驳回清政府调查租界户口的请求。更为可悲的是，调查本国教民户口本来完全是自己主权范围之内的事，但个别地方政府错误地致函当地教堂，从而引来外国领事的干涉。[②]针对殖民者的非法人口调查，中国政府一面展开交涉，一面在东北尤其是延吉地区开展有针对性的户口调查。韩民越江移垦中国东北，本是一种正常的移民现象，但经过日本的一番操弄，俨然已成为日本介入中国东北地方事务、侵略中国东北的一个媒介。

综上可知，清末国人从事了大量的现代人口调查。不过，当时是中国现代人口调查初起的时期，现代人口调查还受各种不利因素的制约和影响。在调查过程中，也存在各种不良的做法。如果以西方比较完备的现代人口调查制度来衡量，国人的这些调查与之差距还很大，这恐怕也是何炳棣先生对宣统年间户口普查评价较低的重要原因。但如果将清末现代人口调查与传统人口调查相较，并照观其所受近代知识、理念的影响，还是会发现其具有鲜明的时代特征。揆诸当时的历史情境，或可给清末现代人口调查归纳出一个判断标准：受西方、日本现代人口统计学理论、知识或理念的影响，在一定程度上以现代人口统计方法进行的人口调查，均可归为现代人口调查。还应该指出的是，无论是在西方还是在日本，人口统计学都在不断发展进步着，人口统计、调查也随之得到不断发展、完善。同样，在中国，现代人口调查也处于一个发展变化的过程。

---

① 《咨盛京将军俄不允委员赴金州租界履查户口再行抄录来往照会知照由》（1899年12月31日），台湾“中央研究院”近代史研究所档案馆，总理各国事务衙门档，01-18-072-02-037。

② 《外务部为民教一律清查户口事致法使照会》，《外交报》1910年第9期；《督宪通饬各属调查户口无分民教一体妥办札文》，《四川官报》1910年第1册。

第四章

日益活跃的社会调查（1912—1937 年）

如前文所析，清末社会调查已具备一定的规模，报纸杂志上刊登的社会调查成果已达一千余篇，清政府各级机构和社会个人所从事的没有公开发表的社会调查成果定然还有很多，由此当可断定现代社会调查肇兴于清末。进入民国后，各年调查的数量虽然多寡不一，有些年份调查的数量还有起伏，但经过一段时间的实践，1937 年前中国的社会调查已处于一种非常活跃的状态。说它活跃，不仅是因为其数量众多，还因为不同型式的社会调查相继兴起并分别获得很大程度的发展。本章的任务正是要分析、描述 1912—1937 年间中国社会调查的这一状况，进而总结其基本特点。

第一节

活跃的数量表现：基于民国期刊全文数据库的统计分析

（一）调查的总量

刘育仁曾对1927—1935年间中国社会调查的数量作过统计，共统计出9027次调查。这一统计是不完全的，他依据的材料主要有《每周重要书报目录索引》《支那研究》《日报索引》《人文半月刊》《食货半月刊》等期刊中的有关目录索引。[①]这些索引所包含的，或是一些已经发表的调查成果，或是被各种报纸杂志报道的有关调查的消息。未经报道或发表的调查当属更多。郑振满先生在一次座谈会上指出，单是共产党人在陕甘宁根据地所进行的土地调查数量就达六千余次之多。[②]

笔者在研究的过程中，也对民国时期社会调查的数量进行了统计，但统计的

① 刘育仁：《第四章：中国社会调查之地域的分析》，《中国社会调查运动》，燕京大学学士学位论文，1936年。

② 郑振满在2005年9月26日中国人民大学清史研究所会议室举行的"《民国时期社会调查丛编》出版座谈会"上的发言。

对象和依据的资料与刘育仁有所不同。笔者在民国期刊全文数据库分别输入与民国社会调查关联度较高的“调查”“统计”“概况”“踏查”“考察”“考查”“视察”“旅行”“研究”“个案”“分析”“普查”“清查”“估计”“报告”“指数”“社区”“测验”“参观”“情形”“事情”“状况”“年鉴”“抽样”“选样”“样本”“人种”“民族志”“民族研究”“惯行”“观察”“清丈”“查田”“登记”“观测”“比较”“豫察”“勘察”“实地”“田野”“原野”“现状”“观感”“查察”“试验”“查视”“视学”“实况”“实态”“测量”“习惯”“惯习”“风俗”“习俗”“风土”“测绘”“事态”“综览”“概貌”“概观”“概说”“查学”“市势”“国势”“县势”“省势”“生活费”“表”“户口”“人口”“查考”“采访”“访查”“探查”“查报”“呈报”“遵查”“查明”“汇报”“提学使”“勘查”“查勘”“综计”“户数”“口数”“丁数”“总计”“劝学”“鼠疫”“疫症”“疫”“人户”“巡视”“户”“丁”“编查”“户籍”“口”“人数”“民数”“漫游”“人民”“游记”“学务”“清册”“总册”“茶业”“丝业”“茶务”“边务”“流行病”“土产”“物产”“稽查”“核查”“查核”“家政”“家事”“家计”“生计”“民俗”“土地”“租佃”和“农佃”124个词和“陈达”“李景汉”“费孝通”“林耀华”“毛泽东”“张闻天”“陈翰笙”“许仕廉”“言心哲”“李柳溪”“张世文”“何廉”“方显廷”“张培刚”“卜凯”“乔启明”“孙文郁”“陶孟和”“杜修昌”“郑林宽”“张之毅”“吴泽霖”“潘光旦”“周叔昭”“王同惠”“步济时”“白克令”“甘博”“李安宅”“吴知”“张锡昌”“巫宝三”“董时进”“杨西孟”“董汝舟”“张心一”“卫惠林”“千家驹”“许烺光”“林颂河”“毛起鵕”“蔡正雅”“杨开道”“柯象峯”“吴景超”“马长寿”“万国鼎”“孙晓村”“徐锡棠”“江应樑”“刘咸”“张少微”“韩德章”“吴半农”“郑林庄”“羊冀成”“杨成志”“钟敬文”“田汝康”“马骏超”“伍锐麟”“王兴瑞”“陈国钧”“李锡周”“曾昭抡”“岑家梧”“刘大钧”“吴大钧”“泰勒”“冯锐”70个人名进行全字段搜索，经初步鉴别、剔除明显不属于社会调查的成果后一一下载，再作进一步甄别，共得到国人调查国内的成果10474篇，华侨调查成果348篇，两者合计10822篇。此外，国人对外国相关事物也进行了调查。

笔者在鉴别的过程中，坚持相对从严的原则：（1）凡统计报告（表），标题未注明“调查”、内容中也找不出“调查”字样、没有证据说明其是调查结果的，不作为调查报告；但如有个人提倡，或政府有关部门发布命令要求调查，且呈现出来的统计结果与事先公布的调查表式相对一致的，作为调查报告处理。（2）同一期刊不同期数刊登的一些文章主题、形式具有一定的相似性，但有的标明是调查，有的没有标明。没有标明且没有证据证明其为调查结果的，不作为调查报告。（3）定期（如一日、两日、三日、七日、十日、半个月）发布的商情报告，不作为调查报告。

在统计的过程中，为了避免某种类型或某省的调查成果数量出现无规律变动，笔者对一些成果作了特殊处理：（1）将定期（每日、每旬、每半月、每月）公布的物价表、物价指数表、动态人口统计表、生活费指数表等视为统计成果，不予以统计计算。（2）归并同类项。如一些省份、地方的视学或教育视察报告在某些年份大量发表，如果都将它们一一计算于内，会使这些省份、地方的调查数量大量增加，其教育调查所占比例畸高，其某些年份的调查数量陡增，因此有必要对其进行处理。这些报告均是视学或视察员的职务行为结果，依据视察内容，以学期为标准归并计算这些报告，应是较为合理的选择。如1927年前江苏实业视察员是分道设置的，所以应将收集到的某些年份的实业视察报告分道计算。如1914—1915年间连续发表了大量的盐场场产调查统计表，而这些统计表均标识“某某运司”或“甘肃国税厅筹备处某某场产”字样，因此以运司或甘肃国税厅为单位统一计算这些统计表。如许多市政、县政公报等类型的报刊刊有大量的调查统计表，按其内容，或分类归并计算，或将其统一归并为某某县、某某市社会调查统计，或某某县、某某市各项调查统计等。还有一些归并计算的情形，这里不作一一赘述。

此外，笔者还统计了这个时期1010本以单行本形式出现的调查成果。应该指出的是，笔者所收集到的调查成果，只是民国时期实际产生的调查成果的一小部分。虽然挂一漏万，但应可从中略见民国时期社会调查概况之一斑。

为了对1912—1937年间社会调查整体情况有进一步的认识，笔者拟对从民国期刊全文数据库收集到的资料（本章下文的统计分析，如未作特殊说明的，均依据此一材料来源）进行统计分析。具体情况可参见表4.1、表4.2和图4.1、图4.2。

表4.1　1912—1937年社会调查数量分布表（不含华侨调查）

年份	数量
1912	65
1913	115
1914	172
1915	142
1916	96
1917	194
1918	154
1919	252
1920	261
1921	262
1922	265
1923	204
1924	216
1925	201
1926	243
1927	222
1928	398
1929	817
1930	761
1931	663
1932	523
1933	720
1934	890
1935	963
1936	999
1937	679
小计	10474

表4.2　1912—1937年社会调查数量分布表（含华侨调查）

年份	数量
1912	66
1913	116
1914	174
1915	145
1916	97
1917	197
1918	158

（续表）

年份	数量
1919	268
1920	264
1921	270
1922	277
1923	220
1924	226
1925	204
1926	249
1927	229
1928	404
1929	831
1930	787
1931	690
1932	553
1933	745
1934	921
1935	1012
1936	1035
1937	684
小计	10822

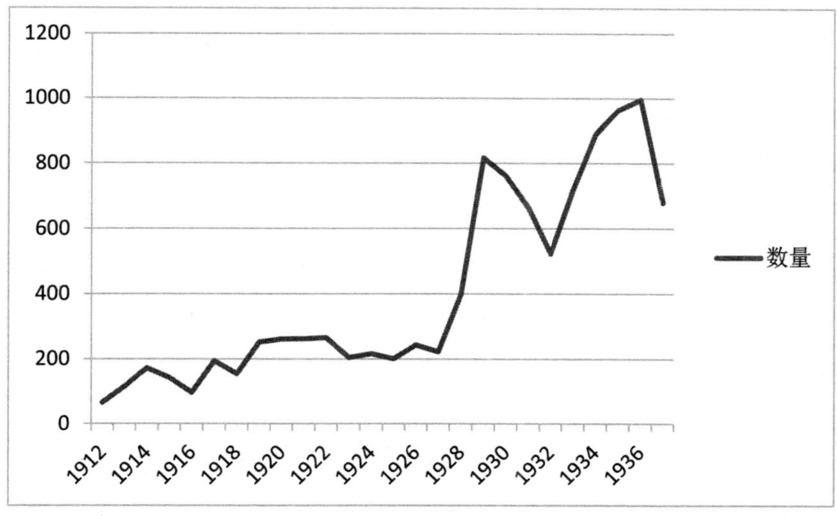

图 4. 1　1912—1937 年社会调查数量分布图（不含华侨调查）

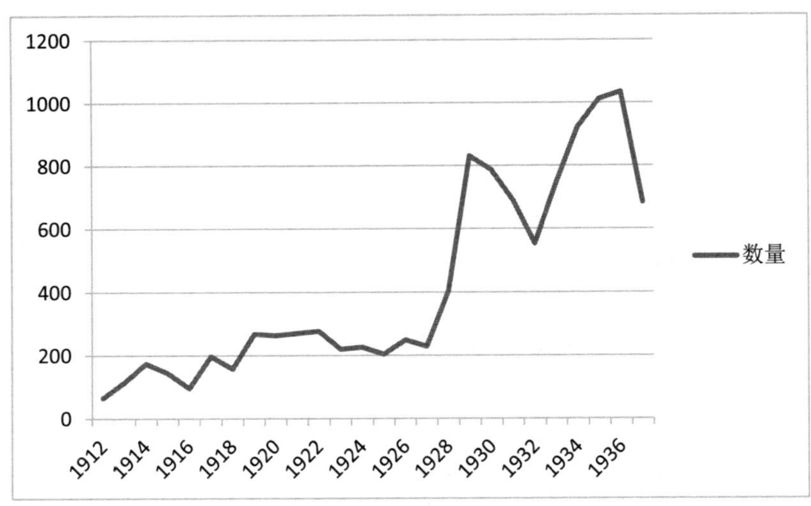

图 4.2 1912—1937 年社会调查数量分布图（含华侨调查）

从表 4.1 和表 4.2 可知各年调查成果数量，从图 4.1 和图 4.2 可直观地看到这段时期的社会调查数量变化轨迹。总体来看，1937 年前社会调查数量各年虽有波动，但基本上处于一种上升的趋势。1916 年与 1927 年是两个向上“拐点”。辛亥年间，也许是由于时局的变化，社会调查数量出现了明显的下降，1912 年承续下降的趋势，调查成果数量减少至 66 篇。时局稍稍稳定后，1913 年、1914 年的调查成果数量反弹，1914 年达到 174 篇，国内调查成果数量已超过清末任何一个年份。1915 年稍有反复，1916 年继续下降，而且下降幅度较大，相对于 1915 年，调查成果数量下降了 1/3；相对于 1914 年，则下降了 44.25%。然而，也就是在 1916 年，调查成果数量迎来了第一个向上拐点，这年调查成果数量有 97 篇，为此后二十余年的最低点。1916 年后，社会调查数量经历了一波快速上涨阶段，1919 年达到了一个相对高点（268 篇），比 1916 年增加了 176.3%。此后几年，社会调查数量维持在一个相对平稳的状态，而后稍有下降，不过每年的数量有所不同。至 1927 年，又迎来了另一个向上拐点，这年共有 229 篇调查成果，处于一个相对低点。1928 年，调查成果数量快速上涨至 404 篇，1929 年更是涨至 831 篇，达到一个阶段性高点，比 1927 年增加了 602 篇，增长了 262.9%。1930—1932 年这三年的调查成果数量有所下降，1932 年降至 553 篇，达到一个相对低点，不过，相对于1928年前，仍处于高位。这三年的下降，可视为一种正常的波动。1933年后，调查成果数量又开始恢复增长，1936 年达到这段时期，恐怕也是整个民国时期调查数量的最高峰，这年共有调查成果 1035 篇。1937 年后由于战争的影响，国人从事的社会调查数量急剧减少。1937 年，笔者共搜得社会调查成果 684 篇，比 1936 年已减少了 351 篇。由于本书论述主题的时间限制，笔者没有对 1938—1949 年间的社会调查成果进行较为全面的搜索、鉴别，但笔者曾在民国期刊全文数据库输入“调查”一词，分 1936 年、1938—1945 年、1946—1949 年三个时间段进行全字段检索，分别得到 10771 个、19604 个和 7957 个检索结果。1938—1945 年这八年时间的检索结果只比 1936 年这一年多了不到一倍，1946—1949 年这四年时间的结果竟然还没有 1936 年这一年的多。如果按年检索，1938—1949 年间检索结果最多的是 1939 年，共 3582 个，最少的是 1949 年，共 454 个，其次是 1945 年，共 780 个。显然，均远远少于 1936 年。这应该能从一个侧面反映出 1936 年与此后年份调查成果多寡之对比。

需要特别指出的是，1927—1937 年这 11 年间调查成果总量达 7891 篇，比 1912—1926 年间高出许多。但 1912—1926 年间的调查成果也已达到相当规模，总量已有 2931 篇，比前文对清末调查成果的统计数量（国内调查和华侨调查总和计 970 篇）高出两倍多（202.16%）。看来，以往学术界对这一段历史时期（1912—1926 年）的社会调查关注得还不是很够。

调查、统计是近代以来人们认识社会的两大有力工具，它的生命力在于能够帮助人们认识社会。清朝覆灭后，中国社会动荡纷乱不止。动荡的局势，不仅影响社会的建设，在客观上也对调查、统计活动造成影响。认识社会的需要推动了社会调查在中国的不断发展，社会、政局的动荡则对社会调查形成一定制约。1916 年、1927 年之所以成为民国时期社会调查发展史的两个“拐点”，多少都与上述两个影响有关。1914 年至 1915 年，袁世凯集权、复辟帝制的步伐加快，国内反抗袁世凯统治的斗争也愈加频繁。1915 年 12 月 12 日，袁世凯宣布次年改元为洪宪元年，正式复辟帝制，护国战争随之爆发。护国战争结束后，国家虽然陷于割据状态，但就全国而言，大体上还处于相对和平的状态，人们能够在较为和平的环境中从事调查、统计活动。相对于前两年调查数量的大幅减少，1917 年恢

表 4.3　调查数量省别年度表

年份＼省别	黑	吉	辽	蒙	热	察	绥	冀	鲁	晋	豫	皖	苏	浙	赣	闽
1912	1		3	2		1		5	3			1	8	9	1	
1913			1	4	1		1	12	4	3		7	27	6	2	1
1914	2	2	3	2		1		27	3	2	2	5	37	14	7	4
1915	2	4	6	2				8	5	3		7	44	9	3	3
1916	1	1	2		1			7	2			4	30	4	2	12
1917		2	6	5		1		17	4	1	4	9	39	7	4	8
1918		2	6	1				16	3	5	1	6	43	7	1	4
1919	2	3	4	4		1	2	24	3	4	6	19	75	33	6	3
1920	6	1	13	2	1		2	33	9	6	4	7	78	24	6	5
1921	4		5	1	1	1		24	5	6	2	8	68	51	4	5
1922	2	1	4	1	2		4	10	29	5	4	12	70	37	2	3
1923	1		5	2		2	3	10	15	1	8	7	49	11	3	3
1924	1	2	10	1	1	1		21	13	6	5	3	47	13	2	7
1925	4		6	1		2	7	19	6	10	2	6	36	7	1	2
1926	1		7			4	6	22	6	2	2	10	61	21	3	4
1927	6	2	7	1	1			24	2	3		3	50	30	3	29
1928	4		13					35	12		12	5	113	42	5	13
1929	15	7	20	1	1	3	3	109	21	15	10	22	191	76	15	22
1930	20	9	27		1	3	3	46	34	17	7	28	154	108	23	16
1931	14	7	14	2	1	5	8	55	46	3	16	27	109	72	7	27
1932	6	4	9	1	1	3	7	42	42		20	10	62	59	10	8
1933	4	3	8	1	1	2	7	56	57	11	24	17	88	68	39	19
1934	1	8	5	1	1	5	6	71	49	18	30	17	143	82	77	18
1935	6	5	2			7	15	74	38	24	38	19	157	72	62	36
1936	2		9		1	14	3	59	55	12	30	22	133	94	51	60
1937			2		1	9	6	43	36	7	16	31	82	74	44	32
小计	105	63	197	35	16	65	83	869	502	164	243	312	1994	1030	383	34

（续表）

台	粤	桂	湘	鄂	川	云	贵	藏	陕	青	甘	宁	新	全国	跨省	不详	小计
			21	2	3									1	4		65
	3	1	4	3	7	9				1			1	8	9		115
2	5	1	7	7	5	2	3	1	5					8	15		172
1	2	1	1	4	4	6			2		1			13	10	1	142
	6		3	4	2	2			1					6	6		96
1	10		40	7	4			1	1				1	13	9		194
1	5	1	15	4	1	5	1		2					17	6	1	154
	8		4	5	13	8	1						1	12	10	1	252
	3	2	14	12	4	4			1				1	13	8	2	261
1	11	1	12	8	3	5	1		3	1	4			14	13		262
	9		13	6	5	5			2		1			24	14		265
1	17		3	9	4	11			4		2		1	22	9	1	204
	15	1	3	17	5	1	1		5		1		1	20	13		216
	21		2	30	3	4	1		3				1	14	13		201
	20	1	1	29	3	5			1		1			18	13	2	243
	9	2	1	11	5	1			2					19	9	2	222
1	36	26	8	19	3				5					23	23		398
3	39	12	39	57	15	6			15	1	3	1	3	51	40	1	817
1	63	6	36	26	25	5	2	1	14		1		1	36	48		761
4	39	4	30	33	28	9	4		12					45	41	1	663
3	56	10	33	8	31	4	3		15	3	6	1		32	34		523
1	50	23	52	25	38	7	1		10	14	8			50	35	1	720
3	61	26	37	28	62	6	1		21	7	12	2		47	45		890
6	50	26	35	28	101	5	10		32	7	16	2	1	35	53	1	963
14	69	23	23	29	98	14	6		38	6	16	4		52	58	1	996
1	45	11	24	18	96	7	6		17	3	4			33	30	1	679
14	652	178	461	429	568	131	41	3	211	43	76	10	12	626	568	16	10474

复增长也显得较为自然。1927 年国民政府成立后，尤其是 1928 年国民政府基本完成统一后，国内政局相对较为安定，各种社会事业蓬勃开展，相关学术发展也渐趋繁荣。社会事业的开展和学术的逐步繁荣在很大程度上刺激了社会调查的发展，而政局的安定则为社会调查的实践提供了良好的社会环境。

（二）调查的地域分布

在调查的地域分布方面，刘育仁根据统计作出以下结论：沿海各省的调查多于内地、边疆各省的调查，社会调查有由沿海渐及内地再到边疆的趋势；在社会调查开始的几年中，城市的调查多于农村的调查，有由城市扩展至农村的趋势。[①]刘的统计年限是1927—1935年这九年时间。如果将考察的年限延长为1912—1937年，甚至推前至清末，结果又如何呢？

为了回答这一问题，笔者首先制作了调查数量省别年度表，具体情况参见表 4.3（见页码 174—175）。表 4.3 是一张母表，本章下文对这段历史时期调查数量地域分布的统计分析均以此为基础。需要指出的是，青海、宁夏、绥远、察哈尔、热河等地直到 1928 年才正式独立建省，但它们或在清朝，或在民国初年已具有省级行政建制，因此，本章自 1912 年起就将它们作为独立省份看待；西康直到 1939 年才正式建省，因此本章不视其为独立省份；这段时期，外蒙古在法律上仍属于中国，因而有必要对其加以讨论；“二战”后中国恢复对台湾行使主权，它是中国固有领土，因而对其也有必要进行探讨。

而后，笔者根据调查数量省别年度表制作了调查区域分布表，具体情况参见表 4.4。根据民国时期实际情形，笔者将全国分成七大区域：东北（含黑龙江、吉林、辽宁、热河）、华北（含河北、察哈尔、山西、山东、河南、蒙古）、西北（含陕西、宁夏、甘肃、青海、新疆、绥远）、华东（含江苏、浙江、安徽、江西）、东南（含福建、广东、台湾）、中南（含湖南、湖北）和西南（含西藏、四川、云南、贵州、广西）。

---

① 刘育仁：《第四章：中国社会调查之地域的分析》，《中国社会调查运动》，燕京大学学士学位论文，1936 年。

表4.4　调查区域分布表

区域 时间	东北	西北	华北	华东	东南	中南	西南	跨区域	全国	不详
1912	5		11	19		23	3	3	1	
1913	3	3	23	42	4	7	17	8	8	
1914	9	5	38	65	11	14	15	5	8	
1915	12	4	20	65	7	5	12	3	13	1
1916	6	1	10	42	18	7	4	2	6	
1917	9	2	32	62	20	47	5	4	13	
1918	9	2	27	57	10	19	8	4	17	1
1919	10	3	43	138	11	9	22	3	12	1
1920	23	4	55	116	8	26	10	4	13	2
1921	12	9	40	136	17	20	10	4	14	
1922	9	9	49	127	12	19	10	6	24	
1923	7	10	39	74	21	12	15	3	22	1
1924	17	7	49	67	22	20	8	6	20	
1925	16	12	40	51	23	32	8	5	14	
1926	14	8	36	98	25	30	9	4	18	2
1927	20	2	30	88	38	12	8	3	19	2
1928	23	5	60	168	50	28	29	12	23	
1929	63	26	161	310	64	96	33	12	51	1
1930	77	19	108	325	81	62	39	14	36	
1931	53	21	129	220	70	63	45	16	45	1
1932	24	33	114	150	67	41	49	13	32	
1933	20	41	155	218	70	77	70	18	50	1
1934	24	52	177	326	82	66	95	21	47	
1935	15	79	186	327	92	63	142	23	35	1
1936	19	72	182	310	143	53	142	23	52	1
1937	5	32	119	232	79	42	120	16	33	1
小计	504	461	1933	3833	1045	893	928	235	626	16

就调查成果数量分布而言，各个区域的多寡次序可排列如下：华东（3833篇）、华北（1933篇）、东南（1045篇）、西南（928篇）、中南（893篇）、东北（504篇）、西北（461篇）。另外，全国性或以全国性某类事物为调查对象的调查成果共626篇，调查对象超过单一区域的共235篇，调查对象所在地点不明或不能明确断定的共16篇。

从这个排序可以看出，华东地区的调查成果数量最多，比排在第二位的华北地区多出将近一倍，比边疆区域东北、西北、西南的总和还要多出一倍多。边疆区域东北、西北、西南等地区排在所有地区的最末端，其中，西南地区的数量比其他两个地区为多，西北地区的数量最少。

这样的排序，确实与刘育仁的沿海地区调查数量多于内地、边疆地区的结论较为一致。不过，这张表只是大略反映了调查成果数量在沿海、内地、边疆地区的分布情况，因为西南、西北地区的一些省（如陕西、四川）不能称为边疆省份，而华北地区的一些省区（如察哈尔、蒙古）则可归入边疆地区。因此，有必要对一些省区作进一步区分，将它们分别归入沿海、内地、边疆地区中。

根据民国的实际情况，沿海地区当包括河北、山东、江苏、浙江、福建、台湾、广东等省，边疆地区涵盖黑龙江、吉林、辽宁、蒙古、热河、察哈尔、绥远、宁夏、甘肃、青海、新疆、西藏、云南、贵州、广西等省，其他的为内地。按照这种分法，沿海、内地、边疆调查成果数量分布情形，可参见表4.5。

表4.5　沿海、内地、边疆调查成果数量分布表①

区域 时间	沿海	内地	边疆	跨区域	全国	不详
1912	25	29	9	1	1	
1913	53	28	22	4	8	
1914	95	40	22	7	8	
1915	75	24	23	6	13	1
1916	62	16	8	4	6	

① 表4.5的“跨区域”所指的对象与表4.4的不同，表4.5的“跨区域”相对的是沿海、内地、边疆，表4.4的“跨区域”相对的是七大地区。因为所指对象不同，统计结果自然也就不同。

（续表）

区域 / 时间	沿海	内地	边疆	跨区域	全国	不详
1917	91	71	17	2	13	
1918	79	35	18	4	17	1
1919	150	58	27	4	12	1
1920	153	56	35	2	13	2
1921	168	46	27	7	14	
1922	163	50	22	6	24	
1923	108	39	28	6	22	1
1924	119	46	25	6	20	
1925	93	57	33	4	14	
1926	135	51	33	4	18	2
1927	146	28	25	2	19	2
1928	258	59	51	7	23	
1929	466	188	96	15	51	1
1930	436	177	100	12	36	
1931	362	156	83	16	45	1
1932	283	128	63	17	32	
1933	347	218	84	20	50	1
1934	433	293	93	24	47	
1935	453	341	107	26	35	1
1936	491	309	107	36	52	1
1937	320	259	53	13	33	1
小计	5564	2802	1211	255	626	16

从表4.5可知，沿海地区的调查最多，比排在其后所有顺位的调查总数还要多，它们占全部国内调查的53.12%，约是内地调查数量的1.99倍，边疆地区调查总数的4.59倍。排在第二位的是内地调查，比排在其后所有顺位的调查总数也要多，内地调查占全部国内调查的26.75%，约是边疆地区调查总数的2.33倍。边疆地区的调查虽少，但已达到一定规模，总量计1211篇。如果加上其他调查中涉及边疆地区的调查，其数量应该更多。

可见，东部沿海地区的社会调查确实比内地多，内地调查比边疆地区多，但这并不能说明社会调查是由沿海渐及内地而至边疆的。要得出这样的结论，很有必要引入时间这一轴线加以分析。

由表 4.5 可知，1912 年边疆地区的调查虽然比沿海、内地的少，但仍有 9 篇调查成果，其中，东北地区的占 6 篇。1913 年边疆地区的调查成果增长至 22 篇，其中，云南一省即占了 9 篇，西北边疆省份也有 3 篇。如果将时间往前推，情形可能更为清晰。如前文所示，清末国人已对边地进行调查，仅仅东北地区，调查成果就有 40 多篇（数据来自对晚清期刊全文数据库相关材料的甄别、统计）。1897 年是清末社会调查兴起的第一年，这年公开发表了 4 篇调查成果，其中 3 篇是有关内地省份的调查，另一篇涉及直隶、河南、湖北三省，河南、湖北两省并不能算作沿海省份。不仅如此，前文亦已说明，这年发表的《浏阳土产表》可视为中国现代调查兴起的起点，而浏阳不属于沿海省份。

显然，认定社会调查是由沿海渐及内地而至边疆，并不十分妥当。

下面，拟对沿海、内地、边疆调查数量变动情形作进一步考察，具体可参见图 4.3 至图 4.6。

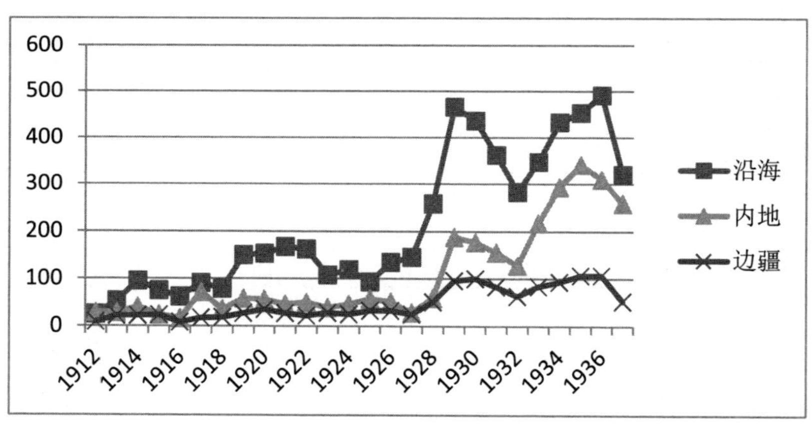

图 4.3 沿海、内地、边疆调查数量分布比较图

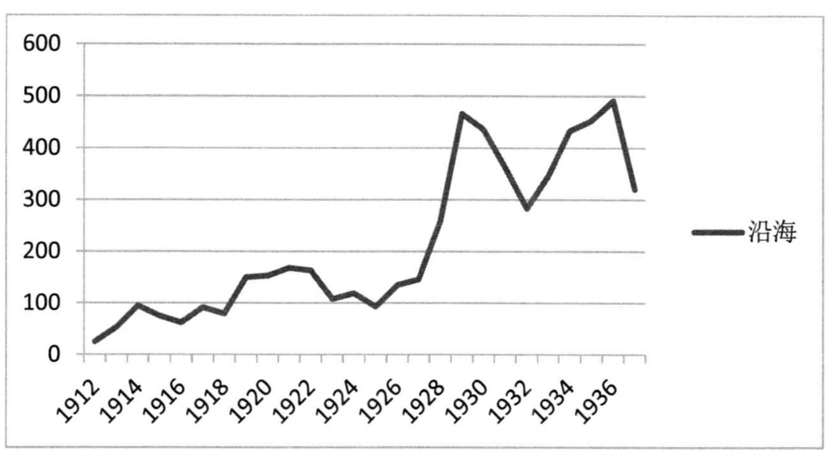

图4.4　沿海调查年度分布图

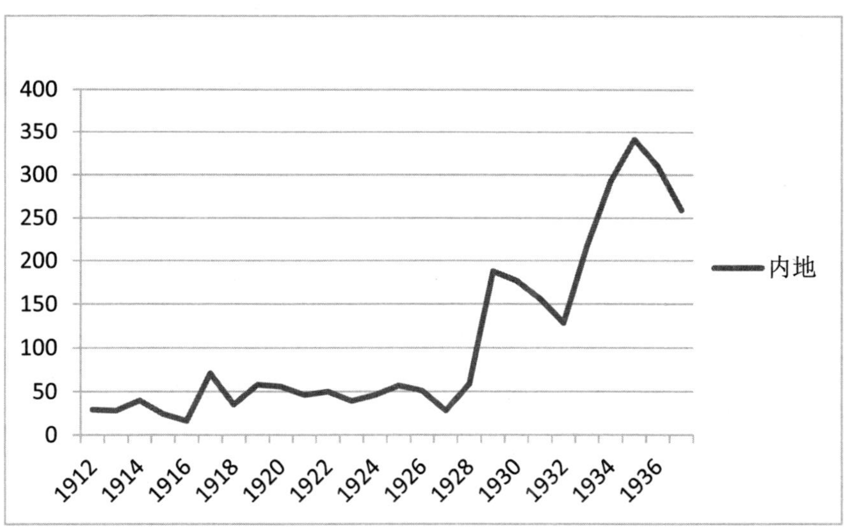

图4.5　内地调查年度分布图

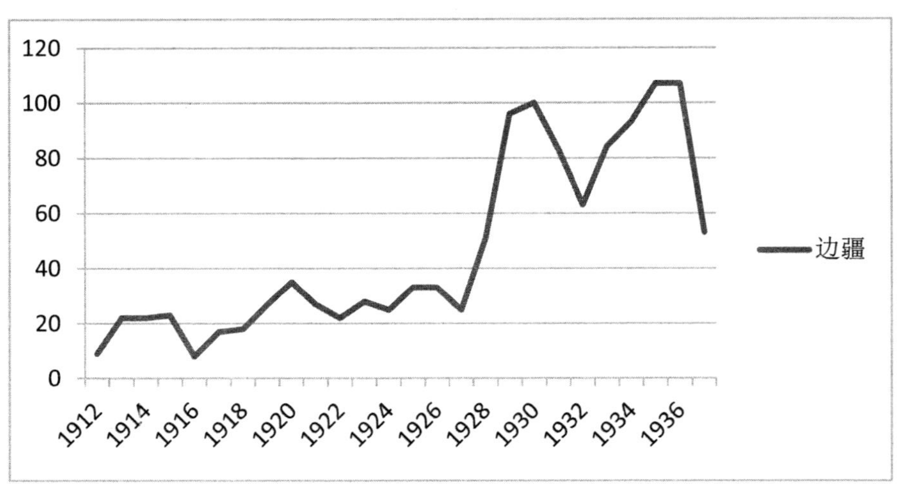

图 4.6　边疆调查年度分布图

图 4.3 显示，1927 年前沿海、内地、边疆调查数量的三条曲线，乍看上去差别还比较大，其中沿海调查数量曲线波动较大，边疆和内地调查数量曲线则相对平缓些。但将三条曲线分别列出，情况又稍有不同。因为沿海调查数量远远多于内地、边疆调查，将三条曲线放在一起，内地、边疆调查数量及其变化值显得很小，其变动率也就不能充分展现出来。图 4.4、图 4.5、图 4.6 所显示的沿海、内地、边疆调查数量变化态势较为一致，但各自的变化情形稍有不同。沿海调查数量自 1916 年回升后，1919 年达到一个相对高点，此后几年均在高位运行，1922 年出现下降趋势，1925 年达到一个低点，1926 年、1927 年恢复增长，1928 年、1929 年暴增。内地调查数量 1917 年达到一个相对高峰，此后十年在 1917 年的数值（71 篇）之下震荡运行，1927 年降至一个相对低点，1928 年转头向上，并快速上升，1929 年达到一个相对高点。经过三年的反复下降，1932 年后内地调查数量掉头向上。与沿海、边疆不同，这几年的内地调查数量上涨得更快，而且 1937 年内地调查数量下降得也不如沿海、边疆的多。1927 年前，与沿海、内地相比，边疆调查数量达到一个相对高点的时间要晚一点，1920 年是一个相对高点，这年有调查成果 35 篇。

可见，沿海、内地、边疆调查不存在此消彼长的问题，其数量发展变化也称不上是亦步亦趋，沿海、内地、边疆调查数量的变化发展表现出各自的一些特点。刘育仁曾以人文区位学的观点解释他的结论。他认为，沿海各省社会变迁迅速，接受外来文化的机会多，所以知道问题的人也多，为明了问题的真相，需不断地去调查；沿海的文化发达，学术机关林立，因此易于接受外国的新式文化，所以调查也趋于发达。固然，人文区位学的观点有一定的解释力，但用它来解释中国社会调查的地域分布状况并不充分。影响社会调查地域分布的因素很多，除人文区位的因素外，应该还有其他方面的原因。

为了比较深入地讨论这个问题，请再看表 4.3 的调查数量省别年度表。

依据该表，调查成果数量最多的依次为江苏、浙江、河北、广东、四川、山东、湖南、湖北、江西、安徽等省，最少的则为西藏、宁夏、新疆、热河、蒙古、贵州、青海、台湾等。另外，除了全国性的和调查对象所在地不明的调查，还有 568 篇调查成果的调查对象涉及两省或多个省份。

除了少数年份，江苏的调查数量一直稳居全国第一，其总量约占全国的 19.04%。浙江的调查数量在全国各省中排列第二位，但在 1926 年前的北京政府统治时期，以 2 篇之差排在河北之后。就总量而言，江苏的调查数量要比排在第二位的浙江多出 964 篇，是浙江的 1.94 倍，江、浙两省的调查数量约占全国的 28.87%。河北的调查成果总量在全国各省中排在第三位，但 1926 年前排在第二位，1927 年后，除了 1929 年，浙江的调查数量都要高于河北。1929 年河北的调查成果数量共 109 篇，比浙江的多出 33 篇。河北的调查成果数量之所以多一些，是因为这年的《河北省国货陈列馆月刊》刊登了大量的各县经济概况调查和企业调查。而 1927 年后，河北的调查成果总量排位下降，浙江的排位上升，均与国民政府定都南京有关。国民政府定都南京后，全国政治文化中心南移，江浙一带除了是全国经济中心，也成为全国的政治文化中心，其对调查统计的需求、从事调查统计的主体、发表调查统计结果的刊物均大量增加，而且要远远多于其他地区。如就调查统计的需求而言，江浙一带一直是全国教育最为发达的地区之一，国民政府定都南京，尤其是统一全国后，各级科研机构相继成立，江浙一带的教育水平在全国的地位也相对提高，江浙各级学校和科研机构因学术研究、业务开展、培养学生等所需而组织、从事了大量的调查；各级政府部门及相关机构由于行政、管治社会、改良社会等需求而作了大量的统计调查，其中，有些调查已经常态化，在数量上，政府部门及相关机构所从事的调查应该远远超过高校科研机构的调查；各种社会团体、个人出于各种原因也进行了大量调查。不仅如此，由于江浙一带经济、教育等相对发达，它们往往也成为其他省份考察、学习的对象，这也是江浙一带调查数量多的重要原因。

前文已指出，政治和社会局势的变动，是影响社会调查地域分布的重要因素。这里再略举数例加以说明。

在边疆地区的调查中，东三省的调查数量自清末起就一直居首，但九一八事变后，国人不能正常到东三省从事调查，东三省调查数量急剧下降。这时，中国驻朝鲜领事馆承担起调查东三省社会情形、收集东三省情报的责任。

九一八事变、一·二八事变后，中国民族危机日益严重，开发西北的声音渐起，调查了解西北成为一时之需。这也反映到笔者所作的统计中。相对于前期高点，1932 年，全国调查成果数量下降到了一个相对低点，但西北的数量却呈现出相反的趋势。具体情形，可参见图 4.7 的西北调查年度分布图。

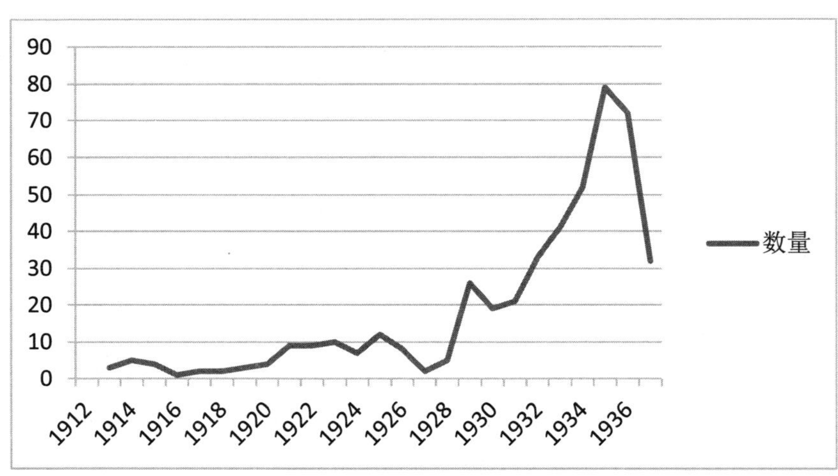

图 4.7　西北调查年度分布图

相对于 1929 年，1930 年的西北调查成果数量略有下降，1931 年起开始上升，1932 年已超过前期高点。此后数年又继续上涨，而且增长速率非常高。前文已指出，此段时间内地调查成果数量比其他两类地区的数量增长得更快，这在某种程度上可以说明其他边疆地区的调查成果数量，如东北地区，可能在下降。还需要指出的是，这段时期西北调查成果数量增长速度较快，但绝对数量还相对偏少，外界对西北的调查有一些，但并不如想象中的多，西北地方政府和相关机构、社会团体应该从事了更多的调查。

西南是全面抗战时期的大后方。1932 年后，西南地区的调查成果数量陡然上涨，其中，有关四川的调查成果数量增长得更快。1932 年，有关四川的调查成果数量计 31 篇，1933 年计 38 篇，1934 年增长至 62 篇；1935 年继续增长，这年，四川调查成果数量计 101 篇，已经超过浙江，成为仅次于江苏的存在；1936 年、1937 年分别为 98 篇、96 篇，相对于 1935 年略微下降，其中，1937 年，江苏、浙江等全国大多数省份的调查数量下降的幅度相当大，四川的数量已然超过江苏，居全国各省首位。在开发西北、西南的呼声中，四川的调查成果数量不仅增长速率高，绝对值也有相当大的增加，这是四川的调查表现得与西北各省不太一致的地方，从某种程度上说，也是四川战略地位日益凸显的一个侧面反映。四川不是边疆省份，是地处西南的内地省份。前文曾指出，1932 年内地调查成果数量增长较快，这其中，四川应该扮演了相当重要的角色。

就调查地点或调查对象所在地而言，台湾是个非常特殊的地方。这段历史时期，台湾不为民国政府管辖，国人并不能正常前往调查。因而，有关台湾的调查相对其他沿海地区偏少。

还需要指出的是，在七大区域中，除了中南地区，均有一至两个省的调查成果数量远远超过其他的省份，处于领先地位。地处东北的辽宁（奉天）、华北的河北（直隶）和山东、华东的江苏和浙江、东南的广东、西北的陕西和甘肃、西南的四川均是如此。中南地区只有湖南和湖北两个省，两省的调查成果数量相差不多，湖南 461 篇，湖北 429 篇。

通过以上分析，我们可以得出一个与刘育仁不太相同的结论：在七大区域中，华东的调查最多，其次是华北，几乎每个区域均有一至两个省份的调查成果数量远远高于其他省份。在全国各省中，江苏调查最多，比排在第二位的浙江多出将近一倍，排在第三位的是河北，但在1926年前，河北的调查成果数量多于浙江，四川的调查成果数量在1932年后上升较快，1936年、1937年有超过江苏之势。沿海的调查远远多于内地调查，内地调查又远远多于边疆地区的调查，但这并不能说明中国现代社会调查的兴起是由沿海渐及内地而至边疆，沿海、内地、边疆调查不存在此消彼长的问题，其数量发展变化也称不上是亦步亦趋，沿海、内地、边疆调查成果数量的变化发展表现出各自的一些特点。在边疆调查中，刚开始是东北的数量占优势，1932年起西北的数量后来居上。

如何解释这种分布特点，人文区位学的观点（如刘育仁所言）固然有一定的说服力，但并不能解决所有问题。笔者认为，决定全国、各省、各地区调查成果数量之多寡和多寡之变化的因素主要有四个层面。一是意识层面，即对现代调查重要性的认识和将现代调查贯彻于认知社会和现实工作中的自觉意识层面。二是主体层面，调查主体的多寡和能力水平确实是一个重要因素。三是需求层面，人们因认知的需要，因局势的变化，因工作的需要，自然会对调查统计产生需求。四是社会、政治环境层面，社会、政治局势的变化会对调查成果数量变化产生重要影响，有时甚至是趋势性的影响。所有这些，在前文的分析中已或多或少地有所体现，这里不再进行申述。另外，某地、某省报刊的多寡与该地、该省的调查成果数量大体上呈正相关关系。一方面，如某省报刊较多，也就意味着该省刊载调查成果数量的阵地要比他省多；另一方面，也说明该省经济、文化较为发达，风气较为开明，其调查主体或潜在的调查主体也可能比他省多，同时，该省报刊所辟有的“调查栏”“统计栏”等和所刊载的调查文章往往又起到示范作用，调查文章的增多也就在意料之中。

社会调查在沿海、内地、边疆地区之间的分布状况已如上述所示。那么，在城市、农村间的分布又当如何呢?

因有相当多的调查是地域性的调查，很难分辨出哪些是农村的，哪些是城市的。不过，通过农业和加工制造业调查成果数量的对比来窥视社会调查在城市和农村的分布情况，也许是可行的，因为农业和农村副业基本上都发生在农村，而加工制造业可以分为两部分，一部分属于农村副业，一部分不属于农村副业，不属于农村副业的加工制造业多数分布在城镇和城市。而且，笔者所统计到的农业和加工制造业调查成果数量占所有国内调查的 29.58%，应该能在很大程度上说明问题。

首先，参见表 4.6 和图 4.8。

表 4.6　农业、加工制造业调查年度分布表

年份	农业	加工制造业
1912	7	3
1913	8	4
1914	7	10
1915	7	6
1916	6	6
1917	25	9
1918	20	7
1919	47	26
1920	39	45
1921	29	42
1922	23	33
1923	40	28
1924	29	27
1925	24	26
1926	30	40
1927	41	34
1928	50	58
1929	106	110
1930	129	100
1931	97	89
1932	75	62
1933	125	81
1934	188	110
1935	209	101
1936	300	91
1937	211	79
小计	1872	1227

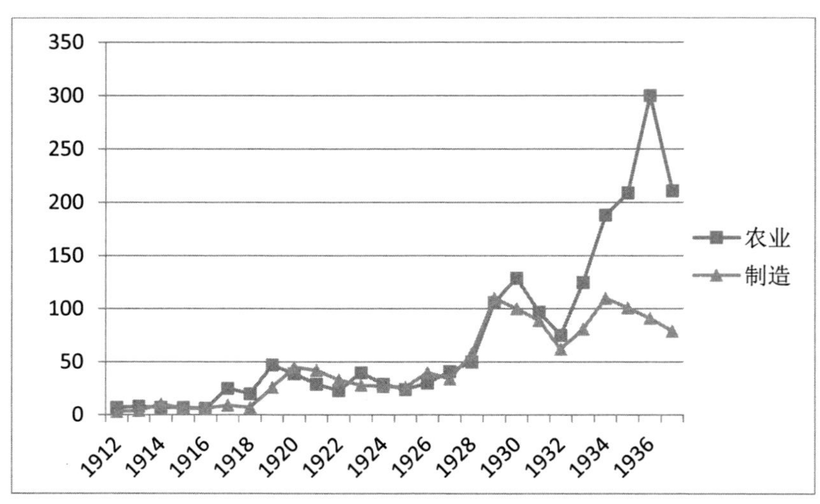

图 4.8 农业、加工制造业调查成果数量对比图

笔者共统计到农业调查成果 1872 篇，加工制造业调查成果 1227 篇，前者是后者的 1.53 倍，而且后者还包括一定数量的农村副业调查。可见，农业调查的数量比城镇加工制造业多出许多。

由表 4.6 和图 4.8 可知，一方面，1929 年前，农业和加工制造业的调查成果数量互有高低，1930 年后，农业调查成果数量一直要多于加工制造业，1932—1936 年间的农业调查成果数量可以用直线上升来形容，1932 年是 75 篇，1936 年达到 300 篇，后者是前者的 4 倍。另一方面，有关加工制造业的调查成果数量在 1934 年就开始掉头向下，这点与农业调查不同，也与整个调查成果数量发展态势不同，它与农业调查成果数量差距最大时可达 209 篇；1936 年农业调查成果数量计 300 篇，加工制造业调查成果数量计 91 篇，前者是后者的约 3.3 倍。1932 年后，农业调查成果数量快速增长，这与 20 世纪 30 年代的农村、农业危机是密切相关的。

显然，笔者的统计分析与刘育仁的中国社会调查由城市扩展至农村的结论不同。而且，前文已经论证，中国现代社会调查起于 1897 年《农学报》刊登的《浏阳土产表》及其引发的系列物产、农产调查，起于清末农村、农业的调查，而不是起于民国初期的城市里。

与其第一个结论相似，刘育仁仍然用人文区位学的观点来解释社会调查在城市、农村分布的差别。但农业调查为什么比工业调查多，中国现代社会调查为什么起于农村、农业调查，人文区位学并不能提供圆满的解释。其实，民国时期的农业调查比工业调查多的原因是多方面的，清末农业调查已受到重视、中国是个农业社会、农业农村危机不断加深、各种农村改造运动先后兴起等，均可用来解释这个问题。

（三）调查的内容分布

1. 一般状况

从内容上，我们大致可以将国内社会调查分为七大类，即疆域地理调查、概况和综合调查①、社会（狭义）调查、经济调查、文化教育调查、 法政调查以及医疗卫生和健康调查。

各个部分的具体分布可参见表 4.7。

表 4.7　社会调查各大类数量表

类别 数量	疆域地理	概况和综合	社会（狭义）	经济	文化教育	法政	医疗卫生和健康	小计
	44	618	1122	6204	1799	474	213	10474

从表 4.7 可知，经济调查最多，数量达 6204 篇，占总数的 59.23%；其次是文化教育调查，1799 篇，占比 17.18%；再次是社会（狭义）调查，1122 篇，占比 10.71%；以下依次是概况和综合调查、法政调查、医疗卫生和健康调查、疆域地理调查，各占比 5.90%、4.53%、2.03%、0.42%。

社会调查各部分数量发展的变化趋势，可参见表 4.8 和图 4.9。

① 所谓综合调查，是指内容涉及两大类或两大类以上的调查，但内容以某大类为主的，则将之归类为该大类调查。

表4.8　社会调查各部分数量年度分布表

类别 年份	疆域地理	概况和综合	社会（狭义）	经济	文化教育	法政	医疗卫生和健康
1912		6	2	41	15	1	
1913	1	5	5	50	36	18	
1914		11	2	77	61	20	1
1915		7	12	48	68	7	
1916		5	2	33	55	1	
1917		8	5	102	65	12	2
1918	4	4	11	85	43	3	4
1919	7	23	10	151	58	1	2
1920	2	8	34	157	54	3	3
1921	1	8	36	157	52	5	3
1922	2	11	22	163	51	11	5
1923		10	9	141	33	10	1
1924		9	26	125	45	6	5
1925		7	26	113	42	12	1
1926		5	21	158	49	8	2
1927		4	9	135	50	21	3
1928		11	37	222	75	43	10
1929	5	44	96	502	109	53	8
1930	5	45	92	447	121	39	12
1931	1	20	105	400	96	29	12
1932	2	16	66	299	94	27	19
1933	3	55	88	418	103	35	18
1934	2	75	83	563	109	26	32
1935	4	85	115	572	122	33	32
1936	1	88	123	608	118	35	23
1937	4	48	85	437	75	15	15

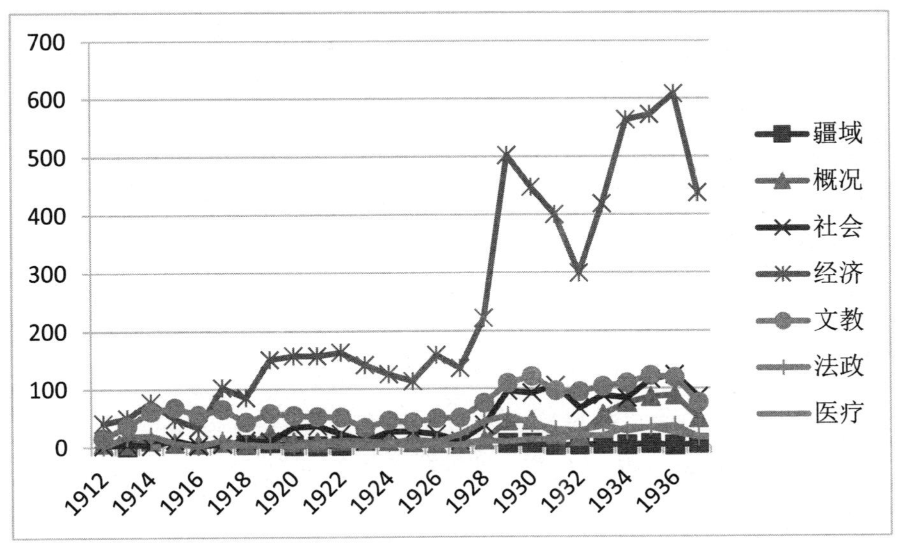

图 4.9　社会调查各部分数量发展变化趋势图

经济调查曲线、文化教育调查曲线、社会（狭义）调查曲线、概况和综合调查曲线走势虽略有差别，但大体与社会调查曲线的整体走势类似。1917 年前，经济调查与文化教育调查成果数量互有高低，1917 年起，经济调查成果数量一直多于文化教育调查，而且两者差距越拉越大。尤其是 1927 年以后，经济调查成果数量的增长速度远远快于文化教育调查，至 1934 年两者相差 454 篇，1935 年相差 450 篇，1936 年相差 490 篇。1926 年前的文化教育调查曲线于 1915 年达到一个相对高点，此后震荡下行，1923 年后调查曲线开始缓慢上升，1927 年后快速上涨。文化教育调查成果数量 1915 年即达到一个相对高点，这是与社会调查整体和经济调查不同的地方。社会（狭义）调查成果数量 1927 年前与文化教育调查差距很大，1927 年后增长速度很快，虽在总量上还比文化教育调查少，但在少数年份数量上超过了文化教育调查，具体情形可参见图 4.10。

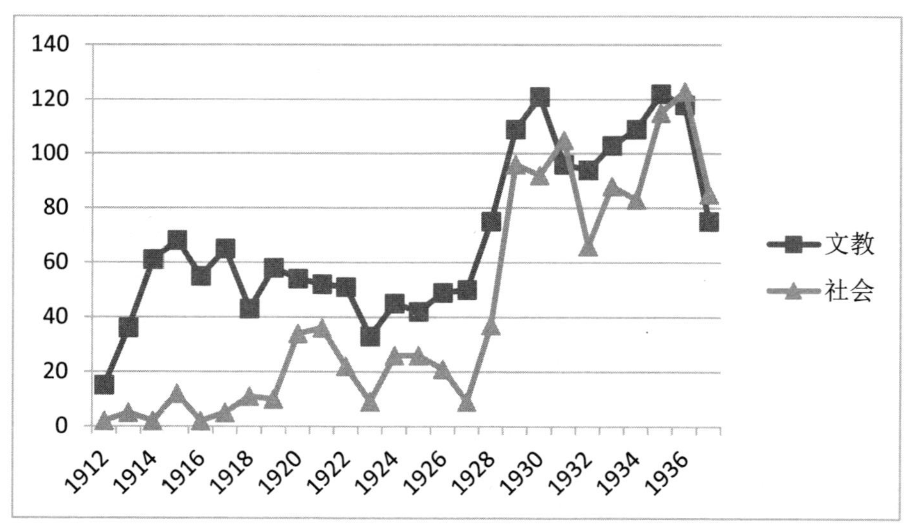

图 4.10　文化教育、社会（狭义）调查成果数量变化对比图

结合前文论述可知，自清末以来，经济问题和文化教育情形一直是国人关注的两个最为主要的领域。1917 年后，国人对两者的关注度逐渐出现分野，而且差距越拉越大。清末时期，已有人重视社会（狭义）领域的问题。到了民国，社会（狭义）领域继续为人所注意，1927 年后，其受人关注度更是陡然升高。

疆域地理、医疗卫生和健康调查成果数量较少，有几年未能发现调查成果。其中，疆域地理调查曲线大致分为两段，1918—1922 年为第一段，1919 年成果数量最多，计 7 篇；1929—1937 年为第二段，1929 年、1930 年成果数量最多，均为 5 篇，但仍比 1919 年为少。医疗卫生和健康调查曲线自 1917 年起就在低位徘徊，1925 年后开始震荡上行，1934 年、1935 年达至高点，这两年成果数量均为 32 篇。法政调查成果数量在 1914 年即达到前期高点，1929 年为后期高点，这两年之所以调查成果较多，与新政权鼎革后急于了解行政和财政税收状况有关。

2. 社会（狭义）调查内部分布

依据实际调查成果，我们将社会（狭义）调查分为人口、社会生活、阶级阶层、社会团体和组织、社会服务和改良、灾害和慈善公益、民族和其他八项。

关于社会（狭义）调查内部分布情况，可参见表 4.9。

表4.9　社会（狭义）调查内部分布表

项目/数量	人口	社会生活	阶级阶层	社会团体和组织	社会服务和改良	灾害和慈善公益	民族	其他
	240	96	239	84	101	209	100	53

按照数量的多寡，各项依次排列如下：人口、阶级阶层、灾害和慈善公益、社会服务和改良、民族、社会生活、社会团体和组织、其他。其中，人口调查、阶级阶层调查最多，二者仅仅相差1篇，各占总数的21.4%和21.3%。灾害和慈善公益调查排在第三位，占比18.6%。

从表4.9的排序中，我们可知人口、阶级阶层、灾害和慈善公益乃是人们急于了解的几大重要问题。人口连同国土构成一个国家和社会最为基本的物质基础，阶级阶层和社会病态及救济则是社会的热点问题。

自清末以后，人口问题一直为学术界和政府所关注。暂以政府系统的调查为例，1912年新成立的民国政府为了议会选举，举行了一次全国性的人口普查。1928年国民党即发布命令要求各省进行人口普查。与前两次人口普查相比，国民政府发动这次调查的动机有了进一步的升华。前两次的普查都是为具体的施政服务，而这一次则出于对现代社会行政的理解，认为人口和土地状况乃是一个国家的基本国情，实施国家治理离不开对基本国情的认识。①另外，1919年、1920年、1925年和1928年，中国邮政局均有中国人口调查报告。这些报告只载有各地人口总数，而无户数和男女各别人数，其资料系由各地方行政长官和邮政局职员依据估计或调查得来。②由于估计的依据是人均食盐量，结果不甚可靠。除了这些全国性的调查，许多地方政府在其管辖的范围内从事了小范围的调查或普查性活动。美籍华人学者何炳棣认为，民国时期全国人口普查的结果均有问题③，但根据朱君毅的说法，许多地方性的普查还是比较可靠的④。

① 《民国十七年户口调查之始末》，内政部统计司编：《民国十七年户口调查统计报告》，内政部总务司，1931年。

② 文永询：《我国历来之人口调查》，《统计月报》1934年第26号。

③ 何炳棣：《第五章：1851—1953年的人口数据》，《1368—1953中国人口研究》，葛剑雄，译，上海：上海古籍出版社，1989年，第64—96页。

④ 朱君毅：《民国时期的政府统计工作》，北京：中国统计出版社，1988年，第55—64页。

对人口（户口）进行动态登记调查，也一直为人所提倡。清末人口普查中，依据民政部的章程要求，北京已对户口进行动态登记。北京政府统治时期，也有些地方建立起登记调查制度，哈尔滨傅家店至迟于1924年实行出生、死亡登记调查，上海县至迟于1925年开始分区按月编查户口。国民政府定都南京后，各大重要城市、许多省会城市甚至一些县域城市先后进行出生、死亡、迁移、婚嫁的动态登记，全国实行户口动态登记的城市和地方相对于清末民初明显增多。对人口进行动态登记，不仅使人了解人口的增减变化和迁移状况，也是政府进行户籍管理的必然要求。实行户口动态登记的地方明显增多，说明在国民政府的统治下，地方户籍行政近代化取得了一定成效。

人口迁移是人口问题的一个重要方面，它包括人口的国内迁移和国际迁移。民国时期，已有人对关内移民东北[①]、农民离村[②]的现象进行了实证调查，也有人对闽粤地区人民移民南洋的现象进行了研究[③]。政府有关部门除了统计华侨进出各口岸人数，也日渐重视对在华外国人及其创办的企业进行调查统计。无论是北京政府统治时期，还是南京国民政府统治时期，许多省会城市及口岸城市都从事了这方面的工作。相对而言，国人对来华日本人，尤其是在东三省的日本人及其附属地人民的关注更多。

存在大量有关阶级阶层的调查是民国时期社会调查的一个重大特点。在阶级阶层的调查中，有关底层社会的调查占绝大多数，其中劳工阶级的调查又居突出地位，而作为劳工阶级的一部分，人力车夫群体则获得了调查者的特殊关照。在

① 陈翰笙等：《难民的东北流亡》，上海：国立中央研究院社会科学研究所，1930年；王海岑：《调查山东移民来奉事项报告书》，抄本，成书时间不详；《大同二年中苦力出入国调查（概数）》，《民政部半月刊》1934年第2卷第4期（此处“大同二年”为伪“满洲国”纪年，“民政部”为伪“满洲国”的民政管理机构）。

② 张夔：《南京尧化门农民离村调查》，《农报》1935年第2卷第1期；刘宣：《二十四村离村人口之分析》，《统计月报》1935年第9期；《各省农民离村调查》，《农情报告》1936年第4卷第7期。

③ 陈达：《南洋华侨与闽粤社会》，北京：商务印书馆，2011年；陈国樑，卢明：《樟林社会概况调查》，广州：国立中山大学社会研究所，1936年；陈国樑，卢明：《樟林乡村的人口状况》，《社会研究》1936年第1卷第2期。

笔者所收集的资料中，有关人力车夫的调查报告最早发表于 1917 年。[①]北京社会实进会于 1912 年左右已着手进行人力车夫调查[②]，这篇调查报告是陶孟和依据该会在民国三四年间调查所得资料加工整理而成的，先以英文发表，后由黄钟翻译成中文在《南开思潮》上发表。北京社会实进会的人力车夫调查一直被社会学界奉为中国最早的现代调查，此后围绕人力车夫的调查不断发生与此不无关系。

清末虽已有个别调查者开始关注农民生计，但五四运动后农工生活状况方形成调查的热点，而这又与《新青年》杂志的倡导分不开。具体情形参见图 4.11。

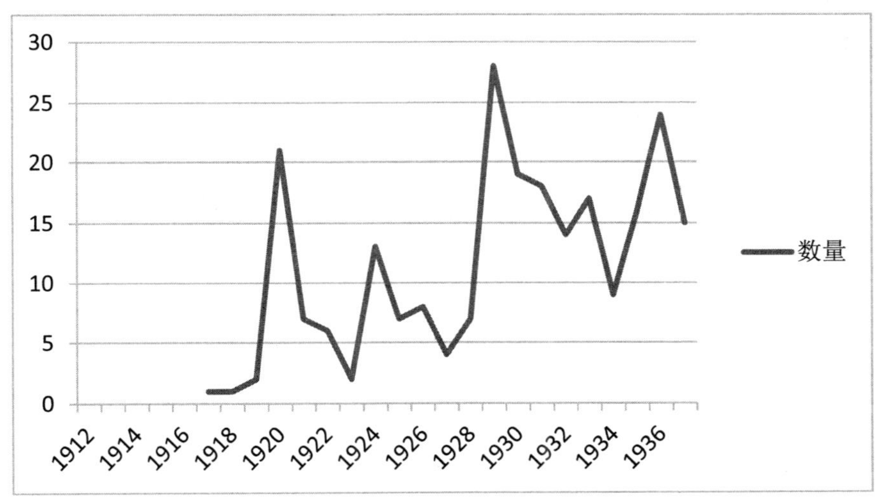

图 4.11　阶级阶层调查数量年度分布图

由图 4.11 可知，1920 年阶级阶层调查成果数量猛增，此前三年，调查成果数量各年只有 1 篇或 2 篇，而 1920 年则达到 21 篇，仅比 1929 年（28 篇）和 1936 年（24 篇）略微少些。1920 年，《新青年》刊载了 13 篇有关农工阶级的调查文章，占当年所有阶级阶层调查成果的 61.9%。五四运动后，农工阶级开始觉醒，阶级矛盾日益尖锐，共产党领导的阶级革命呈星火燎原之势，农工阶级自然受到

① 陶履恭（即陶孟和）：《北京人力车夫之情势》，黄钟，译，《南开思潮》1917 年第 1 期。

② Yung-chen Chiang. *Social Engineering and the Social Sciences in China, 1919—1949*. New York: Cambridge University Press, 2001, pp. 30—31.

较多的关注。

中国是个灾害多发的国家，对灾情进行调查是做好救灾工作的必要前提。调查慈善公益事业，了解慈善公益事业的现状，有助于中国慈善公益事业的发展。因而，存在一定数量的有关灾害和慈善公益的调查成果就显得不足为奇了。民国时期中国社会动荡、民生凋敝，各种政治思潮、救国方案纷然杂陈。20 世纪二三十年代，除了共产党所领导的革命，各级政府机构、地方、一些党派和社会组织还进行了各种各样的社会改良、社会试验。考察、了解这些社会改良、社会试验如何运行，其效果如何，俨然成为一时之需。笔者共收集到 101 篇这样的考察、调查报告，其中有关定县实验区、邹平实验区和各地合作运动的调查较为突出。定县、邹平是当时公认的做得比较好的、比较有特色的实验区，而合作运动则为不同政治力量、社会力量所倡导、实践。

除了上述调查，有关社会组织和民族的调查也占有一定的地位。

3. 经济调查、文化教育调查和法政调查内部分布

经济调查大致可分为经济综合和概况、农业、加工制造业、物产、资源矿产、商业、交通、金融、盐业和其他十大项。这十大项的具体数目及所占比例可参见表 4.10。

表 4.10　经济调查内部分布表

	经济综合和概况	农业	加工制造业	物产	资源矿产	商业	交通	金融	盐业	其他
数量	604	1872	1227	216	801	568	342	262	195	117
比例 /%	9.74	30.17	19.78	3.48	12.91	9.16	5.51	4.22	3.14	1.89

各项经济调查共 6204 篇，农业和加工制造业调查在整个经济调查中所占比重最大，几占一半；其次是资源矿产调查，占总数的 12.91%；其他的依次为经济综合和概况调查（9.74%）、商业调查（9.16%）、交通调查（5.51%）、金融调查（4.22%）、物产调查（3.48%）、盐业调查（3.14%）、其他方面的调查（1.89%）。

农业和加工制造业调查的数量分布和按年变化情形，上文已作交代，此处不赘。值得一提的是农业调查中的土地调查、农田水利调查和病虫害调查。

民国时期的土地调查非常多。中国共产党在各个革命时期、各个根据地为了进行土地革命或土地改革，无疑从事了大量的土地调查，这点从前面引述的郑振满先生的相关发言中可以看出。国民党及其控制下的各级政府机关、社会机构和学术团体也进行了大量的土地调查，其中最典型的是中央政治学校所从事的土地调查，其成果于 1977 年以《民国三十年代中国大陆土地问题资料》为题被整理出版。[①]就其重要性而言，有些学者认为它可与满铁在中国的调查比肩。另外，还有许多民间社会和学术团体以及学者个人进行了此类调查。与此相较，笔者在民国期刊全文数据库中收集到的土地调查很少。根据笔者掌握的资料，民国时期的土地调查又可分为以下几种：国土调查、地价调查、土壤调查、土地利用调查、土地分配及租佃关系调查，等等。在笔者所收集到的 207 篇土地调查报告中，土地分配及租佃关系调查成果数量最多，计 90 篇，约占总数的 43.48%；其次是国土调查 49 篇；其他依次为土壤调查（32 篇）、土地利用调查（22 篇）、地价调查（14 篇）。可见，在土地调查中，土地分配及租佃关系调查和国土调查成果数量最多。前者是民国时期人们较为关注农村阶级阶层之间关系的结果，而后者的大量存在一方面是人们出于了解土地国情的需要；另一方面则是出于土地开发的需要。在国土调查中荒滩荒地调查又占多数。还需指出的是，早在 1920 年、1921 年，就有人从事土地分配和农村租佃关系的调查，1935 年、1936 年此类调查急剧增多。

农田水利调查和病虫害调查是农业调查中较有特色的两类调查。1929 年，农田水利调查大量增加，1932 年在调查成果数量整体下降的情形下，病虫害成果调查成果数量却大幅上涨，这与此前相关专业期刊的创刊、发行有关。这也说明，当时人们已深刻认识到农田水利基础设施和病虫害对农业生产的影响，并力图从科学的角度去认识问题、解决问题。

---

① 在这些成果中，有许多是中央政治学校学生在相关政府机构的实习报告，严格来说不应称为调查报告。从内容来看，这些报告的主要研究对象大致可概括为地价、土地分配、租佃关系和土地行政、田赋等几类，其中后两类不属于土地之研究或调查。

在农业调查中，伴随着各种形式的农业危机的出现及消退，一些经济作物，如茶业、棉业、桑蚕业、粮食业等调查的数量一般也会产生相应的波动。

资源矿产调查是经济调查的重要组成部分。1922 年前，农业调查、加工制造业调查数量与资源矿产调查数量互有高低，1923 年起资源矿产调查数量就一直屈居于后，尤其是 1932 年以后，资源矿产调查数量与其他二者的差距急剧拉大，具体情形可参见图 4.12。这在某种程度上可以说明，在经济领域，自 1923 年起，尤其是 1932 年后，人们更为重视农业和加工制造业。还需指出的是，至少在 1922 年前，就省别而言，湖南、江西的资源矿产调查数量所占分量要比他省更重，原因是这两省矿产资源丰富，已开发的矿产相对会多些。1917 年，资源矿产调查成果数量达到 47 篇，是前期（1912—1927 年）的高峰点，而且比农业调查、加工制造业调查多出许多，这与《矿业杂志》的创刊是分不开的。《矿业杂志》由矿学研究会于 1917 年 3 月在湖南长沙创办发行，当年，该杂志即刊载了为数不少的有关湖南资源矿产调查的文章。

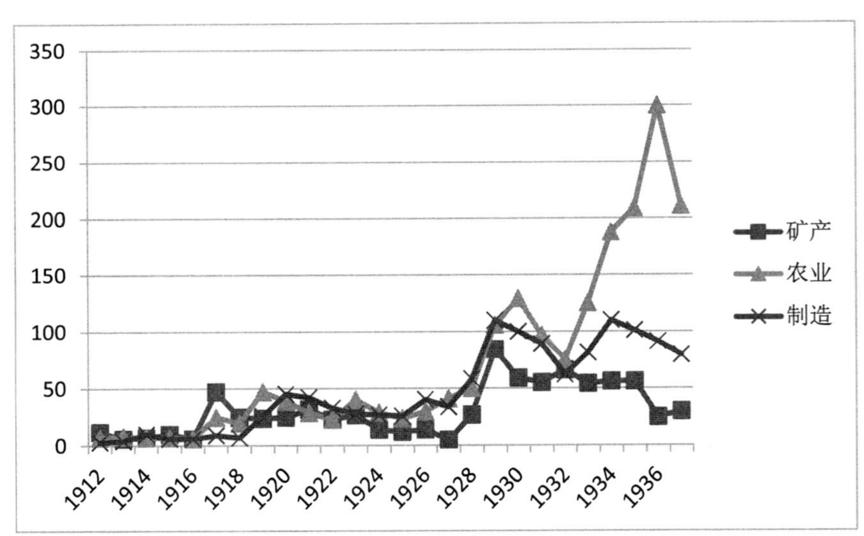

图 4.12　资源矿产、农业、加工制造业调查数量年度对比图

物价是商业调查的一项重要内容。民国时期，除了存在一些临时性的物价调查，还有许多经常性的定期物价调查，以及基于定期物价调查之上的定期发布的物价指数。一般而言，物价指数之编制，必以定期物价调查为基础和前提。换言之，

物价指数，实乃物价调查的二次结果。财政部驻沪调查货价处首开中国物价指数编制的先河。1919 年起，财政部驻沪调查货价处在进行调查的基础上，定期发布“上海物价表”（或“上海标准物价表”）和“上海物价指数表”。天津南开大学经济研究所是中国早期比较著名的物价指数编制机构之一，其编制的物价指数被称为“南开价格指数”，然而，它开始编制物价指数的时间要比财政部驻沪调查货价处晚了八年。1919 年以后，尤其是 1927 年以后，中国调查物价、编制物价指数的政府机构和科研机关日渐增多。它们所编制的物价指数，就发布时期而言，有日、周、旬、月物价指数之别；就内容而言，有批发、零售、趸售、外汇、进出口贸易和综合性物价指数，以及日用品、农产品等物价指数。除了物价指数，当时国人也逐渐尝试编制其他领域的指数（如工资指数、生活费指数等）。在时间先后顺序上，工资指数、生活费指数开始发布的年份晚于物价指数。应该说，财政部驻沪调查货价处编制的上海物价指数不仅是中国物价指数编制的开端，也可认为是中国物价指数编制的先导。

盐业调查是经济调查的一个特殊组成部分。盐，是人们的生活必需品；盐税，是政府的重要税收来源。依据笔者所收集到的资料，盐业调查往往与盐政调查关联在一起。在内容上，盐业和盐政有时很难区分得开；在时间上，盐业调查与盐政调查也常常呈正相关的关系——盐业调查多，盐政调查也会多些。不仅如此，在一个新政权建立后的前几年，有关盐业、盐政的调查也会逐渐多起来，这与新政权急于了解税收情况是分不开的。盐业调查，属于经济调查，而盐政调查则属于法政调查。

汽车路调查和铁路调查是民国时期交通调查的两大重要内容。这两项调查的年度数量分布呈现出较为明显的区别，1925 年前铁路调查占优，1925 年起汽车路调查数量逐渐增多。这从某种角度上可以说明，当时人们对汽车路、铁路这两种不同的交通重视程度发生了变化。

此外，经济调查中的国货调查比较特殊，涉及工业和商业两大项。每当民族危机加深时，国人会喊出抵制“敌货”、提倡国货的口号，国货调查就会相应地增加。相对地，也可能会发生一些针对“敌货”的调查。如在 1931 年九一八事变和 1932 年一·二八事变后，许多地方成立了国货调查组织，从事了大量的国货调查，同时也有人进行了一些日货方面的调查。

文化教育调查方面，教育调查成果数量占绝对多数，所占比例为77.10%。不过，相对于1927年前，1927年后的教育调查占比下降了9.35个百分点，1912—1926年的教育调查占比82.67%，1927—1937年则为73.32%。这说明，1927年后文化教育调查中其他类别的调查受到了越来越多的关注。与此相对应的是，1927年后的教育调查在整个社会调查中的比重也有了下降，而且下降得更为明显，原因是其他方面的调查，尤其是经济调查成果数量上涨的速度要远远快于教育调查。1912—1926年，教育调查成果数量601篇，而农业调查341篇，加工制造业调查只有312篇，前者比后两者高出许多。1927—1937年的教育调查成果数量虽也有上升，但只涨至786篇，而农业调查则增至1531篇，加工制造业调查增至915篇，均比教育调查成果数量多，其中农业调查成果数量更是将教育调查成果数量抛在身后。从某种角度上说明，1926年前教育问题较受人们的关注，1927年后，经济问题尤其是农业农村问题更得到人们的重视。

习俗、风俗调查，清末就已发生。进入民国后，1921年上海《妇女杂志》辟有“风俗调查”专栏，因而是年民俗、风俗调查成果大增，其数量达到一个峰值。1923年，北京大学风俗调查会成立，提倡风俗调查。1928年，《民俗》期刊在广州中山大学创刊，继续提倡民俗调查、民俗研究。这年，民俗调查成果数量又达到了高峰点。除了民间、高校科研机构提倡、从事民俗调查，无论是北京政府时期，还是南京国民政府时期，还有有关政府机构出于改良习俗的目的而积极倡导、组织民俗调查。

法政调查方面，除了军政行政管理、税赋调查，民国政府沿袭清政府的做法，也从事了法律习惯调查，一次是在北京政府统治时期，另一次是在南京国民政府统治时期。此外，还存在一定数量的狱政管理方面的调查，与此相关联的是对人犯的调查，二者均属于监狱学研究范畴，但前者应归类于法政调查，而后者则归类于社会（狭义）调查。

其他方面，疆域地理调查、医疗卫生和健康调查等也都有数量不等的成果存在。

第二节

活跃的深层次揭示：调查的各种型式之叠兴

从国别上区分，民国时期大约有三股力量在中国境内从事社会调查：第一股是国人自己；第二股是欧美传教士、学者及个别官员；第三股是日本人。与欧美人所进行的调查相比，日本人的调查更有组织性，数量也更多。在日本人所进行的调查中，满铁、东亚同文书院、兴亚会的调查最为重要。满铁的调查已得到国人越来越多的认知，而对东亚同文书院、兴亚会的调查，国人还相对陌生。日本人薄井由的《东亚同文书院大旅行研究》简要地介绍了东亚同文书院的调查之缘起及发展过程①，本庄比佐子等编的《兴亚院与战时中国调查》则主要以案例形式对兴亚会的调查作了介绍和研究，书后附录了兴亚会在华调查的报告目录1935条②。此外，日本在台湾的机构、组织对台湾、南洋地区的华侨社会也进行了大量的调查。当然，台湾总督府对南洋地区的调查并不局限于华侨社会。

① ［日］薄井由：《东亚同文书院大旅行研究》，上海：上海书店出版社，2001年。

② ［日］本庄比佐子，内山雅亨，久保亨，等编：《兴亚院与战时中国调查》，东京：岩波书店，2002年。

与日本人、欧美人的在华调查相比，国人自己的调查亦毫不逊色。国人调查在数量上的表现，上文已有统计分析。相对于清末，民国时期的中国社会调查不但数量上有了大幅的增长，而且许多领域的调查更为精细、更为专业。这里仅以教育调查略加说明。清末，多数教育调查均为对某校、某省或某个地方的教育概况、教学法作出较为简单的统计调查或描述。其中，视学报告或者是对视察对象的简单描述和评议，或者只是直接指出视察对象的不足及需改进之处。民国时期，虽还有类似的调查报告、视学报告，但也出现了不同的状况。首先，就视学而言，视学的对象出现了细分。1928 年，南通中学校长江卓群曾对国语教学情形进行视察[①]，1935 年江西省推行音乐教育委员会，对南昌各小学音乐教育进行了视导[②]。这些报告所涉及的对象分属不同学科的教学法，视察主体无疑应具有一定的相关专业知识才能胜任这一工作。不仅如此，一些省份，如江苏、安徽、山西等，还颁布表式，规范视学工作、视学报告。[③]还需指出的是，视察型式的调查，民国时期已应用于其他一些领域，其中较为引人注目的是江苏实业视察员所作的实业视察。如果仅从形式上观察，这些视察报告与今天政府官员的一些调研报告有几分相似。其次，从整体上来看，教育调查对象基本上涉及教育领域的方方面面。有些调查对象只是教育领域较为细微的环节，《小学默字错误研究》即周启巽等调查广州、佛山的五所小学一至六年级小学生默字错误情形的部分结果。[④]有些调查涉及某个环节的不同方面。1918 年，中国现代心理学先驱陈大齐制定调查表格，送交京师、江苏、浙江、江西、直隶、山西等省区教育主管部门以调查小学生的道德意识。[⑤]

---

① 江卓群：《国语教学的视察报告和商榷》，《教学研究》1928 年第 2—3 期。

② 《江西省推行音乐教育委员会二十四年度视导省会各小学音乐教育报告》，《江西教育》1935 年第 14 期。

③ 符鼎升：《江苏教育厅训令第一千三百二十一号（中华民国七年十月五日）：令六十县知事：为奉颁发修正县视学视察报告表仰各县遵照办理(附表)》,《江苏省公报》1918 年第 1729 期;《训令六十县知事: 第一三二号(令为通饬各县视学调查教育状况依式填报由)(十年一月二十五日): 附各种报告表式》，《安徽教育月刊》1921 年第 37 期；《指令山西教育厅所订省视学处务细则应准照行文（第八百二十八号，六年十二月十七日）（附表）》，《教育公报》1918 年第 5 卷第 3 期。

④ 周启巽：《小学默字错误研究》，《教育研究（广州）》1928 年第 5—6 期。

⑤ 陈大齐：《北京高小女生道德意识之调查》，《北京大学月刊》1919 年第 1 卷第 4 期。

此后，各种有关教育心理、意识的调查报告相继出现。[①]最后，许多调查力求遵循一定的程序和学术规范。范同会在《成人学习意见的调查》中首先介绍了自己调查的目的和动机，其目的是欲与美国著名心理学家爱德华·桑戴克相关调查所得的结论对话。应该说，桑戴克相关调查的结论是范同会调查工作的参考借鉴和理论来源。而后，范同会修正桑氏的调查表，选定调查范围，经过通信调查和亲自调查后，回收调查表，最后进行审查、统计分析。[②]徐锡龄对儿童阅读兴趣习惯的调查体现了他的理论关怀，大体上也经历了选定调查表、确定调查范围、分发调查表、回收调查表、统计分析这几个过程。[③]

精细化、专业化并不局限于教育领域的调查，其他一些领域的调查也存在精细化、专业化的现象。如何解释、评价这种现象？笔者在博士学位论文中曾提出“型式”这一概念，时隔十几年，仍然认为这一概念具有一定的解释力。

依据笔者所掌握的资料，民国时期社会调查的型式很多。踏查式调查、一般的统计调查、Booth 式调查、随机抽样调查、顾颉刚式民俗调查、民族志调查和社区研究，以及卜凯式农业经济调查等[④]，都是比较引人注目或比较常见的社会调查型式。

---

① 茅以新：《商界义务学校学生道德意识的调查》，《南洋周刊（上海 1919）》1920 年第 15 期；俞子夷：《儿童对于各科好恶的调查》，《教育杂志》1926 年第 18 卷第 6 期；徐锡龄：《儿童阅读兴趣习惯的调查》，《教育研究（广州）》1930 年第 21 期；《儿童阅读兴趣与习惯的调查（二）》，《教育研究（广州）》1930 年第 23 期；邵瀞容：《劳作科儿童学习兴趣的调查研究》，《中华教育界》1933 年第 21 卷第 2 期；《高师学生兴趣现况及思想倾向调查之结果》，《集美周刊》1933 年第 14 卷第 9—10 期；冯湘：《调查儿童美术兴趣的研究报告》，《绍兴教育公报》1933 年第 238 期；范同会：《成人学习意见的调查》，《中华教育界》1935 年第 23 卷第 1 期。

② 范同会：《成人学习意见的调查》，《中华教育界》1935 年第 23 卷第 1 期。

③ 徐锡龄：《儿童阅读兴趣习惯的调查》，《教育研究（广州）》1930 年第 21 期；《儿童阅读兴趣与习惯的调查（二）》，《教育研究（广州）》1930 年第 23 期。

④ 关于各式调查的命名，有约定俗成的用约定俗成的；没有的，以从事该式调查的代表人物的名字来指称。

（一）踏查式调查

在国人撰写的社会调查报告中，一般不以“踏查”这个词来命名，这个词在日本人的调查报告中却比较常用。[①]因其比较形象，故这里借鉴过来，用以表达具有以下特征的调查：调查者怀着认识某种社会现象或某地社会概况的目的，到某地进行实地探访，并分门别类地记下自己所了解到的事实。踏查报告与游记有某种相似性。它与游记一样，都是主体游访某地并记下所见所闻之产物。但在目的和记载形式上，二者又存在着很大的差别。踏查报告主要是人们了解社会事实的产物，而且它必须符合一定的学术规范；游记则是人们以文学的手法记下自己所见所想的结果。

东亚同文书院的日本学生在华进行了大量的旅行调查，其足迹遍布中国众多省份。日本学生的这些调查是发生在中国境内最为典型的踏查活动。早在清末民初，国人也进行了一些踏查活动，如孟森1911年到郭尔罗斯后旗踏查，1912年将调查结果整理发表。他的调查报告虽按日期排列其所见所闻，但在每日之下，却又别类记载，并将此后旅途中所见到的同类事物归于一处，用他的话说就是，“用是提纲挈领，最为一篇”。[②]此后，虽然有更为“精致”的调查型式诞生，但踏查一直是人们了解社会的便利手段。1929年，梁漱溟等人为了了解中国村治状况，对南京、山西、河北定县等地进行了踏查。[③]禹贡学会1935年组织的对绥远等地的边疆地理调查，也可认为是一种踏查，较为特殊的是，其大多数成员都具有历史学科背景，所以在调查中他们显露出一种历史考察的倾向。这点与顾颉刚等人的民俗学调查相似。

---

① 如伊能嘉矩的《台湾踏查日记》（台北：远流出版事业公司，1996年）等。日本学者川合隆男认为，日本现代社会调查发展史的一个重要阶段就是踏查阶段，其《近代日本社会调查的轨迹》（东京：恒星社厚生阁，2004年）一书曾辟有专章对此进行论述。

② 孟森：《视察蒙古郭尔罗斯后旗报告》，《东方杂志》1912年第5号。

③ 参见梁漱溟：《北游所见纪略》，北平村治月刊社编：《村治之理论与实施》，北平：北平村治月刊社，1930年；茹春浦：《山西村治之实地调查》，北平村治月刊社编：《村治之理论与实施》，北平：北平村治月刊社，1930年。

（二）一般的统计调查、Booth 式调查和随机抽样调查

以统计作为主要工具及调查报告存在着大量的图表是一般的统计调查、Booth 式调查和随机抽样调查共有的特点，故这里把它们放在一起讨论，并将它们统称为“统计型调查”。

一般的统计调查应具有以下特点：（1）社会团体、个人或政府机关均可作为调查的主体，但从调查实际发生的层面来看，政府机关应是最为主要的调查主体。（2）人们从事调查的目的仅仅是为了对调查的对象有个大致的了解，而不求对问题作出比较高深的解释。（3）与调查的目的相应，结果主要是事实的罗列。（4）调查一般应经历以下几个过程：计划、制表、发表调查、校表、回收、统计、编制报告。（5）调查可分为上行调查、平行调查（平级机关调查或独立的调查者从事的调查）和下行调查。在实际中，下行调查最常见，上行调查很少发生。应该指出的是，我们这里所说的一般的统计调查是在完整的调查过程的意义上来界定的，统计中的调查或调查中的统计只是统计或调查工作中的一个环节，与一般的统计调查不是一个层面上的事物。

一般的统计调查在清末已大量发生。北洋政府时期，从 1912 年到 1916 年期间，民国中央政府各部设立了统计机构（统计科）。1914，年总统府政事堂成立了主计局，统计工作属主计局管辖。1916 年政事堂撤销，恢复国务院，在国务院内设立全国最高统计机关——统计局。中央统计局和各部统计机构都进行了一定数量的统计调查，其中最为著名的是 1912 年开始的全国性的人口普查和农商部主持的全国农商统计。

国民政府成立后，中央各部委院都设有统计机构，其中，立法院统计处规模最大也最为有名。该处出版的《统计月报》发表了大量的调查统计报告，并不断刊登国内外统计消息和最新的统计方法，影响比较深远。1931 年，国民政府为统一全国统计业务，在主计处设立统计局。1932 年，国民政府颁布《统计法》，对中央和地方统计机关的权限作了区分。稍后一年，主计处统计局经由行政院通饬各省，依照《地方行政机关统计组织暂行规则》（1933 年颁布），要求各省克期

成立统计组织。此后，一些省市陆陆续续成立了统计组织。①1934年国民政府又颁布《统计法施行细则》，明确规定中央政府主办的统计机关为国民政府主计处统计局，进一步阐明了中央政府、地方政府的统计机关与各部门统计机构之间的关系，并确定了上下级统计机构的办事流程。②主计处统计局的成立和《统计法》的颁布，标志着国民政府超然主计制度下的统计制度的确定。③《统计法》颁布后，一些地方政府也相应地制定了地方统计法令，如湖南省在1932年就先后制定了《湖南省政府办理统计暂行规程》和《湖南省各县市政府办理统计暂行规程》，对省、县、市、地方政府的统计机构权限和办事规程作了详细的规定。④1935年，国民政府发布训令，同意主计处统计局的提案，统一调整中央各部委统计机构。⑤根据有关法令，并在中央统计局的督导下，国民政府中央各部委和部分省市各机关逐步建立、健全了统计组织。⑥

国民政府各级统计组织都或多或少地从事了一些统计调查。1929年，立法院统计处曾对国民党中央党部和政府机关的统计工作进行过调查。根据它的调查，各地已成立统计机构共有53处，调查内容所涉类别达25项。其中，收支统计最多，占总数的12%；行政及物价统计次之，各占9%；教育统计占8%；农林业统计各占7%；户口统计占6%；社会统计占5%；其余不足4%。⑦主计处统计局成立后，可能忙于规范全国的统计工作，并未像立法院统计处那样组织起具有一定影响的统计调查，但它在抗战前确已筹办了基本国势调查。⑧此外，中央各部和地方统计组织都曾做过调查统计工作，其总量应是比较庞大的，此点可从各期《统计月报》

---

① 《统计消息》，《统计季报》1935年第3号；曹立瀛：《超然主计制度与统计行政》，《中山文化教育馆季刊》1937年第4卷第3期。

② 《统计法》，《统计月刊（湖南）》1933年第1号；《统计法施行细则（廿三年五月四日行政院令发）》，《统计月刊（广东）》1934年第2期。

③ 参见朱君毅：《中国政府超然统计制度》，《统计月报》1947年第5、6号合刊。

④ 《湖南省政府办理统计暂行规程》《湖南省各县市政府办理统计暂行规程》，《统计月刊（湖南）》1933年第1号。

⑤ 《筹设中央各机关统一统计组织之经过》，《统计季刊》1935年第2号。

⑥ 《统计通讯》，《统计月报》1937年第30号。

⑦ 林晴：《中央党部及政府机关统计工作之调查》，《统计月报》1929年第3期。

⑧ 朱君毅：《中国政府超然统计制度》，《统计月报》1947年第5、6号合刊。

“统计通讯”栏的有关报道中窥见一斑。

依据国民政府《统计法》的规定，各级统计组织的统计调查范围似乎非常狭小，只局限于国势调查一项。[①]但依据《统计法施行细则》的规定，其调查范围又十分广泛。在规定国势调查具体事项时，国民政府采取的是最为广义的定义法。[②]它规定：“基本国势调查包括国家之人民、土地、资源及政治、社会、经济、文化等同在某一时期内举行之普查。”[③]这种规定，几乎无所不包。

可以说，政府机关中的统计组织和统计人员是统计调查的主体性力量，而国势调查又是统计调查中的特殊的一项。国民政府统治期间，一个地方或一个区域的某个方面的普查很多，但称得上全国性的普查则很少，开始于 1928 年的全国人口调查是其中比较著名的一次。

《统计法施行细则》曾规定，基本国势调查每十年举行一次，《户口普查法》也曾规定，户口普查每十年举行一次。但至国民政府统治之终，第二次户口普查都未曾来得及举办。

关于 Booth 式调查的特点，前文已作交代，这里只略举北京社会实进会所从事的北京人力车夫调查加以进一步说明。

Booth 式调查在 1912 年左右传入中国。基督教北京青年会干事步济时（Burgess）为了传教，组织成立了北京社会实进会。受英、美有关潮流的影响，北京社会实进会的一项重要工作就是从事社会调查，以帮助其成员认识中国的社会实情。它最初选定了人力车夫作为调查的对象，并连续调查了几次。[④]这些调查都采取了 Booth 式调查的方式——事先拟定表格，由调查员按表提问、填写，

---

① 《统计法》第三条规定了各级政府的统计事项，国势调查仅是其中一项，其他四项全是一般意义上的统计工作，不应将之归属于“调查”。

② 根据周维檪的说法，国势调查的范围有两种，一种为广义的，包括人口、社会及经济上的一般事项者；另一种为狭义的，以人口为主，兼及房屋、家畜等少数事项。参见周维檪：《国势调查（census）的理论及实况》，《建国月刊（上海）》1932 年第 6 卷第 4、5 期合刊。

③ 《统计法施行细则（廿三年五月四日行政院令发）》，《统计月刊（广东）》1934 年第 1 卷第 2 期。

④ Yung-chen Chiang. *Social Engineering and the Social Sciences in China, 1919—1949*. New York: Cambridge University Press, pp. 30—31.

最后统计、汇总。[①]以1914年、1915年间的调查为例。在这次调查前，北京社会实进会共拟制了两种表格，甲种表格设问题21条，乙种表格设问题14条。两种表格中的问题大部分相同。此次调查包括内外城各处，共调查人力车夫302人，其数只占北京内外城人力车夫总数（20859人）的1/69。调查的内容共包括年龄、婚姻状况、家庭之依赖者、收入、赁车费、生活费、净收入或储蓄、工作时间、从事人力车业之年数及拉车前之职业等。这次调查的目的就是要明确人力车夫问题之所在，据此可改良人力车夫之生活，所谓："人力车之问题不仅为个人或国民经济之问题，实为极重要之社会问题。"根据调查的结果，调查者拟好了药方："今吾人所能致力于改良人力车夫之生活情形者有三端：教以节俭储蓄，为之设备娱乐，并授以有用之技能。"[②]北京社会实进会的人力车夫调查，可以说是中国最早的Booth式调查，大体上符合Martin Bulmer、Kevin Bales和Kathry Kish Sklar所总结的Booth式调查的四个特点。

随机抽样调查方面，20世纪20年代已有人在中国介绍抽样调查的数学基础[③]，20世纪30年代有人强调统计学中的抽样法[④]，也有人大声疾呼要将之应用到人口调查中[⑤]，20世纪40年代则有人在中国介绍随机抽样调查实例[⑥]。但就笔者所见，整个民国时期并未发生名副其实的随机抽样调查。有些调查报告虽以"抽样调查"为标题的一部分，但它们只能是广泛意义上的抽样调查[⑦]，距随机抽样

① Yung-chen Chiang. *Social Engineering and the Social Sciences in China, 1919—1949*. New York: Cambridge University Press, pp. 30—31.

② 陶孟和：《北京人力车夫之生活情形》，《孟和文存》，上海：亚东图书馆，1925年。

③ 爱尔窦登兄妹（William Palin Elderton & Ethel Mary Elderton）的《统计学原理》（赵文锐，译，上海：商务印书馆，1923年）和朱君毅的《教育统计学》（上海：商务印书馆，1926年）对此都有介绍。

④ 刘治乾：《抽样法在统计学内之重要》，《统计月报》，1930年第2卷第11期。

⑤ 朱祖晦：《中国人口统计之过去及其目前救急之途径》，《统计月报》，1931年第3卷第2期。

⑥ 徐钟济：《美国人口抽样调查》，《统计月报》，1947年第119、120号合刊。1931年，朱祖晦虽介绍了一些抽样调查的实例，并标以"机会"字样，但这些事例并不是典型意义上的随机抽样调查。参见朱祖晦：《中国人口统计之过去及其目前救急之途径》，《统计月报》，1931年第3卷第2期。

⑦ 黄福燕曾将抽样调查法区分为广泛选样法、任意选样法、代表选样法和分类选样法等，参见黄福燕编著：《实用社会调查》，上海：大东书局，1948年，第76—79页。

调查还相差甚远。如《上海农家抽样调查》《战后庙产分配之途径——成都县崇义乡庙产选样研究》[①]，虽名为“抽样”“选样”，实际上只调查了对象之一部分，而不讨论抽样之根据，也不讨论样本代表性如何。显然，它们只是部分调查，而不是真正的抽样调查。随机抽样调查起源于 20 世纪 30 年代的美国民意调查、民意测验，盖洛普民意测验是其中成就最为突出的一个。1936 年，中国也有人尝试民意测验。[②]然而，可惜的是，此次民意测验并不属于随机抽样调查。民国时期，随机抽样调查方法已被介绍到中国，也有人从事所谓的抽样调查和民意测验，但中国并没有产生盖洛普式的民意测验。

（三）顾颉刚式民俗调查、民族志调查和社区研究

关于社区研究，第六章将作详细的讨论，这里不再赘述。

民族志方法是社会学、人类学、民族学等学科中一种基本的调查方法。关于什么是民族志，马尔库斯、费彻尔曾作过以下定义：“民族志是这样一种研究过程：首先，人类学者周密地观察、记录、参与异文化的日常生活，他们从事的这些活动被称为‘田野工作’（fieldwork），他们的方法也被称为‘田野工作方法’。完成田野工作之后，人类学者再以详尽的笔调叙述、说明所观察到的现象和文化，他们的描述成为学者和其他读者据以了解人类学者的田野工作过程、异文化的情况以及人类学者的个人反思和理论观点的途径。”[③]马尔库斯等人的这一定义，主要是针对西方人类学家调查落后民族的情况而提出来的，与民族志方法在中国的应用情况稍有背离，但差别不大。只需将其中的“人类学者”改成“民族志工作者”、将“异文化”改成“本国文化”或“本国少数民族文化”，马尔库斯等人的定义即可适用于中国民国时期的民族志调查。

---

① 《上海农家抽样调查》，《经济统计月志》1935 年第 2 卷第 5 期；许景芙：《战后庙产分配之途径——成都县崇义乡庙产选样研究》，燕京大学学士学位论文，1945 年。

② 《非常时期与大学生态度测验：社会测量班报告》，《之江学报》1936 年第 1 卷第 5 期。

③ ［美］乔治·E. 马尔库斯，米开尔·M.J. 费彻尔：《作为文化批评的人类学》，王明明，蓝达居，译，北京：生活·读书·新知三联书店，1998 年，第 39 页。

就师承而言，英、美、德、法、俄等西方国家中的一些重要的社会学、人类学学派在中国都有传人或信奉者。[①]在他们的实地调查中，用来进行解释的具体理论也许各不相同，但大体上都遵循了马尔库斯等人所说的民族志调查套路。

民国时期，早期的民族志调查报告主要有颜复礼和商承祖合著的《广西凌云瑶人调查报告》，林惠祥的《台湾番族之原始文化》《倮儸标本图说》，杨成志的《云南民族调查报告》，史图博、李化民的《浙江景宁敕木山畲民调查记》和凌纯声的《松花江下游的赫哲族》等。稍晚的主要有庞新民的《两广瑶山调查》，王同惠的《花蓝瑶社会组织》，杨成志等人的《广东北江瑶人调查报告》，徐益棠的《雷波小凉山之儸民》，陈序经的《疍民的研究》，凌纯声和芮逸夫的《湘西苗族调查报告》，林耀华的《凉山夷家》，王兴瑞的《海南岛之苗人》，方国瑜的《滇西边区考察记》，江应樑的《摆夷的经济生活文化》《摆夷的经济生活》《凉山彝族的奴隶制度》《滇南沙甸回族农村调查》等。[②]

与其他型式的调查相比，民俗学的调查并没有一套很严格的规范。但从顾颉刚、钟敬文等人的调查和一些讨论中，顾颉刚式的民俗调查还是可以归纳出以下特点：（1）具有强烈的学科意识。顾颉刚在《妙峰山进香专号引言》中曾宣称“在研究学问上着想，我们应当知道民众的生活状况”，“要就可以着手之处做出几个榜样，藉以激起大家的一种要求，这种要求便是凭自己的兴味去搜集材料，又自做研究的工作”。[③]（2）调查的对象注重普通民众的风俗，但对特殊人群也很有兴趣。调查的具体内容可分为宗教、礼节、习俗、传说等多个方面。[④]（3）调查的具体方法可以是实地观察、访问，也可以是发表填写，但应以实地观察、访问为主。就顾颉刚个人而言，其调查中历史考察的味道较浓，如他的《妙峰山的

---

① ［美］顾定国：《中国人类学逸史——从马林诺斯基到莫斯科到毛泽东》，胡鸿保，周燕，译，北京：社会科学文献出版社，2000 年，第 95 页。

② 林超民：《人类学在中国》，陈国强，林加煌主编：《中国人类学的发展》，上海：上海三联书店，1996 年，第 31、33 页。

③ 顾颉刚：《妙峰山进香专号引言》，顾颉刚编著：《妙峰山》，广州：国立中山大学语言历史学研究所，1928 年。

④ 林幽：《风俗调查计划书》，《民俗》1928 年第 7 期。

香会》，直接讲述香会历史的就有三节，分别是“香会的来源”“明代北京的碧霞元君的香会”和“清代的妙峰山香会”。

民国时期，比较常见的还有参观考察式调查、视察式调查等。实际上，不同学科领域的社会调查，除了遵循共同的规范，也必须恪守所属学科领域独特的范式。因而，人们亦可将这种调查，依据其学科领域的特点，命名为某某型式的调查。如前文所述，同一学科的不同分支，甚至就不同命题所作的调查遵循的规范也不尽相同。人们同样可以在综合考虑的基础上称之为某式调查。如在医疗卫生和健康领域，人群体格体质调查与流行病学的调查差别就很大，随着医学的发展，不同流行病的调查也有可能发生很大差异，当今流行病学调查与最初流行病学调查之间，既有传承的关系，也有发展变化的关系。在社会领域，就某个命题、某种某类事物，不同的调查者可能使用不同的调查方法，遵循不同的规范，因此所呈现出来的调查结果也就不同，有的差别很大，有的结论甚至与其他调查针锋相对。可见，民国时期社会调查的型式远远不止上文所列举的那些。

还必须指出的是，随着调查研究的深入发展，社会中的某个具体领域的调查必然与相关学科发生密切关联，如人口调查与人口学，资源矿产调查与矿学、地质学，等等。这正反映了调查与社会、科学之间的复杂而密切的关系。

第三节 民国时期社会调查的两大基本特点

民国时期社会调查数量繁多、类型多样，它们各有各的特点。但从整体上考察，它们又呈现出一定的共性。前文的数量分析所揭示出来的结论可以视为社会调查在时间、空间和内容分布上的共有特点。当然，民国时期社会调查的特点并不止这些，调查主体的多样化亦是一个重要特点。与这些特点相比，还有一些特点值得我们进一步探讨。与社会服务、社会改良密切相关，与相关学术发展紧密相连，正是民国时期社会调查的两大基本特点。

（一）与社会服务、社会改良和社会行政密切相关

1. 对调查的社会功能的认识

强调调查服务社会的功能在民国时期是个比较普遍的现象。

中国共产党非常重视社会调查。毛泽东的名言“没有调查，没有发言权”，是对调查重要性的高度概括。1941 年制定的《中共中央关于调查研究的决定》更是强调了社会调查与现实任务之间的密切联系。

国民党也非常重视社会调查，这从前节有关国民政府统计调查的论述中可见一斑。为了加强调查研究，国民党早在 1929 年 8 月 1 日就由中央常务委员会通过并颁布了《中央常会通过之社会调查纲要》。其规定的调查内容共有十大方面，几乎涉及社会生活的方方面面。①在一批技术官僚（如朱君毅、刘大钧）的推动下，国民政府逐渐确立了所谓“超然主计制度”，而超然主计制度的确立有赖于这样一个理念，即“现代科学行政，必须设计切实，执行有效，考核公平。欲达此目的，均有赖于统计之应用”。②

此外，许多社会团体、个人及一些学术机关均意识到社会调查对认识社会、改良社会的重要性。就社会团体而言，平民教育会、中华职业教育社、华洋义赈会等均是如此。在个人方面，举个特殊的例子，很可以说明这个问题。顾颉刚原是个“为学问而学问”的人③，但在民族危机刺激的情形下，他与谭其骧一起组织成立了禹贡学会，目的是“谋以沿革地理之研究，裨补民族复兴之工作，裨尽书生报国之志”，而禹贡学会的一项重要工作就是进行边疆实地调查④。在学术机关方面，一些高校系科十分重视社会调查，也比较重视社会服务，其中有些开创了社会服务区，将社会调查和社会服务很好地结合起来。这方面以燕京大学社会学系和金陵大学农学院最为典型。其他如社会调查所则是一个专门从事社会调查的学术研究机构，其设立的宗旨可以概括为了解社会问题以为解决方策之依据。⑤

2. 社会调查与社会服务、改良和行政的主体具有较大程度的一致性

民国时期从事社会调查的主体非常广泛，就笔者所见，大致可以分为以下几类：党政机关及其控制下的社会和学术机构、专门的调查机构、相对独立的学术机构、社会团体、学者个人等，日伪政府也作了大量的调查。其中，比较出名的

---

① 《中央常会通过之社会调查纲要》，《统计月报》1929 年第 1 卷第 7 期。

② 朱君毅：《中国政府超然统计制度》，《统计月报》1947 年第 5、6 号合刊。

③ 1924 年 1 月，李石岑在写给吴稚晖的一封信中，曾把顾颉刚称为“为学问而学问”的人，顾氏在答复中说，“实为知我之言”。参见赵世瑜：《眼光向下的革命——中国现代民俗学思想史论（1918—1937）》，北京：北京师范大学出版社，1999 年，第 283 页。

④ 《本会三年来工作略述》，《禹贡》1937 年第 7 卷第 1—3 期合刊。

⑤ 《社会调查所概况》，北平：社会调查所，1933 年。

组织、机构有北平社会调查所、上海社会经济调查所、中央研究院社会学组、平民教育促进会、燕京大学社会学系、金陵大学农业经济系、南开大学经济学院（经济研究所）等；比较出名的个人有毛泽东、张闻天、陈翰笙、费孝通、林耀华、李景汉、卜凯等。

当然，这些调查主体不都直接从事社会服务、改良、行政工作。但从时人对调查的社会功能的认识来看，社会调查与社会服务、改良的主体上应有很大部分的重合。事实也是如此。

根据笔者所掌握的资料，民国时期人们从事社会调查的目的主要有两点：一是服务社会；二是单纯地出于认识社会或学术研究之考虑。因前一目的而展示出来的主体上的重合性非常明显，毋庸多言，所以这里就后一目的作进一步说明。那些只想认识社会而不作其他考虑的调查，比较少见。即使有，如果作者将成果发表出来，也就可以说明他还具有一定的社会关怀意识。出于学术研究目的而从事调查的主体，主要集中于高校和科研机构。民国时期热衷于学术研究的人很多，但其中终生不问世事的人就很少了。高校、科研机构中从事纯学术性调查的人是有，但既重视社会调查也重视社会服务的人则更常见。

从调查主体的角度来看，最能充分反映与社会服务、改良和行政之间互动关系的，恐怕要数平民教育促进会在定县的调查和国共两党所从事的社会调查了。定县调查，留待本文第六章作专门的讨论。这里只简单地介绍国共两党调查的概况，它们与社会服务、改良和行政之间的互动关系则穿插进下节予以讨论。

首先，介绍中国共产党调查的情况。毛泽东和陈翰笙是1937年前共产党调查史上两个典范性的人物。毛泽东比较著名的调查报告有《湖南农民运动考察报告》《寻乌调查》《兴国调查》《木口村调查》《长冈乡调查》和《才溪乡调查》等。陈翰笙所从事或主持的社会调查，主要有东北难民调查、无锡农村经济调查、保定（清苑）农村调查、广东农村调查和河南安徽山东烟区调查，以及西双版纳少数民族调查。

以上谈的是共产党员个人的调查。此外，共产党还存在一种组织性的调查。中央苏区曾经成立调查统计局，红四军也曾经设置调查股，它们都从事了一定数量的调查。[①]这种组织性的调查至少可以分为两类：第一类是需要了解调查区域概况或某种现象而进行的调查，如总政治部于1931年发的一个通知，要求红军中和政府中每个负责人必须随时随地做人口和土地状况的调查和统计[②]；第二类是出于具体的工作需要而进行的调查，如为某村某乡土改而进行的调查。

其次，介绍国民党的调查。除了上文已提到的统计调查，国民党的各部委和地方各级机关出于各种目的，也进行了大量的调查。其中，比较著名的有农村复兴委员会的六省调查，江宁自治县1933年的户口调查，工商部对全国工业和工人的调查，建设委员会调查浙江经济所统计课对浙江九县的调查，铁道部有关铁路沿线的经济调查，实业部对山西、山东、江苏、浙江、南京、安徽和湖南等省实业的调查，上海市社会局对上海工业的调查，立法院统计处对辽宁、吉林、河北和山西等省农业的调查，财政部通令举行的土地陈报，土地委员会的全国土地调查等。此外，实业部的中央农业实验所主持的农情报告工作，形成了一种制度，会定期汇总、报告各地农情。这项工作，也具有一定的社会调查特色。

3. 社会调查与社会服务、改良、行政的互相作用

首先，谈谈社会调查对社会改良、改造和行政等的影响。社会调查对它们的影响途径可以概况为以下几个方面。

第一，为寻求社会改造蓝图或实现蓝图所需的路线、方针、策略服务。毛泽东通过调查确定革命路线、方针、策略的事实，已为人所熟知，这里不再赘述。平民教育促进会定县实验的理论与社会调查亦有很大的关系，第六章将对此进行详细的论述。

第二，为特定的社会改良目的提供参考。如毛泽东通过调查主持制定了1928年井冈山《土地法》，又经过调查，对井冈山《土地法》进行了修改，修改后的结果是兴国县土地法的颁布。这两部土地法是当时在根据地进行土地革命的指导

① 赣瑞：《苏区调查统计局旧址至今犹存》，《统计与信息》1997年第3期；黄克富，钟艳莉，刘友辉：《毛泽东与中央苏区的调查统计工作》，《赣南师范学院学报》2000年第5期。

② 《总政治部关于调查人口和土地状况的通知（一九三一年四月二日）》，《毛泽东农村调查文集》，北京：人民出版社，1992年，第12页。

性文件。[1]再如，国民政府成立后，为寻求技术合作、改良农业和铁路运输，通过国联分别邀请沙尔德、特赖贡尼、汉猛德将军等来华进行调查。经过调查，这些专家都提出了对策和建议。三人的建议受到国民政府不同程度的重视，有些亦被采纳。例如，全国经济委员会接受了特赖贡尼的建议，成立了农村建设专门委员会，特赖贡尼被聘为委员[2]；国民政府基本上按照汉猛德将军提交的方案对铁路运输管理系统进行了改革，并取得了良好的效果[3]；对沙尔德的报告，全国经济委员会认为，“此项报告，资料丰富，可资以构成一种发展经济之实行政策”[4]。又如，国民政府为减轻农民的负担下令各地进行田赋和各种苛捐杂税之调查，于是各地的赋税调查也逐渐增多起来。

第三，为具体的行政工作服务。例如，国民政府为了整理田赋、开辟税源，而通令全国进行土地陈报。又如，一些地方为了征收地价税而进行地价的调查。在这两个例子中，社会调查已成为行政工作的一个重要组成部分，整理田赋、征收地价税必须以相关调查为基础，而调查的结果，则是把业主的相关产业登记在案，业主的产权证明及其更新需要得到政府的确认，政府亦可据此年年征税。在某种程度上，社会调查已成为政府控制社会的一个工具。有时政府举办的人口调查也具有社会控制的功能，如清末人口普查的一项重要工作就是区别各户，在各户门前钉挂门牌[5]，其中经过调查而确定人口登记制度的情况[6]，社会控制的味道恐怕更浓。

---

① 《土地法（一九二八年十二月制，在井冈山）》《土地法（一九二九年四月兴国县土地法）》，《毛泽东农村调查文集》，北京：人民出版社，1992年，第35—40页。

② 《全国经济委员会农村建设专门委员会组织规程》《全国经济委员会农村建设专门委员会委员题名录》，《全国经济委员会报告汇编第一集：国联农业专家特赖贡尼报告》，全国经济委员会丛刊第四种，1933年4月。

③ 孔祥熙：《汉猛德将军视察中国国有铁路报告·序言》，［英］汉猛德：《汉猛德将军视察中国国有铁路报告》，台北：台湾学生书局，1970年。

④ 《全国经济委员会报告汇编第三集：沙尔德：中国与经济恐慌》，全国经济委员会丛刊第十种，1934年5月，第100页。

⑤ 《民政部奏定调查户口章程》，《北洋法政学报》1909年第90册。

⑥ 在农村中，江苏省江宁县较早地建立人口登记制度，参见朱君毅：《民国时期的政府统计工作》，北京：中国统计出版社，1988年，第55页。在城市中，汉口也较早地建立了人口登记制度，参见《公安局户籍调查登记办法之变迁及事实之统计》，《新汉口》1930年第7期。

第四，为具体的社会服务项目做准备。最典型的就是为灾况救济而作的调查。理论上，一个地方发生灾况后，从事救济的人员，首先必须调查受灾面积、范围、程度，灾况所影响的人群之人口、经济损失，以及带来的社会问题，而后才能根据实际需要救济所能救济的人，才能将灾难损失降到最低限度。不过，在现实中，灾难的救济具有急迫性，不容专门地去调查，所以只好是边救济边调查。1931年，长江流域大水灾发生后，国民政府为了很好地救济灾民，委托金陵大学农业救济系对灾区进行调查。在救灾的过程中，主计处统计局发表了一篇简短的灾况调查报告，以作救济的参考。①

第五，为一些社会组织的具体业务提供信息。如铁路系统、银行系统的一些成员认为社会调查有助于他们确定业务发展之方向，因而他们也进行了大量的社会调查。

此外，有些调查者本身虽不直接从事社会工作，但其调查可为认识社会、改造社会提供素材。还有些调查者因为调查发现问题而投身于社会工作中，或转而从事一种新型的社会工作。例如，梁漱溟调查山西村治和定县实验后，对当地的工作表示不满，此后，他在山东邹平另实行了新的实验工作，这可能就与此次的调查有关。华洋义赈会是个慈善机构，但在长期的救灾中深深感到防灾更为重要，因此通过实地调查，华洋义赈会认识到了合作制度更适合中国农村社会的需要。②

由以上论述可知，社会调查在各种社会工作中均可扮演一定的角色。但是，这种角色的作用不应夸大，一是因为现实中不是所有的社会工作都事先经历过调查；二是因为一些已经经历过调查的社会工作及其成绩与调查的相关度并不是相符的。这必须具体问题具体分析。

其次，谈谈社会改良、改造和行政等对社会调查的影响。

第一，大量社会调查是应社会需要而产生的。这点从本节前段的有关论述中可以反推出来。前段中所说的社会调查作用于社会工作的那些途径，是根据实际

① 金陵大学农业经济系编：《中华民国二十年水灾区域之经济调查》，南京：金陵大学农学院，1932年，第1、20页。

② 吴敬敷：《华洋义赈会农村合作事业访问记》，《农村复兴委员会会报》1934年第4号。

发生的社会调查总结出来的。从很大程度上可以说，人们是因为各种各样的需要而进行了大量的社会调查，才让社会调查的社会功能得以显现出来。

社会需要促使社会调查大量产生，还可以从以下几点中反映出来。

（1）第四章第一节的统计分析显示，1928 年后社会调查的总量开始加速度上升。导致这种现象的原因有很多，其中，社会需要应是主要原因之一，这点前文已作过说明，此处不赘。

（2）当某种社会问题频发或日益严重化时，人们对这类问题的关注增多，调查也就自然增多。如当农业危机日益加深时，农业调查的数量大幅度上升，而且增速要比工业调查快得多；当边疆危机严重时，有关边疆的调查数量也有较大幅度的增长。

（3）土地问题是中国农村的核心问题，国共两党、许多社会机构、学术组织以及个人均十分关注，因而关于土地问题的调查非常多。其中，共产党从事的土地调查表现得尤为突出。

（4）许多从事社会服务、改良和行政的主体均从事了大量的社会调查。

第二，从事各种社会工作的主体，因其工作的对象不同，所以调查对象的着重点也就不同。如从事教育改良的人，更愿意调查各种教育实施或教育状况；一些社会救济团体调查更多的是社会弱势群体或各种灾况。

第三，社会调查主体的调查初衷和所信奉的理论，在很大程度上制约着社会调查的方法和最终结果。

（二）与相关学科发生或多或少的联系

民国时期社会调查与众多学科均发生过或多或少的联系。这些学科可以列举如下：统计学、社会学、人类学、民族学、民俗学、人口学、经济学、家事学、心理学、伦理学、历史学、法学、生物学、经济地质学，等等。相比之下，生物学、经济地质学则更接近于自然科学。

统计学是一门方法性质的学科，是科学的科学。[①]自清末从日本输入统计学以来，对统计学的一些新发展，中国人采取的是“拿来主义”的态度。当随机抽样调查在欧美还处于酝酿发展阶段时[②]，中国已有人介绍“机遇数学”（即概率统计），并已有人要求在中国进行抽样调查了（前文已有论述）。这种情况使得中国能够紧跟世界学术发展潮流，但弊端也显而易见，那就是中国人只作应用，而在理论创建上表现出明显的不足。介绍“机遇数学”的作者褚一飞在一篇文章中评价全世界范围内关于统计学的各种见解，而中国没有一人的观点位列其中[③]，这很能说明问题。而且前文已指出，就笔者所见，整个民国时期都没发生名副其实的随机抽样调查，自然也就未能通过随机抽样调查发展统计学。

民国时期社会调查还与其他相关学科之间存在程度深浅不一的相互影响。就笔者所见，社会调查与社会学、人类学、民族学、民俗学、人口学、经济学、家事学、历史学等学科关系较密切，与心理学、伦理学、法学等学科存在一定的联系，而与生物学、经济地质学之间的关系，由于其自然科学的倾向，笔者受学识所限，未能加以判断。

社会调查与社会学之间的关系留待下一章讨论。本节将较为粗略地讨论社会调查与农业经济学、历史学之间的关系。在此之前，将对社会调查与其他学科之间的关系进行简略地概述。

人类学、民族学与社会调查之间的关系，由前文关于民族志调查的介绍中可见一斑，人类学、民族学理论影响、制约着民族志调查，而民族志调查则是中国人类学、民族学学科建设的主要成就之一。一般认为，中国的人类学、民族学研究大致可分为南、北两派。北派以清华大学、燕京大学等学校的学者为主，包括吴文藻、费孝通、林耀华等，他们主要提倡社区研究；而南派则以中央研究院的凌纯声、芮逸夫及中山大学的杨成志等为代表，他们的研究重点是少数民族的社

---

① 戴世光：《统计学与社会科学研究方法》，《社会科学（北平）》1937 年第 1 期。

② 依据Bulmer 等人的说法，随机抽样调查在美国直到“二战”后才有较大的发展，参见：Martin Bulmer, Kevin Bales, Kathry Kish Sklar. “Preface”, in *The Social Survey in Historical Perspective, 1880—1940*. New York: Cambridge University Press, 1991.

③ 褚一飞：《统计学各种见解的批评（对于统计学定义之商榷）》，《统计月报》1931 年第 3 卷第 2 期。

会与文化。[①]南、北两派在研究方法和对象上均有差别，但在研究所取得的成绩上却有一致性：他们均注重民族志调查，且都取得较大的成绩，但在人类学、民族学理论创建方面却很缺乏。北派这方面的具体表现，下章将作详细的论述，而南派的重要传人梁钊韬、陈国强直到20世纪80年代还在大力呼吁要创建中国的人类学和民族学理论体系。[②]美国学者顾定国曾对1937年后的中国人类学作过这样的评价："当时的人类学客观上讲还是有较多的西方色彩，而缺少中国特色。"[③]1937年后如此，1937年前更是如此。

中国民俗学的研究自一开始就有自己的特色：起自民间歌谣的收集和研究，此后，歌谣、民间故事等民间文艺一直是中国民俗学研究的主要对象之一。顾颉刚等人大多数是半路出家，所以他们所从事的民俗调查也打上了各自专业背景的印记，如顾颉刚的调查就有浓烈的历史考察的味道。不过，具有特色的另一面则是理论的不足，容肇祖直到1934年还在为民俗学仍然处在资料收集阶段辩护[④]，赵卫邦在探讨抗战前的中国民俗学发展史时，对此指责道："那些民俗学研究工作的创始者没有一个人充分熟悉民俗学这门科学的性质、理论和方法。"[⑤]话虽苛刻，却反映了一定的事实。

前文已经指出，中国近现代史上已有一定数量的人口调查，一些调查的质量还比较高。中国现代人口调查受西方人口学影响毋庸置疑，那么，人口调查对人口学理论的贡献又当如何呢？抗战期间，云南呈贡县人口调查水平较高，朱君毅甚至认为它是我国近代式科学人口普查的代表。[⑥]陈达用英文写成的《现代中

① 林超民：《人类学在中国》，陈国强，林加煌主编：《中国人类学的发展》，上海：上海三联书店，1996年，第34页。

② 张继焦：《中国人类学和民族学的特点和发展——中外人类学和民族学比较分析》，《云南社会科学》1992年第1期。

③ ［美］顾定国：《中国人类学逸史——从马林诺斯基到莫斯科到毛泽东》，胡鸿保，周燕，译，北京：社会科学文献出版社，2000年，第98页。

④ 容肇祖：《我最近对于"民俗学"要说的话》，《民俗》1933年第111期复刊号。

⑤ 赵卫邦：Moder Chines Folklore Investigation，转引自赵世瑜：《眼光向下的革命——中国现代民俗学思想史论（1918—1937）》，北京：北京师范大学出版社，1999年，第7—8页。

⑥ 朱君毅：《民国时期的政府统计工作》，北京：中国统计出版社，1988年，第55页。

国人口》，是水平相当高的一篇报告，美国社会学学报（*The American Journal of Sociology*）1946 年 6 月号全文收录了这篇报告，而且通期只有这篇论文。一篇论文在这种高规格的期刊上独占篇幅，是很少见的事[①]，而美国当时的著名社会学家奥格朋则直接称它为中国人口学上“一本好的著作”[②]。虽然如此，当时中国人口学理论的发展并不是十分令人满意，陈达等在《云南呈贡县人口普查初步报告》中解释全国人口普查为什么“尚无”时，曾列举出三个主因，其一就是“国内社会科学，至今尚无高度的进展”。[③]他所讲的社会科学包括人口学理论，当属无疑。

另外，一些高校的相关系科，如燕京大学家政学系、南开大学经济研究所（经济学院）也进行了大量的与其专业相适应的社会调查，社会调查在其学科建设中占有较为重要的地位。

与上述学科形成鲜明对照的是，心理学、伦理学、法学方面的调查不是很多。

以上简述了社会调查与相关学科之间的关系，下面再重点谈谈社会调查与农业经济学和历史学之间的关系。之所以选择这两门学科，主要出于以下考虑：一是就笔者所见，中国农业经济学与社会调查之间的关系非常紧密；二是历史学是一门传统学科，研究现代社会调查与它是如何互相影响的，应比较有意义；三是选择历史学，实乃专业兴趣之使然。

首先，谈谈社会调查与农业经济学的关系。民国时期，农业经济学大致有两种形态，一种是卜凯等人所主张的农业经济学，另一种是陈翰笙等人提倡的马克思主义农业经济学。

先看卜凯等人的农业经济学。

与全国同类系科相比，金陵大学农业经济系学科建设所取得的成绩是较高的。其中，社会调查的作用又是比较突出的。这从以下三个方面可以看出。

（1）在课程设置中，与社会调查相关的课占有较为重要的地位。如 1932 年，

---

① 廖宝昀：《现代中国人口·译后话》，陈达：《现代中国人口》，廖宝昀，译，天津：天津人民出版社，1981 年，第 120 页。

② 奥格朋：《现代中国人口·导言》，陈达：《现代中国人口》，廖宝昀，译，天津：天津人民出版社，1981 年，第 4 页。

③ 陈达，等：《云南呈贡县人口普查初步报告》，（台湾）清华大学国情研究所，1940 年。

除了全校学生必修的公共课程，该系规定以农业经济系为主系的学生必须修满24门学程方能毕业，其中与社会调查课相关的学程就有6门，它们分别是农业统计学、农业经济研究法、高级农业经济研究法、毕业论文及两门设计实习。其中，实习的内容是收集调查材料或从事推广工作，毕业论文则为实习所得之结果。[①]同时该系还规定，实习可在学期内或暑假期间进行。事实上，该系有许多学生利用寒暑假的时间从事调查实习，卜凯的《中国农家经济——中国七省十七县二八六六田场之研究》即是众多学生利用寒暑假回乡调查，最后由他汇总而成的。

（2）在研究方面，无论是在质上还是在量上，该系社会调查的成果均占有优势。在质上，卜凯的两本名篇《中国农家经济——中国七省十七县二八六六田场之研究》《中国土地利用》足可以奠定其地位。此外，该系高质量的调查报告还有《芜湖附近一〇二农家社会及经济调查》《河北盐山一五〇农家社会及经济调查》《江苏昆山南通安徽宿县农佃制度之比较及改良农佃问题之建议》等。在量上，《金陵大学六十周年纪念册》对农学院成立35年中的重要研究作了列举，有关农业经济的共8项，其中调查研究7项，其他研究（农业经济史研究）只有1项。[②]在《金陵大学农学院近况便检》一文中，金陵大学对该系的研究情况作了回顾，在其列举的28种研究成果中，调查报告有19种，其他的则只有9种。[③]

（3）社会影响方面。因该系师生调查水平较高，许多机构都慕名而来要求合作，最突出的例子有，1931年长江流域发生水灾后，国民政府为救灾之用邀其对灾区进行调查，1933年鄂、豫、皖、赣四省农民银行委托其调查四省农村经济状况等。[④]因这些调查，金陵大学农业经济系又出版了一系列高质量的调查报告。还有一个可以很好地说明其社会影响的例子。1932年，该系率先在国内创立了农情报告制度，定期发布农情信息。一年后，实业部中央农业试验所完全接受了该系的这一事业，不仅《农情报告》卷期接续了原有的卷期，也接受了该系农情报告员这一组织力量。

---

① 金陵大学秘书处编：《私立金陵大学一览》，1933年，第265—270页。

② 金陵大学编：《金陵大学六十周年纪念册》，金陵大学，出版年不详，第41—42页。

③ 金陵大学：《金陵大学农学院近况便检》，《农村复兴委员会会报》1934年第2卷第7号。

④ 《本院农业经济系总动员：调查鄂豫皖赣农村经济》，《农林新报》1934年第11卷第11期。

金陵大学农业经济系从事了大量的调查研究，且取得了较好的成绩，但这只是该系发展中国农业经济学的重要一步。要建设中国自己的农业经济学，还必须有自己的理论。具有讽刺意味的是，该系是由卜凯创建的，在将农业经济学中国化的过程中，这个美国人也走在其中国教员同事的前面。1942 年，他将讲义以“中国农场管理学”为名印成单行本。该书以“中国农场管理学”命名，应能说明他已具有一种创建中国农业经济学的意识。此书所使用的材料几乎全是有关中国的各种调查资料，是中国此类著作中的第一本。[①]但遗憾的是，卜凯在序中明确宣告：“写作之计划为对农场管理学之原理加以阐发，并佐证以所得中国农场管理之实际资料。”[②]由此看来，此书还是与众多社会调查一样，只完成了以西方理论来认识中国社会这一步。

下面，再看陈翰笙等人的马克思主义农业经济学。

应该说，马克思、恩格斯等人并没有创造出农业经济学这门学科，而当时苏联虽存在农业经济学学科，却不能直接拿来解释中国的现实，因为两国的国情差别太大。所以，陈翰笙等人面临的一个任务就是如何将马克思主义基本观点应用到中国农业经济学的研究中来。

经过探索，同时受当时社会调查潮流的影响，他们终于找到了一个很好的途径，就是进行实地调查。

通过调查，陈翰笙等人找到了一整套研究中国农村经济的方法、概念，并提出了许多很有见地的见解。其农村调查以比较可靠的材料揭示了中国农村无论南、北，虽有程度差异，但土地大都集中在地主、富农手里的事实，说明了阶级剥削、高利贷剥削和国际垄断资本剥削互相勾结是造成普通农民生活困苦、农村社会动荡和农村经济危机的深层次原因。不仅如此，各种单个调查还揭示了一些具有地方色彩的现象，比如，广东农村调查发现集团地主的势力要大于个体地主；与无

---

① 孙文郁：《中国农场管理学·孙序》，［美］卜凯（J.L.Buck），卡慈（W.M.Curtis）：《中国农场管理学》，戈福鼎，汪阴元，译，上海：商务印书馆，1947 年。

② 《中国农场管理学·原序》，［美］卜凯（J.L.Buck），卡慈（W.M.Curtis）：《中国农场管理学》，戈福鼎，汪阴元，译，上海：商务印书馆，1947 年。

锡农村相比，保定的土地集中程度偏低，佣工现象较为普遍，地主经营土地的现象也比较多；保定农民交租形式以钱租为主，这也是其与无锡不同的地方；等等。关于土地经营方面的一些具体特点，他人的调查已有发现，但揭示农村中阶级差别的存在及其对农村社会经济的影响，则是陈翰笙等人的调查所特有的。①

其次，简单谈谈社会调查与历史学之间的关系。

先来讨论一下历史学对社会调查的影响。这种影响主要表现为以下两点。

（1）历史法是社会调查的一个重要方法。民国时期很多调查方法方面的专著都持这种观点。②因而，有许多调查者在实地调查中都对研究对象作过历史方面的调查，有许多调查报告都包含历史的叙述，如李景汉的《定县社会概况调查》、费孝通的《禄村农田》、林耀华的《义序宗族研究》等都是如此。

（2）有些型式的调查主涉之学科，如民俗学，与历史学的渊源很深。③其调查也自然受历史学的影响，前文已有论述。

至于社会调查对历史学的影响，则主要表现为以下几个方面。

（1）当时，已有一批学者从调查所得，有力地论证了“中国社会是个半殖民地半封建社会”这一观点。而这一观点的广泛传播，对中国历史研究产生了极为深远的影响。

（2）民国时期，历史学的分支方志学受社会调查的影响较大。1912 年中华民国成立。此后新修方志在体例和内容上也因时而异。④一些修志者为适应新的要求而将调查这一资料收集方法引入修志工作之中。1927 年傅振伦主持重修《新河县志》，1942 年他和顾颉刚负责纂修《北碚志》，都把调查作为资料收集的主要方法。⑤朱希祖主持纂修《广东通志》时也曾征集各种调查报告，并认为“作

---

① 李章鹏：《20 世纪二三十年代陈翰笙农村调查的历史考察》，《河北学刊》2006 年第 2 期。

② 如樊弘的《社会调查方法》（上海：商务印书馆，1927 年，第 19—53 页）、蔡毓骢编的《社会调查之原理及方法》（北新书局，1927 年，第 19 页）。

③ 参见陈永香：《对民俗学与相关学科关系的再认识》，《青海民族学院学报（社会科学版）》，2001 年第 1 期；王存奎：《整理国故与中国现代民俗学》，《民俗研究》2002 年第 2 期。

④ 傅振伦：《傅振伦方志论著选》，杭州：浙江人民出版社，1992 年，第 65 页。

⑤ 同④，第 67、72 页。

十二略时必须此种材料”。[①]还有一些人甚至上升到体例的高度来看待社会调查工作，如蒋梦麟在《酌拟嗣后续修新志体例及进行办法请公决案》一文中，主张解散方志旧体，分浙江省年鉴、浙江省各种专门调查及浙江省史三部分来续修浙江省志。这么高看社会调查，应与其对方志的价值认识有关，他认为，方志应以切用为目的，因此“其材料应，一，侧重现状；二，切于实用；三，注重物质方面”。[②]在当时，蒋氏的观点并不孤立，社会学家吴景超曾这样评价《定县社会概况调查》：“看完了这本书之后，对于定县社会的认识，真比亲身到定县去参观半个月还要深刻。这才是我们所需要的县志。这真可以做别种县志的模范。”[③]

（3）以少数民族地区的调查材料和结论作为整个中国或汉人社会史前研究的参照。陈友伟的有关研究是其中一个典型的例子。他根据实地调查所得，描述并分析贵州苗民的婚姻习俗，在此基础上与中国古籍所载进行对比，最后得出结论：私有制下的卖淫与苗胞妇女性自由在本质上是不同的，史前的原始社会和现在的初民社会从没有发现卖淫的现象。[④]

（4）傅衣凌借鉴史学之外的人文科学和社会科学的方法，在田野调查中收集历史研究的资料，并以之证史，进而开创了历史学研究的一个学派。[⑤]

（5）有些主体以调查闻名，却也从事专门的历史研究。如北平社会调查所深感历史尤其是经济史研究的重要，而致力于经济史资料的收集，因而决定出版《中国近代经济史研究集刊》以刊登资料整理之结果。[⑥]

（6）与调查关系密切的学科统计学对历史研究存在一定的影响。梁启超在 1923 年曾提出“历史统计学”这个概念，认为统计学是研究历史的一种好方法。他认为，要寻求历史真相，不能只研究大人物、大事情，全社会的活动变化更应

---

① 朱希祖：《广东通志馆征访条例》，《国立中山大学文史学研究所月刊》1933 年第 1 卷第 4 期。

② 蒋梦麟：《酌拟嗣后续修新志体例及进行办法请公决案》，《国立中山大学语言历史学研究所周刊》1929 年第 81 期。

③ 吴景超：《中国县志的改造》，《独立评论》1933 年第 60 号。

④ 陈友伟：《从黔省苗胞的婚姻习俗看中国史前婚姻形态》，《历史社会季刊》1937 年创刊号。

⑤ 杨国桢，叶显恩：《〈傅衣凌治史五十年文编〉序、跋》，《中国社会经济史研究》1985 年第 4 期。

⑥ 《发刊词：人类是有长久的过去的动物》，《中国近代经济史研究集刊》1932 年第 1 卷第 1 期。

该研究。统计学的作用就是要“观其大较”。[①]在具体的历史研究中，民国时期许多学者都曾尝试过统计分析方法，如罗尔纲的《太平天国革命前的人口压迫问题》一文就存在着大量的统计分析。[②]

① 梁任公：《历史统计学》，《史地学报》1923 年第 2 卷第 2 号。其实，早在清末，陈黻宸等人就明确主张以统计法来研究和表述历史，当时也已有人在史书编纂、地方史志纂修和具体历史问题研究方面尝试使用统计分析法，这些都是清末中国新史学的有机组成部分（参见黄兴涛，李章鹏：《现代统计知识和观念的传入与清末新史学》，《史学史研究》2016 年第 3 期）。

② 罗尔纲：《太平天国革命前的人口压迫问题》，《中国社会经济史集刊》1949 年第 8 卷第 1 期。

第五章

现代统计（学）的传入与清末民国社会调查的兴起*

* 本章原为中国人民大学黄兴涛教授和笔者合作的成果，载于《清末民国社会调查与现代社会科学兴起》一书。黄兴涛教授认为，调查与统计的关系至为密切，中国现代社会调查的兴起与现代统计（学）的传入紧密相连，因而主动提议将其作为一章列入本书。非常感谢黄兴涛教授给予笔者的支持、帮助和提携。在本书的修改、充实过程中，笔者对本章部分内容作了补充和完善。

现代社会调查在中国的兴起与现代统计（学）的传入有着连带的历史关系。对于这一关系，目前学术界还没有给予足够的重视。多数论者在谈论中国统计史时，往往将一些调查作为统计事例来列举，对统计与调查的关系未能进行具体的、历史的考察。[①]本章打算就此作一初步探讨。

① 如莫曰达编著：《中国近代统计史》，北京：中国统计出版社，2006 年；朱君毅：《民国时期的政府统计工作》，北京：中国统计出版社，1988 年；等等。

第一节 中国现代统计之渊源

中国自古就有大量的统计事实发生，也存在丰富的调查统计思想，古人还发明过一些统计工具（如统计图表、谱牒等），也曾偶尔使用过类似今天的一些统计方法分析当时的社会问题。①学者李惠村在一篇文章中总结出中国古代曾经使用过的四种统计分析方法——分组法、图表法、平均数法和估算法。②

就具体的统计而言，我们虽不敢说其水平有多高，但有些统计的内涵还是较为丰富的，很值得作进一步探讨。早在西汉年间，东海郡上报给朝廷的一份集簿，虽然比较简短，但层次分明，内容包括行政建制、郡属区域、各种官吏人数、人口（含户、口、男女人数，个别年龄阶段老人和小孩人数以及犯法受处罚人数）、田亩（含主要种植物亩数）和岁出岁入数等。③显然，包括东海郡在内的各地上报给朝廷

① 李章鹏：《“列国岁计政要”的翻译出版及其意义》，《统计研究》2015 年第 9 期。

② 李惠村：《中国古代应用统计方法的若干事例》，《统计研究》1987 年第 5 期。

③ 李孝林，弋建明，熊瑞芳：《尹湾汉简集簿研究——我国首见的郡级统计年报探析》，《统计研究》，2004 年第 9 期；李孝林，熊瑞芳：《我国首见的郡级统计年报——尹湾汉简集簿再探》，《统计与决策》2005 年第 23 期。

的集簿，理应成为后人研究西汉社会历史的重要参考资料。

尽管如此，传统调查统计终归与现代调查统计具有重要差别，它通常只是将事实进行简单的罗列，传统的统计思想也往往只是一种直观的经验总结，缺乏学理的深度。莫曰达教授曾比较中国传统统计思想与欧美统计学的差别，认为“欧美统计学说，从古典统计学到近代统计学，再发展到现代统计学，它的发生与发展，继承与发扬，脉络清晰、线索分明、层次井然、有章可循。而中国的统计思想，片段分散，研究者相互独立，没有引起学者的关注，几千年来似乎一直在一些简单的概念上徘徊，发展缓慢”。[①]

“统计”一词在中国有着悠久的历史。据罗亮畴考证，将“统”和“计”二字连用至迟发生于宋朝，南宋易祓在《周官总义》（卷五）中写道：“太宰于一岁之终，则收百官之岁会，司会又以岁会考岁成，则功事财用之计，每岁固有之矣，至于三岁，则又统计其治甚详，故谓之大计群吏之治。”[②]这里的“统计”，是综合考核的意思。其后，“统计”一词的含义发生了变化，迟至明朝，“统计”已具有“总计”的意思了。《明史》中用到“统计”的地方共有两处。万历十八年（1590 年），礼部尚书王家屏因天气久旱，上书乞求致仕回乡，对时政之弊有所议论：“纲维纵弛，偠玩之习成；名实混淆，侥幸之风启。陛下又深居静摄，朝讲希临。统计亘一岁间，仅两觐天颜而已。”[③]崇祯二年（1629 年），户部尚书上书，疏言：“统计京边岁入之数，田赋百六十九万二千，盐课百一十万三千，关税十六万一千，杂税十万三千，事例约二十万，凡三百二十六万五千有奇。”[④]这两处的“统计”均是“总计”之义。到了清朝，“统计”一词已被常用，其义也主要是指“总计”“总共”。

中国固有的“总计”意义上的统计与西方“statistics”意义上的统计，可谓大异其趣。当“statistics”一词传入日本之初，并没有固定的词与之对应，后来确定以“统计”与之对译，但此时的“统计”已不是“总计”“综合考核”之谓，

---

① 莫曰达：《“中国统计思想史”若干问题》，《统计研究》1995 年第 5 期。

② 罗亮畴：《中国“统计”一词创始时代刍议》，《现代财经（天津财经学院学报）》1991 年第 2 期。

③ 张廷玉等纂修：《明史》，卷 217，列传第 105，长沙：岳麓出版社，1996 年。

④ 张廷玉等纂修：《明史》，卷 256，列传第 144，长沙：岳麓出版社，1996 年。

它代表的是西方统计学的一套理念。1877年《万国公报》上一篇曾以“统计”一词指称相关行为。但此后很长一段时期内，“统计”一词新的含义并未引起国人的注意。直到戊戌前后，经过日本人转译的“统计”一词的现代用法才逐渐传到国内，为国人所接受。

根据统计学界的一般看法，西方统计学有两大渊源，一种来自德国，一种来自英国。

今天所说的“统计学”（statistics）一词最早源于18世纪的德国。德国人海尔曼·康令（Hermann Conring）从1660年起，在西姆斯特大学以“国势学”为题，讲授政治活动家应具备的知识，他认为“国势学”应以记述和比较的方法，研究世界各国领土、人口、财政、军事、政治和法律制度等，探索国家兴衰的因果关系。1749年，国势学派代表人物、哥廷根大学教授阿亨瓦尔（Gottfried Achenwall）出版《近代欧洲各国国势学纲要》一书，在序言中，他提出“统计学”（statistik）一词来指称“国势学”。[①]“国势学”所要研究的内容几乎涉及一个国家或一个地区的所有方面，所以有学者将之称为“国家的描述性的科学”。[②]18世纪和19世纪前半期，德国所进行的调查统计主要就是建立在这种统计学基础上的。

西方统计学的另一个渊源是英国的“政治算术”，所谓“政治算术”，实际上是定量分析人口和经济的一种方法。“政治算术”派得名于英国古典政治经济学创始人之一威廉·配第的《政治算术》一书。配第以统计和比较的方法，从多个方面分析了英、荷、法三国的财富和国力，认为英国必将超过法国而控制世界贸易。《政治算术》的重要性并不仅仅在于其结论的正确性，更在于其提到的统计分析法。[③]配第的朋友格朗特的著作《关于死亡公报的自然和政治观察》在研

---

① 刘奇：《从统计史的角度来看现代统计学》，《财经理论与实践（双月刊）》1999年第102期；夏南新：《统计学史论》，《统计与预测》1999年第2期；吴诣民，张萍：《统计学发展轨迹的考察与认识》，《理论导刊》1999年第5期。

② ［美］西奥多·M. 波特：《统计学和统计学的方法》，西奥多·M. 波特，多萝西·罗斯主编：《剑桥科学史（第七卷）：现代社会科学》，第七卷翻译委员会编译，郑州：大象出版社，2008年，第205页。

③ 彭道宾：《统计分析的起源与发展（三）》，《统计与信息》1998年第1期。

究伦敦人口问题时也使用了统计分析方法，不过其成书的时间要早于《政治算术》，因而统计学界又将“政治算术”的历史上溯到该书公开出版的1662年。在该书中，格朗特依据伦敦市的人口自然变动公报，揭示了一些人口规律。如男婴出生率要多于女婴，男人的死亡率要比女人高，年景对健康越不利则出生率越低等，他还编制了世界上第一个死亡率统计表。①

“国势学”和“政治算术”确实反映了两种不同的学术传统，“国势学”重视文字的综合分析，而“政治算术”更重视定量的比较分析。不过，两派之间并不存在不可逾越的鸿沟。“统计学”一词传入英国后，得到广泛使用。19世纪后半期，尤其是统一后，德国的经济获得迅速发展，各种社会问题日渐凸显。因而，英国式统计分析法在德国也有了发展，德国的调查统计也自然受到英国学术传统的影响。德国经济学家、统计学家克尼斯、恩格尔、梅尔等人融合“国势学”与“政治算术”观点，借鉴国际统计学新近发展，开创了一派社会统计学。②他们认为统计学是一门以大量的观察和分析，研究社会现象变动原因和规律性的实质性科学，其实质性科学的观点显然与数理统计学通用方法论相对立。③

西方统计学发展到现在已是数理统计学的天下。数理统计学的近缘，与其说是17、18世纪德国的统计学，毋宁说是威廉·配第提出的“政治算术”。④数理统计学是一门处理数量关系的学问，“数量”对其重要性不言而喻，而英国的“政治算术”开创了以数字分析社会事物的传统，二者之间确实存在某种亲缘关系，以至于有的学者认为数理统计学的起点就是格朗特一书出版的时间。⑤实际上，

① 林鸿洲，邹鹮玉：《统计理论的产生与发展——国内外关于统计学史阶段划分的综述与己见》，《青岛海洋大学学报（社会科学版）》1995年第2期；彭道宾：《统计分析的起源与发展（三）》，《统计与信息》1998年第1期。

② 陈希孺曾将对社会事物进行政治算术式或概率分析的统计，归为社会统计，同时他又将这些统计纳入数理统计学史进行探讨（参见陈希孺：《数理统计学小史》，《数理统计与管理》1999年3月第18卷第3期、1999年7月第18卷第4期）。

③ 吴诣民，张苹：《统计学发展轨迹的考察与认识》，《理论导刊》1999年第5期。

④ 黄良文先生在一篇文章中就认为，英国的政治算术派应该算是统计学的正统（参见黄良文：《社会经济统计学和数理统计学的关系》，《统计》1982年第4期）。

⑤ 参见陈希孺：《数理统计学及其与社会经济统计学的关系》，《中国统计》2001年第7期。

数理统计学是在将概率论引进统计学后逐渐发展起来的。数理概率的开端，依据统计学界的一般看法，可以追溯到1654年费马与帕斯卡关于“骰子赌博”问题的通信[①]，他们通信的时间比格朗特一书出版的时间早。而依据中国著名统计学家陈希孺的观点，大赌博家格·卡丹诺在这方面的贡献被忽视了。卡丹诺生活于16世纪80年代之前，他根据自己的赌博经验，写成《机遇博弈》一书，提出对等可能性和胜率这两个重要的古典概率概念。[②]自费马通信后的一个多世纪内，概率统计理论取得了一定程度的进步[③]，但进步不是十分显著，这种局面直到19世纪才有了很大改变。19世纪，阿道夫·凯特勒、威廉·斯坦利·杰文斯、威廉·莱克西斯、弗朗西斯·高尔顿和弗朗西斯·伊西德罗·埃奇沃思等人的研究极大地促进了数理统计学的发展。[④]

统计学理论的发展并不在于或主要不在于对统计活动的理论概括。至少在20世纪前，无论是“政治算术”“国势学”还是社会统计学、数理统计学，它们的重大发展大都与其他学科、其他领域对统计的利用和探讨有关。而今数理统计学基本上以数学的形式表现出来，数学是其理论基础，数理统计学在很大程度上已成为数学的一个分支。统计学理论发展史的这种情状也许正说明了统计和统计学的工具性，统计广泛存在于人们的生活中，也是自然科学家和社会科学家从事研究的有力工具。“统计的概念存在于人类思维的任何领域。它们较为可能出现在科学领域，但同时也是构成历史、文学和宗教的基础思维方式。”[⑤]

---

① ［美］斯蒂文·M.斯蒂格勒：《统计探源——统计概念和方法的历史·引言》，［美］斯蒂文·M.斯蒂格勒：《统计探源——统计概念和方法的历史》，李金昌，等译，杭州：浙江工商大学出版社，2014年，第5页。

② 陈希孺：《数理统计学小史》，《数理统计与管理》1998年3月第17卷第2期。

③ 参见陈希孺：《数理统计学小史》，《数理统计与管理》1998年5月第17卷第3期、1998年7月第17卷第4期、1998年9月第17卷第5期、1999年1月第18卷第1期、1999年1月第18卷第2期。

④ 同①，第2页。

⑤ 同①，第1页。

第二节

现代统计知识的传入与统计学科在中国的建立

依据《中国近代期刊篇目汇录》第一卷[①]和上海图书馆“晚清期刊全文数据库（1833—1911）”，1859年前西方人发行的中文期刊所刊载的统计结果主要集中于进出口货物、物价及运输等事项上。如1857年发行的《六合丛谈》所刊载的统计事项就有出口货价、交易单、船单、银票单、进口货价、水脚单等。很显然，这些统计是为商人服务的。如果将这些统计综合起来考察，就可以看到中国与相关国家发生交易的货物种类、价格、运输方式和成本、银票汇价及其变动趋势。商人也可以据此发现中国在哪个时段需要哪些货物，可以提供哪些货物，交易成本有多少，从而决断何时从事什么样的买卖。

不可否认，1859年前也存在其他内容的统计。《东西洋考每月统记传》在1835年5月那一册曾刊登了英属殖民地和一些独立国家的人口数量，并将英属殖民地人口数量与中国人口数量进行了简单的比较[②]；1838年7月的一篇文章以数

---

① 参见上海图书馆编：《中国近代期刊篇目汇录（第一卷）》，上海：上海人民出版社，1965年。

② 《烟户册》，《东西洋考每月统记传》1835年5月。

量统计的方法简要地介绍了俄罗斯监狱的情况。[①]据张小龙研究，19 世纪 40 年代，传教士医生来华从医后就对施医病种和患者数目进行了记载。[②]

如前文所述，海关册的编制在某种程度上促进了中国现代统计事业的发生发展。

如果仅从现存期刊所刊载的统计结果来看，在以具体统计为载体的现代统计知识传播的历史中，与海关册的编制相似，《中国教会新报》的创刊也可视为一个重要事件。《万国公报》在中西文化交流中所发挥的重要作用已得到学术界的重视，而其前身就是创办于 1868 年的《中国教会新报》。不仅如此，1868 年后，陆续有新的期刊问世，与此前相比，这些期刊所刊载的统计结果呈现出几个重要特点。

此前的统计多以简单的统计报表的形式表现出来，缺少分析，即使是海关册，前几年发表在报刊上的内容也大多如此：其内容多集中于与贸易有关的事项；其所关注的地域以中国和英国为主，尤以中国为重。

1868 年后的统计关注的地域则非常广泛，除了中国和英国，法国、德国、美国、俄国等西方国家都是重点关注对象，日本、印度、土耳其等国家的统计数据也引起了注意[③]，某些文章或报道还涉及太平洋中一些岛屿的有关统计事实[④]。

其内容所涉范围亦十分宽广，社会、政治、经济、军事、文化、教育、宗教等诸多领域都有统计事实发生，大到一个国家、地区的人口多寡、疆域四至、面积方里，小到一家医院的施医人数[⑤]、一家博物院的参观人数[⑥]均有期刊加以刊载

---

① 《侄答叔书》，《东西洋考每月统记传》1838 年 7 月。

② 张小龙：《医学统计在中国的起步与发展（1840—1937）》，中国科学技术大学博士学位论文，2014 年，第 9 页。

③ 如丁韪良：《各国近事：印度近事：五：印度新造民册》，《中西闻见录》1873 年第 17 期；《中外政事近闻：大英国事：英属印度人数》，《教会新报》1873 年第 252 期；《中外政事近闻：印度：入出款项年单》，《教会新报》1873 年第 254 期；丁韪良：《各国近事：日本近事：相国被刺》，《中西闻见录》1874 年第 19 期；《大日本国事：人丁册》，《万国公报（上海）》1875 年第 370 期；《各国近事：土耳机：疆域户口表》，《万国公报（上海）》1878 年第 514 期。

④ 《杂事近闻：卑能埠华商之事》，《教会新报》1873 年第 222 期；《三得惟枝岛国（纪略）》，《万国公报（上海）》1875 年第 323 期；《皇洲春语：人数核算》，《画图新报》1891 年第 11 卷第 10 期。

⑤ 如汤爱礼，吴虹玉：《虹口同仁医馆年单》，《中国教会新报》1869 年第 18 期；《译北京医院清单》，《中国教会新报》1869 年第 44 期。

⑥ 如《各国近事：大法：进博物院人数清单》，《万国公报（上海）》1878 年第 520 期。

或报道。不过，与贸易有关的事项依然是关注的重点，同时人口统计也受到较多的注意。在当时的西方，统计成为人们观察、分析问题的一个有力工具，已应用于众多领域。这点，在传入中国的统计事例中能得到较为充分的体现。《万国公报》曾连续刊载《经学指南》，《经学指南》借用统计图表的形式，将一年按照中国的二十四节气分为二十四期，认为不同节气的每日早、中、晚均应采取不同的形式诵读不同的经书。[①]如果细加分析，《经学指南》显然不能被视为统计，但其几乎全篇借用了统计图表的形式来表述有关经书诵读的问题，也就从一个侧面反映出当时对统计的关注度。

表现统计的形式，这时呈现出多元化的态势，除了统计图表，还存在大量的相关新闻报道，也有一些具备一定深度的统计分析报告和少数利用统计数据、统计方法分析有关问题的文章。早在1873年，艾约瑟就以比较详尽的统计数据介绍了英国铁路的发展史，分析了铁路在客运、货运两方面带给英国的便利，以及铁路公司所负担的成本及获得的利润，并认为如果中国修筑铁路，必能促进煤铁等大宗产品的运输，降低运输成本，从而推动商业的发展，扩大民众的就业，国家税收因而也能得以增加。[②]1881年，在《万国公报》上发表的《论上海户口总数》分析、比较了从元朝至正年间到清朝同治年间官方统计的上海户口总数，文章认为上海户口总数很难确证，“即以本埠上海一县而论户口之册数，亦正难言矣”，更遑论积一千数百州县之全国户口总数了。[③]从该文的分析和介绍中可以发现，中国以往的统计数字不能确信，乾隆、嘉庆年间因摊丁入亩的影响，统计出来的数字差别巨大，统计单元也存在重大差别。美国人扑尔打曾游历日本，考察日本的工商业情形，经过统计分析后认为，日本的工商业已对美国构成了威胁：日本工人工资低廉而勤劳，再加上日本政府采取的产业政策，日本的工商业必将有更大的发展。他站在商战的角度，认为不能不对日本加以提防，并对美国国内雇用日本人而排斥华人的做法表示不解。[④]这样的例子还有一些。

① 《经学指南序》，《万国公报（上海）》1875年第325期。

② 艾约瑟：《铁路有益说》，《中西闻见录》1873年第10期；《续铁路有益说：下货价表附》，《中西闻见录》1873年第11期。

③ 《论上海户口总数》，《万国公报（上海）》1881年第630期。

④ ［日］古城贞吉：《美国人观察日本情形记》，《时务报》1896年第5、8期。

这些统计分析，至少在表面上与“政治算术”存在共通之处：均注重数字，均以统计分析法统揽全文。事实上，它们也确实程度不等地反映了西方现代统计的理念，是现代统计学在不同社会经济问题上的几个运用。

《列国岁计政要》的翻译出版，是一件值得提及的事情。1873 年[①]，江南机器制造总局组织传教士林乐知翻译英国人编的《列国岁计政要》[②]，1877 年，《万国公报》对其连续选登。该书汇集了各国关于大势的各项统计。[③]《列国岁计政要》的翻译出版，一方面便于人们了解世界各国的发展情势；另一方面也可以使人们了解一国大势统计所须掌握的要项以及如何表现统计结果。不仅如此，《列国岁计政要》还在一定范围内的中国人群中得到传播，它是中国官方机构组织翻译的，也得到了后世的认可。1897 年，周灵生又翻译并出版了英国人士咳咖路地编的《丁酉列国岁计政要》，在《知新报》上连续刊载，徐勤为之作序[④]，梁启超则在《时务报》上撰写《续译列国岁计政要叙》对其予以介绍[⑤]。《列国岁计政要》应是中国自西方引进的第一部统计类著作，而且它是由中国官方机构组织翻译出版的，它虽没有系统地介绍西方统计学理论或统计方法，却间接地传递了相关统计知识。1901 年翻译出版的《新译列国岁计政要》的日本编者明确宣称其书是一部年鉴，“然读者视为最新之年鉴，要亦未遑多让也”。[⑥]日本编者的这一论断无疑会对该书的译者、读者产生影响。如果将从日本转译的“年鉴”概念来套称 1873 年的《列国岁计政要》，则中国出现中文译本年鉴的时间可追溯至 1875 年，而编纂统计年鉴正是清末新政时期统计机构工作的最高目标。[⑦]

---

① 刘叔鹤先生认为该书翻译于 1870—1880 年间（参见刘叔鹤：《我国“统计学”一词的由来和西方统计学的传入》，《统计》1983 年第 4 期）。而依据《丁酉列国岁计政要例言、丁酉列国岁计政要目录》的记载，该书实翻译于癸酉年，即 1873 年（参见《丁酉列国岁计政要例言、丁酉列国岁计政要目录》，《知新报》1897 年第 24 期）。

② 《新出列国岁计政要书序并目录》，《万国公报（上海）》1877 年第 458 期。

③ 刘叔鹤先生认为这是对欧洲各国统计年鉴的摘要翻译（参见刘叔鹤：《我国“统计学”一词的由来和西方统计学的传入》，《统计》1983 年第 4 期）。

④ 徐勤：《丁酉列国岁计政要序》，《知新报》1897 年第 24 期。

⑤ 梁启超：《续译列国岁计政要叙》，《时务报》1897 年第 33 期。

⑥ 《新译列国岁计政要 • 原叙》，傅运森：《新译列国岁计政要》，白作霖，译，海上译社，1901 年。

⑦ 《宪政编查馆奏拟请饬令各省设立调查局并办事章程折 附片及清单》，《大清法规大全卷六》，台北：考正出版社，1972 年，第 303 页。

1897 年以前，报刊刊载的统计事例确实在一定范围内间接地传播了现代统计知识，但其影响所及十分有限，订阅这些报刊的中国人不是很多，而且他们关注得更多的恐怕不是这些统计事例所反映出来的间接统计知识。像黄宽那样亲身从事现代统计活动的中国人非常稀少。这种状况直到清光绪才开始改变。

1897 年《农学报》的创刊，对现代统计知识在中国的早期传播起到了比较重要的作用。一方面，该刊刊登了大量的日本人作的统计报告，这预示着中国人学习日本的开始。另一方面，一些人通过该刊及与日本作者的联系，对现代统计方法也有了一定程度的了解，并以此为基础开始了现代统计调查的尝试。

庚子后，大批中国人到日本留学。通过他们，统计学开始系统地输入中国。

就传播情况而言，日本学者横山雅男所给予清末中国统计学的影响当属最大。以横山雅男为代表的日本旧式社会统计学派，虽然也认识到统计数字的重要性，但其更强调对国家重要事情的记述（后文将对此有所论述）。这是整个日本旧式社会统计学派的理论特色，它深深地影响了清末中国的统计学和统计调查。

这个阶段欧美的统计事例也被大量介绍进来，还有人介绍了欧美的一些统计方法（如驻美商务随员梁士贻向国内绍介了美国统计局各种物品的分类法①）。

还应该指出的是，此段时期内，数理统计学的部分内容已在一定范围内获得流传。1880 年，华蘅芳和傅兰雅合作翻译了托马斯·伽罗威所作的《大英百科全书》中“概率论”的词条，并定名为《决疑数学》。由于担心此书不能被人接受，直到 1896 年才由周学熙资助首次刊刻。这次刊刻，流布甚稀。②《决疑数学》是西方传入我国的第一部概率论专著，介绍了概率论中的极限定理、大数定理、正态分布、最小二乘法等知识。③《决疑数学》在问世后的十几年内影响甚微，但后来渐渐引起了人们的重视，清末民初甚至被作为教科书使用。Merriman 的《最小二乘法》也于 1910 年被顾澄翻译、引进过来。④不过，影响清末中国统计局面

① 梁士贻：《美国统计局各物分类法》，《商务官报》1907 年第 12 期。

② 王幼军，Andrea Bréard：《统计学在近代中国的演变——从社会统计到数理统计》，《上海交通大学学报（哲学社会科学版）》2010 年第 3 期。

③ 郭世荣：《西方传入我国的第一部概率论专著——〈决疑数学〉》，《中国科技史料》1989 年第 10 卷第 2 期。

④ 同②。

的当属日本统计学。这点，应无疑问。

清末，统计学已走进了课堂。1902 年，京师大学堂章程规定，仕学馆第三学年理财学门开设统计学课程。[①]1904 年，颁布的大学堂章程将全国大学分为八科，规定政法科大学政治门开设全国土地民物统计学。[②]1907 年 3 月，学部奏请设立京师法政学堂，计划设预科、正科、别科三种学制，其中，正科分政治门、法律门两种专业类别，政治门所开的课程中就有统计学。按照计划，统计学应于第三学年开讲，每星期有两个钟点的课程量。[③]学术界目前还没有确切史料说明京师法政学堂是否已开设统计学课程，国家第一历史档案馆的有关资料则可以证明北洋高等巡警学堂至迟 1909 年开设了统计学课程。[④]通过国家一档馆藏的刘振华统计学毕业试卷及相关分数册，可以判断出北洋高等巡警学堂所教统计学课程的部分情形及当时学生的学习情况。为了顺利推进统计工作，一些地方还开办了统计学培训、研讨机构，如吉林设立了统计学会[⑤]，直隶、奉天开设了统计讲习所[⑥]，湖北则计划创建统计学研究所[⑦]。有人根据现实统计经验及统计中存在的问题，结合统计工作的一般要求，对现实工作中的统计方法作出比较全面的、系统的批评、讨论和总结，其成果可称为“实用统计学”。如涂景瑜的《统计学讲义》[⑧]即是如此。

---

① 北京大学，中国第一历史档案馆编：《京师大学堂档案选编》，北京：北京大学出版社，2001 年，第 155—157 页；陈明智：《清末统计学译著〈统计通论〉研究》，东华大学硕士学位论文，2013 年，第 40 页。

② 陈元晖主编：《中国近代教育史资料汇编：学制演变》，上海：上海教育出版社，2007 年，第 355—356 页。

③ 《筹设京师法政学堂酌拟章程折》，《学部官报》1907 年第 14 期。

④ 中国第一历史档案馆藏有一份《北洋高等巡警学堂刘镇华统计学毕业试卷》（1910 年 1 月 9 日）（民政部档，21-0866-0077）。依据该档，刘镇华参加统计学考试的时间是 1910 年 1 月，其接受统计学课程教育的时间至迟应发生在 1909 年下半年。该馆另藏有一份《统计学课程考试成绩册》（民政部档，021-0856-0210）和《北洋高等巡警学堂毕业生统计学考试分数册》（民政部档，21-0866-0140），两者均未注示时间，从标题看，前者没有列明是哪所学校，后者则标明是北洋高等巡警学堂。

⑤ 《吉林统计学会简章》，《现世史》1908 年第 4 号；《时闻：设立统计学堂》，《直隶教育杂志》1908 年第 6 期。

⑥ 孙建冰：《奉天的统计讲习所》，《兰台世界》工作版 2006 年第 21 期。

⑦ 《统计学设所研究（录神舟日报）》，《北洋官报》1911 年第 2739 期。

⑧ 涂景瑜：《统计学讲义》，《北洋法政学报》1910 年第 141—147 期。

进入民国后，中国统计学的理论来源开始发生比较大的变化。一方面，日本统计作品的影响依然存在，横山雅男的《统计通论》曾再版过几次；20世纪30年代，有泽广已、小林新和寺尾琢磨等人的著作也先后被翻译出版。对包括日本在内的许多国家的统计制度和一些具体调查，国民政府都曾加以程度不等的关注。另一方面，英美数理统计学派对中国的影响越来越大。国民政府成立后，数理统计学派的著作更是大量地传入中国。民国年间，比较重要的数理统计学译著有尤尔的《统计学原理导论》（1914年），鲍莱的《统计学原理》（1938年），爱尔窦登兄妹的《统计学原理》（1923年），金氏的《统计方法》（1929年），裘倍尔的《统计研究法》（1933年），瑟斯顿的《教育统计学纲要》（1933年），葛雷德的《心理与教育之统计法》（1934年），密尔斯的《经济和商务应用统计方法》，葛雷德的《实用统计学》（1932年），Whipple的《生命统计学概论》（1932年）等。

与此同时，中国学者编著的统计学著作也先后问世。其中较具代表性的有金国宝的《统计学大纲》（1936年），朱君毅的《教育统计学》（1926年），寿毅成的《应用统计浅说》（1923年），褚一飞的《统计学》（1947年），王仲武的《统计学原理及应用》（1927年），毛起鵕的《社会统计大纲》（1933年），朱祖晦的《统计学原理》（1949年），艾伟的《高级统计学》（1933年）等。

概略地说，数理统计学在中国的流传大约呈现出三个特色：第一，新旧数理统计学派的著作均有出版，但以新派为主，而且西方数理统计学一旦有了重大的发展，很快就会有人在中国予以介绍。第二，随着国外统计学专著的不断引进，国内学者编著统计学的也越来越多。第三，既有一般统计学原理的探讨，也有部门统计学的研究。

除了理论的引入这一前提性条件，统计学在中国欲成为一门独立的学科，组织化研究与传播主体也是必不可少的。这又主要表现为两个方面。

首先是学术组织的成立。1910年，有人在吉林成立了统计学会[①]，这恐怕是中国第一个统计学术团体。国民政府成立后，统计机关增设极多，而且增设过速，致使彼此分工不明确，工作易于重复；1930年2月26日，立法院统计处召集国民党中央及首都统计人员联席会议，会议呼吁设立中央统计委员会，倡导设立中

① 《吉林统计学会简章》，《现世史》1908年第4号。

国统计学社。3月9日，中国统计学社召开成立大会，发起会员25人，均为国内统计界著名人士。中国统计学社成立后，最有意义的工作即为审查统计名词共624个，出版有《统计译名稿》一书。①到1934年，中国统计学社会员共出版有关统计的书籍166种。此外，1930年前，国内成立的有关统计学的重要机构还有广东的统计研究社等。

其次是统计学进入课堂，统计学专业在大学正式建立。前文已指出，统计学于清末已经走进大学课堂。1907年，直隶设立统计学堂②，这是中国第一个专门培训统计学人才的机构。

进入民国，北京大学是有确切史料记载的较早开设统计学课程的学校，该校至迟在1918年开设了统计学和保险统计算学两门课程。有三个专业的学生必须修读这两门课程。其中，政治门的学生第二学年修读保险统计算学，第三学年修统计学，课程量均为每周2个小时；经济门的学生第一学年学习保险统计算学，每周学习3个小时，第二学年学习统计学，每周修读6个小时；商业学门的所有学生第一学年每周学习3个小时的保险统计算学，商科学生第二学年每周继续修读3个小时的统计学。③

其他较早开设统计学课程的大学有东南大学、南京高等师范学校、中央大学、广东大学等。东南大学至迟1922年开有教育统计学，由朱君毅讲授。④南京高等师范学校1924年前就已开有统计学课程。⑤中央大学1925年也已开有统计学的课程。⑥广东大学1926年前已开设教育测验与统计课程。⑦

此后，开设统计学的高校和专业越来越多。到1947年前，“我国各大学商学院、农学院、教育和师范学院内所设之各科系，率将普通统计学列为必修科，并将应用统计学——如经济统计学、商务统计学、农业统计学、生物统计学、教育统计学、

① 卫聚贤：《历史统计学》，上海：商务印书馆，1934年，第169—170页；《中国统计学社一览》，中国统计学社，1935年，第1页。

② 《设立统计学堂》，《直隶教育杂志》1908年第6期（总第70号），1908年5月14日。

③ 《民国七年最近改正国立北京大学规程》，版本不详。

④ 参见朱君毅：《教育统计学·自序》，朱君毅：《教育统计学》，上海：商务印书馆，1926年。

⑤ 参见《杨杏佛先生序》，王仲武：《统计学原理及应用》，上海：商务印书馆，1927年7月。

⑥ 参见艾伟：《高级统计学·序言》，艾伟：《高级统计学》，上海：商务印书馆，1933年。

⑦ 参见刘万镒：《教育调查统计法·自序》，刘万镒：《教育调查统计法》，广州统计学校，1930年。

社会统计学、政治统计学、生命统计学、医学统计学等——列为必修科和选修科；商学院之统计学系及其附设之统计专修科，教育或师范学院之教育及心理等学系，复将高等统计学列为必修科；统计学系或会计学系之统计组更将数理统计学列为必修科”。[①]

国民政府成立后，专门的统计培训机构也逐步建立。1929年，广东省政府设立统计讲习所。[②]1930年前，广州统计学校成立，同时，一些高校如中央政治学校和南开大学设立统计系。抗战期间，除中央大学原有统计系外，复旦大学商学院设立统计系，重庆大学商学院创建会计统计系。

① 薛仲三：《高等统计学·自序》，薛仲三：《高等统计学》，上海：商务印书馆，1948年。

② 参见秦古温编：《实用经济统计学总论》，秦庆钧会计师事务所，1931年。

第三节

从清末到民国：统计型调查的大量产生

调查和统计本是近现代人们认识客观世界的两大有力工具。在现实中，人们因统计而需调查，因调查而利用统计，调查和统计形成了某种形式的“同构”，“统计”和“调查”两个词也往往因此而被连用，称为“统计调查”或“调查统计”。

调查和统计常常互为一体，调查（收集材料）是统计的前半段，统计是调查的后半段。不过，这并不是说，调查和统计在任何情况下都密不可分，把统计作为后半段的调查数量虽然很多，但它们仅仅是各种调查中的一类。为了区别于其他调查，有必要对这类调查作一概念性的提炼。今天，人们对“统计调查”的使用已不那么严格，在很多场合，“统计调查”常趋于泛指一切调查。因而，用“统计调查”来指称这类调查已显得不甚恰当。与“统计调查”相比，我们宁可使用“统计型调查”这个概念。

所谓统计型调查，概略地说，是指以调查表作为主要工具，重在对调查所得进行统计分析的一类调查。其中，调查表可分为大纲式、图表式和两者混合式三种。[①]

① 史可京编著：《调查方法》，重庆：正中书局，1946年，第27页。

现代统计知识和统计学的传入与应用，给予中国现代社会调查最为直接的影响就是统计型调查的大量产生。从数量上来看，统计型调查成了中国现代社会调查的最为重要的组成部分。

纵而观之，统计型调查在中国近现代史上大致经历了三个发展时期。

第一个时期是清末十四年时期，可视为现代统计型调查在中国的肇兴时期。

前文已明确指出，在日本调查风气的影响下，在留日学生的推动下，清末中国迅速掀起一股现代社会调查的潮流。

但清末调查的肇兴起源于民间的倡导，民间个人及组织在清末也从事了大量的社会调查。可以说，民间人士及其组织是清末从事调查的一支重要力量。同时，清政府各级组织是清末调查的另一支重要力量。两者相较，清政府的调查无论是在规模上还是在影响上都要更胜一筹。

1908 年，清末新政改革进入“深水区”，宪政改革被提上日程。为了适应宪政改革，宪政编查馆奏请在各直省设立调查局，在各部院创立统计处。[①]根据这份被批准的奏折，清政府迅速在上下各级建立了统计机构。宪政编查馆下设统计局[②]，作为全国最高统计机构，统管全国统计工作。各部院设立统计处，负责本部院内部的统计工作和所管领域的全国统计工作。例如，民政部统计处职掌部属各厅司局处所、学堂应行统计事项，还负责全国民政统计工作[③]；而度支部统计处除了负责本部内部统计，由于财政工作事涉各部院和各省的岁出岁入问题，因而其也要负责统计各部院和各省的有关财政事项[④]。各省设立调查局，调查局分设法制、统计两科。法制科执掌本省一切民情风俗、民商事、诉讼习惯调查和行政沿习、地方法规调查；统计科负责外交、民政、财政、教育、军政、司法、实业、交通等统计。[⑤]司道及府厅州县各衙门则添设统计处，负责本衙门所管地

① 《宪政编查馆奏请饬各省设调查局折》《又请饬各部院衙门设统计处片》，《北洋法政学报》1908 年第 52、53 合册。

② 《宪政编查馆奏拟请饬令各省设立调查局并办事章程折 附片及清单》，《大清法规大全•卷六》，台北：考正出版社，1972 年，第 303 页。

③ 《民政部奏遵设统计处折（附清单）》，《东方杂志》1908 年第 8 期。

④ 《度支部奏定设立统计处章程》，《北洋法政学报》1908 年第 63 期。

⑤ 同②，第 304 页。

方的一切统计事宜。

清政府在创立三级统计行政机构的同时，也确定了上下联动的工作规程。宪政编查馆的统计局是全国最高统计行政机构，负责制定各种规章制度，颁发各种统计表式，规范全国统计工作，催收各部院统计处和各省调查局的统计报告，最终目的是要完成统计年鉴的编纂工作，并依据新政需要，奏准施行特定的统计调查。各部院统计处负责制定、颁发所管领域的统计表式，催缴各省、各机构相关统计报表，编成本部门统计年报（或年鉴），上报宪政编查馆统计局，并负责组织实施与本部院职能相应的临时特定统计。各省调查局负责本省的一切统计事项，收缴下属统计报告，按期编成统计报告上报宪政编查馆统计局，并按内容分类编纂财政报告、民政报告、教育报告、司法报告、交通报告等上报给相关部院。司道及府厅州县各衙门统计处负责本地方的统计，将统计结果按期上报给本省调查局。

这样，全国大体上形成了中央、省、地方三级统计行政体系。1911 年，因经费紧张，清政府决定裁撤各省调查局，改设统计处①，并因应对调查局的裁撤，变通调查办法②。虽然裁撤了调查局，但又设立了统计处，三级统计行政体系的格局没有太大的变化。

三级统计行政体系的创立，在中国统计史上是件具有标志性意义的事情。它标志着中国建立了现代统计行政管理体制，自此，统计工作成了这些部门的日常工作，这在中国统计史上是前所未有的事。以后的民国、新中国政府中的统计机构的上下层级关系与其有着某种渊源，至少在形式上具有相似性。而后人在研究中国的现代统计机构史时不能不追溯至此。不仅如此，清政府设置统计机构，多少也有点科学行政的味道，“我国统计之学萌芽方始，加以名称繁杂、册报参差根于习惯者，既当求画一之方，涉于弊混者尤应求真实之象，允宜规彼成式，逐渐求精，然后分门编辑为统计年鉴之刊，庶不致全涉影响之谈而可获参观之益”，“惟有仿东西各国成法，令各省分设调查局，以为臣馆编制法规、统计政要之助”。③

---

① 《又奏裁撤调查局设统计处片》，《内阁官报》1911 年第 52 期。

② 《准宪政编查馆奏裁各省调查局变通调查办法》，《东方杂志》1911 年第 3 期。

③ 《宪政编查馆奏拟请饬令各省设立调查局并办事章程折 附片及清单》，《大清法规大全•卷六》，台北：考正出版社，1972 年，第 303 页。

概略地讲，三级统计行政体系创立后，中央、省及地方的统计机构均有大量的统计事实发生。只不过有的部院、省、地方做得好些，有的做得差些，还有的没有留下什么证据，因而也就不能证明或否定它们从事过统计工作。

从中央层面来讲，宪政编查馆曾颁布统计表总例，并拟定民政、财政统计表式[①]以规范、推动全国相关统计工作，一些部院（如陆军部[②]、邮传部[③]、理藩部[④]、外务部[⑤]等）也制定了相应的统计表式。有资料证明，邮传部曾按照要求至少完成了三个年度的统计报表；农工商部、法部至少完成了两个年度的统计报表；陆军部、大理院、理藩部至少完成了一个年度的统计报表。根据一些部院拟定的统计处章程和有关年度统计报表的奏折，它们的统计内容非常详细、庞杂并成系统，其结果基本上能使人对该部院及其工作对象有个概略的认识。如陆军部章程就认为，军事至繁，统计愈琐。它将陆军部须统计的事项分为十二大纲，每一大纲内又分子目若干，而有些子目内的分目还特别多，得“随时增订”。其第一部纲子目凡七，包括沿革、官制、员名、文报、兵卫、夫役、经费；第二新军子目凡二十八，包括官职、编制、俸饷、区域、建设、人员、法规、枪炮、药弹等。[⑥]又如，农工商部第一次统计表册共有总表四种，分表四十九种，还有职官、经费、各局所办事员各一表，全部成果装订成六册呈报御览。[⑦]有些部院的统计除了具有日常性质，还要为特定的新政改革服务，因而又有某种临时性。如度支部推行的财政统计即是如此，“清理财政者为筹备立宪之权舆”，“臣部现拟章程，是以有划分年限

---

① 《宪政编查奏定统计表总例》；《宪政编查馆奏拟定民政财政统计表式酌举例要折》，《大清法规大全·卷六》，台北：考正出版社，1972 年，第 343—393 页。

② 《陆军部奏催前经调查统计事件并拟发统计报告表式折》，《大清法规大全·卷六》，台北：考正出版社，1972 年，第 332 页。

③ 《邮传部奏遵设统计处拟定章程表式折并清单》，《大清法规大全·卷六》，台北：考正出版社，1972 年，第 335 页。

④ 陈毅：《藩政统计表式解说》，《西北杂志（北京）》1912 年第 1 卷第 1—2 期，1913 年第 1 卷第 4 期。

⑤ 《外务部咨行各省填注统计表式》，《大清法规大全·卷六》，台北：考正出版社，1972 年，第 395 页。

⑥ 《陆军部奏遵设统计处酌拟现时办法折 附片并清单》，《大清法规大全·卷六》，台北：考正出版社，1972 年，第 327 页。

⑦ 《农工商部奏遵设统计处编成第一次农工商统计表册折》，《大清法规大全·卷六》，台北：考正出版社，1972 年，第 335 页。

截清旧案之议，旧案既以截清，新章尚待厘定，不事调查何所依据。臣部现拟章程，是以有调查出入款项之议”。[①]为了整顿、清理财政，度支部在全国范围内进行了财政统计，而财政统计恰恰是度支部统计处工作职责之所在。

一些行省和州县也做了大量的统计工作，其中有的做得还比较细致。

应该说，清政府三级统计行政机构都做了大量的工作，也取得了一定的成效，可惜的是，清廷设立统计机构时所确定的业务上的最终目标——编纂《统计年鉴》直至其统治终了都没有实现。

整个新政时期，清政府上下各级组织从事了大量的社会调查，仅中央部门下令举行的全国性的调查就有民政部的户口、民情风俗调查，宪政编查馆、修订法律馆的民商事习惯调查，矿政调查局的矿务调查，度支部的财政和币制调查等。各部门还进行了一些与其职务相应的调查，如修律大臣对司法的调查、农工商部的茶务调查、学部的学务调查等。各地方政府也进行了一些调查，如天津为实行自治而举行的调查，广东有关地方情形的调查等。清政府的调查范围是非常广泛的，直隶调查局法制科的吴兴让曾针对宪政编查馆奏定的各省调查局章程提出疑义，认为其规定的调查范围太过宽泛。[②]

自肇兴之初，中国现代社会调查就富有统计的特色。笔者在晚清期刊全文数据库中所收集到的939篇国内调查报告，多数调查均可归类为统计型调查。

第二个时期是北洋政府统治时期，这是一个统计型调查不均衡发展的时期。

一方面，政府机构的统计调查工作处于相对消沉的阶段。民初，北洋政府承袭清末遗制，在各部设有规模不大的专门统计机构，唯有财政部的统计业务由他科兼办。民国三年（1914年），总统府政事堂设主计局。民国五年（1916年），总统府政事堂撤销，恢复国务院设置，院内设统计局，为全国最高统计机关。[③]在其统治时期，北洋政府中央各部门举行过一些调查，其中比较著名的有，1912

① 《度支部奏遵拟清理财政章程折》，《大清法规大全・卷六》，台北：考正出版社，1972年，第317页。

② 吴兴让：《各省调查局章程释疑》，《北洋法政学报》1908年第55册。

③ 朱君毅：《民国时期的政府统计工作》，北京：中国统计出版社，1988年，第1—2页；莫曰达编著：《中国近代统计史》，北京：中国统计出版社，2006年，第29—30页。

年开始的全国性人口调查和农商部主持的全国农商统计，以及财政部驻沪调查处为修正税则而从事的物价调查等。地方上，江苏和山西两省的调查统计工作做得稍好些。总体来说，这段时期政府部门的调查统计成绩有限。

另一方面，高校、科研单位及学者个人的学术性调查（后文详解）开始崭露头角。这类调查主要有，1917 年狄特摩（Dittmer）指导清华学生在北京西郊对 195 户家庭生活费进行的调查（调查成果以 *An Esitimate of the Standard of Living in China* 为题发表在哈佛大学季刊上）；1918 年狄特摩指导的清华学校校役调查；1918 年至 1919 年间甘博和步济时模仿美国春田（Springfield）调查方法对北京的调查（调查成果在美国发表，名为 *Peking: A Social Survey*，其内容包括北京的历史、地理、政府、人口、健康、经济、娱乐、娼妓、贫穷、救济和宗教等项，这个调查可以说是中国第一个城市概况调查）；华洋义赈会委托戴乐仁主持的乡村调查；金陵大学卜凯教授指导的安徽芜湖、河北盐山农家经济调查；陈达教授指导的成府村、湖边村调查；李景汉指导的北京郊外农家调查等。其中，陈达是我国独立作此类调查的先锋。①

第三个时期是国民政府统治时期，它可说是中国现代统计型调查的勃兴时期。

首先，数量巨大。笔者在民国期刊全文数据库中共搜得 1927—1937 年间社会调查报告 7632 篇，其中统计型调查报告不在少数。

其次，从事调查的主体非常广泛。

再次，水平较高、为人称道的成果很多，《民国时期社会调查丛编》及其《二编》《三编》中所收藏的作品有许多是属于这一时期的成果。此外，还有一些因篇幅等原因未能收集于内的成果水平也很高，这里就不一一列举了。这些作品中的代表作如《定县社会概况调查》《中国人口问题》等，至今仍被国内外学术界公认为经典之作。

最后，这个时期的调查所及可以分属社会生活的不同部门，范围极其广泛，内容极为丰富。同时，还出现了学科性很强的调查，如一些医药卫生调查等。

---

① 陈达：《社会调查的尝试》，《清华学报》1924 年第 2 期；《生活费研究法的讨论》，《清华学报》1926 年第 2 期；张世文：《论中国农村社会调查运动发展之途径》，《华西乡建》1947 年第 4、5 期合刊；刘育仁：《中国社会调查运动》，燕京大学学士学位论文，1936 年。

第四节

调查观念的发展变化与统计

不同性质的统计学的传入和统计知识的应用使中国社会调查的面貌发生了很大的变化，深层次的调查观念的变化即为其重要的表现。自清末至国民政府统治时期，中国的调查观念经历了一个逐步发展变化的过程。

中国传统上不甚讲究精确的数字，清末美国传教士明恩溥的名著《中国人的特性》将“不求精确”视为中国人的重要特色。五四时期，胡适发表的《差不多先生传》一文，就专门对这一特性进行辛辣的针砭。20 世纪 20 年代，著名社会学家李景汉先生留学美国时曾碰到一件大受刺激的事，一次课堂上美国教授询问各国的人口，在座的留学生都能回答出各自国家的人口数字，唯独李景汉不能，他深感耻辱，决定回国后即投身中国的社会调查事业。

清末的统计调查收集了大量的数字化材料，但其准确性不高。相对而言，那时的调查者并不十分注重数字的准确性，却比较强调社会实情的调查研究和问题真相的探讨。

1909 年，《宪政编查馆奏定统计表总例》（以下简称《总例》）对清政府各级组织应予统计的项目作了粗略的列举，其中有关各种费用的项目很多，这无疑将涉及数字的问题。该《总例》也要求各级政府必须“据实明报”“据实添注”“据实列表”，但这只是笼统的规定而已。《总例》对准确数字的获得，并未规定更多的保障措施，而且《总例》在某些项目下也常写有“略举大概”的字样。[①]作为指导全国统计工作的《总例》尚且如此要求，其全国统计工作之实况也就可想而知了。

当然，清末调查不重视数字的准确性，是相对于民国时期且是就其总体状况而言的。实际上，当时已有人比较清醒地意识到统计数字的重要性。如陈威曾对铁路统计进行专论，指出“事物之盛衰消长，有藉数字之排列而得知之者，则统计尚矣”，“铁路事务，其繁复冠各业，藉非统计，则其财产之增减，工农业盛衰不易考见”。[②]这里，陈威将数字的统计看成发现事物规律的一个重要工具，说明其对统计的重要性已经有了比较深刻的认知。

清末时期，人们强调对事物的调查了解，而相对不太重视统计数字的准确性。之所以会出现这种状况，除了国民性方面的因素，与下述两方面的因素也密切相关。

一方面，这种状况契合当时的中国国情。清末中国人引进现代统计，更多的是受到现实刺激，是要为现实尤其是新政服务，所以他们推行统计首先是要了解事物的大概情势，好为决策提供依据，而不是欲对事物进行细致入微的分析研究。中国当时还缺少推行、从事数理统计的人才，留学生大都前往日本，而很少有人前往欧美。他们选学的专业大多与法政、经贸有关，而且日本那时似乎也很少有人从事概率论的教学和研究工作；有人曾统计日本当时比较流行的数学书籍，里面几乎没有概率论方面的书。[③]

另一方面，与清末调查统计的理念和方法的来源有关。清末的统计调查深受日本的影响[④]，而日本又受德国的影响[⑤]。从清末统计学在中国流传的情况来看，影响中国的应是德、日两国旧式社会统计学派。以横山雅男为代表的日本社会统计学派，虽然也认识到统计数字的重要性，但其更强调对国家重要事情的记述。与数理统计学派相比，他们对数字的重视程度要弱得多。这是整个日本旧式社会

① 《宪政编查馆奏定统计表总例》，《北洋法政学报》1909年第104册。

② 陈威：《铁路统计略述》，《交通官报》1910年第8期；叶士东：《试论清末的铁路立法思想——以铁路总务为中心》，《新乡师范高等专科学校学报》2002年第1期。

③ 《日本数学书目》，《亚泉杂志》1901年第8期；《日本算学书目》，《亚泉杂志》1901年第10期。

④ 李章鹏：《清末中国现代社会调查肇兴刍论》，《清史研究》2006年第2期。

⑤ ［日］高野岩三郎：《统计谈》，《法政杂志（东京）》1906年第3号。

统计学派的理论特色。

横山雅男虽然认识到统计学是与数字有关的一门学问，但如果将其著作《统计通论》与几乎同时问世的英国学者鲍莱的《统计学原理》进行比较，就会发现其中的差别。《统计学原理》几乎全篇幅地探讨数理统计的原理和方法，而《统计通论》只以不到二十页的篇幅介绍了一些数学问题，介绍的也仅仅是大数法则和比例、平均数问题，其关注的重点并不在于对统计资料进行数字分析。[①]而以比例、平均数分析问题，中国古已有之。这点也使得中国人易于接受日本的社会统计学。横山雅男曾将当时世界上的统计学派概括为“数学派”和“记述派”两派，他认为以德国的康令、渥天华为代表的记述派是以叙事体记述现在的情状或国家显著之物为主，纵使使用数目字，也“不过省言语之烦，图其简便而已”。即便有数字之比较，亦仅仅是便宜行事。以统计数字透过现象探索事物的规律，不是其目的所在。他认为这两派各有所长，宜兼采二者之长，将二者合为一体。[②]但如何将两派结合起来，横山雅男在《统计通论》中并没有提供明确答案。因此，他的统计学理论和观点在中国的应用，导致中国当时的调查统计具有更多的“记述派”特色，也就毫不足怪。

民国初期，中国人的调查观念开始有了新的变化。一方面，数理统计学开始传入中国，具体情况详见前文所述。另一方面，一些高校、科研机构内崇尚数理统计方法的英美籍教授从学科需要出发，开始带领中国学生从事实地调查。这时，也有少数从欧美留学回国的学者被聘进各个高校、科研机构。他们先是跟随英美籍教授从事调查，积累一定经验和学识后，也开始独立地指导学生进行调查。此类调查的著名事例，前文已作列举，这里不再重复。与清末调查相比，这些调查表现出明显的不同：首先是注重材料的准确性；其次是注重对材料进行系统的统计分析。

国民政府鼎兴后，这种精确调查的理念又得到进一步强化和发展。此时大量留学欧美的统计学人才及相关专业人士回国，连同国内高校培养出来的相关人才，他们分布于高校科研机构、政府机关或其他部门等社会的各个角落。他们或在课

---

① ［英］鲍莱：《统计学原理》，李植泉，译，长沙：商务印书馆，1938 年；［日］横山雅男：《统计通论》，孟森，译，上海：商务印书馆，1931 年。

② ［日］横山雅男：《统计通论》，孟森，译，上海：商务印书馆，1931 年，第 53—55 页。

堂内外向学生讲授统计学最新研究成果，尤其是数理统计学的最新发展，带领学生实地调查，培养学生的实际动手能力；或发表、出版有关统计学理论、实地研究成果的论著，扩大数理统计在社会上的影响；或在其他岗位上，应用数理统计学从事实际的调查统计工作。

应该指出的是，有许多高校院系，如金陵大学农业经济系、南开大学经济研究所，经过多年的教学实践形成了秉持精确理念从事实地调查的习惯，它们培养出的学生也十分重视精确的实地调查研究。

对准确的数字统计，国民政府至少表面上也是非常重视的。孙中山在《建国大纲》中有调查人口、测量土地之议，国民党将之奉为圭臬。1929 年 8 月 1 日，国民党中央执行委员会常务委员会通过并颁布了《社会调查纲要》，规定的调查统计内容共有十大方面，几乎涉及社会生活的方方面面。[①]国民政府行政三联制的设置，更是将统计数字的收集提到一个非常高的地位。针对其统治之初行政管理的混乱，国民政府建立了联综组织和超然主计制度。[②]后来，又逐步树立科学行政观念，而科学行政观念的落实有赖于行政三联制的确立。所谓行政三联制，即“行政之计划、执行与考核三者连贯实行”，“拟订行政计划所根据之资料，为过去执行考核之结果；行政之执行系根据计划，逐步实施，行政考核则以计划为本，对执行之客观判断”。[③]要达到设计切实、执行有效、考核公平之目的，统计的应用就是必须的。[④]具体地说，统计“不独可据以决定施政之方针与审核各机关之预算与决算，兼足以充实各机关工作报告之内容，明确表现本机关施政之经过与所得之成绩，与使上级机关便于考核下级机关之成绩与工作之进度，故于行政三联制中设计执行考核三种工作之实施，均极有裨益”。[⑤]

在诸多合力的作用下，中国在 20 世纪 30 年代逐渐形成了一股重视精确调查的风气。

---

① 《中央常会通过之社会调查纲要》，《统计月报》1929 年第一卷第 7 期。

② 朱君毅：《民国时期的政府统计工作》，北京：中国统计出版社，1988 年，第 11—16 页。

③ 吴大钧：《统计与行政三联制》，载《统计与行政》，版本不详。

④ 朱君毅：《中国政府超然统计制度》，《统计月报》1947 年第 5、6 号合刊。

⑤ 《中央政府公务统计方案纲目》之说明、《地方政府公务统计方案纲目》，国民政府主计局统计处编印，1941 年。

不仅如此，当时这种精确调查背后的理论基础——统计学的科学工具之功能，还得到了特别的强调。进而，使用统计方法进行的调查即被视为是科学的。统计学者中宣扬统计学科学工具功能的人很多，如著名的教育学家和心理学家艾伟就声称："统计学乃科学的科学"，"许多社会科学如经济学、社会学等是因为经过了统计的整理，得了可靠的量的结果始成为科学的"，"就是未成立的科学在经过统计学的洗礼以后也成为科学了"。[①]朱君毅也指出："今则各种科学，凡有可量之事实，以供研究者，莫不需统计之方法，如天文学、地质学、生物学、气象学、物理学、化学、人口学、社会学、人类学、经济学、心理学以及最近教育学皆是也。"[②]许多知名的调查专家则从社会调查的角度强调统计学科学工具功能。李景汉就认为："社会调查，是以有系统的科学方法，调查社会的实际情况，用统计方法，整理收集的材料（包括制表绘图、求得百分比、平均数等项），分析社会现象构成的要素。由此洞悉事实真相，发现社会现象之因果关系。"[③]在他看来，这样的调查应可视为科学的调查了。李景汉的这种看法，不仅为众多实地调查者所认可，通过一定途径还获得了其他界别人士的普遍认同。晏阳初就曾表达，希望要"多有这一类的工作实现，使我们更能走上科学化的建设之途"。[④]依据晏阳初的观点，这样的调查不但是科学的，而且是乡村建设科学化的前提。事实上，定县实验区也是这么对外宣传的。依据廖泰初的推算，自 1932 年度起，每年到定县实验区的参观者不下三四千人。[⑤]之所以每年都有这么多人到定县实验区参观，正是因为定县乡村建设美名在外，获得了社会的认可，而这一切都被认为是有赖于"科学"的社会调查。

于是，进行精确的调查，在调查界似乎一时形成了一种"话语霸权"，以至于布朗、吴文藻等人在为社区研究争地位时，不得不对其大加挞伐，认为统计得到的事实大都以数目字表述，它们呈现出来的只能是单纯的现象和零碎的事实；

---

① 艾伟：《高级统计学》，上海：商务印书馆，1933 年，第 1、3 页。

② 朱君毅：《教育统计学》，上海：商务印书馆，1926 年，第 3 页。

③ 李景汉：《实地社会调查方法》，北平：星云堂书店，1933 年，第 10 页。

④ 晏阳初：《定县社会概况调查·晏序》，李景汉编著：《定县社会概况调查》，上海：上海人民出版社，2005 年。

⑤ 廖泰初：《第四章：六年计划最近工作情况——农村建设时期》，《定县的实验——一个历史发展的研究与评价》，燕京大学硕士学位论文，1935 年。

统计调查不注重对社会作整体或全面的考察，所考察的也只是物质事实，对行为和心理事实统计调查则往往无能为力；统计调查的目的是为社会改良服务的，而不是为了发展学术理论而做的，所以它只注重静态的事实而不去深究社会事实存在的原因等。[①]布朗、吴文藻等人还大力提倡社会学调查，即社区研究，实际上是间接地否定了统计调查在社会学中被过分强调的重要地位。

在当今“数字化生存”的危险性已越来越得到人文社会科学家了解的情况下，人们对吴文藻等人的“社区调查”当然容易付诸更多的同情。然而，数字精确化的努力虽有自身的重大局限，却是认知走向科学的一个重要前提。社区研究派的代表人物费孝通的《禄村农田》，也曾使用大量的统计资料，可以间接地说明这一点。

---

① 参见吴文藻：《现代社区实地研究的意义和功用》，《北平晨报》副刊《社会研究》第66期，1934年12月30日；《社区的意义与社区研究的近今趋势》，《社会学刊》1936年第5卷第1期；《中国社区研究计划的商榷》，《社会学刊》1936年第5卷第2期；赵承信：《社会调查与社区研究》，《社会学界》1936年第9卷；李有义：《从社会调查到社会学的调查》，《天津益世报》1937年6月30日；周叔昭：《从洞察论到统计方法的得失》，《社会研究》第70期，1935年1月30日。

第五节

统计型调查在中国的专业化过程及其表现

欧美工业化以后，社会分工越来越细，社会问题也越来越多，社会出现部门化的倾向，而科学也愈益专业化。与此相应，作为科学工具的统计学，除了一般原理研究，将其应用于具体部门，则会产生某部门的统计，即工业统计、农业统计之类；将其应用于某门学科的探讨，即会产生如人口统计学、经济统计学等专业的统计学 。①

与统计学专业化、部门化相应，社会调查也有一个类似的问题。就内容而言，民国时期既有社会概况之调查，也有社会生活各个部门之调查。可以说，调查的对象涉及社会生活的方方面面。就方法而言，民国时期既有一般调查方法方面的书籍或文章出版或发表，也有专著或论文就某特定社会部门的调查方法作专门的探讨。而且，由于调查与统计的关系相当密切，有些学者论述特定部门的统计方法时，在很大程度上也就说明了相关的调查方法。就调查的实际情况而言，一些

① 参见美国哥伦比亚大学教授葛雷德等统计学家之说。[美]葛雷德：《心理与教育之统计法·导言》，朱君毅，译，上海：商务印书馆，1934 年。

科研机构、高校院系、学者个人或群体，依据调查对象及所属学科背景，遵循学科规范，从事了大量的统计型调查。这些调查专业性强，学科特色鲜明。有些高校的院系，如燕京大学社会学系、南开大学经济研究所、金陵大学农业经济系，由于重视并长期坚持实地调查，形成了较为独特的学科建设特色。它们的调查所得之可靠性，也因其严格遵循学术规范，而获得世人的肯定。不仅如此，这些专业化的调查还形成了与其学科背景相适应的比较一致的研究路径。布朗、吴文藻等人对社会学界已普遍存在的调查类型展开了强力批评，把原先的调查类型称为"社会调查"，而称自己所提倡的为"社会学调查"。[①]很显然，他们是要针对"旧"的范式，提倡一种新的研究范式。

不可否认，中国现代调查史上确实存在着专业化的现象。然而，并不是所有的调查都可称得上是专业性的调查。依据调查成果的专业性强不强，我们可以将统计型调查区别为一般的统计调查和专业化的统计调查。两者之间最简单的区别，就在于其对调查对象有没有进行学理的分析。

清末统计型调查传入中国之初，专门化的倾向就已存在。不过在清末，几乎所有的调查对其考察对象都缺乏较为深入的分析。因此，其调查总体上还是属于一般的统计调查，而且是受日、德旧式社会统计学派制约的一般的统计调查。

民国初期以后，西方数理统计学的影响逐渐加强，具有不同专业背景的人，从其学科需要出发，秉持精确调查的理念，选择不同领域从事实地调查。依据调查者的学科背景和调查的领域，我们可以将这些调查区别为不同专业的调查，如人口学调查、农业经济学调查、社会学调查、教育学调查等。20 世纪 30 年代，追求精确化的统计型调查已逐渐形成一种风气，其影响也越来越大。它不仅支配了一般的科研院所，也对国民党政府的调查统计工作产生了直接影响，国民党各级政府所从事调查的有些部分，便可归入相应的专业调查范围之内。

① 参见［英］拉得克里夫·布朗：《对于中国乡村生活社会学调查的建议》，吴文藻，译，《社会学界》1936 年第 9 卷；吴文藻：《中国社区研究计划的商榷》，《社会学刊》1936 年第 5 卷第 2 期。

（一）一般的统计调查之历史

整个清末民国时期，一般的统计调查很多。清末的户口普查，从其保存下来的有限原始资料和二手材料[①]来看，应可判断这次调查属于一般的统计调查。而北京政府内政部主持的全国性人口普查、农商部主持的全国农商统计以及 1928 年国民政府举行的人口普查，更可称一般的统计调查的典型。

1912 年，北京政府承续清末的户口调查，在全国范围内进行了一次人口调查，广东、广西、安徽等省未曾上报。这次调查的结果，在民国五年、六年由内务部统计科陆续出版。调查项目包括现住户口、现住人口的性别及年龄别的各项人数、男女合计数、现住人口的职业分类各项人数等。除了人口数据，调查还涉及土地面积、山川、河流等地理数据。[②]

1913 年，北京政府农商部甫一成立，即制定了农商统计表式下发各省，对全国农、林、渔、牧、工、商、矿状况进行调查。各省区县知事或道尹查报并经各省省长及特别区域公署汇报农商总部，京师内外城各业由京师警察厅调查报告。这种情况一直持续了十年，每年都有进行。[③]民国十年（1921 年）的农商统计表，由于受时局的影响，汇报到部的仅有六省区，所以农商部总务厅统计科将之附入《第九次农商统计表》之后。[④]农商调查历次的内容可能有微小变化，个别表式可能也有调整，但就其结果的编排形式来看，调查的对象大同小异，均可分成农业、森林、渔牧、工业、商业、矿业和附录等几大类。在最后的汇总表中，表内事项均附累年比较表。

---

① 这些材料分别是：《中国经济年鉴·人口》（实业部中国经济年鉴编纂委员会编，上海：商务印书馆，1934 年）；《民政部户口调查及各家估计》（王士达著，《社会科学杂志（北平）》1932 年第 3 卷第 3 期；1933 年第 4 卷第 1 期）。

② 米红，李树平，胡平，等：《清末民初的两次户口人口调查》，《历史研究》1997 年第 1 期；文静：《对清末民初两次人口调查的分析（以当时新疆人口为中心）》，《西北史地》1998 年第 4 期。

③ 参见历次《农商统计表》的凡例。农商部总务厅统计科编：《农商统计表》，上海：中华书局，1916—1924 年。

④ 农商部总务厅统计科编：《第九次农商统计表·凡例》，上海：中华书局，1924 年。

1928年国民政府内政部有感于“一切政策实施标准，均有赖于户口始可确定”，乃颁布表式，通令各省民政厅遵照办理。部颁表格系由警政司设计，但各省所用表格与其不尽相同。内政部颁发的表格共有七种，第一种是调查陆上人口用的；第二种是调查水上人口用的，其余依次是寺庙用的，公共处所用的，普通户口与外国人寄居中国户口统计表，船户、寺庙和公共处所户口统计表，以及户口变动统计表。1928年，完成调查并报部者有八省四特别市，1929年调查完毕者有四省一市。由于调查的事项比较繁杂，而各省调查方法不尽一致，所以内政部在编制最终成果时只能择其重要者，如户数、男女口数、男女学童数、壮丁数、有职业人数及外国户口六项，其他如国民党党员人数、残疾人数等都未能列入。①各地调查的时间互相参差，调查的内容和表格不尽完善，各地调查方法未能一致，初级统计和审查工作由县政府负责容易发生错误，均是这次人口普查在方法上的主要不足。②

专业化调查和精确调查的理念也逐渐给一般的统计调查施以影响。一是导致人们对统计数字准确性的要求更高了。这不仅包括有关人口、土地等基本国情方面的统计数字，也包括其他方面的统计数字。二是使得某些一般的统计调查也出现了专业化的倾向。如抗战时期云南环湖示范区的人口调查，若将调查所得内容依以往政府惯例造册上报或公开发表，即为一份典型的一般统计调查报告，但经陈达之手整理后，则成为一部水平很高的人口学专著。③

（二）专业化的统计调查之演进

日益成熟的统计学和相关学科知识，共同规范、制约着专业化的统计调查在中国的发展。

① 《民国十七年户口调查之始末》，内政部统计司编：《民国十七年户口调查统计报告》，内政部总务司，1931年。

② 黄钟：《评民国十七年我国全国人口调查的方法》，《统计月报》1933年第14号。

③ W. F. 奥格朋：《现代中国人口·导言》，陈达：《现代中国人口》，廖宝昀，译，天津：天津人民出版社，1981年，第4页；廖宝昀：《现代中国人口·译后话》，陈达：《现代中国人口》，廖宝昀，译，天津：天津人民出版社，1981年，第120页。

不同专业的统计调查因其同属统计型，从而表现出较强的共同性。概略地讲，其共同性主要表现在两个方面：第一，它们都依赖统计学的大数律，都使用数学分析工具如频数、平均数、离散度、偏斜度等，都十分强调统计资料的精确性，而这是进行正确的统计分析的前提。第二，它们的调查统计过程相似，调查结果的表现形式也很相似，均有大量的统计图表，均对调查对象进行数字的统计分析。

1913 年左右北京社会实进会从事的人力车夫调查，可以说是中国最早的社会学意义上的社会调查，也可以说是中国最早的专业化统计型调查。

1928 年燕京大学社会学系对清河的调查，则可称得上是专业化统计调查引入中国社会研究实践的典型代表。这年，美国洛氏基金会捐给燕京大学社会学系 2000 美元，资助该系的教学和科研工作。该系负责人许仕廉等觉得对一个特定地区进行定量分析应该更具有学术认知价值，于是调查的地点最后确定为清河。他们随即组织了以许仕廉任主席、杨开道为秘书的管理委员会，并指定杨氏担任实际调查的指导者。调查组成员除了杨开道，还有张光禄、余协中和万树庸三名高年级学生。

在正式调查展开之前，他们先派遣一名成员对清河进行初步调研，并访问对清河全区概况了解得比较清楚的一些人。不久又指派两名成员到清河与当地领导进行联系，以确保调查的顺利进行。根据初步调查，并经反复商量，最后制定出包含 12 个问题的详细的调查大纲。这 12 个问题分别是历史背景，地理背景，生态关系，人口，家庭婚姻，经济状况，政治状况，教育状况，健康与卫生，宗教信仰，游戏，社会病态。虽有人建议将生活方式和社会的变迁作为调查的对象，但由于时间关系未能列入。在他们看来，社区必须作为整体来了解，因此邻近区域也必须作简要的调查，这可以为更详细的调查提供一个背景知识；各种各样社会组织的结构和功能也必须有个仔细的审查；家庭状况也须作系统的询问；每个人的年龄、性别应得到查询，以便确定年龄、性别与人口数量、构成及迁移之间的关系等。他们认为只有进行这样的统计调查，才能得到全面精确的事实。此外，由于清河是个商业小镇，店铺很多，他们除了调查普通家庭，还拟定了专门的表格对店家进行调查。

调查表是他们开展调查的一个基本工具，他们依据事先拟好的表格对被调查者进行详细的询问。在调查中，又不断地完善表格，先后对不适合地方情形的部分作了几次修改。[①]实地调查完成后，杨开道、许仕廉等人还对调查所得的内容进行了详细的统计分析。

清河调查大体上反映了一个专业化的统计调查的调查套路和过程，表明成熟的统计方法已在中国社会研究中发挥着越来越重要的作用。

因调查领域和学科背景的不同，不同专业的调查又表现出很大的差别。

首先是调查对象具有专属性。如人口调查，简单地说就是调查人口的数量和质量，具体包括人口总数、性别、年龄、职业、教育水平、婚姻状况、出生、死亡、迁移等。这里所说的专属，并不具有排他性。为了明了人口数量和质量，揭示其存在的问题及变动的规律，除了上面所说的人口要素，还可以调查一个地方的经济状况、民风民俗乃至整个社会状况。只不过作这些调查时，必须牢牢记住调查的目的，不可喧宾夺主。其他专业化的调查亦可把人口作为考察对象，尤其当考虑到人口是一个社会的重要基础时，更应如此。

其次是需要确立具有专业化的分析指标、理念和套路。这里仅以民国中期金陵大学农林科在芜湖的调查为例。这是一个典型的有关农场经营管理学的统计型调查。卜凯是这次调查的指导者。

在这次调查中，卜凯主要借助场主工价、农场赚款、家庭进款、家畜单位、生产工作单位、作物面积、作物亩等分析工具，将农户分为田主、半田主和佃户，凭借事先设计好的调查表，由事先经过专业知识训练的调查员调查农户、农场收入与支出的有关项目，最后通过分析比较各种类型农场的收和支，得出哪种类型的农场利润最大、哪种类型的农场利润最少的结论。[②]调查中，卜凯将劳力的消耗、生产工具和房屋的维修与折旧、土地等都看成生产成本。如果联系到卜凯等人的

① Leonar S. Hsu. *Study of A Typical Chinese Town*. Department of Sociology & Social Work, Yenching University, 1930, pp. 1—2. Cato Young & etc.. *Ching Ho: A Sociological Analysis*. Department of Sociology & Social Work, Yenching University, 1930, pp. 1—8.

② ［美］卜凯：《芜湖附近一百零二农家之经济的及社会的调查》，徐澄，译，《金陵大学农林科农林丛刊》，1928 年第 42 号。

其他调查，就会发现，卜凯农业经济学的调查代表了一种注重农场经营管理的调查套路。它从微观的角度阐述了中国各地不同的农场规模所具有的不同的经营效率，从宏观的角度揭示了中国各大农业区不同的土地利用形式及其对当地农户经济的影响。

同是农业经济学的调查，陈翰笙主持的调查则表现出不同的路向。与卜凯一样，陈翰笙也十分重视统计数字，但其调查重点紧紧围绕生产关系而展开，使用的分析方法是阶级分析的方法。与此相应，他依据农户的经济地位而不是所使用土地的来源将农户分成地主、富农、中农、贫农和雇农五类。运用阶级分析的方法，研究生产关系，并进而确定中国社会的性质，是陈翰笙农村调查的基本套路①，这也是民国时期农业经济学实地研究的又一路向。

应该指出的是，上文所说的一般的统计调查和专业化的统计调查都是建筑在统计学大数律基础之上的，使用的分析工具常常是频数、平均数等。建筑在差误常态律和小数律基础上的概率统计分析方法，民国时期已有或多或少的介绍。然而，就笔者所见，整个民国时期并未发生名副其实的随机抽样调查。

① 李章鹏：《20世纪二三十年代陈翰笙农村调查的历史考察》，《河北学刊》2006年第2期。

第六节

现代社会调查的发展对民国统计学学科建设的影响

由前文论述可知，统计学对中国现代社会调查产生了持续而深远的影响。那么，反过来，社会调查对民国时期统计学学科建设又发挥了何种作用呢?

近现代，中国人曾对世界统计学作过重要贡献。坦率地讲，在这个过程中社会调查并无多大的贡献。许宝騄、唐培经两人曾先后师从英国著名统计学家、伦敦大学教授皮尔逊学习统计学。许氏对多元统计分析的理论发展和内曼－皮尔逊（Neyman–Pearson）理论的构建作过重要乃至是奠基性的工作，唐氏则在非中心F分布对方差分析检验功效函数方面作出了贡献。[①]这些工作和贡献，都是他们在前人已有成果的基础上潜心研究的结果。社会调查对统计学理论贡献不大，应与数理统计学的基础是数学这一事实有关。

由于特殊的历史国情，中国的现代统计学一直处于引入的境地，引入、消化和应用乃是统计学学科发展的基本状况，能为学科理论发展作出贡献的人毕竟属

① ［美］文陈达：《许宝騄——中国统计学家的先驱》，张尧廷，译，《统计教育》2001年第1期；［美］T.W.Anderson：《许宝騄在多元分析方面的工作》，《数学的实践与认识》1980年第3期。

于少数。统计学的这种状况，恐怕也是其他许多学科建设的共相。

社会调查对统计学理论的发展贡献不大，但在中国统计学学科建设的过程中却发挥了一定的作用。

前文已简略地介绍了中国学者编著统计学著作的情况。在这些统计学编著中，朱君毅著的《教育统计学》和金国宝的《统计学大纲》应可代表当时统计学者所能达到的水平。朱君毅曾任国民政府主计处统计局副局长，先后执教于东南大学、清华大学、厦门大学等名校。《教育统计学》即为其在东南大学授课讲义的基础上改写而成，出版前又承著名心理学家、语言学家、后任燕京大学校长的陆志韦校正。[①]此书于1925年5月初版，至1930年共出版了六次。《统计学大纲》出版前，金国宝先后供职于上海中国公学、复旦大学、暨南大学、商科大学、政治大学及上海商学院等校，该书出版后，除了作者在各所高校使用，暨南大学的蔡正雅、上海法学院的褚凤仪也都将其用作教科书。[②]该书还被收入商务印书馆的大学丛书。至1950年，先后出了12版。

从某种角度来看，编著自己的统计学教材可以说是将统计学本土化的一种努力。这里面不仅体现了作者个人的语言风格，也包含了作者对内容的取舍，更是对严重依赖外国教材的现状的一种超越。这种努力，当是现代统计学在中国扎根的前提。

与他人相比，朱、金两人追求统计学本土化的自觉意识更强。

朱君毅在《教育统计学》凡例中，就曾声称："本书引例，多由编者从本国教育事实上采取。"[③]也就是说，朱君毅已经有意识地以中国的事例来说明统计学的一般原理和理论，这样更便于国人理解和接受。应该指出的是，由于与数学的联系非常密切，统计学具有很大程度的自然科学性质，其一般原理、理论也就具有某种普世性，而不太具备国别性和地方性，完全属于某个国家的统计学是不存在的。作为后发国家的中国，对统计学只能是先引入，然后才是诠释、应用。纵使能对统计学理论有所贡献，那也是普世性的。

① 朱君毅：《教育统计学·自序》，朱君毅：《教育统计学》，上海：商务印书馆，1933年。
② 金国宝：《统计学大纲·引言》，金国宝：《统计学大纲》，上海：商务印书馆，1934年。
③ 朱君毅：《教育统计学·凡例》，朱君毅：《教育统计学》，上海：商务印书馆，1933年。

金国宝虽没有明确宣告要使用中国的事实，但《统计学大纲》确实作了这方面的努力。如果将金氏此前所著的《统计新论》与《统计学大纲》比较，他这方面的努力将表露得较为充分。《统计新论》的主体《统计学浅说（上）》和《统计学浅说（下）》几乎通篇都是理论的阐述，而《人生统计学概论》虽然列举了大量的例子，但全是欧美各国的例子①，相对地，《统计学大纲》使用的例子中有许多是中国的。

这些属于中国的事实、例子，大致可以分为三类。

第一类为一般事实。朱君毅在解释教育测量（统计）的要素“客观”时，先举反例说明什么是主观，“有文一篇，甲师给七十分，乙师给八十分，丙师给九十分，此种分数是主观而非客观”，只有那些尽人皆知而无疑义的，才可称之客观，“三匹马，四点钟，五尺布”正所谓客观之量。②对于什么是客观，他仅通过几个例子加以说明，而未作过多解释。这样的情况，在《教育统计学》中有很多。如果说在解释“客观”时朱氏使用的是中外皆然的例子，那么在朱、金两人的著作中还有一些对中国例子使用的刻意追求现象。如在说明统计常态法则时，金国宝并没有现成的例子，于是作了假设，说如欲调查上海工人的平均工资，只需抽查其中可以代表全体的一小部分工人所得之工资即可，而不必遍查全部工人。③

第二类为统计事实。如朱君毅为了说明“二重列表”和“三重列表”，分别列举了“中国全国初等学校学生统计表”和“东南大学十三年度投考生统计表”，前表包含校别和性别两种事实，后表则涵盖省份、毕业学校和性别三种事实。④再如金国宝为了说明普通频数表与分组频数表的区别，用1933年8月25日上海金业交易所所开标金行市做成分组频数表，他以1元为组矩，将26个标金分成11组，并计算出标金分布于各组中的频数。⑤

第三类乃调查所得之事实。朱君毅的《教育统计学》很少用到调查材料，金

① 参见金国宝：《统计新论》，上海：中华书局，1924年。
② 朱君毅：《教育统计学》，上海：商务印书馆，1933年，第5—6页。
③ 金国宝：《统计学大纲》，上海：商务印书馆，1934年，第6—7页。
④ 同②，第8页。
⑤ 同③，第19页。

国宝的《统计学大纲》则用得比较多。金书用调查材料来说明相关统计学理论和方法的有多处，但相对地集中于指数的说明及应用方面。如在第九章“吾国重要指数之编制”之第三节“工资指数”中，金氏先是论述工资指数编制的一般程序及应注意的问题，接着提及上海市社会局工资指数编制的现况，并详细地介绍了1928年、1929年两年上海市社会局为编制工资指数而从事的工人工资调查情况。本节最后还附录了两种有关上海工人工资的摘要表。①

朱、金两人使用材料方面之所以存在着差异，至少有两种原因。第一，两书出版的年份有先有后。朱书初次出版时间为1925年。此时，中国社会调查事业还不甚发达，可靠的调查材料还比较少见。金书的完稿时间则为1934年。这时中国的社会调查已经比较发达了。所以，朱书相对较少地使用调查材料，也就可以理解了。这或许能在一定程度上说明，社会调查所给予中国统计学科建设的影响存有一个逐渐深化的过程。

第二，与个人的经历有关。在《统计学大纲》中，金国宝使用的调查材料多为上海市社会局的统计调查资料。金氏长期在上海工作，且与时任上海市社会局统计科科长的蔡正雅联系较多。蔡正雅执教暨南大学时曾使用过金的统计学讲义，上海市社会局1928年的工资调查成果《上海特别市工资和工作时间——民国十八年》也曾请他过目。对此，他校阅了这本书的全稿，并提出了许多中肯的意见。②应该说，金国宝拥有了解上海市社会局统计调查情况的便利条件。

这两本著作虽然重视以中国的事实来说明统计学理论、方法，但并不排斥欧美的材料，两书依然使用了相当多的欧美事实。

大量使用欧美事实，一方面固然说明作者深受欧美统计学的影响，但另一方面，我们也不必因此而对作者横加指责。中国近现代深受欧美影响的不止统计学一门学科，这点我们毋庸讳言。既然如此，如果欧美的例子更能说明问题，也不妨加以使用。两书中使用的一些国外例子也许能用国内的替代，但作者力求使统计学中国化的意图和努力并未因此而淡化。

---

① 金国宝：《统计学大纲》，上海：商务印书馆，1934年，第198—204页。

② 蔡正雅：《上海特别市工资和工作时间——民国十八年·蔡序》，上海特别市社会局编：《上海特别市工资和工作时间——民国十八年》，上海：商务印书馆，1931年。

民国时期，除了统计学者的编著，还有一类统计学著作。这类著作为调查专家所作，但数量很少，就笔者所见，仅有两本，一本是张世文的《生命统计方法》，另一本是杨铭崇的《实用统计学》。

这类著作虽少，但毕竟代表了中国统计学创作的又一路向。统计学者所编著的一般统计学和专业统计学，可称为“学院式”统计学，而以张世文、杨铭崇等人为代表的，则可称为“实践式”统计学。

张世文在燕京大学求学时，就师从李景汉进行社会调查。[①]后来，又跟随李景汉在定县从事实地调查，成为中华平民教育促进会和定县实验区社会调查部的骨干，参与或单独主持了多项调查，著有多种调查报告。[②]

有关杨铭崇的资料比较少。但依据现有的资料，杨铭崇为我国长期从事实地调查的专家当可被断定。1931 年，长江、淮河流域发生大水灾。国民政府成立“救济水灾委员会”，主持救灾工作。受“救济水灾委员会”委托，金陵大学农学院农业经济系对遭灾区域的灾情及经济状况进行了调查，卜凯任调查总主任，杨铭崇为分区调查主任。[③]1940 年，农林部对我国十三省乡村物资进行调查，事后出版了系列调查报告，杨氏为第一编的责任者。[④]从这两则资料来看，杨铭崇从事调查工作前后至少有九年的时间。

相对于统计学者，张、杨两人都是半路出家。他们长期从事实地社会调查，在调查中，对统计学产生了浓厚的兴趣，经过不断学习和实践，在统计学方面逐渐有了较为深入的认识和体会。[⑤]

---

① 李景汉：《北平郊外之乡村家庭·序言》，李景汉：《北平郊外之乡村家庭》，中华教育文化基金董事会社会调查部，1929 年。

② 著名的有《定县农村工业调查》（独著，定县：中华平民教育促进会，1936 年）、《衡山师古乡社会概况调查》（独著，中华平民教育促进会、湖南省衡山师范实验学校，1938 年）和《定县秧歌选》（与李景汉合编，中华平民教育促进会，1933 年）等。

③ 金陵大学农学院农业经济系：《中华民国二十年水灾区域之经济调查》，《金陵学报》1932 年第 1 期，第 201 页。

④ 参见杨铭崇：《近七年我国十三省五十九处乡村物资调查·第一编·四川西康两省十处》，四川：农林部中央农业实验所，1940 年。

⑤ 朱君毅曾称：“张君世文，对于生命统计学，研究有素。”参见朱君毅：《生命统计方法·朱序》，张世文：《生命统计方法》，重庆：正中书局，1943 年。

与“学院式”统计学相较，“实践式”统计学虽然未能逾出西方统计学范畴，独创一派统计学，但其表现出的特性更具有中国色彩。同时，也因为是调查专家所作，“实践式”统计学深深打上了“调查”的烙印。

在《生命统计方法》出版前七年，张世文曾有感于生命统计的重要性而国内又缺乏相应的教材，翻译了 Whipple 的《生命统计学概论》（*Vital Statistics: An Introduction to the Science of Demography* ）。应予以强调的是，现代意义上的生命统计在清末就已发生，但把生命统计学系统引进中国的，张世文恐怕是第一人，即“作始也简，将毕必钜，生命统计之学，于此而芽蘖焉”。[①]其引入之功，不可埋没。张世文对于中国生命统计学发展的贡献不仅于此，其《生命统计方法》的出版更是另有意义：“张君复精研竭思，权衡各家之议论，提要钩玄，荟萃中土之事实，独具理解，网罗见闻，编成一书。”[②]

详加推考，张氏所述的生命统计方法，应该说，不外于 Whipple 生命统计学的框架体系。但如将二者比较，张世文的著作还是有自己特色的。这主要表现为三个方面。

第一，有关人口统计材料的收集方法。这方面，张世文经验非常丰富。[③]在《生命统计方法》第三章中，他简要地概括了他在河北定县、湖南衡山、四川成都等地指导人口调查过程中遇到的困难及解决办法。人口调查的困难主要有四点：人民有疑惧，小孩容易遗漏，乡民多忘记自己的年龄，已婚妇人、未婚闺女及老年人的年龄很难详知。针对这些困难，张世文都根据自己的经验，提出了解决办法。如针对第一个困难，也是最大的困难，即人民有疑惧的问题，张的解决办法是通过熟人介绍和开大会宣传的形式来减少地方居民的反对和阻力。张氏还介绍了定县人口调查的有利条件，乡村建设事业的发展使人民得到切身利益，调查工作也就颇为顺利。[④]

---

① 方石珊：《生命统计学概论·方序》，［美］卫普尔（G. Chandler Whipple）：《生命统计学概论》，张世文，译，上海：商务印书馆，1936 年。

② 朱君毅：《生命统计方法·朱序》，张世文编著：《生命统计方法》，重庆：正中书局，1943 年。

③ 张世文在民国时期曾写有两本社会调查方法方面的书，一本是《农村实地调查经验谈》（北平友联社，1934 年）；另一本是《农村社会调查方法》（重庆：商务印书馆，1944 年）。

④ 张世文：《生命统计方法》，重庆：正中书局，1943 年，第 11—15 页。

第二，在篇章结构安排方面也有特色。本书虽有十二章之多，但其主体基本上围绕两方面内容而展开。该书主要介绍了人口清查、人事登记的具体内容及其衍生出来的问题。如人事登记主要包含有出生登记、死亡登记、婚姻登记、疾病登记和人口迁徙登记等。而要对人事登记的材料进行分析，则离不开出生率、死亡率、婚姻率、疾病率、自然增加率和生殖指数等工具的使用。一般统计学著作中都作介绍的大数律、差误常态律和小数律等统计学原理及平均数、频数、离中趋势、概率、相关等分析方法，本书都没有进行专门论述。除了一些必要的公式，本书没有较为复杂的数学推理之绍介。这样的篇章结构安排，应与作者为调查专家这样的背景有关。作为一个调查专家，在调查前，应根据目的，设计调查的具体项目。调查后，则根据初步整理后的结果进行适当的统计分析。至于复杂的整理、统计、运算过程，则有专门的统计人员负责。本书作这样的安排，在很大程度上应是作者的经验总结。事实上，这样的特点，与民国时期许多人口调查报告的形成过程及内容也是高度吻合的。

第三，材料的中国化。材料中既有自己亲历调查所得，也有别人的调查材料。作者还依据已有的材料和观点，对中国人口上的一些问题作出适当的探讨。如他综合乔启明 1929—1931 年二十二县的农村调查、卜凯 1924 年河南等四省的调查以及李景汉 1931 年河北定县的调查，认为我国的普通出生率大约为 38‰，较世界各国为高。①

杨铭崇的《实用统计学》，乍一看，与一般统计学著作并无多大的差别。它介绍的内容包括统计学原理、图表的编制、统计分析方法三个方面。这些内容，一般统计学著作都会作适当的探讨。但细加比较，杨的著作，还是有特色的。其特色主要在材料的使用上。本书使用的材料大多是国内调查，特别是金陵大学农业经济系历次调查所得，用他自己的话说："本书之例证多由编者在实地调查材料上采得。"②不仅如此，在使用调查资料说明统计学理论和方法时，杨氏还有一套特别的做法。如在说明统计表种类时，杨铭崇以金陵大学农业经济系对陕西

① 张世文：《生命统计方法》，重庆：正中书局，1943 年，第 50 页。

② 杨铭崇：《实用统计学（上）·凡例》，版本不详。

商县等县份的土地利用调查资料为例，说明了详表（原始表）的制作过程及详表与摘要表之间的关系。他首先指出，详表“系将已调查之事实详加记录保存其实在情形，而作详细研究之材料”。而要制成详表，必须经过一系列运算及分组制作过程，最后才能将所需数据转录于详表。杨铭崇列举了“陕西商县九十九个农家按农场面积大小分组、田场面积中之各种用途表”等四种详表的编制过程。这使读者对详表的产生过程有了比较直观的认识。接着，他又不厌其烦地排列了十种表格，用以说明摘要表之由来。[①]这样，他在客观上向人们展现出了原始数据、分组计算、详表、摘要表之间的递进变换、演化之关系。就笔者所知，用一次具体调查的实例说明这种关系的还比较少见。

以上的论述，主要是从理论的引入与消化层面来进行的，在实践层面，社会调查对统计学学科建设也有或多或少的影响。

统计与调查（统计型）的关系非常密切。依据许多统计学者的看法，一个完整的统计过程大致可分为两个阶段，一个是收集材料阶段，另一个是整理分析阶段。统计的材料又可分为两种，一种是原始材料，另一种是次级材料。原始材料主要由本人亲自调查所得，次级材料则为他人的材料，可以是调查材料，也可以是其他性质的材料。相对本人而言，次级材料乃是“二手”材料，由于不是本人调查所得，在使用时尤其要注意它的准确性。材料的准确与否，非常重要。材料是统计的基础，如果材料不可靠，分析做得再好，也是枉然。[②]可见，调查对统计来说非常重要，反之亦然，有学者对调查与统计之间的关联性作了较为确切的概括：“调查案为统计案之本，统计案则集调查案之成。”[③]

---

① 杨铭崇：《实用统计学（上）》，版本不详，第41—58页。

② 王仲武：《统计学原理及应用》，上海：商务印书馆，1927年7月初版，第24—25页；周一夔：《统计学概论》，上海：民智书局，1931年，第29—36页；金国宝：《统计学大纲·引言》，金国宝：《统计学大纲》，上海：商务印书馆，1934年，第384—388页；杨铭崇：《实用统计学（上）》，版本不详，第27—34页；萧承禄：《调查统计》，上海：立信会计图书用品社，1947年，第2—5页；刘万镒编述：《教育调查统计法》，广州统计学校，1930年，第17—18页；秦古温编：《实用经济统计学总论》，秦庆钧会计师事务所，1931年，第17—19页；［美］卫普尔（G. Chandler Whipple）：《生命统计学概论》，张世文，译，上海：商务印书馆，1936年，第26页。

③ 陈毅夫：《社会调查与统计学（上）》，上海：商务印书馆，1936年，第238页。

正因为如此，一方面，统计型调查的勃兴，需要大量的统计人才，这刺激了人才的培养，高校系统的统计学课程之加强、专业之增设及各种统计学著作之先后出版，与此都有或多或少的联系。另一方面，统计人才的培养又离不开社会调查。统计是一项应用性强的工作。调查收集材料，是统计工作重要的一环。欲培养学生的动手能力，重视实地调查是必需的。

统计和调查的兴起及它们之间的联姻，与人们客观、科学地认识社会之需要是分不开的。在中国，经过五四启蒙洗礼，科学被强调到一个很高的高度，统计学的科学工具功能逐渐为人们所重视。20世纪30年代以后，在诸多因素的影响下，中国统计和调查事业有了长足的进步。前人克服了重重困难，作出了种种努力，为我们留下了大量的珍贵成果。当今天利用、研究这些调查、统计成果时，我们理应表示敬畏之意，但同时，我们又必须秉持客观审视的心态，来对它们加以科学而审慎的利用和研究。

实际上，无论是统计还是调查，都有其学科性限度。金国宝在《统计学大纲》中列举了统计利用方面的四项谬误：不同事物之间统计比较，百分比之误用，原因脱漏之谬误，偏见之谬误。[①]陈毅夫论述了比较法、百分数使用方面的限制。[②]林光澂则指出统计材料存在的各种差误。[③]这三人强调的仅仅是统计和调查本身的谬差，还有一种是理论指导方面的限度。虽然有人认为统计学是科学的科学，受其规范和影响的统计和调查理当是不带主观倾向地、客观地反映了社会现实，但在实际操作中，调查统计者都或多或少地受其信奉的意识形态理论或某种学派理论、研究范式的限制，在收集、解释材料时都会表现出某种偏向性，因而也就很难做到完全客观地反映社会。《定县社会概况调查》可谓中国统计型调查经典之作。其作者李景汉也声称：“本书在报告多种赤裸裸的事实以外不下评论与结论，连较细的解释也是很少的。”[④]然而，定县社会调查紧紧围绕“愚、贫、弱、私”

① 金国宝：《统计学大纲》，上海：商务印书馆，1934年，第3—5页。

② 陈毅夫：《社会调查与统计学（上）》，上海：商务印书馆，1936年，第234页。

③ 林光澂：《商业统计》，上海：商务印书馆，1929年，第48—49页。

④ 李景汉：《定县社会概况调查·序言》，李景汉编：《定县社会概况调查（重印本）》，北京：中国人民大学出版社，1986年。

四大问题展开，其视域及结果难免受其影响，共产党人、社区研究派都曾批评过它[①]，便是明证。

客观地反映真实，只是科学研究的一种趋向和目标而已，统计学、社会调查和其他科学研究本身的历史性，正是我们从事有关学术史研究的最大合理性与永恒价值所在。

① 参见廖泰初：《第八章：平教会工作的评价》，《定县的实验——一个历史发展的研究与评价》，燕京大学硕士学位论文，1935 年；胡养元：《李景汉先生定县农村借贷调查略评》，《中国农村》1935 年第 1 卷第 11 期。在中华人民共和国成立后的反右运动中，为批判李景汉，中国人民大学下放干部曾针对定县做过再调查，其调查报告《对李景汉“定县社会概况调查”的批判》（《批判右派分子李景汉文集》，北京：中国人民大学出版社，1959 年）得出了与李景汉针锋相对的结论。

第六章

社会调查与学科中国化关系之个例考察：

以燕京大学社会学系社会调查与社会学本土化的关系为例

在《当代中国社会学》一书中，孙本文论述了中国现代社会学的起源、发展及各学者的研究趋向。[①]从他的论述中，我们可以发现，1948年以前的中国社会学学者在社会学理论和实地研究等方面都作出了持续的努力和探索。也正由于这些努力和探索，中国才成为当时世界上为数甚少的社会学研究中心之一。这其中，社会调查扮演了极为重要的角色。民国时期，中国社会学界逐渐把社会调查作为研究社会的一个基本方法，所取得的成果也十分可喜，其中一些成果的水平更是得到了国际学术界的认可。

这些获得国际学术界认可的成果大致可分为两类，一类是以燕京学派为代表的社区研究，其代表性成果是费孝通的《中国农民的生活》（即《江村经济》）和林耀华的《金翼——中国家族制度的社会学研究》；另一类是被燕京学派批评的“社会调查”，其代表性成果是李景汉的《定县社会概况调查》。前者固然与燕京大学社会学系渊源极深，但后者的代表性人

① 孙本文：《当代中国社会学》，南京：胜利出版公司，1948年。

物李景汉与燕京大学社会学系关系也较为密切[①]，而且燕京大学社会学系长期有教员、学生从事燕京学派所批评的“社会调查”，并取得了一定的成果。鉴于此，把燕京大学社会学系的社会调查作为重点考察对象，应有助于人们对中国现代社会学、社会调查及其相互关系进行更为深入的了解。

这里首先需要辨正的是，燕京学派把其批评对象概括为“社会调查”并不十分准确，他们批评“社会调查”的一个重要理由是“社会调查”使用的统计法只能发现零散的、表面的社会现象。这样的概括虽然点出了李景汉等人调查的一个基本特点，但也有不准确之处，它轻忽了这些调查所包含的其他事物。而且，清末有很多统计调查，民国时期的政府也有很多统计调查，这些调查并不属于社会学的范畴，它们至多是利用了社会学等现代学术研究的成果。李景汉等人的调查应是当时英文中的“social survey”，事实上，当时许多人发表的调查报告(包括《定县社会概况调查》)，其英文名字均标以“social survey”。关于“ social survey”，李景汉及《社会科学百科全书》一书都作了严格的定义，前文已有介绍，此处不赘。布斯的伦敦调查是社会学界公认的“social survey”早期经典之作，也是后来同类调查的典型。[②]在汉语没有对应词的情况下，为了彰显其与一般的统计调查的区别，以Booth 式调查来称谓这类调查是比较合适的。

民国学者应成一从英文词根解释“social survey”，不过他认为社会研究、社会调查和“social survey”之间有着根本区别。[③]而燕京学派把

① 李景汉曾被聘为燕京大学社会学系早期“社会调查”课的兼职教员。在他的指导下，燕京大学学生曾在北京西郊实地调查。

② 吴文藻：《西方社区研究的近今趋势》，《吴文藻人类学社会学研究文集》，北京：民族出版社，1990 年，第 151—158 页。

③ 参见应成一：《社会研究及社会测验在中国之讨论》，《社会学刊》1930 年第 2 卷第 1 期。

李景汉等人的调查斥为“社会调查”，目的是要否认这些调查在社会学理论研究上所具有的意义，进而提倡他们所说的社会学调查——社区研究。然而，几乎所有的当代中国社会学史著作都把Booth式调查作为重要研究内容进行考察。那么，Booth式调查与社区研究在历史上的关系如何，它们在中国现代社会学发展历程中的地位如何，它们与社会服务、改良的关系又如何，这些都是研究中国社会学史的人所必须解决的。可惜的是，当代的社会学者很少有人就此作专门的、系统的考察。本章拟以燕京大学社会学系的社会调查为例对这些问题作初步的回答。

第一节

社会学中国化：Booth 式调查大行其道时期（1922—1934 年）

（一）进入课堂

燕京大学是中国最早设立社会学系的院校之一。1922 年，北京青年会干事步济时、甘博等人在该校创建了社会学系。此前，沪江大学于 1913 年设立社会学系，厦门大学于 1921 年设立历史社会学系。社会学课程的开设则稍早一点。据许仕廉讲，在中国最早开设社会学课程的学校是圣约翰大学，1905 年，门·阿瑟先生已在该校主讲社会学一课。①而国人自授社会学最早的是章太炎的弟子康心孚，1916 年他在北京大学就已自编讲义，讲授社会学。②

步济时、甘博向来都比较重视社会调查。1912 年，步济时组织北京社会实进

① 许仕廉：《中国社会学运动的目标经过和范围》，《社会学刊》1931 年第 2 卷第 2 期。

② 孙本文：《当代中国社会学》，南京：胜利出版公司，1948 年，第 224 页。1906 年，清政府学部奏定的《北洋法政学堂章程》已列有社会学课程，但事实上由于种种原因并未开设。

会时，意图之一就是要组织一批中国学生调查、认识中国实情。在他的指导下，北京社会实进会先后组织了几次人力车夫调查和一次对四十个社会机构的调查。[①]其中，人力车夫调查一直被社会学界推为中国最早的社会调查。1918 年，他又协助甘博模仿美国春田城调查对北京的社会状况进行了调查，1921 年调查成果《北京：一种社会调查》（*Peking: A Social Survey*）在美国纽约发表。这是我国城市调查之始[②]，水平较高，至今仍可被视为一种经典性调查。甘博除了这一次调查，还留下来许多名篇，如《北京人是怎么生活的：283 个中国家庭的收入与消费研究》（*How Chinese Families Live in Peiping : A Study of the Income and Expenditure of 283 Chinese Families Receiving from $8 to $550 Silver Per month*）、《定县：一个北部中国乡村社区》（*Ting Hsien : A North China Rural Community*）、《北部中国乡村：1933 年前的社会、政治、经济》（*North China Villages : Social, Political, and Economic Activities Before 1933*）以及《二十五年来北京之物价工资及生活程度》（与孟天培合著）等。

我们现在尚未发现燕京大学社会学系初置时的课程表，所以无法判断此时该系是否已开设社会调查课。但从一些材料可以推定，这个时期该系已在学生中提倡社会调查，并有意识地训练一些对此感兴趣的学生的动手能力。

据傅愫冬的统计，1922—1926 年春，燕京大学社会学系共有 5 篇学士毕业论文属于社会调查与分析类[③]，而根据笔者所收集的资料，仅 1925 年就有两篇毕业论文是社会调查成果，它们是管萃真的《北京中等家庭之生活》和凌廉贞的《北京病人家庭调查》。一篇毕业论文从选题、收集材料到最后完成至少需要几个月的时间，而以调查报告作为学位论文，则需要专门的调查方面的训练，所需时间会更多。管、凌两人于 1925 年毕业，从时间上看他们应是创系时就入校的学生。也就是说，自第一届学生起，该系就已比较注重培养他们的相关兴趣和动手调查

① Yung-chen Chiang. *Social Engineering and the Social Sciences in China, 1919—1949*. New York: Cambridge University Press, 2001, pp. 30—31.

② 孙本文：《当代中国社会学》，南京：胜利出版公司，1948 年，第 211 页。

③ 傅愫冬：《燕京大学社会学系三十年》，《咸宁师专学报》1990 年第 3 期。

能力。而且在 1918 年，步济时已在燕京大学开设社会调查方面的课，听讲的一些学生则参与了他和甘博主持的北京社会调查。[①]燕京大学社会学系创立之初，该系学生在教师的支持下发起成立了社会学会，下设调查委员会，调查和社会服务是社会学会的两项主要工作。[②]

有明确资料记载，该系首次开设社会调查方面课程的年份是 1926 年。这年秋季，中华文化基金会董事会社会调查部主任李景汉受聘兼任燕京大学社会调查方法课讲师。第一学期选修这门课的学生有 15 人。1927 年春第二学期，应学生的要求，燕京大学增设了社会研究方法课程。一些对调查不感兴趣的学生便不再选这门课，剩下的学生只有 8 人，其中男生 5 人，女生 3 人。[③]在李景汉的指导下，这些学生对北京西郊的黑山扈、掛甲屯等村进行了调查，调查的结果由李景汉编成《北平郊外之乡村家庭》[④]一书公开发表。

这次调查是中国较早的生活费调查之一，它的方法和过程基本上遵循 Booth 式调查的套路，当然也借鉴了西方生活费调查的许多成果。调查由李景汉指导，由经过训练的学生依据计划和表格挨户调查，调查的主要内容包括农家的各项收入和支出，意图通过收和支的对比来反映农家的生活状况。这次调查大体上反映了纯农业生产地区黑山扈等三村和城关厢地区掛甲屯村两类地区的农家平均生活水平，较为真实，其结果获得了学术界比较普遍的肯定。根据已发表的调查报告及书后附录《乡村家庭调查表》，李景汉将收入和支出分成许多小类，这些划分恐怕大部分借鉴自西方，其中，有一些并不太适合中国农村。如打官司费，民国时期打官司的农人很少，可以忽略不计，但一旦发生这类事情，所需费用对一个农家来说肯定是一笔不小的支出，然而一经平均，每家摊到的费用就很小了；再如，

① Yung-chen Chiang. *Social Engineering and the Social Sciences in China, 1919—1949*. New York: Cambridge University Press, 2001, p. 33.

② 《燕大社会学会及其工作》，《社会学界》1927 年第 1 卷。

③ 李景汉：《北平郊外之乡村家庭·序言》，李景汉：《北平郊外之乡村家庭》，中华教育文化基金董事会社会调查部，1929 年。

④ 在该书中，李景汉说 1926 年只调查了黑山扈 21 家，有误。实际上，依据 1926 年 11 月 19 日《燕大周刊》第 104 期刊登的一则消息，当时调查队分为甲、乙两团，一团调查黑山扈，另一团调查掛甲屯。

燃料费等一些含有农人自产自销成分的事项，很难用金钱表示，也很难统计完全。虽有这些微疵，但这次调查所取得的成绩还是值得肯定的。不仅如此，听李景汉讲课并参加这次调查的人中有几个后来在相关方面学有专长，如严景耀是中国犯罪学的开山鼻祖，张世文长期跟随李景汉在定县调查，万树庸长期服务于燕京大学清河实验区，他们都取得了一定的成就。这些人之所以后来能有所成就，与这个时期打下的基础是分不开的。

（二）理论、服务、调查三者并立但有偏重的社会学中国化思路的提出

在传教的过程中，步济时逐渐认识到中国学生对社会科学知识的渴望和对社会改造的热衷，不过这些学生关于中国社会知识的了解却十分贫乏。所以，他一方面把一些学生组织起来，通过辩论，启发他们的社会责任感，并适时地将这种责任感与基督精神联系起来以达到传教的目的，进而把他们引向社会服务中去；另一方面则通过这个组织（北京社会实进会）指导这些学生从事调查以达到认识中国社会的目的。[①]1918 年左右，北京青年会的资金和人事支持者普林斯顿－北京中心（Princeton-in-Peking）[②]决定在北京高校中扩展工作范围。步济时于是设想加强普林斯顿－北京中心与燕京大学的联系，而燕京大学也乐于接受他的方案。1922 年，燕京大学社会学系成立，步济时任系主任。受这些背景因素的影响，该系在课程设置上偏重于宗教和社会服务方面，所使用的教材直接来源于西方，教员也全是美国人。其中，专任教师一人，兼任义务教师六人，都由普林斯顿－北京中心资助招聘。

1924 年，美国教员独占的局面被打破，甘博资助燕京大学社会学系，并聘请许仕廉为专任教师，由其主讲“社会学原理”等课程，从而也在某种程度上突破

---

① Yung-chen Chiang. *Social Engineering and the Social Sciences in China, 1919—1949*. New York: Cambridge University Press, 2001, pp. 26-31.

② 美国普林斯顿大学一个基督教青年会学生组织“费城社会”受基督教青年会国际委员会的委托在北京发起成立的一个组织，1930 年改组为普林斯顿—燕京基金。

了该系创系时轻视社会学理论和学术研究的局面。不久，该系又增聘陶孟和、李景汉、王文豹、朱友渔等人为兼任教师，在教师结构上，中国人的比重大为增加。

照搬国外教材、轻视社会学理论和学术研究并不是燕京大学社会学系创系初期特有的现象，而几乎是当时国内社会学专业共有的问题。许仕廉在《对于社会学教程的研究》文中依据自己对中学以上学校所教社会学课程的调查，总结出社会学教学的八处不足，其中第四条“教社会学的，多不重系统的研究”和第六条“抄袭外国的材料”“许多教社会学的，拿一本外国教科书，便敷衍塞责了”[①]，说的就是这两个问题。除了这些共同点，燕京大学社会学系还具有自身的特点，如重视社会调查和社会服务就与许仕廉所说的第八条不符，而宗教色彩浓厚更与该系背后资助者的性质直接相关。普林斯顿－北京中心首先是个传教机构，步济时在该系创立前只是个传教士，在长期的传教过程中，形成了一定的工作套路，而他又是哥伦比亚大学社会学硕士毕业生，所以当他接受普林斯顿－北京中心的新任务时，很自然地就会想到要创设社会学系，而他所创设的社会学系也必然受到上述诸因素的制约和影响。

许仕廉正是在这样一个系内系外的学科背景下到燕京大学任教的。经过一段时间的教学实践和调查研究，他敏锐地察觉到中国社会学界存在的弊端。针对这些问题，他提出了一些改进主张。他认为教社会学的必须有一定的教育方针，而这些方针，在他看来，共有四条。不过，这四条方针归纳起来，实际上只有两条，一条是造就普通或高等研究人才，另一条是养成普通或高等社会服务人才。

依据自己的理解，许仕廉提出了系统的社会学专业和相关专业所需的课程。他所列出的专业课程，大致可分为三类：一类是理论方面，有普通社会学、社会心理学、人类学等18门；一类是社会服务方面，有社会服务学、慈善学等11门；剩下的为两门方法课，分别是社会测量学和社会研究方法。值得指出的是，有关宗教方面的课虽还存在于许仕廉的列表中，但所占比重已大为缩减，“宗教与社会”和“宗教服务学”是其中仅有的两门有关宗教的课。

许仕廉所列的课程与其认定的教育方针是一致的，这应同他对社会学这门学

---

①　许仕廉：《对于社会学教程的研究》，《社会学杂志》1925第2卷第4号。

科的理解有关，在《对于社会学教程的研究》一文中，他明确指出："社会学可分为理论及服务两项。"在同一篇文章中，他又指出，造就高等研究人才的任务之一就是要使其能够从事实地调查，而服务必须"同时有实地调查，或实地服务"。可见，实地调查在他的学科构思中占有非常重要的地位。

对社会调查的重要性，许氏的认识并不止于此。在同篇文章中，他还率先在中国提出了社会学本土化的具体主张。[①]他认为，系统的研究与本土材料均为教程之要素，所以各校社会学系在定课程时，一定要注重地方的情形。在社会学引进初期，借鉴国外教材在所难免，但必须拿批评的眼光对国外有价值的研究作精密的讨论，同时尽量收集本国材料，这样才能为后来者闯出一条生路。关于如何使社会学本土化，许仕廉提出了九条具体措施，其中，有关社会调查的共六条，与理论建设和社会服务相关的却只有两条。他不仅建议各校多设研究科，务使学生能够实地考察，还呼吁北京政府设立社会调查局，市、乡、镇成立社会调查社，市、乡、镇社会调查社以及各工商、宗教团体应邀请专家学者从事科学的调查。他还提倡工业调查，并认为工业调查应与经济调查社极尽联络。针对当时各社会服务机构和政府机关调查人员专业知识缺乏的问题，他认为可通过设函授学校或短期社会服务科、聘请有资格的社会学家用本国语讲课的形式来解决。

在这篇文章中，许仕廉虽没有明确提出"社会学本土化"或"社会学中国化"的口号，但刊登此文的《社会学杂志》在《编余》中却明确指出，他在提倡"本国的社会学"。[②]概括而言，理论、服务和社会调查是其主张社会学本土化的三个着力点，社会学由理论、服务两个部分组成，而社会调查不仅是收集材料，使社会学教程达至中国化的主要方法，也是社会学高深研究的一个重要表现。

在现实的教学实践中，这一社会学中国化的基本思路逐渐成为燕京大学社会学系的办系方针而获得了贯彻执行。1926年秋季开学时，时为代理系主任的许仕廉在全系教员和学生大会上，作了题为《燕大社会学系教育方针商榷》的英文演讲，开始把自己的主张当作全系的工作方针来推行。这篇讲演的内容大体上与一年多

① 参见杨雅彬：《以社会为己任的中国社会学》，《人民论坛》2000年第12期。

② 《编余》，《社会学杂志》1925年第2卷第4号。

前发表的《对于社会学教程的研究》差不多。一个多月后，《燕大周刊》将这篇演讲译成中文发表，并在编者附志中指出："开学到现在不到一个多月，许先生的'大政方针'已实现了不少。"[①]

1929年，许仕廉又发表了《建设时期中教授社会学的方针及步骤》，欲在全国推行自己的主张。[②]在这篇文章中，他的主张有所变化。他强调得更多的是社会工作方面，但从其所列的教程和需研究的问题的目录还是可以看出，理论、社会调查仍然是他考量的重要内容。

由于他的大力推动，燕京大学逐渐形成了理论、服务（社会工作）、社会调查三者并立但有所偏重的学科建设特色，而且这种特色坚持了二十多年之久。其间，虽有Booth式调查和社区研究的争论，但重视社会调查却是一脉相承的。

许仕廉的主张之所以能成为该系的办系方针，主要有以下几个方面的原因：第一是步济时的支持及稍后许仕廉的掌权。步济时到美国筹款时力荐许仕廉为代理系主任，而许仕廉被正式任命为系主任后，步济时也总为燕京大学社会学系筹款而奔波[③]，这些都说明了他对许仕廉是比较欣赏的。代理系主任或系主任的位置则为许仕廉推行自己的主张提供了很大的便利。第二是燕京大学社会学系资助者的变换。普林斯顿-北京中心严峻的财政形势及普林斯顿大学校方对使用"普林斯顿"名字的严格限制，迫使步济时等人寻求其他更多途径的资助与依靠。[④]获得更多的资助，可以聘请更多的人，开展更多的事业，取得其他途径的支持，可以减少来自普林斯顿-北京中心的限制，从而可以压缩宗教方面的课程。第三是符合燕京大学社会学系的传统。该系创始人步济时等人自北京社会实进会时代就非常重视社会服务和社会调查，这一方针也基本上与燕京大学"因真理、得自由、以服务"的校训相吻合，因而得自校方的首肯和支持也是可以想象的。第四

---

① 许仕廉：《燕大社会学系教育方针商榷》，《燕大周刊》1926年第104、105期。

② 许仕廉：《建设时期中教授社会学的方针及步骤》，《社会学界》1929年第3卷。

③ 1928年许任主任，1929年春步济时又到美国为该系筹款。参见《燕京大学社会学及社会行政学系一九二九年至一九三〇年工作略述》，《社会学界》1930年第4卷。

④ Yung-chen Chiang. *Social Engineering and the Social Sciences in China, 1919—1949.* New York: Cambridge University Press, 2001, pp. 39—40.

是大批中国人的被聘用，使得社会学中国化这一主张获得了人事方面的支持，同时社会学中国化也获得了来自学生方面的支持。社会问题科自使用本国教材后，学生人数大增，由原来的六人增至八十余人。①第五也是最重要的一个原因就是，社会学中国化乃中国社会学发展的内在要求。服务、理论、社会调查三者并重，几乎是后来国内所有社会学系都予以遵循的一条规则，只不过燕京大学社会学系在这方面表现得比较突出，所取得的成绩也比较卓著而已。许仕廉在1925年提出社会学中国化的主张是其个人潜心观察的结果，但同时也道出了很多社会学者的心声。当时，一些中外学者组成社会研究所筹备委员会，列出了详细的研究目录，要对中国社会和经济情形进行系统的研究。筹备委员会的成员除了一些外国人，还有清华大学的陈达、上海全国基督教协进会的陈其田和上海全国青年会的朱懋澄等人。②在燕京大学社会学系系内，步济时也很快感受到社会学中国化问题的重要性，他在《燕京大学普鲁斯敦社会政治学院讨论问题》一文中所提出的问题之一就是如何使这样一个研究机构适应中国的需要。③

（三） Booth式调查大行其道

从当时国内社会调查总体状况及后来的实践来看，许仕廉所提倡的社会调查应是Booth式调查。在1930年出版的《清河调查简便报告》中，他曾指出："我们认为，从社会学的角度而言，一种关于确定时期的特定地区的数量分析要比一种通常作为中国社会生活解释的概括性描述更具有永久性价值。"④从这句话中，我们可以看出他是比较钟情于Booth式调查的。

---

① 许仕廉：《燕大社会学系教育方针商榷》，《燕大周刊》1926年第105期。

② 参见《社会研究问题表格》，《社会学杂志》1925年第4号。

③ J. S. Burgess. *Statement Regarding Proposed Princeton School of Political and Social Science in Connection with Yenching University*，《社会学杂志》1925年第5、6号合刊。此文标题被《社会学杂志》编者译为《燕京大学普鲁斯敦社会政治学院讨论问题》刊于该期目录中。

④ Leonar S. Hsu. *Study of A Typical Chinese Town*. Department of Sociology & Social Work, Yenching University, 1930, p. 1.

1. 发展过程及调查生成的几种类型

许仕廉与1928年就聘、后在燕京大学社会学系长期担任社会调查课教授的杨开道两人堪为燕京大学社会学系师生从事Booth式调查的领军人物。在他们的亲自实践、努力和推动下，该系的社会调查在数量上逐渐形成规模，在总体质量上维持着较高的学术水准。与本系其他事业相比，社会调查在学科建设中的成就最大。与全国其他社会学系的社会调查相比，该系则占有崇高的地位。从历史学研究的角度而言，该系的社会调查为我们提供了大量翔实且比较可靠的资料。

社会调查课进入燕京大学社会学系课堂之后，除了那些选修该课的学生必须依据课程的安排作调查实习，还有一些学生自发地进行了调查，如Li Jen Fan曾在福州调查了三个行会组织[①]，如前文提到的该系的学生组织社会学会，下设了调查委员会，一些成员也凭自己的兴趣从事了一些调查。还有一些学生因参加燕京大学其他组织需进行社会服务，而与他系同学一起进行过相应的调查，如1926年燕京大学试办的地方公共卫生会，其工作程序的第一、第二项任务就是要调查成府地区的人口、房屋和卫生情形。[②]另外，还有一些教师或亲身，或组织学生，或联系社会力量进行了一些调查。依据1934年《社会学界》第七卷附录二的表列，在1922年至1929年期间，燕京大学社会学系教师在国内外共出版了5本调查报告。它们分别是Chu.C.C和Blaisdell.T.C的《北京地毯业和北京的男孩》、许仕廉的《一个典型中国城镇的考察》、Dickinson. Jean的《一个北部中国乡村社会生活的调查》、步济时的《北京的行会》以及李景汉的《北平郊外之乡村家庭》。其中前两本书，笔者未能寓目，所以它们是如何调查的也就不得而知。李景汉的北京西北郊调查的具体情况前文已有交代，这里不再赘述。步济时主持的北京行会调查，由他与甘博、许仕廉和李景汉共同设计，由燕京大学社会学系毕业生Hung Chun Chang和社会人士Jun Shan Chiao、He Chen Wang具体负责，最后由步济时总其成。[③]Dickinson.

---

① J. S. Burgess. *The Guilds of Peking*. New York: Columbia University Press, 1928, p. 55.

② 《校闻》，《燕大周刊》1926年第110期。

③ 同①，pp. 48—54.

Jean 与一名学生共同到天津武清县进行了短暂的调查，调查的成果即为《一个北部中国乡村社会生活的调查》。[①]随着兴趣的增加，越来越多的学生将调查报告作为学位论文，具体情形可参见下文的统计分析。

从调查生成的角度来看，燕京大学社会学系的师生所从事的调查大致可分为以下四类：出于纯粹的兴趣而作的调查；出于教学的需要而进行的调查实习；出于社会工作的需要而从事的调查；以及出于学术研究的需要而作的调查。这样的划分是非常简单的，因为这四类调查有时是互相渗透的。如无论是出于何种目的，只要它的成果能公开发表，或符合一定的学术规范，我们均可视之为学术研究。再如，有些学术性调查自始至终渗透着调查者个人的兴趣；有些调查成果是调查者参加某种社会工作的结果；还有些调查乃调查者事先确定了调查对象，而去参加某种社会工作；另有一些调查直接以某种社会工作为研究对象。值得指出的是，无论是何种社会调查，它们都是燕京大学社会学系学科建设中的重要一环。有书面形式的调查成果，我们固然可从中窥见其学术水平，没有书面形式的调查成果，我们也不应忽视其在训练调查者、促进社会工作等方面的意义。

这里，还必须对“出于社会工作的需要而从事的调查”作进一步的说明。燕京大学社会学系这一类调查远远不止上文所提及的那个例子。

该系除在课堂上大量开设社会服务方面的课程之外，还积极与各社会机构联系，力求为学生创立固定的实习地点。1928 年，该系已在北京监狱及感化机关、协和医院、中央防疫处、中华平教总会、中华文化基金委员会社会调查部、北京内左二区卫生试验所、北京地方服务联合会、清华学校和华洋义赈会等单位设置学生社会服务实习合作处。[②]1933 年、1934 年又与协和医院社会服务部、北平青年会、华洋义赈会、北平社会局等机关建立合作关系，学生可各按其性之所好前往实习。[③]

---

① Jean Dickinson. *Observations on the Social Life of A North China Village*. Department of Sociology, Yenching University, 1924, pp. 1—2.

② 《社会学界消息》，《社会学界》1928 年第 2 卷。

③ 《燕京大学社会学及社会服务学系一九三三至一九三四年度概况》，《社会学界》1934 年第 8 卷。

1930年清河试验区成立后，该系社会服务的格局有了较大的变化，除了从事一般的社会服务，还进行乡村建设的试验，这已超出了一般的社会服务范围。此外，该系还与著名的邹平、定县实验县开展合作。1935年山东汶上实验县的成立，又为燕京大学社会学系提供了一个农村建设的实验基地。1936年，在该系教授张鸿钧的主持下，该系曾联合南北多个教学、科研机构共同在山东济宁进行乡村建设实验。

在某个特定时期，该系还试图在社会行政方面有所作为。1929—1930学年度，该系更名为社会学及社会行政学系，下设社会原理及人类学组、社会立法组、社会行政组和社会研究及社会统计组四组。①

从广泛的意义上讲，“社会服务”这一概念可以包含社会实验和社会行政，但社会实验和社会行政毕竟不同于通常意义上的社会服务。所以，可用更为一般的概念“社会工作”来涵盖这三者。

正如上文所述，燕京大学社会学系从事了大量的社会工作，本章也一再说明，社会工作是该系学科建设中极为重要的一环。我们虽不敢说所有参与社会工作的师生都从事了某种形式的调查，但可以肯定的是，这些社会工作的开展必须借助大量的社会调查。事实上，清河试验区、汶上实验县的创立都经历了前期的调查工作，有些师生因从事社会工作而收集得到许多材料，并在此基础上写成调查报告，社会学系也不断派送学生前往定县、邹平、汶上、济宁以及清河等实验（试验）区进行调查实习。②邹平实验区成立之初的调查工作就是由该系的杨开道、杨庆堃等人负责进行的，而山东乡村建设研究院的调查机构也正由于他们的帮助、参与才得以设立③，杨庆堃的硕士毕业论文《邹平市集之研究》同样是其在邹平长期从事调查的成果。

---

① 《燕京大学社会学及社会行政学系一九二九年至一九三〇年工作略述》，《社会学界》1930年第4卷。

② 傅愫冬：《燕京大学社会学系三十年》，《咸宁师专学报》1990年第3期。

③ 张玉山：《山东乡村建设研究院社会调查工作简述》，《乡村建设旬刊》1935年第4期。

2. 调查成果统计分析

为了对 1922—1934 年燕京大学社会学系的社会调查有更为清楚的认识，下文拟进行一定的统计分析。统计数据主要来源于该系编辑或出版的主要刊物《社会学界》《社会问题》和《北平晨报》副刊《社会研究》所刊登的该系师生所作的调查报告，以及该系师生出版的单行本①和学位论文中的调查成果。这样的统计不很全面，统计得到的结果也只是该系调查成果的一部分。由于保存不善的原因，有些学位论文已经散佚了，如严景耀的硕士毕业论文和麦倩曾、张折桂、杨庆堃的学士学位论文（都是调查的成果），今天的北大图书馆已不见它们的踪影。

统计得到的调查报告的具体报告名称、出版状况和调查地点概况表如表 6.1 所示。

表 6.1 燕京大学社会学系社会调查报告概况表

报告名称	作者	出版状况	调查地点
Peking Rugs and Peking Boys	Chu. C. C & Blaisdell. T. C	Peiking, 1924	北京
北京中等家庭之生活	管萃真	燕京大学社会学系 1925 年学士毕业论文	北京
北京病人家庭调查	凌廉贞	燕京大学社会学系 1925 年学士毕业论文	北京
北平监狱工作问题	严景耀	《社会问题》创刊号 1927 年 7 月	北京第一、第二监狱
附近燕京大学家庭工业的调查	李恩福	燕京大学社会学系 1927 年学士毕业论文	北京
进让村调查	陈焕锦	燕京大学社会学系 1927 年学士毕业论文	吉林
Observations on the Social Life of A North China Village	Dickinson, Jean	Peiping, 1927	天津武清县

① 单行本的数量统计主要依据的是《社会学界》第 7 卷附录二中所列的燕京大学师生发表的书目，统计时扣除了重复的部分。依据《社会学界》第 8 卷有关记载，该系师生在 1934 年下半年出版的单行本中没有调查报告。

（续表）

报告名称	作者	出版状况	调查地点
性别研究	黄振球	燕京大学社会学系 1928 年 5 月学士毕业论文	北京
北京犯罪之社会分析	严景耀	《社会学界》第 2 卷 1928 年 6 月；本系单行本，1928	北京监狱
北京司法部犯罪统计的分析	张镜予	《社会学界》第 2 卷 1928 年 6 月；本系单行本，1928	北京司法部
成府人口调查	房福安	《社会学界》第 2 卷 1928 年 6 月；本系单行本，1928	燕京大学附近成府村
北京犯罪之社会的分析	边燮清	燕京大学社会学系 1928 年学士毕业论文	北京
调查十七间北京基督早礼拜堂报告书	杨景循	燕京大学社会学系 1928 年学士毕业论文	北京
The Guilds of Peking	John Stewart Burgess	New York, Columbia University Press, 1928	北京
中国女子对于婚姻的态度之研究	陈利兰	《社会学界》第 3 卷 1929 年 9 月	北京一些学校
燕大工人生活调查	宋思明	《社会学界》第 3 卷 1929 年 9 月	燕京大学
北平郊外之乡村家庭	李景汉	商务印书馆 1929 年版	北京西北郊
Study of A Typical Chinsee Town	Hsu, L. S.	Peping, Dept. of Sociology & Social Work, Yenching Univ., 1930; 《社会学界》第 5 卷 1931 年 5 月①	清河
燕大教职员家庭佣工进款研究——佣工个人进款	社会学会调查委员会	《社会问题》第 1 卷第 1 期 1930 年 4 月 1 日	北京
定县的新年娱乐	张世文	《社会问题》第 1 卷第 1 期 1930 年 4 月 1 日	定县

① 在《社会学界》第 7 卷中显示该书的出版年份为 1926 年，实际上应是 1930 年。《社会学界》第 5 卷将之译成中文《一个市镇调查的尝试》发表。

（续表）

报告名称	作者	出版状况	调查地点
河北第一监狱教育情形的调查及其建议	蔡兆祥	《社会问题》第1卷第1期 1930年4月1日	北京
北平监狱教诲与教育	严景耀	《社会学界》第4卷 1930年6月	北京
燕大男生对于婚姻态度之调查	葛家栋	《社会学界》第4卷 1930年6月	北京
沪宁道上农工新村考察记略	万树庸	《社会学界》第4卷 1930年6月	江苏
上海消费合作社调查	张世文	《社会学界》第4卷 1930年6月；本系，1930	上海
福州蛋民调查	吴高梓	《社会学界》第4卷 1930年6月；本系，1930	福州
北平工会调查	于恩德	《社会学界》第4卷 1930年6月；本系，1930	北京
燕京大学六十女生之婚姻调查	梁议生	《社会问题》第1卷第2、3期合刊 1930年10月	北京
华北农村社会的婚姻状况——定县的大王耨村	张折桂	《社会问题》第1卷第2、3期合刊 1930年10月	定县
Ching Ho: A Sociological Analysis	Cato Young & etc.	Peping, Dept. of Sociology & Social Work, Yenching Univ., 1930	清河
广东新会慈溪土地分配调查	赵承信	1930年学士毕业论文；《社会学界》第5卷 1931年6月	广东
家庭问题的调查——与潘光旦先生的调查比较	周叔昭	《社会问题》第1卷第4期 1931年1月	北京
六十个无力交费病人的分析	宋知轩	《社会问题》第1卷第4期 1931年1月	北京
中国北部人口的结构研究举例	许仕廉	《社会学界》第5卷 1931年6月	燕京大学附近、清河，定县
北平娼妓调查	麦倩曾	《社会学界》第5卷 1931年6月	北京

（续表）

报告名称	作者	出版状况	调查地点
定县大王耨村人口调查	张折桂	《社会学界》第5卷 1931年6月；本系，1931	定县
东三省之移民与犯罪	徐雍舜	《社会学界》第5卷 1931年6月；本系，1931	东北
东三省犯罪之研究	徐雍舜	1931年学士毕业论文	东北
婆媳关系	姚慈蔼	燕京大学社会学系 1932年1月学士毕业论文	北京（个案研究法）
婆媳冲突的主要原因	姚慈蔼	《社会学界》第8卷 1934年6月	北京
黄土北店村的研究	万树庸	燕京大学社会学系1932年5月硕士毕业论文	清河
黄土北店村社会调查	万树庸	《社会学界》第6卷1932年	清河
北平粥厂之研究	张金陔	燕京大学社会学系1932年5月学士毕业论文；《社会学界》第7卷1933年6月	北京
一个村镇的农妇	潘玉槑	燕京大学社会学系1932年5月学士毕业论文；《社会学界》第6卷1932年	河北固安
北平一千二百贫户之研究	牛鼐鄂	燕京大学社会学系1932年5月学士毕业论文；《社会学界》第7卷1933年6月	北京
一个村庄几种组织的研究	张中堂	燕京大学社会学系1932年5月学士毕业论文；《社会学界》第6卷1932年	山东泰安
一个女子中学的学生生活研究	吴榆珍	燕京大学社会学系 1932年5月硕士毕业论文	北京
北平一百女犯的研究	周叔昭	《社会学界》第6卷1932年	北京
北平诱拐的研究	周叔昭	燕京大学社会学系 1933年5月硕士毕业论文	北京
一个北平惯窃自传的研究	严景珊	燕京大学社会学系 1933年5月学士毕业论文	北京
北平女招待研究	张如怡	燕京大学社会学系 1933年5月学士毕业论文	北京
中国消费合作运动研究举例	王武科	燕京大学社会学系 1933年5月学士毕业论文	清华消费合作社

（续表）

报告名称	作者	出版状况	调查地点
北平梨园行之研究	杨肖彭	燕京大学社会学系 1933 年 5 月学士毕业论文	北京
一个女子中学的课外生活	吴榆珍	《社会学界》第 7 卷 1933 年 6 月	北京
河北昌平县概况	燕大清河实验区研究股	《北平晨报》副刊《社会研究》第 5—7 期 1933 年 10 月 4、11、18 日	昌平（清河）
邹平棉花的出输和洋布的入输	杨庆堃	《北平晨报》副刊《社会研究》第 7、8 期 1933 年 10 月 18、25 日	邹平
解口村大秋青苗会之概况	梁桢	《北平晨报》副刊《社会研究》第 12—15 期 1933 年 11 月 22、29 日，12 月 6、13 日	山东
定县大王耨村社会组织概况	张折桂	《北平晨报》副刊《社会研究》第 19、20 期 1934 年 1 月 17、24 日	定县
一个村庄土地问题的研究——定县大王耨村	张折桂	《北平晨报》副刊《社会研究》第 36 期 1934 年 5 月 30 日	定县
中国农村家庭经济功用的改变——一个个例研究	孟受曾	燕京大学社会学系 1934 年 5 月学士毕业论文	河北
清河试验区妇女工作	邓淑贤	燕京大学社会学系 1934 年 5 月学士毕业论文	清河
清河小本贷款研究	李鸿钧	燕京大学社会学系 1934 年 5 月学士毕业论文	清河
邹平市集之研究	杨庆堃	燕京大学社会学系 1934 年 5 月硕士毕业论文	邹平
北平印子钱之研究	刘志博	燕京大学社会学系 1934 年 5 月学士毕业论文	北京
一个农村组织之研究	田德一	燕京大学社会学系 1934 年 5 月学士毕业论文	河北
一个村组织之研究——家族及村治	田德一	《社会学界》第 8 卷 1934 年 6 月	河北

（续表）

报告名称	作者	出版状况	调查地点
卢家村	蒋旨昂	燕京大学社会学系 1934 年 5 月学士毕业论文；《社会学界》第 8 卷 1934 年 6 月	清河
北平手工毛呢业之研究	梁桢	《社会学界》第 8 卷 1934 年 6 月	北京
礼俗调查的尝试——北平清河镇左近四十村	燕大清河实验区	《北平晨报》副刊《社会研究》第 40、41、43、46、47、48、49、51 期 1934 年 6 月 27 日，7 月 4、11 日，8 月 1、8、15、22 日，9 月 5 日	清河
河北定县八村土地问题的研究	张折桂	《北平晨报》副刊《社会研究》第 56、57 期 1934 年 10 月 17、27 日	定县
从歌谣窥察定县家庭妇女的地位	黄华节	《北平晨报》副刊《社会研究》第 59 期 1934 年 10 月 31 日	定县
二九零家土地及农作物调查的分析	张折桂	《北平晨报》副刊《社会研究》第 65、66 期 1934 年 12 月 23、30 日	定县
福州年节风俗的研究	陆懿薇	燕京大学社会学系 1934 年学士毕业论文	福建

注：《社会学界》第 7 卷附录二把甘博的四本书和李景汉的一本书列入该系师生发表的书目，但这些书出版时他们并不是该系的教师，所以本表没有收录。一些学生公开发表的论文是其学位论文一部分的，题目一致的归入一行，不一致的分成两行，但统计时视为一篇。

表 6.1 所列的 67 篇调查报告中，学生的学位论文 32 篇①（硕士论文 5 篇，学士论文 27 篇），其他性质的论著 35 篇；教师的作品 11 篇，学生个人的作品 53 篇，机构团体的作品 3 篇。机构团体作品中的《燕大教职员家庭佣工进款研究——佣

① 张折桂、麦倩曾和梁桢的学位论文原文未曾找到，但《社会学界》第 5 卷前言明确指出该期发表的张、麦两人作品是他们的学位论文的一部分，《社会学界》第 8 卷该系年度报告载明的梁的学士论文题目与其公开发表的论文一致，所以我们把这三篇论文也算入学位论文数量的统计中。

工个人进款》，由学生组织社会学会调查委员会调查完成，亦可算入学生的作品，这样，由学生完成的作品增至54篇。从以上统计分析可以断定，燕京大学社会学系从事社会调查的主力军为学生，而学生的作品又以学位论文为重。如果再细分，更可看出问题之所在。1930年及之前的教师作品为5部专著，其中李景汉、步济时、许仕廉的作品都有学生参与其中才得以完成。1930年后的教师作品共6篇，许仕廉的《中国北部人口的结构研究举例》依据的数据绝大多数来自学生的调查结果，其余5篇都是该系毕业生张折桂（时为清河试验区研究股干事）在定县调查所得。就水平而言，1930年后的调查成果当以某些学位论文为较高，《社会学界》1930年后发表的调查报告中，绝大多数是学生学位论文的一部分，未曾发表的杨庆堃硕士毕业论文《邹平市集之研究》的水平也值得称道，著名的施坚雅"六边形市场区域"理论的灵感可能就来源于这篇文章。[①]该系调查研究方面的这种状况，直到抗战期间才有所改变。这期间林耀华、李安宅等人出版、发表了大量的论著。

燕京大学社会学系以学生研究为主干的这一特点，恐怕与其办学模式直接相关。长期以来，该系坚持只聘少量的专职教师，而辅以更多的兼职教师这一办学模式。这种模式的优点很明显，就是能够充分动员社会力量，可以迅速推动各种事业的开展。但其缺点亦很明显。专职教师的精力毕竟有限，尤其是学生数量大量增加后，每个专职教师除去教书、辅导学生和必须参加一些社会活动外，剩下的可花费在科研上的时间必然十分短少，而该系的课程又较其他各校社会学系为多。[②]许仕廉、杨开道更在社会上身兼数职，在校时间比较少。燕京大学的一篇系务报告曾这么形容杨开道，说他"东跑西奔"[③]，这就使得原本紧缺的师资更加紧张。除了专职研究员张折桂，这些教师拿出一段时间专门从事调查研究也就变得难以想象。

① 中国人民大学夏明方教授在课堂上曾多次讲授这个论点。施坚雅本人也曾说过杨庆堃于1932—1933年所做的实地研究至今仍是第一流的作品，是分析交通运输体系对集镇系统现代化的影响的一个经典范例（参见［美］施坚雅：《中国农村的市场和社会结构》，史建云，徐秀丽，译，北京：中国社会科学出版社，1998年，第56、99页）。

② 许仕廉：《燕大社会学系教育方针商榷》，《燕大周刊》1926年第104—105期。

③ 《燕京大学社会学及社会服务学系一九三四至一九三六年度概况》，《社会学界》1936年第9卷。

根据表 6.1，67 篇调查报告中，就地点分布而言，42 篇发生在北京，还有一篇涉及定县、北京两地；就调查的生成而言，与试验区（实验区）直接相关的有 18 篇，其中清河 8 篇，定县 8 篇（有 6 篇为张折桂所作），邹平 2 篇（全是杨庆堃的作品），与清河、定县都相关的 1 篇；就内容分布而言，有关犯罪方面的调查 9 篇①，农村社会生活方面的 8 篇，婚姻方面的 7 篇，社会组织方面的 6 篇，以社会改良为调查对象的 6 篇，家庭经济方面的 5 篇，其他方面的 22 篇；就时间分布而言，1928 年社会调查报告的数量有了较为显著的增长，达到 7 篇，是前几年数量的总和，1934 年数量最多，达到 15 篇，1930 年次之，共 14 篇。

3.Booth 式调查的特点之个案分析

从创系到 1934 年，燕京大学社会学系的社会调查绝大多数都属于 Booth 式调查。有关 Booth 式调查的特点，第一章已有简要的介绍，从本章对李景汉主持的北京西北郊乡村调查论述中亦可窥见一二。为了对其有更为清楚的认识，这里拟选择杨开道主持的清河调查作个案分析。之所以选择这次调查作为分析的个案，是因为它是该系师生集体参加、杨开道主持、许仕廉撰写初步报告的一次调查，而杨、许二人，正如前文曾提到的，乃是该系 Booth 式调查的领军人物。

清河调查的缘起和具体过程，前文已有交代，此处不赘。

清河调查大体上反映了一个典型的 Booth 式调查的套路和过程。

第一步，决定目的，并寻求资金。Booth 式调查一般有着较强的服务社会的意识。一个 Booth 式调查如果不是直接为某种社会工作而做准备，至少调查者应有一种为了今后改良社会而供给人们社会实情的意识。清河调查的直接目的乃是响应洛氏基金会捐款的要求而进行特定的社会研究，但从其把社会病态作为考察的重要内容来看，它还是具有一定服务社会的意识的，而调查的结果则是清河社会试验区的创立。②第二步，成立调查组织，确定调查地点及调查范围。第三步，进行初步调查，并作一定的社会联系，为实地调查做好人事上的准备。第四步，

---

① 其最初的兴起恐怕与该系兼职教授、曾任北京司法部次长的王文豹的大力提倡是分不开的。

② 子厚：《燕大社会学系近况调查》，《社会学界》1931 年第 5 卷。

拟订调查计划，制订调查表格。第五步，实地调查，在调查中修正调查计划和调查表格，并在调查中采取措施，力求得到精确的结果。第六步，进行统计分析，撰写调查报告。第七步，公布调查成果，以引起社会及调查地人们的关注。

有些调查，在实地调查前还必须经历专门的人员培训过程。当然，也有些调查的步骤不是这么完整。

通常情况下，各种调查都要经历确定目的、寻找资金、拟订计划、实际调查、整理调查结果的阶段。不过，除了寻找资金，Booth 式调查有其自身的特点。

调查目的已如上述。一般的调查在拟订计划时，必须考虑两个因素：一是调查目的；二是调查所欲使用的方法。调查目的有时决定所要使用的方法，如为了某个特定的社会服务项目，吴文藻等人提倡的社区研究就不太适合。在拟订 Booth 式调查计划时，应首先依据调查目的，确定调查的具体对象，清河调查是要对清河的整体状况进行认识，当然其他的调查亦可以某种社会问题或社会现象为考察的对象。然后，应依据调查对象列好需要了解的问题。随着学术的发展，人们对某个对象往往要通过一系列指标来加以认识，这些指标不正常，就说明社会存在问题，而这些指标往往又由一些社会事实所构成。如有关人口的调查，性别比例、出生率、死亡率、人口密度、婚姻状况等都是需要考察的对象。为了对这些指标进行考察，就必须调查清楚人口的总量、地域面积、人口的年龄分布、男女数量等相关事实。这些，在清河的人口调查中都有所反映。

为了能够得到精确的结果，拟订计划时必须制定调查表，必须考虑到与被调查者的感情联络问题和调查人员的培训问题，等等。凭调查表对被调查者进行询问应是 Booth 式调查的一个基本方法，而调查表往往又是根据一些指标来拟定的。清河调查的调查人员都是训练有素的专家和高年级学生，不需要事前进行专门的训练。有些调查还可能有特殊的调查法，这些也必须予以考虑。如土地调查，就有可能要进行土地测量，大三角、小三角等都是测量办法。如人口调查，就必须确定调查的时间点，必须确定调查的是常住人口还是现住人口，等等。

在实际调查中，还必须根据当地实际情况，调整计划和调查表。为了得到准确的事实，还必须发明一些具体的调查技术，而不是简单地或生硬地拿出调查表去询问被调查者，这样做，往往得不到满意的结果。在这方面，李景汉的经验比较丰富，他的《实地社会调查方法》就是经验之作。

整理、进行统计分析是Booth式调查最后阶段的一个关键步骤。由于整理者的不同，公布出来的调查结果可能与调查者的初衷相差甚远。这里有两个极端的例子：一个是陈翰笙的保定农村调查，经过张培刚整理后，丧失了阶级分析的立场；另一个是黄迪的《清河村镇社区——一个初步研究报告》，它依据的主要是清河实验区前期Booth式调查所得到的资料，但经黄迪之手后，呈现给读者的是一篇社区研究报告。当然，由于材料的限制，其中还是能看到原来调查的影子。不过，这里我们考察的对象，即清河调查的实际调查者和最后资料的整理者，都具有较高程度的一致性。依据最后成形的报告，我们能够发现清河调查所具有的Booth式调查报告的一般特征：以统计方法作为分析、整理材料的基本工具；依据所要了解的问题及一定的指标来归纳、罗列事实；在调查报告中，存在着大量的图表。

通过整理分析，可以发现一些社会问题，也可以发现一些指标之间的相关性，进而可以提出改进这些问题的方法、方案，这也是许多社会调查所共有的特征。这方面，清河调查的最终报告没有明确表示出来，但进行调查后不久的1929年春，燕京大学社会学系即在清河设立了地方服务团，谋求改善清河社会情形①，1930年正式创建清河社会试验区，试图整个地改良清河社会。这些可以说明，通过调查，该系已经发现并力图解决清河社会中存在的一些问题。

4. 其他型式调查

这个时期，燕京大学社会学系还进行过一些与典型的Booth式调查差别较大的社会调查。

《婆媳关系》《一个北平惯窃犯自传的研究》等作品属于个案研究，它们试图通过对一个北平惯窃以及几对婆媳之间的关系进行个案分析，来说明某种社会问题或社会现象，这与一般的Booth式调查对某个问题或现象作通括性研究有所不同。不过，民国时期许多信奉Booth式调查的作者所著的调查方法方面的著作，

① 《燕京大学社会学系一九二八年秋季消息》，《社会学界》1929年第3卷。

都把它作为一种调查方法予以介绍。[①]个案调查法源于医学和心理学的个案工作法，后被社会学借用来分析社会、诊断社会[②]，其目的和功能与典型的 Booth 式调查如出一辙，都是要诊断社会，为社会弊端提供一个解决方案。

杨庆堃的《邹平市集之研究》受到了功能观点和人文区位学的影响，他在从事调查工作期间也曾得到芝加哥大学教授、人文区位学派领袖派克的指导和鼓励。他在该文的引论中明确宣称："是以在市集的研究上，区位学的方法便成了最重要的工具。"[③]然而，这篇论文并不是人文区位学意义上的调查报告。无论是从调查的目的、动机，还是从调查的具体过程和所使用的具体调查方法，以及调查报告的篇章结构来看，杨庆堃的这一调查都更像是 Booth 式调查。1931 年夏，他和同学周振先跟随杨开道受山东省乡村建设研究院之邀，为筹建邹平乡村建设试验区而作概况之调查。他所承担的任务即包含市集之调查，此为其邹平市集调查之始。以后，他为了完成学士、硕士学位论文又进行了后续调查。他先后几次到邹平进行调查，调查时间的总和不足一年。在调查过程中，他采取观察、谈话、按问题表发问等形式，力求精确地收集相关数据，并了解市集的大致情形。他重点调查了一些市集，对其他市集则进行了广泛而简略的考察。在《邹平市集之研究》中，他分别介绍了邹平市集的地理状况、自然历史、区位配置及货物、交易、卖者、组织等方面的情形。比较具有区位学特色的是第二章"邹平市集的区位配置"，施坚雅的"六边形理论"与该章的第二节"市集活动范围的形状类别"似乎有某种内在的一致性。不过，从整篇论文来看，第二章的区位分析与其他各章并没有构成有机的整体，其他各章几乎保持着按问题、按类别各自表述的模式。从以上分析来看，《邹平市集之研究》的写成应是杨庆堃在其比较熟悉的调查套路中引进人文区位学进行社会分析的一次有益的尝试。

---

① 李景汉编：《社会调查》，中国国民党中央训练委员会编印，1944 年，第 48 页；蔡毓骢：《社会调查之原理及方法》，北新书局，1927 年，第 41 页；樊弘：《社会调查方法》，上海：商务印书馆，1927 年，第 54—57 页；陈达：《社会调查（社会调查之主要方法）》，中央训练团党政高级训练班编印，1944 年，第 11 页。

② 程继隆，向宏：《中国调查研究学》，长春：吉林大学出版社，1995 年，第 130—131 页。

③ 杨庆堃：《邹平市集之研究》，燕京大学硕士学位论文，1934 年。

另外，还有些调查属于民俗学方面的调查，如黄华节的调查等。黄氏的《从歌谣窥察定县家庭妇女的地位》的创作，受到北大歌谣会歌谣研究之影响应属无疑。而他的下一篇调查报告《德庆悦城龙母庙的考察》则直接以顾颉刚的妙峰山调查为模板，篇章结构都有模仿顾氏之痕迹。

（四）Booth 式调查在学科建设中的地位

1. 理论、社会工作、社会调查三者成绩之比较

在燕京大学社会学系课程设置上，理论和社会工作方面的课程所占的分量并没有太大的差别。但该系长期把系名定为“社会学及社会服务学系”或“社会学及社会行政学系”，还是可以看出其对社会工作更为偏爱些。在科目设置上，社会工作方面的科目也要多些。如 1928 年该系共有 9 种科目，其中社会服务方面的科目就达到 6 种[①]；1930 年该系共设 6 科，社会服务方面就占了 4 科[②]。从投入的师资力量来看，社会工作方面也得到了明显的偏爱。1932—1933 学年度，该系用在教书方面的教职员工秋季 9 人（专职 5 人，兼职 4 人），春季 7 人（专职 4 人，兼职 3 人），而用在试验区工作方面的秋季 24 人（专职 21 人，兼职 3 人），春季 28 人（专职 24 人，兼职 4 人）。[③]该系之所以十分重视社会工作，一方面恐怕与其领导者的认识有关，前文已有论述；另一方面则与社会需要有关，1928 年的社会服务函授科及 1930 年社会服务短期科的设置即为明显的例证。

社会工作是该系投入力量最多的一项工作。它虽取得了一定的成绩，但总体而言实在有限。其他方面的社会工作且不论，暂以清河试验区为例。清河试验区的成立标志着该系的社会工作重点由城市转入乡村，这顺应了全国乡村建设的潮流。自成立以来，试验区在经济、社会和卫生等方面主要进行了以下一系列工作：小本贷款，指导合作，推广薄荷、棉籽良种，提倡凿井和家庭毛织业，开设幼儿园、

---

① 《社会学界消息》，《社会学界》1928 年第 2 卷。

② 于恩德：《燕京大学社会学系概况》，《社会学界》1930 年第 4 卷。

③ 《燕京大学社会学及社会服务学系一九三二至一九三三年度报告》，《社会学界》1933 年第 7 卷。

幼女班，组织女子手工班和妇女会，建立图书馆，创建医院和分诊所，提倡预防注射和新式助产工作，等等。[①]除了小本贷款、合作社的提倡具有一定的社会影响，其他工作的成绩非常有限。如试验区提倡凿井，几年下来只有东小口合作社凿了一口井；如试验区开社的幼儿园、幼女班本来就少，但对清河完小却产生了排挤效应。[②]即使是小本贷款和合作社的提倡，也还有进一步讨论的余地。虽有几个大城市模仿该试验区而创办小本贷款工作，但该试验区贷款金额及受惠农户都比较少，三年中（1931—1933 年）只贷给 234 户 3519 元。合作社倡办于 1930 年，到 1934 年才成立了 29 个，社员也只有 664 人，而且这一成绩非燕京大学社会学系一单位之功，华洋义赈会的参与和帮助也是必不可少的。[③]再一点，试验区的工作并没有在清河社区产生广泛的影响。在清河，它的影响只局限于其工作范围之内。这恐怕与其自始至终没有进入政府系统有关，但也与其不需要“伟大计划”的工作思路[④]有关。这种状况，虽有其原因，但也造成了它与其他试验（实验）区的差距。定县、邹平改为实验区后，可以凭借政府的力量在全县推行自己的主张，而清河试验区只能“缓慢”地继续原来的工作。对于清河试验区的工作，洛氏基金会负责中国乡村建设推广项目的负责人 Selskar Gunn 在 1934 年这样评价，燕京“对中国的未来没有特别的灵感”，燕京大学社会学系也因此而没有获得洛氏基金会的资助，相反，洛氏基金会把大笔的基金投给了南开大学经济学院和定县实验区等单位。[⑤]

至于理论建设方面，燕京大学社会学系主要做了两方面的工作：一方面通过课堂讲授或出版刊物翻译、介绍西方的社会学理论；另一方面主要对中国社会思想史做了一些研究。前者，可以说是创建中国社会学的一个初步工作；而对于后者，该系的成绩并不理想，在学术界并未产生太大的影响，而且其数量也较少。可以说，该系的理论创建工作更偏重于介绍和翻译，这点从其出版的单行本和各期《社

① 王贺宸：《燕大在清河的乡建试验工作》，《社会学界》1936 年第 9 卷。

② 《清河完全小学的片面研究》，《清河旬刊》1935 年第 79 号。

③ 杨骏昌：《清河合作》，燕京大学学士学位论文，1935 年。

④ 同①。

⑤ Yung-chen Chiang. *Social Engineering and the Social Sciences in China, 1919—1949*. New York: Cambridge University Press, 2001, p. 53, pp. 63—71.

会学界》刊登的文章中可以看出，而且其翻译、介绍也不成系统，距许仕廉初为社会学系代理系主任时所发的要系统地翻译各国社会学著作的宏愿[①]相去甚远。

相比之下，社会调查方面的成绩要引人注目些。Yung-chen Chiang 认为，清河试验区除了能维持人员充足及大量的学生以其某个方面为论文的写作题目，并没有做出更大的成绩。[②]《社会学界》第 5 卷前言中声称该卷要比前几卷的水平要高，主要原因是该卷刊登了大量的调查报告，而不是以介绍西方学说为主。从其在学位论文中的比例，亦可以看出社会调查在该系的学科建设中的地位和贡献。据傅愫冬的统计，1922 年至 1952 年燕京大学社会学系学生学位论文的数量共有 274 篇，其中调查报告 71 篇（学士论文 65 篇，硕士论文 6 篇）。而根据笔者的统计，1922 年至 1949 年该系学位论文中调查报告的数量共有 123 篇（学士论文 115 篇，硕士论文 8 篇），已经散佚的还不算。两人统计的数量之所以有这么大的差距，最主要的原因恐怕是傅愫冬有可能将一些调查报告归入“犯罪问题”“妇女问题”“婚姻问题”等类之中。从傅氏的统计中除去 1949 年至 1952 年的 21 篇，得到 1922 年至 1948 年的学位论文总量 253 篇。再从笔者的统计中除去 1949 年的论文 9 篇，得 114 篇。两相比较，调查报告在学位论文总量中所占的比例达到 45%，可见，所占的比例应是很高的。

既然如此，那么该系的社会调查究竟达到怎么样的水平呢？为了对这个问题有个比较清楚的认识，有必要把它放在同种型式的调查中进行比较。首先，将它与一些全区域性的调查相比。无论是国际还是国内，公认的经典性的 Booth 式调查绝大多数都为全区域性的调查，如英国的布斯所主持的伦敦调查，美国的春田城调查、匹兹堡调查，以及中国的李景汉主持的定县调查。燕京大学社会学系除了 1928 年进行的清河调查，几乎没有大规模的全区域性调查的成果公开发表出来。这应与其以学生调查研究为主干的研究特点有关。任何大规模的调查都必需大量的资金和严密的组织，放手让学生调查，只能是单个人的调查，而巨额的资金也

① 许仕廉：《燕大社会学系教育方针商榷》，《燕大周刊》1926 年第 105 期。

② Yung-chen Chiang. *Social Engineering and the Social Sciences in China, 1919—1949*. New York: Cambridge University Press, 2001, p. 53.

是学生所不能承担的。清河调查的最终报告所反映出来的水平也是不能与定县调查所比拟的。清河调查只历经几个月的时间①，而定县调查自开始到《定县社会概况调查》公开发表前后共持续了八年之久，从他们投入的时间和精力来看，李景汉等人要比杨开道等人更为深入当地社会中。事实也是如此。李景汉等人长期吃住在定县，与农民打成一片，所以对定县的情形应该了解得非常清楚。杨开道等人只是浮在面上，而没有深入了解农民的真实生活。经过短期的调查，杨即离开了清河，以后很少再去清河。李景汉等人为了得到精确的事实，十分强调要与农民生活在一起，了解农民的感情和思想，而这方面杨开道等人差得很远。从社会影响来看，《定县社会概况调查》也要大得多。

其次，将它与其他高校社会学系的社会调查相比。这里选两对调查报告做比较以明其水平。第一对，分别是燕京大学房福安的《成府人口调查》和中山大学陈国梁、卢明的《樟林乡村的人口状况》。②依据《成府人口调查》所载，这篇报告是作者亲自调查所得，并且为了得到准确的数字，作者克服了很多困难。而从《樟林乡村的人口状况》中判断不出这些情况。从调查报告的完整性角度考虑，调查的缘起和简要的过程是必须说明的，这些有利于读者了解作者是怎么调查的，对其判断此项调查的可靠性有着很大的帮助。在内容上，樟林调查也有欠缺，人口密度、出生率、死亡率、教育状况等方面都没有考察，而这些都是发现人口问题的重要指标。不过，樟林调查中的有关华侨的调查还是比较有特色的。第二对，均是有关社会组织方面的调查。它们分别是燕京大学于恩德的《北平工会调查》和西南联大李为宪的《昆明市十二个同业公会调查》。③在作者对调查的认识、调查方法、调查过程及调查结果等方面，后者并没有显示出有什么特别之处。而且，于恩德按照问题来编排篇章结构，要比把每个组织都编为一章，显得更有条理，

---

① 傅愫冬的《燕京大学社会学系三十年》认为清河调查共历经两年的时间，实际上依据王贺宸的《燕大在清河的乡建试验工作》中的说法，清河调查当年冬季就已结束。

② 房福安：《成府人口调查》，《社会学界》1927年第1卷；陈国梁，卢明：《樟林乡村的人口状况》，《社会研究》1936年第2卷。

③ 于恩德：《北平工会调查》，《社会学界》1930年第4卷；李为宪：《昆明市十二个同业公会调查》，西南联合大学学位论文，1940年。

更有利于人们对所要考察的对象作整体性认识。

我们在选择比较对象时，确定了两个标准：一个是所选的四篇调查报告的考察对象，必须两两相同，这样可比性强；另一个是调查报告的作者所在单位在中国社会学界应具有一定的地位，这样更能说明问题。中山大学社会研究所和西南联合大学历史社会学系应该符合这一条件。从以上的比较来看，燕京大学社会学系的这两篇调查报告要稍胜一筹。如果再考虑时间的因素，更能见其水平，《樟林乡村的人口状况》是《成府人口调查》发表九年后的作品，而《昆明市十二个同业公会调查》的发表则比《北平工会调查》晚十年。

这四篇作品虽不是各自单位的全部，但将它们相互比较以见单位集体水平之高低还是可行的。前两者均发表在各自单位主编的刊物上，后两者都是学生的作品，都被收入《民国时期社会调查丛编·社会组织卷》中。就水平而言，它们在各自单位的层次应属于同级的。由于笔者所见有限，其他高校社会学系也许还存在水平更高的同类调查，但是从上面的比较和燕京大学社会学系在全国的地位来看，该系社会调查的整体水平应是比较高的。

燕京大学社会学系这种学科建设的状况，在很大程度上是全国社会学界一个具有代表性的反映。

偏重社会工作是燕京大学社会学系学科建设的一个特色，但把社会工作、理论、社会调查作为学科的三个重要组成部分应是一个全国性的现象。如 1928 年时复旦大学社会学系也设有三组：普通社会学组、应用社会学组和人类学组，其中应用社会学组的宗旨就是造就社会工作人才，而其进行具体课程设置时，对理论、社会工作、调查均有考虑。①再如，1936 年中央大学社会学系前两条办系方针为：“（1）研究社会学之理论与实际，以养成社会学专门人才。（2）研究社会调查、社会统计与社会事业之实际技能，以养成社会服务人才。”②其他的，如大夏大学③、

① 《社会学界消息》，《社会学界》1928 年第 2 卷。

② 《国立中央大学社会学系课程》，《社会学刊》1936 年第 5 卷第 1 期。

③ 《大夏大学社会系课程概要——二十五年》，《社会学刊》1936 年第 5 卷第 2 期。

光华大学[①]、厦门大学[②]、沪江大学[③]等校的社会学系也有类似的特点，只不过这些高校各有不同的侧重而已。

社会工作、理论建设成绩不彰亦是全国的现象。试验区工作应是社会工作的高级形态。投入较多且在全国都享有知名度的清河试验区成绩不是那么理想，其他高校的社会工作、社会试验的成绩也就可想而知。关于理论建设方面，可以孙本文的《社会学原理》为例。有的人认为，孙本文构建出了中国化的文化社会学理论体系和心理社会学理论体系。[④]还有的人认为，《社会学原理》“集欧美各家之长”，“奠定了他在中国社会学界的显赫地位，使他成为理论社会学无可争议的权威”。[⑤]无疑地，孙本文应是试图构建中国化的社会学理论体系的代表人物，《社会学原理》是他在这方面努力的代表作。但他是否构建出真正具有中国特色的社会学理论体系还是值得怀疑的，他的《社会学原理》在国内外的影响也是比较有限的。在《社会学原理》中，他使用了大量的中国史料和社会调查的材料，在某些论点上也确有创建，但就整个体系而言，他只不过综合了“各家之长”，并没有开创出自己的学派。

2.Booth 式调查与理论和社会工作之间的关系

燕京大学社会学系学科建设中的理论、社会工作和社会调查三者的成绩已如上所述，但不应割裂开来看问题，社会调查与其他两方面总是互相联系着的。

社会调查离不开理论的指导。社会调查者在单独调查前，必须有理论的准备，必须接受社会学理论的训练。只有这样，他们才能在调查时比一般的观察者具有更加敏锐的洞察力，也才能按照一定的学术规范将调查材料组织起来。Booth 式调查是现代西方社会学的一个重要组成部分和发展结果，它本身具有一系列的规

① 《社会学界消息》，《社会学界》1928 年第 2 卷。

② 《社会学界消息》，《社会学界》1928 年第 2 卷；《厦门大学社会学系消息》，《社会学界》1929 年第 3 卷。

③ 《沪江大学社会学系情形》，《社会学界》1929 年第 3 卷。

④ 刘洪英：《孙本文对社会学中国化的贡献》，《徐州师范大学学报（哲学社会科学版）》1998 年第 1 期。

⑤ 欧阳湘：《孙本文构建的中国理论社会学体系》，《益阳师专学报》1999 年第 3 期。

范，而这些规范可以折射出现代社会学对社会的某种理解。调查者在调查前必须接受这些规范的培训，一方面，可以将之视为调查方法方面的培训；另一方面，在某种程度上也可看作调查者接受社会学理论方面的再一次训导。燕京大学社会学系师生在调查前均接受了大量的理论方面的培训，而这也正是使他们成为训练有素的调查者的一个必要条件，他们在调查方面取得的成绩与他们先期接受的理论培训是分不开的。

调查与社会工作之间的关系在前文已有所论述。这里，笔者以清河试验区为例再作进一步的分析。清河试验区的首要工作原则就是“以调查为基础，实事求是”，这样才能对乡村社会有个彻底的认识，才能明其症结所在，也才能对症下药。①事实上，试验区也作了大量的调查，如人口研究、集市调查、各村概况调查、庙会调查、镇组织调查、家庭记账调查等，可惜的是，公开发表出来的成果很少。

试验区的设立对社会调查的影响不止于此。燕京大学社会学系在清河设立试验区，目的并不仅仅是要为中国乡村改造寻求一条新路，它还有其他的考虑。1928 年秋季，该系获得罗氏基金会的资助以进行社会学的研究。当时，许仕廉、杨开道等人认定必须选一个人口不足 5000 人的村或镇，该村或镇必须可作中国乡村生活的典型代表，但清河并不适合，因为对中国大多数乡村来说，清河的代表性不强。但他们之所以选择清河，一个重要的原因就是清河的区位优势。在具体调查前，许仕廉他们已决定要把这次调查地点的选择与该系师生的“社会学实验室”地点的选择结合起来，他们认为，“这对外界不是很重要，但对我们却很重要”。在天气好的情况下，清河距燕京大学只需一个小时的路程，很方便该系学生反复前去调查、研究、实验。②事实证明，清河对该系而言确实是个理想的“社会学实验室”，它不仅是该系师生举办社会工作的重要场所，也是他们的研究基地。一些学生依托该基地直接到目的地进行调查研究，另一些学生边参加社会工作，边从事调查，还有一些学生干脆就把清河的试验工作作为自己的研究对象。

依据表 6.1，我们可以发现，1930 年前该系师生调查地点的选择比较随意，

---

① 王贺宸：《燕大在清河的乡建试验工作》，《社会学界》1936 年第 9 卷。

② Cato Young & etc.. *Ching Ho: A Sociological Analysis*. Department of sociology & social work, Yenching University, 1930, pp. 3, 5.

此后一些调查的目的地则具有相对确定性。

1929年及之前的调查报告有17篇，其中有15篇调查地点在北京，2篇在外地。从表面上看调查地点很集中，但如果再细加考察，问题则要复杂得多。燕京大学社会学系师生集中在北京调查，只是因为他们长期生活、学习在北京，这样做很便利，既能节省相关费用，也能充分利用课余时间。他们的调查，根据各人或指导教师的兴趣所在而确定调查对象，并进而依据调查对象和一些便利条件再确定具体的调查地点。他们之间并没有共同的目的，也没有共同的兴趣，因而他们具体的调查地点也就随着各自选题的不同而相异。从总体上看，他们调查地点的具体分布也就显得比较随意些，这从表6.1中的“调查地点”一栏中可以看出。有些调查地点的选择随意性更大。如1925年李景汉指导该系学生调查时，原本打算调查树村，却由于很难与村民联络而被迫寻找新的目标，可幸的是该系一个学生的家庭与黑山扈村的乡民关系较好，于是开始调查黑山扈；1926年李景汉指导一个学生复查黑山扈，又让他顺带调查了附近之村落。[①]

1930年后这种情况有所改变。该系部分师生继续依据自己的兴趣确定调查对象，进而确定调查地点。但也有些师生的调查地点集中在清河试验区，显示出某种集体意识。我们暂以该系学生的毕业论文为例进行分析。据笔者对北京大学图书馆现存燕京大学时期学位论文的统计，该系学生在1930年至1934年间共有22篇毕业论文为调查所得，其调查地点分布如下。

表6.2　1930—1934年学位论文中调查报告之调查地点表

时间＼地点	北京			外地	合计
	清河	其他地点	小计		
1930年	0	0	0	1	1
1931年	0	0	0	1	1
1932年	1	4	5	2	7
1933年	0	5	5	0	5
1934年	3	1	4	4	8
合计	4	10	14	8	22

① 李景汉：《北平郊外之乡村家庭·序言》，《北平郊外之乡村家庭》，中华教育文化基金董事会社会调查部，1929年。

22 篇学位论文中有 4 篇是关于清河的调查，占总数的 1/5 弱。在各年分布中，1930 年和 1931 年有关清河的调查为零。这两年是试验区初办的两年，而一篇学位论文从选题、收集资料到最后完成总需要一段时间，尤其是以调查报告的形式作为论文选题所需时间恐怕更多。因而，其数为零也是可以理解的。如果把这两年去掉，再加上 1935 年，情况就会明朗得多。表 6.2 因此修正如下。

地点 时间	北京			外地	合计
	清河	其他地点	小计		
1932 年	1	4	5	2	7
1933 年	0	5	5	0	5
1934 年	3	1	4	4	8
1935 年	3	0	3	3	6
合计	7	10	17	9	26

依据表 6.2 修正表，有关清河的学位论文要占这几年总数的 1/4 强，而 1934 年、1935 年所占比例更高。

1934 年至 1935 年该基地的研究功能逐渐显现，只不过后来由于该系主张社区研究的派别掌权，其研究功能也就未能充分发挥出来。

七七事变后，试验区工作完全停顿，但“社会学实验室”对于学科建设的作用，还是不容忽视的。在极力提倡社区研究的赵承信的领导下，该系又在平郊村创建了一个新的实验基地，这是一个纯粹的研究基地，而且调查研究的方法也有了很大的变化。然而，赵承信创建“社会学实验室”的思路与许仕廉是一脉相承的，对于这点，赵本人也予以承认，而且平郊村基地的创建也得益于前期清河试验区的工作，平郊村本身就是试验区的一个村。①

清河、平郊村不仅是社会学系的实验基地，燕京大学其他系科的一些学生也曾到此地调查，以培养自己的学术研究能力，如经济学系曾有两个学生以清河、三个学生以平郊村的有关调查为学位论文。燕京大学各系的学生到清河、平郊村调查过的人数，由于资料的限制，未能予以统计，但可以肯定的是，它们无疑会超过以此两处调查作学位论文的人数。

① 赵承信：《平郊村研究的进程》，《燕京社会科学》1948 年第 1 卷。

第二节

社会学中国化：社区研究推行时期（1933—1937年）

（一）社区研究主张的推行过程

社区研究的理论来源主要有两个，一个是以马林诺斯基和布朗为代表的英国功能学派社会人类学，另一个则是以派克为首的芝加哥学派的人文区位学。其中，功能学派的影响要大些。派克和布朗曾先后来华讲学，他们与燕京大学的吴文藻对社区研究在中国的兴起起到过关键性的作用。

1932年秋季，派克应邀到燕京大学社会学系讲学，主讲“集合行为”一课，并指导研究班论文工作，多次公开演讲，且每周一次领导清华、燕京两校教员研究讨论。

派克教授的讲学冲击了燕京大学社会学系理论研究的格局，为部分师生脱离原有的研究路向提供了一种选择的可能。应该说，影响是比较深刻的，该系的

1932—1933年度报告认为，派克的工作是“注重社会学研究与教学之质的方面”[①]，而费孝通在后来回忆时说，“正是他给我们指出了到群体生活中去直接观察人们的社会活动，这样才能使我们当时主张的‘社会学中国化’得到了具体的入门方法”[②]，强调了派克对他一生的学术发展起了关键性作用[③]。

然而，在当时Booth式调查统制全系研究的情况下，派克的影响又局限于一定的范围。能感受到派克影响的可能遍及全系师生，派克每周一次领导教员进行理论探讨，而该系学生组织社会学会出版了《派克社会学论文集》，扩大了派克在系内、系外甚至校外的影响。但真正把派克的理论贯彻到研究中的人却很少，服膺派克的人则更少。这方面，学生的兴趣要比教师浓厚得多。在学生中，依据费孝通的回忆，至少已有杨庆堃、林耀华、黄迪、他本人以及一名教育系学生廖太初深受派克的影响，他们形成了一个小小的学术团体，在天津《益世报》进行讨论，并下乡找问题进行调查。[④]而在教员中，后来极力提倡社区研究的吴文藻当时恐怕对人文区位学的了解还不深，所以对它的评价并不是很高，他认为在社区研究上，民族学家所取得的成绩要远远胜过社会学家。[⑤]而且，直至1934年，他似乎都还在寻找适合中国国情的社会学理论。该年，他在《社会学界》发表文章介绍德国的系统社会学派，杂志编者在前言中介绍说：“吴先生近几年来对于德国社会学极感兴趣，系统或形式社会学只是其中的一派而已。”[⑥]

应该说，派克讲学后不久，学生成为其理论应用的急先锋，而吴文藻在这个过程中的地位比较特殊。他虽然对人文区位学的认识还不够深入，但在反对Booth式调查，提倡一种新型的研究方面与费孝通等人却是同盟军，而且派克的理论作为欧美热门的、主流的社会学理论也不失为一种为创建中国特色的社会学提供理

---

① 《燕京大学社会学及社会服务学系一九三二至一九三三年度报告》，《社会学界》1933年第7卷。

② 费孝通：《关于人类学在中国》，《社会学研究》1994年第2期。

③ 费孝通：《我又“找”到了派克老师》，《百年潮》1999年第1期。

④ 费孝通：《略谈中国的社会学》，《社会学研究》1994年第1期。林耀华的义序宗族研究过程为这段话提供了一个佐证，参见林耀华：《义序的宗族研究·导言》，《义序的宗族研究》，北京：生活·读书·新知三联书店，2000年。

⑤ 吴文藻：《派克社会学论文集导言》，《派克社会学论文集》，燕京大学社会学会，1933年。

⑥ 吴文藻：《德国的系统社会学派》，《社会学界》1934年第8卷。

论指导的选择。1933年，燕京大学社会学系开了“社会人类学概论”和“高级社会人类学”两门新课。[①]开设人虽未指明是谁，但依据以后几年的情况，当可断定是吴文藻。在此之前，布朗已在芝加哥大学以比较社会学的名义开设了社会人类学这门课。吴很有可能从派克那里知道了这门课，因为根据费孝通的回忆，吴氏邀请布朗到燕京大学社会学系讲学是听从派克的建议而进行的。[②]如果费的回忆准确的话，派克当向吴氏详细地介绍过布朗。1933年，吴的社会人类学课讲授的内容虽没有资料明确记载，但应当包括功能学派的主张，因为两年后他曾明确地指出，“功能学派是社会人类学中最新进，而亦是现今学术界上最有力的一个学派”。[③]吴的这门课极有可能也讲授了人文区位学的主张，因为在《派克社会学论文集》导言中，他虽认为人文区位学的实地研究成绩不佳，但他同时意识到，人文区位学与民族学研究的领域都是文化，只不过是文化的不同层面而已。就这门课的内容而言，讲授前者表明他有意或无意地为学生指明了实地研究的又一途径，而讲授后者则至少表明人文区位学亦可作为一种理论的选择。

在实际的研究中，正由于他的指导，开阔了一些学生的眼界。自1933年9月起，在他编辑的《北平晨报》副刊《社会研究》上，先后发表了他的一些学生所写的介绍人文区位学和功能学派理论的文章。先是杨庆堃介绍人文区位学的方法，接着是费孝通发表文章说明社会研究的程序，内容包括：（1）确定研究的单位是何种群体。（2）进行状态的研究，包括物质文化、社会组织、社会态度方面的研究。（3）从事社会变迁过程的研究，包括对冲突、调解和同化的研究。（4）进行社会变迁历史的研究。[④]费的这一理论观点应来源于人文区位学。后来，林耀华发表《“民族志”实地工作的方法》，介绍马林诺夫斯基的理论。林的这一篇文章标志着功能学派的理论正式纳入燕京大学这些学生的视野。此后，徐雍舜等人相继发表文章宣传功能学派的主张。与此同时，《社会研究》还不断刊登

---

① 《燕京大学社会学面面观》，《社会学界》1933年第7卷。

② 费孝通：《略谈中国的社会学》，《社会学研究》1994年第1期。

③ 吴文藻：《功能派社会人类学的由来与现状》，《吴文藻人类学社会学研究文集》，北京：民族出版社，1990年，第122—143页。

④ 费孝通：《社会研究的程序》，《北平晨报》副刊《社会研究》第6期，1933年10月11日。

Booth 式调查报告。两派俨然形成一种讨论的局面。

1934 年 1 月 10 日该刊发表了一篇文章，即《我们的自白》。从表面看，这似乎是两派讨论、妥协的结果，它宣称为了改造中国，必须科学地认识中国社会，而科学最重要的职责在于客观地叙述事实，“一切公式图标，以及文字的描写都是叙述的方法，所叙述的是‘实有其事的东西和事迹’”，同时它又认为，必须以小群体作为入手的单位研究群体的生活方式。统计是认识客观事实的一个有力工具，但又有其限度，社会事实可分为三个部分——物质、行为、态度，其中行为、态度是统计所不能直接表达的。①不管这是否为两派有意妥协的结果，还是吴文藻等人的策略安排，这篇文章都有重要的意义，它直接指出了 Booth 式调查的限度，并初步表明了理想的研究单位、领域及其相对理论优势。它虽没有明确举起社区研究的旗帜，但进行社区研究的主张已是呼之欲出。

1934 年年底吴文藻到清华演讲，事后根据笔录将演讲的第一节整理出来发表，即《现代社区实地研究的意义和功用》一文。这次演讲共分三节，分别阐述了现代社区研究的意义，社区研究与社会调查、社会史研究的区别和关系，以及社区研究的方法和步骤。②至此，吴氏实现了功能学派和人文区位学派“通家之好”，并界定了社区研究的对象范围及方法、步骤，进而公开主张要在中国实践社区研究。他之所以能在此时将功能学派和人文区位学派结合起来并提出社区研究的主张，除了学生的推动以及经过一年多的教学实践认识有所深化这两个原因，恐怕与赵承信的交往亦有很大的关系。赵承信于燕京大学本科毕业后，先后入美国芝加哥大学和密歇根大学攻读硕士和博士学位，1934 年秋受聘为燕京大学社会学系教员。赵在芝加哥大学读书期间，布朗正在该校讲课，所以他对芝加哥学派和功能学派的理论都有相当程度的了解。在《社会调查与社区研究》中，他曾比较系统地介绍过人文区位学派和功能学派人类学的理论。而且，他是燕京大学社会学系师生中主张社区研究的又一领军式的人物，他与吴文藻之间有密切的交流应是不难想象的。1934 年 10 月，赵氏在《社会研究》上发表了一篇文章，他针对已

---

① 《我们的自白》，《北平晨报》副刊《社会研究》第 16 期，1934 年 1 月 10 日。

② 吴文藻：《现代社区实地研究的意义和功用》，《北平晨报》副刊《社会研究》第 66 期，1934 年 12 月 30 日。

往解决问题式的人口研究，提出了一种新的思路，即要求分析、了解构成中国人口现象的各因素。[①]赵的文章比吴的要早两个月，这说明赵在两个月前已就人口问题的研究提出了一些新的主张，而赵氏的文章又必经吴氏过目（因为吴氏是编辑）。由这些可以推论，赵的观点很有可能影响了吴文藻。

吴的文章发表后，《社会研究》又相继刊登了一些文章，指摘统计方法的不足，并介绍社区研究的具体方法，如局内观察法、洞察法等。同时也发表了言心哲、杨开道等人为统计法辩护的一些文章。[②]

在实地研究方面，1934 年杨庆堃的《邹平市集之研究》是用人文区位学理论解释调查所得资料的一次尝试，它预示着燕京大学社会学系研究路向的某种方向性转换。到了 1935 年上半年，已有一批社区研究成果问世，同时还出现了以人文区位学为指导的非实地调查的研究。[③]

1935 年应是社区研究派在燕京大学社会学系崛起并逐渐成为主流的一年。吴文藻、赵承信及一些学生构成了该系的社区研究派。这一年，吴文藻被任命为该系系主任，此后这一职位一直被社区研究派掌握。同是这一年，在学生的学位论文中，社区研究报告的数量要多出 Booth 式调查报告。如表 6.3 所示。

---

① 赵承信：《怎样去研究中国的人口问题》，《北平晨报》副刊《社会研究》第 55 期，1934 年 10 月 10 日。

② 前者如《从洞察论到统计方法的得失》（周叔昭，《北平晨报》副刊《社会研究》第 70 期，1935 年 1 月 30 日），《实地研究与局内观察》（徐亦如，《北平晨报》副刊《社会研究》第 93 期，1935 年 7 月 10 日）、《局内观察法实用谈》（徐亦如，《北平晨报》副刊《社会研究》第 95 期，1935 年 7 月 23 日）等。后者如《社会调查与统计》（言心哲，《北平晨报》副刊《社会研究》第 90 期，1935 年 6 月 19 日），《社会研究的准备》（杨开道，《北平晨报》副刊《社会研究》第 82 期，1935 年 4 月 24 日），等等。

③ 杨哲娴：《平汉铁路人文区位之研究》，燕京大学学士论文，1935 年；沈晶：《平绥铁路区位研究》，燕京大学学士学位论文，1935 年。

表 6.3 1935 年学位论文中的调查报告概况表

报告名称	作者	出版状况	调查地点
义序宗族的研究	林耀华	燕京大学社会学系 1935 年 5 月硕士毕业论文	福建
洪县乡村组织之研究	徐雍舜	燕京大学社会学系 1935 年硕士毕业论文	洪县
清河合作	杨骏昌	燕京大学社会学系 1935 年 5 月学士毕业论文	清河
清河小学	梁树祥	燕京大学社会学系 1935 年 5 月学士毕业论文	清河
一个村落社区产育礼俗的研究	邱雪峩	燕京大学社会学系 1935 年 5 月学士毕业论文	清河
一个潮州村落社区的宗族研究	陈礼颂	燕京大学社会学系 1935 年 5 月学士毕业论文	潮州

在 6 篇调查报告中，有 4 篇是属于社区研究范畴的，只有《清河合作》《清河小学》是 Booth 式调查报告。社区研究报告作为学位论文，意义比较重大，它标志着社区研究派在该系的学生培养和学术研究等学科建设的重大方面已占有重要的地位。而且，其中许多学生留学归国后，又回到该系任教，甚至掌握该系的行政大权。这使得该系师资队伍中的社区研究派的力量能够接续不断。这些人当中，有许多，如林耀华、费孝通等，他们在国外获得博士学位，成果十分卓著。他们的加入，不仅加强了社区研究派在燕京大学的力量，还极大地提升了社区研究在全国社会学界的地位。

待到布朗来华时，社区研究派已在燕京大学社会学系成形并占据统治地位。布朗到燕京大学的讲学，一方面系统地介绍了功能学派以及自己的理论主张，使得社区研究派进一步深化了对有关理论的认识；另一方面在无形中巩固了社区研究派在燕京大学的地位。吴文藻等人也乘机借布朗在世界人类学、社会学界的地位，大势宣扬功能学派的主张，扩展了社区研究在全国的影响。布朗离华后，吴文藻等人将《社会学界》第 9 卷编为“纪念布朗教授来华讲学特辑”，其后他和赵承信、费孝通、林耀华、黄迪等人在各种刊物上以理论阐述，介绍自己的研究体会，或发表实地研究成果等多种形式，来宣传社区研究的主张。

值得一提的是，布朗在燕京大学曾作过题为“对于中国乡村生活社会学调查的建议”的演讲。他主张中国同仁要进行社会学调查，而不是此前的社会调查。在他看来，所谓社会学调查应是与功能学派理论相应的社区研究。①他的这一主张在很大程度上契合了吴文藻的一贯观点，但比吴更进一层，他基本上否认了“社会调查”对于社会学的意义，而确认了社区研究为社会学实地研究的唯一合法形式。他的这篇演讲先后以英文或中文形式刊载于《北平晨报》副刊《社会研究》、《社会学界》及中山大学的《社会研究》等期刊的相关卷期，在全国社会学界产生了广泛的影响。燕京大学社区研究派也因此而理直气壮地举起了以社区研究建设中国社会学的旗帜。吴文藻在《中国社区研究计划的商榷》一文中，对社会调查和社会学研究作了明确的区分，并在《社区的意义和社区研究的近今趋势》一文中，提出要创建中国的社区社会学。②他还曾指导刘育仁对此前的“社会调查”进行统计研究，目的便是要论证“社会调查”的衰落和社区研究代之而起的必然。③而赵承信则于1937年召开的中国社会学社第六届年会上宣读了《社区研究与社会学之建设》一文，建议将社区实地研究作为中国社会学建设的途径。④也正是在这届年会上，清华大学陈达等人提议在各大学内积极推行社区研究。1944年，国民政府将社区研究列为高校社会学系的选修课程。至此，社区研究走出燕京大学，而成为全国社会学系的一门课程。

随着社区研究的一些高质量成果的问世及其影响的扩大，燕京大学社区研究派逐渐以一个学派的整体形象出现在社会学界，后人因此而尊称它为“燕京学派”。由此更可见社区研究在中国社会学史上的地位。

社区研究之所以能够逐渐成为燕京大学社会学系占统治地位的一种研究范式，除了一些师生长期推动，主要有以下几个方面的原因：（1）与前期学科建

---

① ［英］拉得克里夫·布朗：《对于中国乡村生活社会学调查的建议》，吴文藻，译，《社会学界》1936年第9卷。

② 吴文藻：《社区的意义与社区研究的近今趋势》，《社会学刊》1936年第5卷第1期。

③ 刘育仁：《中国社会调查运动》，燕京大学学士学位论文，1936年。

④ 赵承信：《社区研究与社会学之建设》，《社会学刊》1937年第5卷第3期。

设不足密切相关。社会服务、理论建设不足，已如前述。Booth 式调查也存在自身的缺陷，吴文藻等人一再批评 Booth 式调查只是对某部分社会事实的描述，而不能解释这些社会事实，对社会行为、社会态度的描述，Booth 式调查也显示出其无能。而且，该系 Booth 式调查虽取得一定的成绩，但对学科建设中的其他两个方面没有起到许仕廉等人预期的促进作用。引进人文区位学派、功能学派人类学以加强理论方面的研究，在某种程度上，应是许仕廉和吴文藻的共识，所以该系年度报告作出了派克的工作是“注重社会学研究与教学之质的方面”的结论。（2）符合燕京大学重视实地研究的传统。（3）符合趋新的社会心理。杨开道就曾发表文章，反对这种由于趋新而贬低 Booth 式调查的现象。[①]功能学派和人文区位学派分别是世界上人类学、社会学界新兴的、影响日增的学派。其深入内部对一个社会的结构、文化作整体考察的思路，无疑为该系加强理论研究提供了一种可能的选择。（4）人事方面的原因。一方面是许仕廉、杨开道能够容忍并鼓励不同派别研究。杨开道早在 1929 年就曾介绍过局内观察法[②]，在 1936 年《社会学界》第 9 卷“纪念布朗教授来华讲学特辑”中，他著有《布朗教授的安达曼岛人研究》一文。这些均说明，杨氏的眼界还是比较开阔的。另一方面是吴文藻的最后掌权，以及赵承信等人的引进。前者为吴氏推行社区研究主张提供了便利，后者则为他提供了系内奥援。派克、布朗的相继来华，为社区研究派提供了强大的后盾，以二氏在世界社会学界的地位，国内任何社会学者对他们都不容小觑。（5）符合某种社会需要。20 世纪 30 年代前期，整个国家呈现出全面的社会危机，用吴文藻的话说，是“整个社会组织的解体”，这就需要对社会有个整体的认识。所以，吴文藻提出中国社会学者必须迅速地、有计划地进行现代社区实地研究，并系统而详尽地收集各地方事实材料。[③]

① 杨开道：《社会研究的准备》，《北平晨报》副刊《社会研究》第 82 期，1935 年 4 月 24 日。

② 杨开道：《社会研究法》，上海：世界书局，1929 年，第 105—107 页。

③ 吴文藻：《社区的意义与社区研究的近今趋势》，《社会学刊》1936 年第 5 卷第 1 期。

（二）吴文藻的主张与实际研究的对比

1. 吴文藻的相关主张

以社区作为研究单位，不起源于社区研究，也不是社区研究的专利。布斯的《关于伦敦人的生活与工作》可以说就是以伦敦作为一个大的社区单位进行考察的。吴文藻的社区研究主张提出后，有许多其他型式的社会调查以一个村庄、一个镇市或一个县等大小不等的社区作为自己的考察单位。对一个地理概念上的社区进行研究，不是社区研究的全部特征，甚至不是其主要特征，只有当这项研究引进功能人类学和人文区位学的理论方法时，才可称得上是社区研究。布朗、吴文藻、赵承信等人正是要将英国功能学派和美国芝加哥学派的相关理论引进中国，并以它们作为理论指导分析中国社区，最后达到认识中国整个社会、建设中国社会学的目的。

吴文藻是中国提倡社区研究最为有力的人，他发表的一些文章系统地介绍了功能学派的理论，另一些文章则糅合了功能人类学、人文区位学的相关观点，进而提出在中国进行社区研究的具体主张。根据笔者对《社会学界》、《北平晨报》副刊《社会研究》以及学生学位论文的统计，该系在1935—1937年间共有社区研究报告9篇，均为学生所作。这些作品得以完成，是与吴文藻的指导、鼓励和支持分不开的。虽然这个时期社区研究派的其他成员在一些具体问题上有着不同的看法，但吴文藻的观点应可在整体上代表了他们的认识水平。

有关吴文藻社区研究的主张，可以简单地归纳为以下几点。

（1）研究的单位

答案无疑是社区。依据费孝通后来的有关说法，“社区”一词的来源与派克有关。当时派克在燕京大学讲学时曾有个观点，即“Society is not community”，费孝通等人经过讨论，将“community”一词译为社区，以表达社会与社区的不同。[①]社区

① 费孝通：《从人类学是一门交叉的学科谈起》，《广西民族学院学报（哲学社会科学版）》1997年第2期。

研究中所指的社区自有其特殊的含义。吴文藻认为，人民、地域及人民生活的方式或文化是社区的三个要素。文化是社区研究的核心，明白了文化，便是了解了社会。文化又可分为四个方面，即物质文化、象征文化、社会文化和精神文化；文化是一个有机的整体，发生作用时，不是局部的，乃是全部的。在博物院中陈列的古物和标本是一种死的文化，唯有在实际中切身体验的才是真实的、活的文化。这样的活文化，就是社区研究的对象。①关于社区类型，吴氏曾简单地分为三类，即部落社区、乡村社区和都市社区。后来根据中国现实的需要，又将社区划分为边疆的部落社区或殖民社区、内地的农村社区或移民社区、沿海沿江的都市社区以及海外的华侨社区四种类型。②

（2）研究的方法

吴文藻认为，就方法而言，功能学派所谓之功能观点与人文区位学派所谓之社区观点，二者在精神上完全一致。③二派之所以能开创新的学派，应得力于实地研究。进行实地研究，参加社区生活，乃是了解社会组织的不二法门。同时，实地研究必须与理论相辅而行。理论必须根据事实，事实必须符合理论。功能学派之所以获得成功，就是因为先有了问题才去实地考察，而他们事前又受过严格的科学训练，对于理论背景早已胸有成竹，所以到了实地环境以后，可以互相参照、考核和比较。④他这里所说的实地研究，与 Booth 式的实地调查是不一样的。此外他指出 Booth 式调查所叙述的事实等于“社区的照像”，而社区研究则等于“社区的活动电影”；Booth 式调查考察的范围一般只限于物质状况，而社区研究除了考察经济生活和技术制度，还要关心民风礼俗、典章制度和民族的精神与理想，尤其重视它们之间的连锁关系以及部分与整体的有机关系或交互历程。要达到这

---

① 吴文藻：《现代社区实地研究的意义和功用》，《北平晨报》副刊《社会研究》第 66 期，1934 年 12 月 30 日。

② 吴文藻：《社区的意义与社区研究的近今趋势》，《社会学刊》1936 年第 5 卷第 1 期。

③ 吴文藻：《功能派社会人类学的由来与现状》，《吴文藻人类学社会学研究文集》，北京：民族出版社，1990 年，第 122—143 页。

④ 同①。

样一个结果，中国社区研究者必须模仿人类学家，住居于被研究的社区，作精密的实地考察，这便是所谓的局内观察法。①

（3）基本理论

吴文藻关于社区研究的主张主要来源于功能学派尤其是布朗的相关理论，人文区位学的有关观点则融入了他对中国社区研究的设想之中。他认为在一个特殊的社区中，社会生活各方面都在密切地相互联系而成为一个整体或体系的各部分；每一项社会活动都有其功能，只有发现其功能时才能了解其意义；在研究任何信仰或风俗的功能时，必须把社区看作一个统一的体系才能对之作出定位。同时他还认为，一个社区的社会生活的基础是社会结构，社会的绵续、社会生活的绵续必须依赖社会结构的绵续；社会结构与社会功能并合起来就是社会体系。社会体系这一概念包含两方面，一方面是外界的适应，是指社会体系中人们获取物质的供给；另一方面是内部的完整。社会结构就是这种完整的产物，或者说它本身就是完整的。

根据中国的现实情况，吴文藻认为在社区研究之初，最适当的研究单位应是村落。研究村落可以从以下三个方面着手：第一，横的或同时的研究，即某个村落的静态研究；第二，外部关系研究；第三，纵的或连绵的研究，即村落变迁研究。此外，他还列出了社会生活中应当考察的十项重要内容，包括家族制度、礼仪习俗、宗教深化、个人之调适等。这些，都与他对社区研究基本理论的理解相一致。②

2. 社区研究的实际

吴文藻非常重视学生的培养，在《中国社区研究计划的商榷》一文中，他曾详细地列出学生培养的几个步骤。事实上，在燕京大学社会学系从事实地社区研

---

① 吴文藻：《中国社区研究计划的商榷》，《社会学刊》1936 年第 5 卷第 2 期。

② 参见吴文藻的《中国社区研究计划的商榷》（《社会学刊》1936 年第 5 卷第 2 期）、《功能派社会人类学的由来与现状》（《北平晨报》副刊《社会研究》第 111、112 期，1936 年 12 月）、《布朗教授的思想背景与其在学术上的贡献》（《社会学界》1936 年第 9 卷），布朗的《对于中国乡村生活社会学调查的建议》（《社会学界》1936 年第 9 卷）以及赵承信的《社会调查与社区研究》（《社会学界》1936 年第 9 卷）。

究的是以学生为主，而燕京学派的代表作品《江村经济》和《金翼》，也是其两个学生（费孝通、林耀华）留学欧美期间所完成的杰作。

前文已有交代，1935—1937年间该系共有9篇社区研究报告，详情请见表6.4。

表6.4 1935—1937年社区研究概况表

报告名称	作者	出版状况	调查地点
义序宗族的研究	林耀华	燕京大学社会学系 1935年5月硕士毕业论文	福建
滹县乡村组织之研究	徐雍舜	燕京大学社会学系 1935年1月硕士毕业论文	河北
一个村落社区产育礼俗的研究	邱雪峩	燕京大学社会学系 1935年5月学士毕业论文	清河
一个潮州村落社区的宗族研究	陈礼颂	燕京大学社会学系 1935年5月学士毕业论文	潮州
北平会馆调查	张孝訢	燕京大学社会学系 1936年2月学士毕业论文	北京
山西徐沟县农村社会组织	李有义	燕京大学社会学系 1936年6月学士毕业论文	山西
花蓝猺社会组织	王同惠 费孝通	《天津益世报》1936年7月8、15、22、29日；8月5日	广西
金门溪边村社区研究的尝试	郑安仑	《天津益世报》1937年5月12、19日	福建
中国会馆之社会学的分析	赵令瑜	燕京大学社会学系 1937年5月学士毕业论文	北京

必须指出的是，《花蓝猺社会组织》作者之一的费孝通这时已从燕京大学毕业，在清华大学师从史禄国攻读人类学硕士学位。他到大瑶山主要是从事体质人类学的测量研究，而其妻，燕京大学社会学系学生王同惠则是要研究苗瑶的社会组织。后来，其妻因故身亡。费为了纪念其妻，依据其妻的材料，整理出版了这篇论文。这篇论文，有王同惠的成绩在内，而费孝通本人亦十分赞同社区研究的主张。他一直被学术界视为燕京学派的主要代表之一，这次调查对他一生的学术研究也产生了重大的影响，用他自己的话说就是，“我对家庭、对社会的一些基本观点就

是从那时的讨论分析中开始形成的”。所以，我们把这篇文章收录于表 6.4 之中。

在这 9 篇文章中，从内容来分，有关社会组织的研究占绝大多数，共 8 篇。其他的，礼仪风俗类 1 篇，综合类 1 篇。社会组织中，家族制度方面的 2 篇。从地域来分，城市地区的 2 篇，农村地区的 7 篇，少数民族地区的 1 篇。从数字分布来看，这些研究似乎均不是按照一定计划进行的，因为它们在内容上太过于集中。事实也是如此，林耀华对宗族研究的兴趣可追溯至 1932 年①，而王同惠、费孝通对瑶山的调查实起于一个偶然的机会。

徐雍舜研究的是通县的滆县乡村组织，重点考察了乡村领袖之间的冲突。②邱雪峩“以一个大胆的假设为前提”研究了清河附近村落的产育礼俗，他认为产育关系到个体和种族的绵延，而中国又是一个宗法社会，在这方面自然产生了许多风俗和迷信，因而研究产育礼俗有利于加深对整个社会习俗乃至整个社会的了解。他借参与清河试验区服务工作之便，采用谈话法和参与观察法收集材料，在参与观察时，一身兼多种角色。③陈礼颂的潮州宗族研究，主要考察了斗门乡的宗族与家族的结构及其在宗教、生物、经济和教育等方面的功能，并记述了婚丧方面的礼俗。张孝訢、赵令瑜以功能人类学和人文区位学为指导对北京的会馆作了社会学的分析。④李有义从血缘和地缘两个角度考察了他的家乡徐沟县的乡村组织，并在最后一章分析了社会组织的变迁及其原因与影响。林耀华的义序宗族研究以宗族祠堂角色和功能为切入点，先是分析宗族的组织和功能，渐及家庭及其亲属关系，最后用生命传记的方法描述了一个人在家族中的生活及生命各个阶段的礼仪风俗。王同惠、费孝通深入广西大瑶山，对花蓝猺的家庭状况、组成过程、经济生活和亲属关系，村落内的社会制度和社会制裁，以及族团间的关系作了详细的考察。林耀华与王同惠、费孝通的作品应是这个时期燕京大学社区研究派水平最高的两篇实地研究作品，而王同惠为了学术研究而献身的事迹更激励着后辈

① 林耀华：《义序的宗族研究·导言》，《义序的宗教研究》，北京：生活·读书·新知三联书店，2000 年。

② 吴文藻：《社区的意义与社区研究的近今趋势》，《社会学刊》1936 年第 5 卷第 1 期。

③ 邱雪峩：《一个村落社区产育礼俗的研究》，燕京大学学士学位论文，1935 年。

④ 赵令瑜的文章虽名为《中国会馆之社会学的分析》，实际上研究的是各省各地区在北京成立的会馆。

学人。这两篇作品至今都有较高的学术价值，就篇章结构安排而言是这样，就某些具体细节而言亦复如此，如林耀华对礼俗习惯的描写比较深入细致，费孝通、王同惠关于人口、土地和族团三者之间关系的分析较为独到。

从总体上看，这 9 篇作品属于静态的研究。由于是初学，这些作品或多或少存有机械套用功能分析的痕迹。但根据上文的介绍，它们在内容及结构的安排上已能较好地反映功能主义观点。在调查方法上，虽然调查的时间没有达到人类学要求的“一年”标准，但有些作者已经比较自觉地采用局内观察法了，其中，邱雪峩、林耀华、王同惠均是如此。

这些作品之所以能够大体上反映功能学派的观点，除了吴文藻等人的指导，也与其作者的理论认识有关，而通过调查，他们则深化了有关认识。如费孝通在《花蓝猺社会组织》后记中就总结道，文化组织中各部分有微妙的搭配，在搭配中各部分没有自身的价值，只有对整个文化的功能。要认识一个社会文化，必须理清文化网络，了解各部分的相对功能。研究自身的文化，较难有一个客观的态度，所以，研究者必须经历一番训练，即多观察几个和自身不同的文化结构。研究“边境社区”，除了可作认识汉族的对照，所得材料本身就是认识中国文化的一部分极其重要的资源，因为它们并不是与汉族文化毫不相关的。林耀华在论文的导言中所叙述的四个研究步骤，反映了他对功能学派理论的把握。他的四个步骤依次是：首先考察社区的基础条件，接着探讨宗族社会组织，叙述生活的法则和规条，进而分析整个文化内容，再接下来是描述实际的社会生活，最后深入族人的精神状态之中。

（三）社区研究、Booth 式调查和社会工作并存与理论创建的不足

吴文藻等人在为社区研究争地位时，总是尽力攻击 Booth 式调查。依据他们的批评，Booth 式调查的主要缺陷可以概括为以下几点：统计法是 Booth 式调查的一个基本方法，统计得到的事实大都以数目字表述，它们呈现出来的只能是单纯的现象和零碎的事实；Booth 式调查不注重对社会作整体或全面的考察，所考察的也只是物质事实，对行为和心理事实，Booth 式调查无能为力；Booth 式调查的

目的是为社会改良服务的，而不是为了发展学术理论而做的，所以它只注重静态的事实而不去深究社会事实存在的原因。[①]在吴文藻等人的眼中，社区研究恰能克服这些缺陷，由此，社区研究与Booth式调查的高下之别一目了然。此外，从他们对Booth式调查的批评中可以看出，他们还有一种纯学术研究的倾向。布朗来华后，他们更是承接了布朗否认Booth式调查对于发展社会学的意义的观点，在全国提倡社区研究，并举起以社区研究建设中国社会学的大旗。

然而，中国社会学发展的事实并不如吴文藻等人所料想的那样。一直到民国结束前，其他高校社会学系中的Booth式调查都占有优势，也有很多高校开设社会服务课程，如清华大学在抗战期间设立国情普查，其所从事的社会调查绝大多数是Booth式调查，该校社会学系学生毕业论文中的Booth式调查报告应比社区研究报告多。在1944年国民政府教育部修订的全国高校社会学系课程设置中，社区研究只是社会学专业学生的选修课，学分只有3分。而社会调查却是所有学生的必修课,学分为3~6分,该课程设置还规定了相当数量的社会工作方面的课目。

燕京大学社会学系系内的情况与全国的状况相似，社区研究的兴起并没有改变理论、社会工作、社会调查三者并立的学科建设的格局，Booth式调查也并没有因此而销声匿迹。

在实际的社会工作方面，清河的社会试验一直到1937年才停止。抗战期间，该系学生在北平、在大后方都参与了各种各样的社会服务工作。抗战结束，燕京大学迁回北平后，该系学生继续在北平各机关进行服务实习，其中尤以儿童福利工作最为发达。该系的实习机关有香山慈幼院、社会局的托儿所、中山公园的儿童康乐部、北平男女青年会及女青年会所设之贫民诊疗所等[②]，数量多达十几个。

---

① 参见吴文藻的《现代社区实地研究的意义和功用》（《北平晨报》副刊《社会研究》第66期，1934年12月30日）、《社区的意义与社区研究的近今趋势》（《社会学刊》1936年第5卷第1期）、《中国社区研究计划的商榷》（《社会学刊》1936年第5卷第2期），赵承信的《社会调查与社区研究》（《社会学界》1936年第9卷），李有义的《从社会调查到社会学的调查》（《天津益世报》1937年6月30日），周叔昭的《从洞察论到统计方法》（《北平晨报》副刊《社会研究》第70期，1935年1月30日）。

② 《社会学系近十年概况》，《燕京社会科学》1948年第1卷。

在科门设置上，该系自1928年分科后，一直设有社会工作方面的科目。在课程设置方面，社会服务方面的课程也一直没有间断过。各科虽有专攻的重点，但无论是社会学科还是社会服务（行政）科，都必须修读一些社会工作方面的课程，许仕廉、杨开道时是这样，社区研究派流行时也是如此。例如1945—1946学年度，该系规定了9门社会学组和社会行政组的共同必修科，其中有两门就属于社会工作方面的课程。[①]至于社会服务（行政）科开设的课程，也就可想而知了。

在社会调查方面，自社区研究派得势后，Booth式调查在该系的地位日见低下。两个明显的例子可以说明这一点：第一个例子是赵承信在1935—1936学年开设了“社区调查”课，代替了此前一直讲授的“社会调查”课。此后这门课连续开办了好几年。[②]不过，在1945—1946学年，周励秋又开设了“社会调查”课，而1947—1948学年，林耀华则主讲“社会调查方法”课。[③]后两人讲课的具体内容，我们不得而知，但从林耀华的个人倾向来看，“社会调查方法”课有可能讲的就是社区研究，至少社区研究是其中一项主要内容；从周励秋指导的学生论文情况来看，他的“社会调查”课讲的应是Booth式调查。该系在“社会调查”课程上的反复，应与1944年国民政府教育部对全国社会学系课程设置的规定有关。第二个例子是，张孝訢的学位论文《北平会馆调查》的导师是许仕廉，因许到南京任职，原稿经杨开道同意准予通过，但社区研究派得势后，认为原稿尚须修改，张只得按照吴文藻、赵承信的意见，利用功能学派的观点重新编著，论文的最后审阅者也就署上了吴文藻的名字。[④]

虽然如此，但该系学生中从事Booth式调查的人一直持续不断。据笔者统计，1935年至1937年年间，该系师生所作调查报告共有29篇，其中属于Booth式调查的有15篇，属于社区研究的9篇，民俗学调查的4篇，其他型式的1篇。从数量上看，Booth式调查仍要多于社区研究。在抗战和解放战争时期，Booth式调

① 《社会学系近十年概况》，《燕京社会科学》1948年第1卷。

② 《燕京大学社会学及社会服务学系一九三四至一九三六年度概况》，《社会学界》，1936年第9卷；《燕京大学社会学及社会服务学系一九三六至一九三八年度概况》，《社会学界》1938年第10卷。

③ 同①。

④ 张孝訢：《北平会馆调查·绪论》，《北平会馆调查》，燕京大学学士学位论文，1936年。

查亦占有一定的比例。

社区研究在该系学科建设中的这种窘境产生之原因主要有以下几个方面：（1）社会服务是该系长期坚持的传统，燕京大学校训的一项内容就是“以服务”。清河试验区对社区研究派来说也是不得不接受的一笔“遗产”。（2）巨大的社会需要。这点连吴文藻等人也不得不予以承认，他们攻击Booth式调查的其中一点就是其以具体的实用为目的，但与此同时，他们也看到了社区研究的某种“实用性”[①]，只是将之限制在为将来社会计划提供切实的根据范围之内罢了[②]。到了抗战时期，随着民族危机的加深，吴文藻抛弃了纯学术研究的思想，提出发展边政学的主张，提倡进行边疆和民族的调查，以为边疆工作作借鉴。其前后的矛盾变化，与社会需要不无关系。（3）教师队伍结构的限制。该系的教员队伍流动性比较大，经常有旧教员跳出，新教员引进。但从总体结构来看，属于社区研究派的人数只占一定的比例，甚至并不占优势，如1945年至1946学年，为该系学生教课的教师共有16名，其中只有5名可明确归属于社区研究派，而教社会工作方面课程的教师却有8名。“异己”力量的存在，又为“异己”的研究倾向提供了支持。（4）学生兴趣的限制。该系女学生较多，有时要占学生总数的一半以上，而女学生总喜欢选择社会服务科目。[③]社会服务的受欢迎，往往又刺激Booth式调查的产生，有许多学生即以自己的服务实习机关、服务对象或相关社会问题作为学位论文的写作主题。（5）国民政府关于全国社会学系课程设置的规定，也为Booth式调查、社会服务的存在提供了法律保障。

社区研究派声称要以社区研究建设中国的社会学，但由于各方面的原因，他们对所在系的学科改造并不是十分成功。这只是问题的一个方面，问题的另一个方面是理论创建的不足。

诚然，社区研究在利用功能学派人类学、人文区位学的理论调查、研究中国

---

① 吴文藻：《功能派社会人类学的由来与现状》，《吴文藻人类学社会学研究文集》，北京：民族出版社，1990年，第122—143页。

② 吴文藻：《社区的意义与社区研究的近今趋势》（《社会学刊》1936年第5卷第1期）、《花蓝猺社会组织·导言》（《天津益世报》1936年7月1日）。

③ 《社会学系近十年概况》，《燕京社会科学》1948年第1卷。

社会方面取得了很大的成就，除了《江村经济》《金翼》这两部具有代表性的作品，费孝通的《禄村农田》、林耀华的《凉山彝家》、许烺光的《祖荫下》、史国衡的《昆厂劳工》、田汝康的《芒市边民的摆》、谷苞的《化城镇的基层行政》、蒋旨昂的《战时的乡村社区政治》、张之毅的《易村手工业》和《玉村农业和商业》，以及李有义的《汉夷杂区经济》等都是水平较高的社区研究报告。不过，这些都是社会学中国化过程中一部分应做的工作。

事实上，与其具体的社区研究相比，燕京学派理论创建的成绩很弱。社区研究派的这种病根，其实在吴文藻那儿已经种下了。如果比较一下吴文藻和布朗的相关观点，就会发现，吴氏在《中国社区研究计划的商榷》一文中所阐述的社区研究理论和实地调查的步骤基本上是照抄布朗而来。①理论创建成绩欠佳的情况，费孝通在 1948 年时也许已经有所意识，故在一篇文章中他曾提出社会学需要综合研究的观点。②理论创建的不足，恐怕是民国时期整个中国社会学界的现象。也就是说，社会学中国化的工作在民国时期并没有全部完成。20 世纪 80 年代社会学界重提社会学中国化的口号，与此也不无关系。

之所以出现理论创建不足的局面，除一些社会原因（如在实用的社会氛围影响下社区研究也渐有实用的趋向，战乱的影响，中华人民共和国成立后社会学科长期被取消，等等）之外，与社区研究的内在理路亦有很大的关系。

社区研究，顾名思义，就是对社区进行研究，只不过它要以功能学派人类学、人文区位学的理论为指导罢了。林耀华等人在为吴文藻作传时，指出吴为了社会学中国化落实了三项工作，“第一，寻找一种有效的理论架构；第二，用这种理论来指导对中国国情的研究；第三，培养出用这种理论研究中国国情的独立科学人才”③，却根本没提理论创建的事。这很能说明问题。

---

① 参见吴文藻：《中国社区研究计划的商榷》（《社会学刊》1936 年第 5 卷第 2 期）、《布朗教授的思想背景与其在学术上的贡献》（《社会学界》1936 年第 9 卷），布朗：《对于中国乡村生活社会学调查的建议》（《社会学界》1936 年第 9 卷）。

② 费孝通：《现代社会学的趋势》，《天津益世报》1948 年 2 月 5 日。

③ 林耀华，陈永龄，王庆仁：《吴文藻传略》，吴文藻：《吴文藻人类学社会学研究文集》，北京：民族出版社，1990 年，第 341 页。

笼统地说，要完成社会学中国化的任务，必须依次经历三个阶段，即理论引进阶段，以理论指导中国国情研究的阶段，理论创建阶段。经过调查、撰写出社区研究报告，只是完成了第二阶段的一部分工作。社区研究能不能有效认识中国整个社会，还是一个问题。费孝通在伦敦经济学院的同学利奇对此曾作过严厉的批评。针对利奇的批评，费氏创造了“类型”学说加以回应。问题是“类型”学说仍然是一个假说，何以确定中国社区的类型，对各类社区调查完毕后又如何进行比较，都是难以解决的问题。连第二步工作尚存在重大理论缺陷，更遑论第三步了。

吴文藻等人为了提倡社区研究，过分贬低、排斥Booth式调查。实际上，Booth式调查与社区研究并不是水火不相容，黄迪、张孝訢都曾利用Booth式调查材料写出社区研究报告，而郑安仑对金门溪边村进行社区研究期间，亦在《天津益世报》上连续发表了一些Booth式调查报告。严格地说，社区研究和Booth式调查也没有绝对的高低之分。李景汉的《定县社会概况调查》，与费孝通的《江村经济》和林耀华的《金翼》相比并不逊色多少。社区研究和Booth式调查是两种不同型式的调查，它们的调查目的、要求及所遵循的规范都不一样，对它们的评价标准也自然不同。不顾这些而对它们作简单的价值高低判断是不甚妥当的。民国时期，已有人意识到Booth式调查与社区研究是可以兼容的，如张世文从Booth式调查这边出发，要求两者联手对中国国情进行调查①，赵承信1948年从社区研究出发，争取将社区研究和Booth式调查共同纳入社会学建设之中②。可惜的是，他们的观点在当时的学术界并没有引起多大的反响。

因统计法是Booth式调查的一个基本方法，社区研究派批评Booth式调查时往往也对之加以有意的贬低。费孝通在《禄村农田》中使用了大量的统计数字，但他对“统计式”调查的立场一如其他社区研究派成员。贬低统计法，使他们对世界统计学的发展产生隔膜，进而限制了他们的理论视域。随着数理统计学的发展，概率统计逐渐被引用到社会学等学科的经验研究之中，这就造成了抽样调查的兴

① 张世文：《论中国农村社会调查运动发展之途径》，《华西乡建》1947年第4—6期。

② 赵承信：《实地研究与中国社会学之建设》，《天津益世报》1948年2月5日。

起。有些研究者把抽样调查的兴起视为社会调查进入一个新时代的标志。[①]“二战”后抽样调查的勃兴，对美国社会学的发展起了极大的推动作用。20 世纪 80 年代，随着中国社会学科的重建，抽样调查法被引进并逐渐成为社会学经验研究的一个主要方法。实际上早在 20 世纪 30 年代，就已经有人在中国介绍抽样调查了，也有人曾预测抽样调查对社会学发展的影响。[②]遗憾的是，社区研究派由于理论视野的受限，并没有意识到抽样调查的重要性。

由上文可知，1937 年前的燕京大学社会学系的社会研究大致经历了两个阶段，前期是 Booth 式调查“一统天下”阶段，后期则是社区研究有意与 Booth 式调查竞争阶段。就范式的角度而言，Booth 式调查、社区研究是两种不同的研究范式，燕京大学社会学系的社会研究在后一阶段的表现应是范式转换的一种正常反应，社区研究派有意过分贬低 Booth 式调查、统计法，除了本身学术路径使然，可能也有策略的考虑，只有与此前“统治”该系的研究范式切割、争斗，才能为自己争得一席之地，进而才能扩张自己的“势力”范围。

从方法论和理念来源来讲，燕京大学社会学系的范式转换，与某一时段的西方尤其是美国社会学发展状况密切相关。对燕京大学社区研究派影响巨大的两位教授均来自芝加哥大学，派克是芝加哥学派的代表人物，布朗来华前已受聘芝加哥大学多年，他在芝加哥大学、在美国推广其功能主义，并取得卓著成效。据第一章介绍，自 20 世纪 20 年代起，美国社会学界出现了经验研究与社会学理论建设同步的趋势，有些社会学者甚至对统计型调查大加贬斥。依据巴尔默的观点，Booth 式调查在 20 世纪 30 年代的美国已渐趋式微。然而，自 20 世纪 30 年代起，随机抽样调查已显示出可预测、可控制的功能，定量分析的方法也日益引起美国学界的重视。

燕京大学社会学系选择了在美国社会学界曾居于主流地位的芝加哥大学社会学系所主张的人文区位学以及地位也较为显赫的功能主义理论，并实现两家理论

---

① Martin Bulmer, Kevin Bales, Kathry Kish Sklar. “Preface” in *The Social Survey in Historical Perspective, 1880—1940*. New York: Cambridge University Press, 1991.

② 李黄孝贞：《统计方法与社会学》，《统计月报》1931 年第 3 卷第 1 期。

的“通家之好”，指导本系的社会研究，确定了较具特色的社区研究路径，开创了社会学研究的“燕京学派”，进而奠定了自己在中国乃至在世界社会学界的地位，但也错过了社会学研究的新的发展趋势。

而就燕京大学社会学系内部而言，社区研究派虽取得领导地位，但不能完全改变学科建设中理论、服务、调查三者并立的格局。在服务社会、改良社会方面，无论是在当时的中国，还是在西方，Booth 式调查显然比社区研究更具优势。Booth 式调查的目的就是欲发现社会之病态，进而改良社会，为社会祛病。在英美，Booth 式调查之兴起与社会改良、社会改造紧密相连。这其中，教会与其他一些社会机构、个人均发挥了比较重要的作用，教会成立服务机构以服务社会、调查社会，从而推动社会的改良。在中国，教会改变了传教的策略，兴学校、办医院、服务社会成为教会扩展在中国的影响力、吸引中国人入教的重要手段和方法。作为教会学校的燕京大学，自创校始就确定“因真理、得自由、以服务”为校训。服务社会，可谓燕京大学立校之基。而在 20 世纪二三十年代的中国，各种改良、改造社会的方案、活动异彩纷呈。与服务社会、改良社会较相适应的 Booth 式调查自然较受欢迎。燕京大学社会学系的社区研究派在不能完全改变学科建设格局的情形下，欲全部舍弃 Booth 式调查几乎是不可能完成的任务。但从相反的角度观察，在社会服务、社会改良之声甚嚣尘上和 Booth 式调查成为一种运动的氛围下，社区研究能够脱颖而出，并结出累累硕果，非常难能可贵。

第七章

社会调查与社会改造：定县试验（实验）区社会调查工作透视

中华平民教育促进总会（以下简称平教会）定县试验（实验）区是20世纪二三十年代中国乡村建设的两大重镇之一。①它所推行的平民教育试验（实验）工作在当时就已产生了广泛的影响。根据有关统计，1933年一年中来定县参观的人数就达2869人，其中属于各种机关团体的有1878人，属于各类学校的有991人，而依据廖泰初的推算，自1932年起，每年外来参观平教会者平均不下三四千人。②中华人民共和国成立后，在晏阳初等人的推动下，平民教育运动逐渐扩及东南亚、拉丁美洲和非洲的一些国家，晏阳初也因而被人尊称为“世界平民教育之父”。③作为平教会定县工作的一部分，社会调查所取得的成绩亦为世人所瞩目，李景汉的《定县社会概

① 唐希贤，施中一，张保纯：《参观华北农村改进事业后》，《农林新报》1934年第22期。

② 廖泰初：《第四章：六年计划最近工作情况——农村建设时期》，《定县的实验——一个历史发展的研究与评价》，燕京大学硕士学位论文，1935年。

③ 转引自宋恩荣：《序言：“世界公民”——晏阳初与赛珍珠》，晏阳初，［美］赛珍珠：《告语人民》，宋国民，译，桂林：广西师范大学出版社，2003年。

况调查》就是民国时期中国社会调查的一部标志性作品。[①]因此，以定县试验（实验）区社会调查工作作为个案透视，应有助于我们对民国时期社会调查与社会改造之间的关系进行较为深入的探讨。

① 韩明谟：《中国社会学调查研究方法和方法论发展的三个里程碑》，《北京大学学报（哲学社会科学版）》1997 年第 4 期。

第一节

定县试验（实验）区社会调查工作的基本情况

定县的试验（实验）工作可分为三个时期：第一个时期为开创时期（1926 年 10 月初到定县至 1930 年秋集中人力、财力到定县进行试验）；第二个时期为全县研究实验时期（1930 年秋至 1933 年 7 月河北省县政建设研究院成立）；第三个时期为县政建设时期（1933 年 7 月至 1937 年抗战爆发）。这两个时期属于试验区阶段，后一个时期则属于实验区阶段。自 1926 年起，经过几年的努力和探索，定县平民教育试验逐步进入全面推广和实施阶段。晏阳初开始意识到，欲将试验区的研究推广出去，非借助政府力量不可，同时又认识到，欲使平民教育更为有效，又非改良县政不可。另外，面对农村危机的日益突显，农民教育问题也日渐引起国民政府的重视。1932 年国民政府开始在全国推行农村复兴运动。包括晏阳初、梁漱溟等乡村建设派在内的民间人士和团体成为国民政府推行其农村复兴计划的可以借用的力量。[①]于是，二者呈现出合作、合流的可能。1932 年底，全国内政

① 孙诗锦：《定县实验与农村复兴运动》，《史学月刊》2006 年第 7 期；张海英：《“县政改革”与乡村建设运动的演进》，《河北师范大学学报（教育科学版）》2004 年第 3 期。

会议通过《县政改革案》，内政部次长甘乃光基于前期对定县、邹平等地的考察，提出设立县政建设研究院和实验县的设想。1933 年 7 月，在晏阳初等人的积极奔走和推动下，河北省县政建设研究院成立，定县实验区初步创立。8 月，内政部拟定《各省设立县政建设实验区的办法》，规定各省设立实验县，谋求推动县政建设之良方。同年秋，江苏省江宁县、浙江省兰溪县、山东省邹平县和菏泽县、河北省定县等实验县先后设立。定县平民教育运动正式纳入实验县县政建设而进入实验区阶段。到 1937 年，全国先后有 14 省创立了实验区。

第一个时期，平教会以乡村教育部负责县为单位的华北试验区。该区下设三个股，即农民教育股、农民生活调查股、农业科学研究股。农民教育股分设学校教育系和社会教育系，两系下又各设有调查组，调查组同时受试验区农民生活调查股及总部统计调查科指导。学校教育系调查组主要调查人口、文盲、地方教育状况和平民学校工作及成绩等情况，社会教育系调查组则负责调查风俗、农民生活、出产、卫生、游戏、歌谣等方面的情形。①

定县试验区最初的调查工作由冯锐先生负责，调查员有刘拓、陆燮钧等。另有农业推广员蒋滌旧、步毓森等人及相关调查专家协助调查。1928 年前（含 1928 年），详细的调查有东亭乡村社会区十六村、翟城乡村社会区十二村调查，以及各种农事、特种作物耕作方法、农民借贷储蓄、农民买卖、农家周年出入、农场经营盈亏等方面的调查。②此外，对定县的历史、地理、风俗习惯、政府组织及县城东六十二村概况作了简单的调查。1929 年，他们又调查了第一区七十一村的概况、人口及疾病死亡情况，并补充调查了全县税赋等项。这一年，还对以往的调查材料进行了整理。③

平教会主要部门迁到定县之初，对组织结构作了调整，即干事长总理一切，而统计调查处由秘书长分管负责。统计调查处主任为李景汉。有些部门也下设调

① 参见汤茂如主编：《定县农民教育》，中华平民教育促进会学校式教育部，1932 年，第 35—36 页。

② 冯锐：《平教总会兴办乡村平民生计教育之理由方法及现状》，《教育杂志》1927 年第 19 卷第 9 号。

③ 中华平民教育促进会编：《定县实验工作提要》，中华平民教育促进会，1934 年，第 5—6 页。

查组织，如学校式教育部就设有校务调查委员会。[①]后来，随着对定县社会及自身任务认识的深化，平教会的组织结构又有了变动，为了处理学术行政问题而设立平民文学部、农业教育部、公民教育部、卫生教育部、社会调查部、艺术教育部和产业合作部七部，为了处理教育行政问题，又设置学校式教育部、社会式教育部和家庭式教育部三部。[②]

这个时期调查工作分实地调查和整理材料两类。关乎实地调查方面的有:（1）全县各村概况调查。（2）全县富源经济能力、土地分配与农产调查。（3）家庭手工业和工厂调查。（4）县城及乡村铺店调查。（5）生活费调查。（6）物价调查。（7）全县学校及文盲调查，有的范围较广，有的只限于百数十村。（8）高头研究村、南支合李亲顾明月店三中心村之详细调查。（9）研究区六十一村挨户人口调查等。关乎整理方面的，有全县概况、人口、秧歌及东亭六十余村的材料等。[③]

著名的《定县社会概况调查》所需资料，也就是在这个时期调查、整理完毕的。《定县社会概况调查》是中国人首次以西方社会学方法与技术进行的、以县为单位的、系统的实地调查研究著作，主持调查者和编者均为李景汉。全书凡八十三万言，分 17 章，从地理、历史、县政府以及其他地方团体、人口、教育、健康、卫生、农民生活费、乡村娱乐、风俗与习惯、信仰、财税、县财政、农业、工商业、农村借贷、灾荒、兵灾等方面，对定县的基本社会概况进行了精确的描绘。这本书为研究 20 世纪 30 年代中国北方的农村社区提供了翔实的资料，在国内外产生了深远的影响。社会学家孙本文说“《定县社会概况调查》一书，为我国县区社会调查最详细的报告”，“可比之美国壁芝堡调查或春田调查”，“不仅是一种调查报告，而且在调查方法上有极大贡献。我们可称李氏为国内有数的社会概况调查专家，为在此方面贡献最多之一人”。[④]

---

① 《定县平民教育农村运动考察记》，藏于中国人民大学图书馆（出版信息不详），第 70 页。

② 参见《中华平民教育促进会定县实验区暂行章程》，姜书阁编述：《定县平民教育视察记》，察哈尔教育厅编译处，1932 年，第 102—103 页。

③ 《定县的社会调查工作》，中华平民教育促进会，1933 年，第 15—18 页。

④ 孙本文：《当代中国社会学》，南京：胜利出版公司，1948 年，第 217、277、280 页。

1936年发表在清华《社会科学》第1卷第2期和第3期上的《定县土地调查》，实际上也是这个时期调查的成果。1931年，平教会社会调查处在李景汉的主持下，曾举行了一次全县的土地调查，调查包括农作物种类和土地分配等项，《定县土地调查》只是描述了这次调查所得到的土地分配方面的部分情形。关于土地分配的形态，该报告从田权类别、田产大小、耕田大小三个方面进行了考察。经过调查，李景汉发现定县存在以下严重的土地问题：耕地不足、土地分配不均、土地分散、农产商品化、田赋制度的混乱等。[①]

另外，李景汉、张世文的《定县秧歌选》，也于此时期整理出版。

进入县政建设时期后，为了适应新的需要，平教会与河北省乡村建设研究院作了分工。平教会的研究工作，是注重教育的材料、工具、方法等本身的效果；而研究院的研究工作，则注重如何将平教会实验有效果的教育材料、工具、方法普遍地推广到民间去，同时注重行政上组织、计划法令执行等的效果。如根据平教会六大建设方案，该院就针对地方上急切需要兴革的事项，拟订了实验部施政的大体方案，合共九项，计：关于教育者需：（1）实施国难教育，（2）推行民众教育，（3）整顿小学教育；关于经济者需：（1）设法救济农村金融，（2）推行经济合作，清理地方财政；关于卫生者须励行公共卫生；关于治安者需：（1）改进地方公安，（2）整顿县保卫团。[②]

河北省乡村建设研究院下设秘书处、实验县县政府、实验部、训练部、研究部、调查部等部门。其中调查部主任由平教会统计调查处主任李景汉兼任。与平教会和河北省乡村建设研究院分工合作一致，统计调查处和调查部也进行了分工协作。统计调查处因调查资料较多，故注重材料之整理，全县实地调查之工作则由院方调查部多承担。[③]

自工作重点由城市转入乡村后，平教会愈切感觉到须从农民生活中寻求问题，觉得以前工作太散漫，太没有系统，组织迂缓松懈，不切实际。所以在1932年制

---

① 李景汉：《定县土地调查》，《社会科学（北平）》1936年第1卷第2、3期。

② 王维显：《“模范县”期与“实验区”期的定县县政》，《政治经济学报》1937年第3期。

③ 《定县的社会调查工作》，中华平民教育促进会，1933年，第22页。

订的六年计划中，十分强调设计工作，冀图通过具体而精密的设计，能对乡村社会实情有个系统的认识，以便能打破各部门工作的界限，使各部门工作连为一体。

在六年计划中，统计调查处前两年的工作共有十二项设计，1933年关于调查材料的整理又提出了六种设计。1934年关于调查则有两个设计：一是物价调查设计，在城区内调查五百余种物价，随时加以整理；二是出生死亡调查设计，每日调查城内出生、死亡人数，及与出生、死亡各方面有关系之情况。关于整理与编辑有五个设计：（1）编辑土地分配调查设计。（2）编辑定县借贷调查设计。（3）继续整理定县农家生活费调查材料设计。（4）继续整理家庭卫生调查材料设计。（5）继续整理人口调查材料设计。①

这个时期有比较多的调查成果经编辑整理出版，如《定县地方自治概况调查报告书》《定县赋税调查报告书》《定县经济调查一部分报告书》《定县农村工业调查》等。

《定县农村工业调查》的作者为张世文。1931年平教会为推动生计教育，由张世文主持调查农村工业。这项调查先后持续三四年时间，至1936年方整理出版。张氏等将定县农村工业分为家庭工业与作坊工业两种。他们对定县农村家庭工业的调查，有概况与详细之分。概况调查系以村为单位，包括定县453村之状况；详细调查系以家为单位，包括家庭工业集中的村庄。作坊工业之调查包括定县城关及453村。整个调查对象涉及纺织、编制、木工、铁工、化学、食品等一百五十种不同的农村工业，内容偏重技术方面的研究。②这本调查报告内含一百余张照片，尤为珍贵。

经济建设为实验区六大建设中比较重要的一种。实验区内的建设事业，虽万端待举，然其重心是在改善地方人民的经济生活。定县社会，从经济结构、交换形态上看，是否为自给自足，或已卷入世界经济的旋涡？外国工业资本主义势力的侵入，究竟到达何等程度？定县人民，从生产能力及生活程度上看，究竟为何种生活？影响社会经济发展的症结，究在何处？李景汉等人认为，要解答这些问

① 中华平民教育促进会编：《定县实验工作提要》，中华平民教育促进会，1934年，第8—10页。

② 张世文：《定县农村工业调查·自序》，《定县农村工业调查》，中华平民教育促进会，1936年。

题，非有一整个的、系统的、详细的调查，及准确数字与具体事实的根据，无从悬揣。故经济调查，实为一切实际建设方案最初步的基本工作，经济调查亦成为河北省乡村建设研究院第一年度调查工作的中心目标。

在调查中，李景汉等人最注重的是全县的各种产物、出入口货物、运销方法与集市组织等情况。《定县经济调查一部分报告书》，顾名思义，是这项调查成果的一部分。此报告内所列载的为定县全年各种主要农产品和工艺品，输入和输出货物的量与值，县内各种粮食棉花和牲畜交易的量与值，近四年各种物价之涨落和其他一些与经济有关的材料。①

进行地方政府机构和税赋的整理，亦为县政建设的迫切任务，因此也是进行相应的社会调查的内在需要。

赋税调查的主要对象为田赋、契税、牙税、营业税、牲畜花税、屠宰税、花生木植税和杂捐。经过调查，院方调查部发现，定县的田赋在征收的种类、款目、科则等方面差别很大，比较凌乱。杂捐则主要有状纸附加捐、官产附加捐、人力车捐、自行车捐、戏捐等。②这种调查结果与冯华德、李陵的相关调查一致。③

自清末新政规划实施村治始，至平教会因县政建设而提倡乡村自治止，定县实行地方自治的历史已有二十多年，其间的得失很值得认真总结。河北省乡村建设研究院的地方自治调查，正是要为研讨改进方案者提供事实的根据。④在对定县的乡村自治沿革和现状予以调查后，该院调查部认为：（1）推行地方自治，须注意经济组织。以往的办理自治者未能意识到自治团体须同时为政治组织和经济组织的重要性，所以最终归于失败。如果要健全地方自治，先解决问题，还须使民众成立一种经济的组织，发生互相利害的关系，然后团结的观念才能坚强，自治才能实现。（2）推行地方自治，须注意乡村教育。经济是地方自治的骨干，教育是地方自治的灵魂，两者是互相为用的。（3）推行地方自治，应提示具体

---

①　《定县经济调查一部分报告书·绪言》，李景汉，余其心，陈菊人，等：《定县经济调查一部分报告书》，河北省县政建设研究院，1934 年。

②　《定县赋税调查报告书》，河北省县政建设研究院，1934 年，第 2、95、96 页。

③　冯华德，李陵：《河北省定县之田赋》，《政治经济学报》1936 年第 3 期。

④　《定县地方自治概况调查报告书》，河北省县政建设研究院，1934 年，第 3 页。

的实施办法，应去实地指导各乡办理自治。在此基础上，调查部提出了一些具体建议，如应注意选举人、被选举人的资质，应提高乡长副的地位，延长自治人员的任期，并确定自治经费等。[①]

总体来看，定县调查工作的步骤，先是从调查全县概况入手，包括定县历史、地理、人口、政府、村治、教育、风俗、娱乐、卫生等项内容，然后再及于农业、工业、商业、组织、领袖、心理等诸方面的情形。[②]调查的重点则随整个试验（实验）工作的计划和重点的变化而进行相应调整。

---

① 《定县地方自治概况调查报告书》，河北省县政建设研究院，1934 年，第 30—36 页。

② 《定县秧歌选·序言》，李景汉，张世文编：《定县秧歌选》，中华平民教育促进会，1933 年；姜书阁编述：《定县平民教育视察记》，察哈尔教育厅编译处，1932 年，第 67—68 页。

第二节

定县实验工作思路的最终形成与社会调查

经过一段时间的摸索，定县实验工作最终形成了为人所熟知的一套工作思路。这套工作思路可以用下面一个链条来表达：

愚贫弱私(基本问题)——统计调查(社会事实)——四大教育(教育内容)——三大方式（实施方式）——农村建设①

“愚贫弱私”这四大病，根据平教会的观点，是定县乃至整个中国农村的基本问题，是一个最为根本的国情，也是平教会工作的基本出发点。统计调查则紧紧围绕这四大病展开，为具体社会改良提供社会事实。具体的工作方式，则是以学校式、家庭式、社会式教育推动文艺教育、生计教育、卫生教育和公民教育，最终推进农村建设。其农村建设内容，又可概括为六大方面：政治建设、教育建设、经济建设、自卫建设、卫生建设、礼俗建设。其工作目标，则可用一个简单的口号来表述——“除文盲，作新民”。

---

① 吴敬敷：《定县印象记》，《农村复兴委员会会报》1934年第4号；《平民教育定县的实验》，中华平民教育促进会，1933年，第21页。

关于这一工作思路的形成，学术界有个代表性的看法，即认为定县实验工作是以社会调查做事先准备的。如《晏阳初传——为全球乡村改造奋斗六十年》的作者吴相湘就认为，“社会调查是研究实验的指南针”，“一九二六年夏，平教总会到定县的少数工作同仁，最先着手的是社会调查。目的在以有系统的科学方法，实地调查定县一切社会情况，使‘总会’对于农民生活、农村社会的一般的与特殊的事实与问题有充分的了解与明了的认识；然后各方面的工作才能为有事实根据的设施”。①又如《晏阳初教育思想研究》一书的作者宋恩荣、熊贤君认为，“晏阳初的定县平民教育实验计划,是根据平教总会组织的农村调查结果制订的。他认定中国的社会有四大病，以文艺教育以攻‘愚’，以生计教育以攻‘穷’，以卫生教育以攻‘弱’，以公民教育以攻‘私’。‘四大教育’的实施依凭着三大方式，故特设学校式教育部、社会式教育部和家庭式教育部”，“晏阳初极为重视农村调查，认为它是定县工作的起始，是一切工作的基础，是教育工作与社会建设必不可少的依据，犹如医生在治病人开处方前了解病情症状一样”。②这种观点，实际上不完全符合历史事实，需要作一点澄清。

由其引文注释可知，吴相湘、宋恩荣、熊贤君等人之所以持有这种观点，主要的根据是晏阳初为《定县社会概况调查》所作序言中的两段话：“定县实验的目标是要在农民生活里去探索问题，运用文艺教育、生计教育、卫生教育与公民教育的工作，以完成农民所需要的教育与农民的基本建设。而一切的教育工作与社会建设必须有事实的根据，才能根据事实规划实际方案”，“因此本会对于定县的实验最先注意的就是社会调查。要以系统的科学方法，实地调查定县一切社会情况，使我们对于农民生活、农村社会的一般的与特殊的事实与问题有充分的了解与明了的认识。然后各方面的工作才能为有事实根据的设施”。③晏氏的这两段话只是一般的逻辑陈述，并非是对自己领导下的平教会工作进行认真的历史

① 吴相湘：《晏阳初传——为全球乡村改造奋斗六十年》，长沙：岳麓书社，2001年，第138页。

② 宋恩荣，熊贤君：《晏阳初教育思想研究》，沈阳：辽宁教育思想出版社，1994年，第25页。

③ 晏阳初：《定县社会概况调查·晏序》，李景汉编：《定县社会概况调查（重印本）》，北京：中国人民大学出版社，1986年。

回顾和过程总结，而吴、宋、熊等人也就不免以讹传讹了。实际上，平教会这样的说法很多，如《平民教育定县的实验》中有这样一段话也是如此："社会调查为实验平教会实施平教的必要的准备工作。调查本身的准备，又为对于社会事实取得科学的知识的必要条件。然后规定的方案才能有社会事实为根据。"[①]再如，李景汉、张世文在《定县秧歌选·序言》中也曾指出，定县实验工作的步骤包括调查、研究、试验、推广等项。[②]

吴、宋、熊等人在研究晏阳初和平教会的过程中，由于只见其言而不重视观其行，忽视了对历史实际的考察，所以对于不少具体史实都未能弄清楚。随手举一例以明之。宋恩荣、熊贤君认为，1928 年 6 月晏阳初在平教总会设立统计调查处，聘请哥伦比亚大学社会学硕士李景汉主持。[③]实际上，平教会设立统计调查机构的时间应为 1925 年晏氏参加完太平洋国民会议归国之后的一段时间。[④]

从理论认识上来看，定县试验（实验）工作成型思路的形成其实并不仅仅甚至可以说并不主要是依靠社会调查。

1926 年，平教会华北（定县）试验区乡村教育股负责人之一的冯锐在一次演讲中，曾指出了中国农村社会存在的六大问题。其中，关乎"愚贫弱私"的有四项，即，第二项农业不发达，中国人的穷困现在已到了极点了。第四项社会风俗闭塞，农民不识字，在中国几乎成了惯例；一切作事，都不开通。第五项农村社会的康健和卫生不良，中国人太不讲卫生，所以常闹传染病。第六项农民散漫无团结力、自卫力，这种现象的结果就是生计困苦，灾害频生，国家社会没有进步，有亡国的危险。[⑤]这里虽没有明确提出"愚贫弱私"这四个字，但讲的却是"愚贫弱私"之事，而且以后关于"愚贫弱私"的具体解释，与冯锐的相关说法差别也并不是很大。应该指出的是，冯氏的这次演讲发生在刚到定县不久，定县的试验工作才

---

① 《平民教育定县的实验》，中华平民教育促进会，1933 年，第 17 页。

② 《定县秧歌选·序言》，李景汉，张世文编：《定县秧歌选》，中华平民教育促进会，1933 年。

③ 宋恩荣，熊贤君：《晏阳初教育思想研究》，沈阳：辽宁教育思想出版社，1994 年，第 23 页。

④ 汤茂如：《平民教育运动的经过》，《教育杂志》1927 年第 19 卷第 9 号；汤茂如：《平民教育促进会总会的组织》，《新教育评论》1926 年第 9 期；李景汉：《平民教育运动的社会调查》，《新教育评论》1926 年第 9 期。

⑤ 冯锐：《改良农村生活方法》，《农民》1926 年第 64、65 期。

刚刚开始，社会调查还没得到认真的开展。

1927年，晏阳初在《平民教育的宗旨目的和最后的使命》一文中，已有了四大教育的明确提法。他认为："研究门类应乎今日我国民必不可少的要素，分为四大类：（1）'文艺教育'，以培养智识力；（2）'生计教育'，以增进生产力；（3）'公民教育'，以训练团结力；（4）'卫生教育'，以发育强健力。此四者不可缺一，缺一则非健全的国民，缺四则尽失其国民的意义。国家不建设在国民的基础上，固然是很危险；建设在缺乏智识力、生产力、团结力、强健力的国民的基础上，更是危乎其危。"①

1928年，晏氏在《平民教育概论》中，则提出了平民教育实施方法的三大方式：学校式、社会式、表证式。前两者与后来的提法是一致的，而"家庭式"，在这篇文章中虽没有明确提出来，但对于其重要性，晏阳初已有了深刻的认识。在第三大问题"平民教育的急需"之"齐家"项下，他将平民教育与家庭教育、家庭教育与学校教育并列讨论，认为平民教育为齐家所急需，同时认为学校教育固然重要，但是家庭教育和儿童的发展更形密切，因为学校教育是有限制的，家庭教育是无限制的，等等。②

从以上分析可以看出，平教会实验工作的成型思路之基本元素到1928年时便已经具备了。而依据廖泰初的看法，这个时期定县社会调查在各工作计划制订之后，工作的人又多无实际经验，是以偏于理论的成分甚多，且多偏重于学校式研究，所取得的成果非常有限。③很显然，社会调查对平民教育理论的探索的贡献也就不足为道了。

宋恩荣、夏辉映编辑的《晏阳初年谱》曾对晏阳初38岁时的事迹记录如下：

---

① 晏阳初：《平民教育的宗旨目的和最后的使命》，晏阳初，［美］赛珍珠：《告语人民》，宋国民，译，桂林：广西师范大学出版社，2003年，第11页；宋恩荣编：《晏阳初文集》，北京：教育科学出版社，1989年，第22页。

② 晏阳初：《平民教育概论》，晏阳初，［美］赛珍珠：《告语人民》，宋国民，译，桂林：广西师范大学出版社，2003年，第18—19、23—24页；宋恩荣编：《晏阳初文集》，北京：教育科学出版社，1989年，第19—20、24—25页。

③ 廖泰初：《第三章：平教会初步工作述要——农民教育时期》，《定县的实验——一个历史发展的研究与评价》，燕京大学硕士学位论文，1935年。

“秋，晏与同仁根据长期的探索研究，认为中国农村存在‘愚贫弱私’四种疾病，应运用教育手段加以治疗。因决定集中总会力量迁移到定县作一彻底的、集中的、整体的县单位实验。”①由此，我们可以推断，至迟到1930年秋，平教会实验工作的成型思路似乎已开始形成。而依据笔者自己掌握的资料，1931年时，晏阳初对自己的工作思路已有了较为明确的说法：“目前吾民重困于四大害：一曰愚，二曰穷，三曰弱，四曰私。敝会从教育上为彻底解决此四大害之实验，即以文艺教育攻愚，培养吾民智识力；以生计教育攻穷，培养吾民生产力；以卫生教育攻弱，培养吾民强健力；以公民教育攻私，培养吾民团结力。用学校方式、社会方式、家庭方式，将此四大教育打入吾民实际生活中去，使吾民得享整个人的生活，作新民。”②

根据这个时期定县社会调查的状况，社会调查在从具备基本元素到工作思路初步形成的过程中也许发挥了一定的作用。受社会调查的影响，平教会对农村基本情况有了更为清楚的认定，进而将对农村情况的判断与工作方式和内容连成一体，使得试验工作至少在理论上形成了一个系统和整体。尽管如此，我们仍不能因此而夸大社会调查的作用和影响，因为平教会获得社会实情和整理工作思路的渠道和手段是多样的，各项具体的实验工作本身就是了解社会实情的重要渠道，也是整理工作思路的必要环节。况且当时中国农村存在“愚贫弱私”的现象是很明显的事实，无须周密的调查就能发现，如胡适的“五鬼闹中华”③论，与“愚贫弱私”的说法就很类似。

与理论认识方面的状况一致，各种实验（试验）工作较早就展开了，在很多情况下，平教会同仁是边进行其他工作边进行调查，有时其他工作甚至还要优先于社会调查。

---

① 宋恩荣，夏辉映：《晏阳初年谱》，晏阳初，［美］赛珍珠：《告语人民》，宋国民，译，桂林：广西师范大学出版社，2003年，第374页。

② 晏阳初：《致曹炎申（1931年5月19日）》，宋恩荣主编：《晏阳初全集（第三卷）书信：1916—1984》，长沙：湖南教育出版社，1992年，第215—216页。

③ 所谓五鬼，即贫穷、疾病、愚昧、贪污、扰乱。参见胡适：《我们走那条路？》，《新月》1930年第10期。

在1926年定县试验区开辟之前的城市平民教育运动，已由最初的识字教育发展到生计教育和公民教育。[①]同时亦开始介绍家庭卫生教育，如此时的平教会的主要刊物之一《农民》就曾辟有“家庭卫生”一栏以引导家庭卫生教育。1926年3月21日，《农民》还曾刊登过一篇文章《常识：家庭卫生》，开首一句话就是：“家政里头第一紧要的事情，莫过于家庭卫生。”由此可见一斑。

随着平教运动在农村的扩展，平教会在城市的主要做法也自然延伸到农村。1927年元旦，冯锐在说明当年定县农业改进工作计划时声称：“本会欲将保定定县做成一个平民教育的模范县，不但初级平民教育四个月的识字教育要办到普遍，便是其他平民教育的生计教育和公民教育也要提倡。”[②]卫生教育，因其在城市里开展得晚，1926年尚处于提倡、计划组织专门机构的阶段[③]，也因全部试验工作进展不大[④]，所以显得相对迟缓一些。不过，至迟到1929年，定县试验区已成立卫生教育部，并创立了卫生保健制度。[⑤]

四大教育工作在1926年前已有渊源，一些行之有效的具体工作方法在1926年前亦已产生。例如，所谓的表证方法在平民识字运动向全国扩展的过程中就已被发现。晏阳初后来回忆说：“我们在武汉成立了一个平民教育会，并从容地把运动推向农村。我们在一些中心村，成立了表证（示范）平民学校，安排有学生教师，他们选自各分区，并经过短期训练。除了在学校所教的两个班，每名教师至少还要负责在邻近各村创办10所普通平民学校。”[⑥]表证方法自首次被运用后，先应用于城市的平民学校，后被移植到定县农村的平民学校，再后来则扩展至农业推广工作之中。表证方法对整个定县试验（实验）工作的扩展都起到了不可低估的作用。

① 廖泰初：《第二章：晏阳初熊夫人等平民教育活动及平民教育促进总会的成立——识字教育时期》，《定县的实验——一个历史发展的研究与评价》，燕京大学硕士学位论文，1935年。

② 冯锐：《今年本会在保定县改进农业的工作》，《农民》1927年第31期。

③ 汤茂如：《平民教育运动的经过》，《教育杂志》1927年第19卷第9号。

④ 廖泰初：《第三章：平教会初步工作述要——农民教育时期》，《定县的实验——一个历史发展的研究与评价》，燕京大学硕士学位论文，1935年。

⑤ 晏东升：《晏阳初年谱》，四川省政协文史资料委员会，巴中县政协文史资料委员会合编：《平民教育家晏阳初》，成都：四川大学出版社，1990年，第290页。

⑥ ［美］赛珍珠：《告语人民——与晏阳初谈平民教育运动（1945年3月）》，晏阳初，［美］赛珍珠：《告语人民》，宋国民，译，桂林：广西师范大学出版社，2003年，第296页。

与此同时，正如前文所指，定县试验区也进行了一些社会调查。不过，在1928年前调查的成绩并不是十分理想。依据廖泰初的统计，《农民》杂志在1925年至1927年间没有刊登任何有关社会调查的文章，而1928年只刊登了四篇，此四篇可能还出现将连载的文章重复计算的现象。①1928年李景汉主持统计调查处后，调查的工作方大有起色。然而，一年后他因工作过度劳累病倒了，用晏阳初的话说："李景汉的身体已彻底垮掉。"②李氏这一病就是一年。期间，晏阳初曾经想以当时具有同等声望的陈达来替代李景汉，遗憾的是陈达已受夏威夷大学之聘无法就任，最后，晏氏只好转而邀请甘博。③试验区调查工作因李景汉生病而受影响，自属必然。

由上可知，至少到1930年前，定县社会调查所能给予试验（实验）工作的贡献应当有限。相反，其他工作倒供给社会调查不小的支持。④

平教会社会调查部主要干将之一的张世文后来在接待来定县参观的人时曾指出，从这次调查（笔者注：指1929年、1930年对第一区的调查），他们始发现愚、贫、弱、私之间原来均有相关的关系，即是说，最富有的村也是最有教育的村。因为这个发现，所以四大教育方连成一气，变为"一套"。⑤他的这段话至少给我们透露出两方面的信息：一方面，社会调查确实对将定县各项实验工作连成一体起到了一定的促进作用，而且其发生作用之时间点为1930年左右，这与我们的判断一致。另一方面，平教会通过社会调查所获得的有关定县社会的认识，这时还比较肤浅。他们从最富有的村也是最有教育的村中就能判断出愚、贫、弱、私之间是有相关关系的，因了这个发现他们才将四大教育连成一气。事实上，愚、贫、

---

① 廖泰初：《附录（四）：农民报的分析》，《定县的实验——一个历史发展的研究与评价》，燕京大学硕士学位论文，1935年。

② 《致S.D.甘博（1929年8月1日）》，宋恩荣主编：《晏阳初全集（第三卷）书信：1916—1984》，长沙：湖南教育出版社，1992年，第112页。

③ 《致S.D.甘博（1929年11月25日）》，宋恩荣主编：《晏阳初全集（第三卷）书信：1916—1984》，长沙：湖南教育出版社，1992年，第130页。

④ 李景汉：《定县社会概况调查·序言》，李景汉编：《定县社会概况调查（重印本）》，北京：中国人民大学出版社，1986年。

⑤ 吴半农：《河北乡村视察印象记》，千家驹编：《中国农村经济论文集》，上海：中华书局，1936年，第395页。

弱、私之间的关系要比这复杂得多，其在现实中的表现也要丰富多彩得多，平教会后来的发现也要比此时深入得多。1930 年时，因为“这个发现”而将四大教育连成一气还需想象力。由此，我们也就不能过分夸大社会调查所起的作用。这些，均与我们前文的判断相一致。

平教会工作的重点是在试验(实验)，意图通过在一个地方不断地试验(实验)，寻找出一整套社会改良的工作思路和方法，进而将之推向全国，达到改良整个中国社会的目的。社会调查只是试验（实验）工作的一个手段而已。相对于其他试验（实验）工作，社会调查有时显得并不十分重要，试验（实验）工作本身才是最为重要的。一个典型的例子可以说明这个问题。

1929 年，平教会计划在定县推行公共卫生工作。晏阳初一方面多次致信国民政府卫生部部长刘瑞恒，请求他提供支持，并由卫生部发一份公函或文件给河北省政府民政厅，指示定县地方政府为平教运动的卫生工作尽可能提供合作和帮助。[①] 另一方面，则向美国米尔板基金会申请资金支持。但米尔板基金会专家西登斯特利克要求平教会必须详细地收集定县基本统计资料和人口数据，并抽样调查其他县份的死亡率和出生率，在此基础上制定定县卫生规划并提供给基金会，他们才可能考虑此事。

在 1930 年 2 月 8 日给米尔板基金会的复信中，晏阳初首先比较客气地指出：“正如西登斯特利克在信中所强调的那样，收集定县基本统计资料和人口数据是制定定县卫生规划的基础。我的同事们，尤其是姚博士都深刻理解这一点的重要性。姚博士在他的下个五年卫生规划初稿里也包括基本卫生调查，他们收集的基本统计资料和人口数据甚至比西登斯特利克所要求的更为全面，因他和我们的卫生咨询委员会都认为这对定县卫生工作尤为重要，因此在调查部的合作下，卫生部已有了一个良好的开端。”但接下来，晏氏却话锋一转指出，“就我们定县目前的卫生工作而言，我们认为在我国其他地区的抽样调查并不是基本的，也不是急需的。由于我们主要是努力使定县实验成为县实验的一个成功例子，而北部或

① 《致刘瑞恒（1929 年 12 月 9 日）》，宋恩荣主编：《晏阳初全集（第三卷）书信：1916—1984》，长沙：湖南教育出版社，1992 年，第 131 页。

西部其他县的死亡率和出生率有高有低，所患疾病也有这样那样的不同，因此它们对定县现阶段的卫生规划并不会有任何影响。但如果中央政府的卫生部要制定全国的卫生规划，则进行这样的基本调查就不仅很需要而且也很重要。但我国现在的当务之急并不是要制定全国规划，（因为这类规划已经太多了！）而是要实施具体措施。”

他认为，定县实验能否向全国推广，并不在于地区抽样的调查（无论这种调查多么令人满意），而是靠定县实验所显现出来的实际成就和效率。从长远考虑来看，定县卫生工作还有许多重要事情要做，花一万元这笔不小的数额在平教会的工作领域之外进行调查是不明智的，即使在只有十万人的定县进行一次全面而彻底的基本统计和人口数据调查，也绝不是件简单的事。①

从这个回复中我们可以看出，公共卫生是平教会急于推行的工作，社会调查虽然重要，但并不急需，他们可以边推行公共卫生，边进行社会调查。

从这封信中我们还可以看到，国内社会改良和学术机构为资金而进行的争斗。西登斯特利克建议平教会在规划公共卫生的同时，给金陵大学拨款 5000 元进行人口调查。晏氏认为，“拨款给其他组织会有危险”。最后他提出了解决的方案。（1）董事会再每年拨款 5000 元给金陵大学来进行这项调查。（2）或每年给平教会的拨款减少 5000 元，这样董事会就可以直接给南京拨款了。②从这些言行可以看出，平教会非常急于拿到这笔款项以推动公共卫生事业，社会调查对于他们的工作并不具有优先性。

① 《复 E.C. 卡特（1930 年 2 月 8 日）》，宋恩荣主编：《晏阳初全集（第三卷）书信：1916—1984》，长沙：湖南教育出版社，1992 年，第 147—148 页。

② 同①，第 149 页。

第三节

社会调查对于其他试验（实验）工作之作用

社会调查对整个工作思路的形成虽没产生太大的作用，但并不意味着它在各项具体试验（实验）工作中无足轻重。

李景汉在《实地社会调查方法》一书中，曾列举了社会调查的十大功能，除了对社会学发展所具有的功能，其余九项均为服务社会方面的功能。[①]归纳这九项功能，其中最为核心的应是，通过精密的调查，发现社会事实和社会现象之间的因果关系，然后根据调查的结果，制订改良社会之方案。从这个角度出发，李景汉曾形象地称社会调查是“量脚的工作”，因为量脚之后，方能做适当的“靴子”。在消极方面，要找出乡村社会的劣点，慢慢改良想法；在积极方面，则要找出中国民族文化的实在和它的优点，以便发扬光大。[②]

就消极层面而言，社会调查在某种程度上是一种社会诊断，它发现社会事实及问题之所在，并尽可能地开出“药方”。李景汉等人十分强调社会调查这方面

① 李景汉：《实地社会调查方法》，北平：星云堂书店，1933 年，第 1—10 页。

② 参见姜书阁编述：《定县平民教育视察记》，察哈尔教育厅编译处，1932 年，第 65—66 页。

的功能，他们的调查给世人的印象亦是如此，如唐希贤等人到定县考察后就发现："定县毕竟名不虚传，各科设计，五花八门，真是美不胜收。他们什么问题都要把它分析了，细细地研究一下；好像医生治病，虽然还没有配成整套的药方，可是定县农民的症结，已从显微镜下暴露得不算太少了。"①而平教会工作的思路实际上便是一种社会诊断的思路，从最初的以文字教育治文盲的"盲聋哑"之症，到以三大方式、四大教育治"愚贫弱私"四大病，均是如此。在社会调查和平教会之间存在着某种契合，这种契合使得无论从理论上还是从实际工作上，社会调查都成为定县社会改良的必需。

我们前文所说的，社会调查对定县整体工作思路的形成贡献不大，是有历史事实作依据的。这是问题的一方面。问题的另一方面则是，社会调查可从另外几个不同的层面对具体社会改良工作产生影响。

第一个层面是通过社会调查，人们可以深化对社会基本情况的认识，进而可以强化整体工作的方向感。前文曾指出，1930 年前平教会对定县的基本情况虽有认识，但将之明确归结为"愚贫弱私"，却是 1930 年的事，而且此后表述得越来越清楚。我们也曾指出，不应扩大理解社会调查对"愚贫弱私"发现的作用，但这里必须指出，以精确的数字和统计，来系统、全面、详细地描述并揭示社会中"愚贫弱私"问题的，则非社会调查莫属，这从《定县社会概况调查》一书不同人所写的序言及该书的具体内容中可以看出来。"愚贫弱私"问题的确认，在理论上将定县实验各项工作连成了一个整体："愚贫弱私"是社会的基本情况，是社会改良必须革除的对象，也是定县整个实验工作的出发点，四大教育、三大方式则是治理"愚贫弱私"这四大病的方法和手段，通过四大教育和三大方式，最后达至祛除"愚贫弱私"并进而建设新型农村的目的。在实践中，平教会也逐渐意识到把各项工作连为一体的重要性，1932 年制订的六年计划将工作重点转移到设计上即是这样一种认识的反映。将各项工作连成一体，不久即显示出理论的张力，1930 年后定县实验区在全国影响的迅速扩大，与此不无关系。

第二个层面是通过调查，可以为各种改良计划和方案的制订提供事实依据和

---

① 唐希贤，施中一，张保纯：《参观华北农村改进事业后》，《农林新报》1934 年第 22 期。

工作思路。1930 年后，平教会经常强调，农村建设的工作必须有具体的方案，具体的方案必须以事实为根据，事实的根据，又必须靠有系统的精确调查。平教会在定县的社会调查工作，在平教运动的立场上，是要以系统的科学方法实施调查县内一切社会情况，然后将根据调查而归纳的各种结论及建议分别供给有直接关系的四大教育与三大方式的主持者，使他们在推行各种教育计划时能有相应的参考之材料及可靠之根据。①

这方面实际的例子，第一节介绍定县社会调查的状况时曾有所涉及，下面不妨再举几例以明证。

秧歌是定县流行的、为农民所喜闻乐见的一种娱乐形式。当时的政府曾认为秧歌有伤风化，建议禁止演唱。但李景汉、张世文经过调查后认为，秧歌是一种平民文学，有的甚至是“绝妙”的平民文学，很有研究价值。因此他们主张不是根本地打倒秧歌，而是将已有的秧歌加以修正改良，保存它的优点，再进一步编写新的秧歌，输入新的理想，来逐渐代替旧的秧歌。如此就不至于使缺乏生气的农村失去了这习以为常的娱乐，也可以借此实施适当的社会教育。②他们的这一主张引起平教会总务主任瞿菊农的共鸣。瞿氏认为，秧歌是“未经采掘的宝藏”，是“未经雕琢的璞玉”。③后来，平民文学部对秧歌进行了改造。在这方面，李景汉、张世文的提倡之功不可埋没。

1931 年，生计教育部制订了研究定县农村工业的计划，因而统计调查处决定从事相应的调查。定县农村工业调查的目的，是要明了定县农村工业的历史与分布，工业制度的演进与现状，原料的种类与来源，劳工的分子与报酬，工业品制造的手续与方法，工业品的产品与价值，运销及捐税等方面的情形。④经过调查，

① 晏阳初：《定县实验工作提要》，詹一之编：《晏阳初文集》，成都：四川教育出版社，1990 年，第 98 页。

② 《定县秧歌选・序言》，李景汉，张世文编：《定县秧歌选》，中华平民教育促进会，1933 年。

③ 瞿菊农：《定县秧歌选・瞿序》，李景汉，张世文编：《定县秧歌选》，中华平民教育促进会，1933 年。

④ 张世文：《定县农村工业调查・自序》，张世文：《定县农村工业调查》，中华平民教育促进会，1936 年。

张世文提议乡村应保持适当的工业，主张提倡合作社以促进定县农村的工业等，此外他还针对一些具体工业（如纺织业、榨油业、面粉业、编制业等）的问题，提出具体的建议。[①]他的这些主张得到了晏阳初的赞赏，在为集结出版的调查成果《定县农村工业调查》一书所写的序言中，晏氏指出："如果应用合作的原则，把分散的原始式的小手工业，组织联合起来，作共同之经营，又加以技术方面的研究改良，则农村经济之复兴，方可有望！""在为上述的设计和实验以前，我们必先了解事实之现状与演变。所以广博精密的统计调查，实为推动的第一步。这本书的功用就在于此。"[②]

从上面两个例子可以发现，定县试验（实验）区社会调查工作发挥作用存在的两个途径，一个是统计调查处自发调查，发现社会事实和问题后，再提交给各部门供它们作研究的参考资料；另一个是根据各部门的计划从事相应的调查，再将调查的结果提供给各部门。这种状况到 1932 年制订六年计划时被打破。平教会依据工作计划，以"设计"的开展为单位，调整了组织结构，把部门与部门的界线完全打破。[③]具体到统计调查处与各部门的关系，是由原来的两两联系，转变为环环相扣的关系。至少在理论上，基本的实验工作程序应为"调查—研究—实验—表证—推广"，而调查是准备工作的第一步。

"六年计划"规定了第一期设计工作，其中有关统计调查的工作共有十三项，它们分别是：田场经营调查设计、各村主要农作物及猪鸡羊调查设计、手工业之详细调查设计、集市与商业调查设计、借贷调查设计、关于经济之各种会社社会调查设计、家庭卫生调查设计、生命统计调查设计、整理研究区内按户人口调查材料设计、整理一百二十家生活费记账设计、整理全县各区土地分配与农产物之概况调查材料设计、整理全县各区手工业概况材料设计、整理三实施中心村之材料设计。[④]

---

① 张世文：《定县农村工业调查》，中华平民教育促进会，1936 年，第 38—44 页。

② 晏阳初：《定县农村工业调查·晏序》，张世文：《定县农村工业调查》，中华平民教育促进会，1936 年。

③ 廖泰初：《第四章：六年计划最近工作情况——农村建设时期》，《定县的实验——一个历史发展的研究与评价》，燕京大学硕士学位论文，1935 年。

④ 《六年计划大纲》，詹一之编：《晏阳初文集》，成都：四川教育出版社，1990 年，第 85—87 页。

《定县的社会调查工作》曾将统计调查处1932年度调查设计工作与四大教育工作的连锁关系详细地图示出来。其中，与文艺教育有关的共有8项，如风俗习惯调查、农谚调查等；与生计教育有关的共有15项，如田场经营调查、借贷调查、各种家庭手工业调查、集市商业调查等；与卫生教育有关的共有10项，如公共卫生调查、家庭卫生调查、水井调查等；与公民教育有关的共有9项，如研究村之家庭问题调查、研究村之村政调查等。①

第三个层面是对具体工作的影响。依据汤茂如的说法，在实验区，调查部通常的目标有三：（1）明了各村人民教育程度及教育上的已有设施，作推行平民教育的根据。（2）明了本部在定县的工作实况及各年度工作成绩的比较，借以自勉；并研究工作上的得失，兼资参正。（3）发现平民学校的实际问题，作研究改进的根据，并将研究改进的结果，贡献给我国政府及社会，使一般从事平民教育、民众教育的同志，多得一份参考。②这三项目标都涉及平民学校在推广过程中的具体工作，尤其是按照后两项的说法，调查直接针对的是平民学校出现的具体问题。不过，这里必须指出的是，汤茂如的这种说法，与实验区成立后的调查工作有明显不符之处，与试验区成立初期的情况倒很相像。在试验区成立初期，为了创立平民学校或发现已设学校存在的问题，试验区进行了一些相关的调查，如普通、表演平民学校调查，翟城村人口调查，第一乡区文盲调查，全县平校调查，实验平校学生用费、普通平校学生用费调查，普通、实验平校学生调查，全县高小教育调查等。③试验区后期也进行了一些类似的调查，如1929年学校式教育中平校学生用费的调查④、社会式教育中学生的调查⑤等。

从以上论述可见，社会调查对平教运动具体改良工作的开展产生影响和作用是无疑的。

---

① 《定县的社会调查工作》，中华平民教育促进会，1933年，第22—23页。

② 汤茂如主编：《定县农民教育》，中华平民教育促进会学校式教育部，1932年，第96—97页。

③ 参见汤茂如主编：《定县农民教育》，中华平民教育促进会学校式教育部，1932年，第45页。

④ 同②，第380—387页。

⑤ 同②，第397—399页。

第四节

社会调查所受平民教育工作的限制

平教会在定县的试验（实验），从某种角度来说，是一种科学试验（实验）。晏阳初等人试图借助西方的一些科学方法和社会改造方案，通过在定县一地集中实验，探寻出解决中国社会问题、改良中国社会的道路。不仅如此，他们在一些具体的工作中也大量地应用西方科学知识。平教会非常重视人才，其各个部门的负责人都是当时中国相关领域中学有所成的学者、专家。据堵述初估计，定县实验区每年在职人员约有 120 人，其中在国外留学、学有专长的约 20 人，国内大学毕业的约 40 人。[①]这种人员配置在当时中国所有的试验(实验)区内是绝无仅有的。

可以说，定县的试验（实验）过程实际上也是将西方的科学应用到中国社会的过程。这里,存在一个科学与社会连接的问题。要将科学与社会有机地连接起来,首先必须对中国社会有个科学的认识，即中国社会是个什么样的社会，它存在什么问题，它需要什么，如何解决其需要，等等，这些都必须予以回答。

① 堵述初：《平民教育运动在定县》，四川省政协文史资料委员会，巴中县政协文史资料委员会编：《平民教育家晏阳初》，成都：四川大学出版社，1990 年，第 81 页。

显然地，社会调查应是个很好的工具。根据笔者所掌握的资料及相关理解，当时唯有 Booth 式调查可以承担这个任务。Booth 式调查，如前文所指，标榜要以精确的调查和统计来客观地反映事实，揭示社会问题，进而为社会改良提供资料。其以准确的数字描述社会事实和社会现象，在当时许多人看来，无疑地将调查中调查者的主观见解降到了最低限度，从而也就凸显了调查的客观性，而客观性正是科学的一种基本要求和特征。

李景汉等人的调查正是遵循 Booth 式调查的基本套路，对定县的社会概况或相关专题进行了系统的、比较精确的调查，调查成果的一部分也以比较客观、公正的形式反映出来，从而也就在很大程度上完成了平教会客观认识社会的任务。

对李景汉等人调查的水平及其客观性，无论是民国时期的社会工作者、学者还是当代学者，都给予了比较高的评价。其中，出现了一个有趣的现象。梁漱溟领导下的邹平实验区信奉的是另一套实验模式，对定县实验工作存有或多或少的门户之见[①]，但对定县调查工作却不得不表示信服。邹平实验区刚成立，梁漱溟即向李景汉等人提出请求，要求派人前去指导调查工作。[②]

对于自己调查的客观性，李景汉本人也充满了信心，在《定县社会概况调查》的序言中，他曾有这样的表白："本书在报告多种赤裸裸的事实以外不下评论与结论，连较细的解释也是很少的。"[③]

不可否认，李景汉的调查确实在很大程度上反映了民国时期定县的基本社会事实，但笔者在此想指出的是，他的调查的客观性其实也或多或少地受到了其服务目标的限制。这一点是以往人们不太注意的。

以其代表作《定县社会概况调查》为例。从整体篇章安排来看，它基本上围绕"愚贫弱私"而展开；从具体的内容来看，有许多章节是应具体的社会改良工作而进行调查之所得；而整个报告的内容，都在用统计数字描述"愚贫弱私"在各方面的表现。换言之，"愚贫弱私"既限制了其报告的编排方式，也限制了其

---

① 唐希贤，施中一，张保纯：《参观华北农村改进事业后》，《农林新报》1934 年第 22 期。

② 张玉山：《山东乡村建设研究院社会调查工作简述》，《乡村建设旬刊》1935 年第 4 期。

③ 李景汉：《定县社会概况调查·序言》，李景汉编：《定县社会概况调查（重印本）》，北京：中国人民大学出版社，1986 年。

调查的具体内容。这不仅是《定县社会概况调查》这本报告的特点，也是整个定县实验区调查工作的特点。对此，李景汉并不讳言："定县实验区的社会调查工作，在平民教育运动的立场上，是要以有系统的科学方法，实地调查定县一切社会情况，特别注意愚、穷、弱、私四种现象。"①

将关注的焦点集中于"愚贫弱私"，实际上造成了对其他重大社会事实的轻忽，尤其是对一些深层次的社会事实，如阶级关系、社会心理、各种各样的社会制度等，李景汉等人就未能给予足够的重视。而且，揭示"愚贫弱私"，应该说是对社会的一种病理分析。可是，社会既存在病态的现象，也存在常态、健康的现象，李景汉等人只注意"解剖"社会的病理结构，而不及其余。从以上的分析来看，李景汉等人的调查只局限于揭示社会部分的事实，有时甚至是某种表层现象。

对此，社区研究派曾从学术发展的角度提出了批评，而共产党人则从革命的立场提出了批评。②从研究理路来看，共产党人的调查与社区研究有某种相似之处，二者都希望从制度的层面出发达至对社会本质的理解，当然二者亦有根本之不同，共产党人使用阶级分析的方法，更注重生产关系的调查，而社区研究派则以功能主义和人文区位学的理论作为主要分析方法，并注重对一个社区的蹲点研究。与这二者相比，李景汉等人的调查只注重社会问题的揭示，而不去关注导致这些问题的深层次原因。"愚贫弱私"只是社会问题的表象。是什么原因致使社会出现这四大病，李景汉等人的调查却未能揭示。之所以如此，一方面，与其服务的目标有关，与其以"愚贫弱私"为纲有关。李景汉等人调查的直接目标是为社会改良服务，为此也只需对一个个问题加以关注，而以"愚贫弱私"为调查的焦点，自然限制了他们的视域，他们只能讨论一些病理表象及其解决办法。另一方面，

---

① 李景汉：《定县社会概况调查·序言》，李景汉编：《定县社会概况调查（重印本）》，北京：中国人民大学出版社，1986年。

② 参见廖泰初：《第八章：评教会工作的评价》，《定县的实验——一个历史发展的研究与评价》，燕京大学硕士学位论文，1935年；胡养元：《李景汉先生定县农村借贷调查略评》，《中国农村》1935年第1卷第11期。在中华人民共和国成立后的反右运动中，为批判李景汉，中国人民大学下放干部曾针对定县做过再调查，其调查报告《对李景汉"定县社会概况调查"的批判》（《批判右派分子李景汉文集》，中国人民大学，1959年），对我们的研究亦有一定的参考价值。

与其使用的 Booth 式调查套路也有关系，以准确的数字描述社会病态之表现尚可，但却不足以表述、解释社会制度和社会心理。

李景汉等人声称未预设理论，而是以调查求得事实，再从事实中导出解决社会问题的办法。从某种角度来看，其实并非完全如此。如放足与禁烟自清末起就成为两大社会改良运动，在《定县社会概况调查》中有比较详细的妇女放足统计，而禁烟情况却分在几处以一两句话一带而过[①]，原因为何？恐怕与定县禁烟成绩不彰有关。再如，张世文调查定县农村工业后的建议，获得了晏阳初的好评和赞赏，但实际上，早在调查前，晏氏就有了类似的想法："在进行这些农业实验的同时，我们还要作农村手工业和农村工业方面的科学调查。调查所得的数据应该给我们提供一个基础，以使我们创建那些在补充农民冬闲几个月的收入上最有效益和最实际的行业。我们的运动在工业和其他与之相伴随的方面的活动使我们处于一种有利的地位，以使我们有效地研究机械化的进程（中国的农业必须要经过这个过程）可能对人民的社会、道德以及经济生活产生的影响。""我们就不仅为以合理的政治家的方式来应付它做了良好的准备，而且我们会同时制订出一方面能够获得机器时代的益处；另一方面又能够把一般与这些变化同时产生的弊端减少到最小程度的理智的经济重建规划。"[②]这里，与张世文相比，晏氏只差提出合作的问题了。再考虑到当时全国合作化运动的情况，张得出那些建议也很自然。引人深思的是，陶孟和通过阅读张世文的报告，却得出了一个相反的结论："我的愚见，以为乡村的手工业决难维持。"[③]又如，李景汉对定县土地进行调查后得出一个结论："我们不能不承认土地问题是农村问题的重心；而土地制度即生产关系，又是土地问题的重心；其次才是生产技术及其他种种的问题。若不在土地私有制度上想解决的办法则一切的其他努力终归无效。即或有效，也是很微的一

---

① 李景汉编：《定县社会概况调查（重印本）》，北京：中国人民大学出版社，1986 年，第 96、101、259 页。

② 《致 R.L. 威尔伯（1930 年 10 月 1 日）》，宋恩荣主编：《晏阳初全集（第三卷）书信：1916—1984》，长沙：湖南教育出版社，1992 年，第 181 页。

③ 陶孟和：《定县农村工业调查·陶序》，张世文：《定县农村工业调查》，中华平民教育促进会，1936 年。

时的治标的。一个政府是不是革命的政府，一个政党是不是一个革命的政党，和一个人是不是一个革命的人，很可以从其对于土地制度的主张来决定。”[①]李景汉关于定县土地问题的发现及其论点，与一般Booth式调查者及改良者不太一样，与共产党人倒有相通之处。可是，李景汉由于信奉平民教育的理论，并没有提出土地问题的系统解决办法。

可见，在一些情况下，李景汉等人虽声称未预设理论，但还是有预设的。

① 李景汉：《定县土地调查（下）》，《社会科学（北平）》1936年第1卷第3期。

第五节

《定县社会概况调查》及其批判所反映出来的异见

1956年，李景汉到三十年前曾经调查过的几个京郊农村进行了再调查，其结果的一部分以《北京郊区乡村家庭生活的今昔》为题连续发表于1957年春节后三天内的《人民日报》上。在这篇调查报告内，李景汉将三十年前与三十年后的农民生活进行了对比，讴歌了中华人民共和国成立后农民生活的巨大改善，但对农村高级合作化后出现的一些问题也提出了批评。[①]1957年6月9日，李景汉参加了由陈达主持的社会学工作筹备委员会第一次会议，共谋重建社会学学科事宜。会议对重建工作作了分工，李景汉与吴景超、赵承信三人负责城市社区调查。[②]然而，不久之后，在全国性的反右运动中，李景汉因其前一段时间的言行而被打为右派。

李景汉被打为右派后，中国人民大学组织力量从多个方面对他的"反动"言

① 李景汉：《北京郊区乡村家庭生活调查札记》，北京：生活·读书·新知三联书店，1981年。

② 《揭露和批判章罗联盟的军师——费孝通（第二辑）：对费孝通反动言行的揭露》，北京：中央民族学院整风办公室，1957年，第73—79页。

行进行了“揭露”和“批判”。《对李景汉“定县社会概况调查”的批判》（以下简称《批判》），就是在这样的背景下产生的。这是一篇以定县中国人民大学下放干部调查组名义从事调查的批判性的再调查报告。很明显，这篇报告的基调就是“批判”，主观性、目的性很强，但细加甄别，我们还是能够发现其中许多有价值的东西。首先，它为我们评价《定县社会概况调查》提供了一个参照；其次，它的一些具体结论和所依据的一些具体事实还是比较可靠的。

调查组对《定县社会概况调查》的批判，主要集中在总体情况、土地占有、阶级关系、农民生活状况以及赋税和县财政五个方面。《定县社会概况调查》和《批判》之间虽然存在诸多差别，但归根结底，二者根本的不同还是在于立场和所使用的分析方法不同，《批判》多站在阶级的立场上，使用的方法也主要是阶级分析的方法，而《定县社会概况调查》则从平教会乡村改良的立场出发，所使用的方法则主要是Booth式调查统计分析方法。

对平教会调查的立场，张世文曾作过总结，他认为，定县的社会调查是在一整个的目的与理想（即农民教育与农村建设）下进行的，调查是整个平教运动的一部分，而不是一个独立的“机关”。[①]而《批判》的作者则对此进行了批判，并亮明了自己的立场：“李景汉不仅在他的调查中偷换阶级对立的内容，同时，他还是一个粉刷阶级社会的化妆师，一切旧社会的罪恶事实在他的调查中一笔勾销。”[②]

具体而言，二者关于立场和所使用的分析方法方面的差别表现为以下几点。

第一，农村村户的划分不同。

李景汉依据是否使用土地和所使用土地之来源，将定县村户分成地主（指将田产完全租出而不自种的家庭）、自耕农（指完全耕种自有田地者）、半自耕农（指耕种之田地内一部分为自有田产而一部分系租入者）、佃农（指完全租种者）、雇农（指为人佣工者），以及自耕兼租出者和不以种田为生者七种。这样的划分，是许多Booth式调查共有的现象，自有其道理，也比较适合平教运动四大教育工

① 吴半农：《河北乡村视察印象记》，千家驹主编：《中国农村经济论文集》，上海：中华书局，1936年，第394页。

② 定县中国人民大学下放干部调查组：《对李景汉“定县社会概况调查”的批判》，《批判右派分子李景汉文集》，北京：中国人民大学出版社，1959年，第63页。

作之需要。但是，依据《批判》调查者的看法，这样一种划分无视甚至掩盖了农村中的阶级分别。不仅如此，李景汉甚至从此出发得出结论："大多数的农家是耕者有其田的，佃户仅占十分之一。"[①]他的这七种分类法，固然可作一种研究的起点，但由此得出的"大多数的农家是耕者有其田的"结论则尚有欠缺。

从他的这个结论来看，定县的村户似乎并没有特别大的阶级分野。那么，定县的村户到底有没有阶级的分别呢？答案是肯定的。这从《批判》的调查者所得到的材料中可以看出，也可以从李景汉的一些材料中推论出来。

我们首先分析一下李景汉上述结论所依据的材料。

《定县社会概况调查》这样写道："71村6555家中，完全耕种自有田地者计2682家，约占总家数的41%；耕种之田地内一部分为自有田产而一部分系租入者可谓之半自耕农，共计2308家，约占35%；耕种自有田产一部分而租出自有田产一部分之农家数目约占7%；没有田产而完全租种田地之佃农约占11%；男子为人佣工而只得工资糊口之家约占2%；将田产完全租出而不自种之地主约占1%；无田产而也不以种田为生之家约占3%。"[②]

根据这些材料及七种分类法，得出"大多数的农家是耕者有其田的"的结论也就很自然。然而，如果细加分析，其实不是这样子的，或者不完全是这样子的。

佃农缺地，毋庸再谈。就半自耕农而言，很难说称得上是"耕者有其田"，他们毕竟要租进一部分耕地，这部分耕地显然不属于他们自己。而且半自耕农与半自耕农之间也有差别，有些半自耕农自己拥有的耕地较多，租进的土地不多；而有些自己所有的很少，租入的则很多。一些情况下，对自耕农来讲，亦不可说成"耕者有其田"，因为单纯从农作的角度而言，有些自耕农真正所需的土地要超过自己所有的，不足的部分，他们可能通过其他途径进行弥补。在极端情况下，连一些地主（李景汉等人所说的"地主"）也缺土地。有些调查显示，一些地方的村户拥有少量的土地，但由于缺少劳动力等原因而将土地出租了，但从其家庭人口规模来看，这些土地明显不敷其所需。在农村中，还存在一些人，这些人不

---

① 李景汉编：《定县社会概况调查（重印本）》，北京：中国人民大学出版社，1986年，第653页。

② 同①。

从事农业劳动或者不是主要劳动者，却雇用长工或短工耕种自己所有的土地；有的甚至一方面租进大量的土地，另一方面雇工经营。[①]将这些人归入李景汉所分的七种类别中的任一种，都不是很合适。

欲判定耕者是否有其田，必须进行细致的分析；而要作这种细致的分析，李景汉的七种分类法是无能为力的。为此，必须引进一种新的分类法——经济地位分类法，即阶级分类法，应是一种较好的选择。

《批判》的作者曾以李景汉的分类法，对高头村1930年左右的情况进行了回溯调查。当时该村共有103户，具体的分类可参见表7.1。

表7.1　高头村农户分类表

类别	户数
自耕农	24
自耕兼租种	47
自耕兼租出	4
佃农	12
雇农	5
完全出租之地主	2
非地主也不耕种者	1
合计	95[②]

在自耕兼租种的农户中，有36户拥有的土地非常微薄，可归为贫农，具体情况可参见表7.2。

① 陈翰笙在无锡和保定调查后，认为保定地区雇工经营的现象要比无锡普遍一些，而黄宗智依据“满铁”的调查材料对经营式和家庭式农场的比较，从一个侧面说明了民国时期华北地区雇工经营的现象当较为常见。参见陈翰笙：《现代中国的土地问题》，中国农村经济研究会编：《中国土地问题和商业高利贷》，上海：中国农村经济研究会，1937年；［美］黄宗智：《华北的小农经济与社会变迁》，北京：中华书局，2000年，第142—192页。

② 此为《批判》的作者对高头村能适用李景汉分类法的农户所进行的分类合计。

表 7.2 高头村贫困农户情形表

	户数	平均人口数
3 亩以下	8	6.1
3 亩—不足 6 亩	11	7.4
6 亩—不足 10 亩	7	4.3
10 亩—不足 15 亩	7	6.9
15 亩—不足 20 亩	2	11.5
20 亩以上	1	不详
合计	36	

这个村的 36 户贫农共有人口 265 人，占地 256.4 亩，每人平均不到一亩。他们共租地 395.6 亩，每人平均 1.5 亩。两项相加，每人使用田地只有 2.5 亩，显然他们只能勉强维持生活。如果依据经济地位来区分，还有一些是中农和富裕中农，他们也常感土地的不足。在这个村，真正达到“耕者有其田”标准的，只有 24 户自耕农与 4 户完全没有出租土地的地主和富农，他们占总户数的 27%。

如果按照李景汉的研究方法，同样的材料则会得出另一种结论。表 7.1 中的自耕农必须再并入 4 户完全没有出租土地的地主和富农，自耕兼租出的农户还应包含 4 户自留耕地兼租出的地主和富农。上述两类农户加上自耕兼租种的农户，共有 83 户。依据李景汉的观点，这些农户都是“耕者有其田”。这样计算的结果，所谓“耕者有其田”的当然不是 27% 而是 80.6% 了。①

可见，从不同的立场出发，对同一研究对象可得出差异很大的结论。不仅如此，李景汉还借他人之口宣称：“据农民的意见，这一带地方的自耕农和半自耕农渐增，而佃农渐少。”②这给人一种印象，即定县的阶层差别正趋于缩小。然而，他在另一个地方又提到，由于生活费不足、还旧债等，一些农户需借款而被迫典当田地，这样的现象在定县还比较常见，“据本地人之估计，村中七分之一人家是典当田地的”。③他所描述的两种现象，在很大程度上是互相矛盾的，里面应

① 定县中国人民大学下放干部调查组：《对李景汉“定县社会概况调查”的批判》，北京：中国人民大学出版社，1959 年，第 67—68 页。

② 李景汉编：《定县社会概况调查（重印本）》，北京：中国人民大学出版社，1986 年，第 629 页。

③ 同②，第 746 页。

包含更多的经济意义。可惜的是，他对此没有给予足够的重视，而将这两种现象放在不同的地方分别表述。

李景汉对农村阶级分别的漠视与其改良立场有关，也与其所使用的村户分类法有关。民国时期，有许多学者和机构团体使用同样的分类法研究农村社会，这种分类法在很大程度上可作Booth式调查对中国村户分类法的代表。这种分类法，本身就蕴藏着对阶级分别之否定。可举一个极端的例子来作证明。国民政府农村复兴委员会的《云南省农村调查》中出现了将拥有一亩多地的农户视为地主的现象①，这与今天人们的直观认识不太相符，但在其理论逻辑中却是个很自然的现象，只要一户将所有的土地都出租，就可视之为地主，而不管它拥有多少土地。根据这个逻辑，拥有一百亩、一千亩地的可以是地主，拥有一亩地的也可以是地主。为什么会出现这种与今天一般认识不相符的现象呢？原因就是，我们今天的认识含有一种预设，即将“地主”视为一种经济地位的象征，而李景汉等人所说的“地主”却与此相异。

第二，对农村阶级、阶层关系的看法差别很大。

从整体上来看，李景汉在调查的过程中虽力图避免阶级分析法，但农村中阶级分别存在的事实却不容其忽视，在《定县社会概况调查》一书中，他就用了很大的篇幅分析了农村中的租佃关系和雇用关系，只不过他是以另一种面貌来分析而已。他以一种“客观公正”的笔调，在多处将定县的阶级关系描述得非常融洽，“本区地主与佃户间之关系颇好，没有地主无理压迫佃农的事情。这大半由于双方有同族或近邻或同乡之谊，平日感情都很融洽，每遇婚丧等事皆互相往来庆吊”，“每年中秋节，由主人请农工坐上席，主人陪坐，并给工人亲手斟酒”，工人与主人有纠纷必须中止工作时，在工资结算上主人总作出让步。②而《批判》的作者依据对一些贫农的调查，却发现几个贫农被地主逼得家破人亡的例子，即使是同族，这种结果也不可避免。③

① 行政院农村复兴委员会编：《云南省农村调查》，上海：商务印书馆，1935年，第182—192页。

② 李景汉编：《定县社会概况调查（重印本）》，北京：中国人民大学出版社，1986年，第635、647页。

③ 定县中国人民大学下放干部调查组：《对李景汉“定县社会概况调查”的批判》，北京：中国人民大学出版社，1959年，第63—64、78页。

更有甚者，对预租这一民国时期已被许多人视为加重剥削的手段，他也加以赞扬："现款纳租法与双方都很便利。地主无须监督佃农，可在种地前收款，谓之上纳租，免去许多争执。佃农除已交之款外，可自由种地，不收地主之干涉。"①预租是一种现款交租的形式，而上等地、中等地用现款交租额要高于用农产交租，对此他辩护道："此仅按各种作物收获时之价格而言。若按一年中价格最高之时，也许按农产之租金略高于现金纳租矣。"②可是，李景汉却忽略了这种事实：农产交租的时节恰恰就在收获之时，这时农民的手头比较宽裕，谷价也是最低的；而预租却发生在青黄不接的时期，农民的手头很紧，许多农民为了交预租，不得不举债。如果考虑到高利贷的因素，农民所承担之负担当更重。这里，李氏的观点及其辩护就显得有点强词夺理了。

在定县村户生活状况方面，李景汉也向人们描述了一种大体平等的现象："定县自普遍掘井灌田以来，农产物增加，大多数农民仅能饱粗食暖粗衣，在最低生活水平下面活着，以不挨饿为侥幸，视饱食暖衣为福境。"③

李景汉依据对34家记账调查的结果，得出一个结论："34家主要之收入当然是农场的盈余，在记账之一周年内共计6740.49元，平均每家198.25元。"主要收入加上次要收入，即构成总收入，"34家全年内一切收入总数共计9558.89元，平均每家计281.14元"。④他认为，这34家"大致可以代表农民过日子的情形"。⑤

"281.14元"是个什么样的概念？如以1928年谷子每斗0.72元的价格计算，281.14元可折为谷子7027.2斤。每户有7000斤的粮食，不仅意味着农民能够"饱粗食暖粗衣"，而且意味着农民的生活过得相当富裕了。⑥这样的数据，似不能够代表普通农民过日子的情形。对此，李景汉也有所意识，这34家平均有地31亩，

---

① 李景汉编：《定县社会概况调查（重印本）》，北京：中国人民大学出版社，1986年，第632页。

② 同①，第634页。

③ 同①，第259页。

④ 同①，第301—302页。

⑤ 同①，第297页。

⑥ 定县中国人民大学下放干部调查组：《对李景汉"定县社会概况调查"的批判》，北京：中国人民大学出版社，1959年，第85—86页。

而“按照这一带地方62村大规模调查的结果，平均每家田场为23亩”，“由此可以知道大约34家的平均生活程度尚高于一般的生活程度”。[①]从这些平均数字来看，李景汉分析的对象好像是一些富裕的农民。其实不然。在这34家农户中，实际上存在着比较严重的贫富分化现象，最贫穷的一家使用的土地只有8亩，而最富的一家却有60亩，后者是前者的7.5倍。他们的生活水平自然不可等量齐观，可是李景汉并没有意识到此，相反，他以平均数的方式抹平了他们之间的鸿沟。

为了对定县农民的生活状况有个总体认识，《批判》的作者依据李氏的材料，计算出一户六口之家如欲维持简单再生产和过上“饱粗食暖粗衣”的日子，则必须拥有20亩以上的土地，而且此等土地必须为自己完全所有，而不用向地主纳租。具体请参见表7.3。

表7.3　六口之家生活费用表

项目	生活费支出		计　算　方　法
	金额／元	折谷数／斤	
粮食		3389	按照一般农户计算需用：薯干487.5斤，小米1725斤（折谷子2474.2斤）。
衣着	21.6	540	男人衣服8元，女人衣服7元，小孩衣服4元，被褥折旧2.6元，共计21.6元。
居住	2.1	65	住房3间，每间50元，共150元，按使用50年计，每年折旧为2.1元，还不包括维修在内。
赋税	8.5	201.6	根据《定县牛村的平民教育》一书地丁税507.48元，地方用款1259.75元，按牛村208户平均每户8.5元。
共计		4236	

① 李景汉编：《定县社会概况调查（重印本）》，北京：中国人民大学出版社，1986年，第302页。

为维持最基本的生活，定县农民必须收获4236斤谷子（折合）。定县当时一般较好的土地，每亩可产谷子250斤左右。所以欲产4236斤谷子，必需16.9亩地。而要维持简单的再生产，又必需一定数量的肥料和种子，具体的折合办法罗列如下。

1. 16.9亩所需细肥　　18×16.9＝304.2（斤）

　种细肥需要用地　　304.2÷150≈2.03（亩）

2. 1928年左右该地每亩所需种子　　18.42斤　（折合谷子）

　16.9亩所需种子　　18.42×16.9≈311.3　（斤）

　生产这类种子需要用地　　1.23亩

三项相加（16.9 + 2.03 + 1.23），总共需要20.16亩。①当时定县，拥有20亩以上的村户究属少数，也就是说，多数人过不上“饱粗食暖粗衣”的生活。

第三，在一些具体的问题上，双方的看法也存在差异。其中最典型的例子就是有关人口问题的看法。

李景汉根据对东亭社会区62村515户家庭的调查所得，认为：“地亩愈少之家庭，人口亦随之而愈少；地亩增多之家庭，人口亦随之而增多。亦可以说人口愈多之家庭，地亩亦随之而愈多。二者互为因果。”②

这是一个似是而非的结论。从其有关表格的罗列来看，二者互为相关。然而，也有众多调查显示，农村中的贫者由于生活所迫，更易于分家析产。分家结果的直接表现就是，原本规模较小的家庭更小，原本无多的家财更少。而富者却有着维持几辈同居的雄厚的经济基础。可见，经济地位不同，家庭的规模和人员构成也就不同，经济条件对不同阶层的影响是不同的。而李景汉的观点，却与此有着不同的旨趣。

《批判》的调查者从另一个角度对李氏的观点展开了批判。他们对李氏已有

---

① 定县中国人民大学下放干部调查组：《对李景汉“定县社会概况调查”的批判》，北京：中国人民大学出版社，1959年，第86—87页。

② 李景汉编：《定县社会概况调查（重印本）》，北京：中国人民大学出版社，1986年，第138页。

的材料稍加整理，并作出定量分析，从而认为，在定县“占户数66%、人口56%的农户（广大贫苦农民）只占有土地的27%；占有户数10.7%和人口16%的户数（主要是地、富）却占有40.4%的土地，而且愈是占有土地规模小的组，他们每人平均占地亩数也就愈少，这完全符合实际”。[①]从这个结论来看，富者（田地多者）比贫者（田地少者）的家庭规模要大，但他们之间财产的差距更大，而且整个来看，富者以少量的人占有多量的土地也是事实。

前文已提到，李景汉对农村中的贫富差距有所认识，对农村中的阶级关系也作过一定的论述，这里再举一例以明之。在《定县社会概况调查》“教育”一章中，他曾明确地指出：“由此看来，家中田亩数增加，识字者亦随之而增加；田亩数减少，识字者亦随之减少。贫富与教育程度有密切的关系。”[②]

不过，我们应该看到，李氏之所以对贫富差距和阶级关系加以关注，一方面，是由于客观实际的存在，不得不使然；另一方面，也是更为重要的一面，是因为出于发现“愚贫弱私”的具体表现及它们之间的相互关系，而进一步为四大教育提供服务的需要，上段所引有关教育的论述就涉及生计教育和文艺（识字）教育两大教育。

也正因为其改良的立场，在面对一些阶级内容时，李景汉不得不采取“调和”的态度，由此表现出一种“平均化”的倾向，试图“拉平”各个阶级、阶层之间的鸿沟。其中，有两点表现得最为明显：一是在统计中大量采取平均计算的办法。平均计算有其优点，也有其弱点。优点是有助于人们对事物进行概观的认识，而弱点则是不利于人们发现事物的差别存在。二是对“田产”这一概念作片面的理解。在“田产”的笼统的概念下，他对不同数量的土地占有量只作等量齐观。在他看来，有地100亩和有地1亩只是数字上的差别，而不存在什么阶级分别。[③]

综上，《批判》的作者认为，李景汉站在平教运动的改良立场上，凭借精致的调查手段，向人们描述了一幅定县的全景图，一幅“田园牧歌式”“耕者有其田”、

---

① 定县中国人民大学下放干部调查组：《对李景汉“定县社会概况调查”的批判》，北京：中国人民大学出版社，1959年，第86—87页。

② 李景汉编：《定县社会概况调查（重印本）》，北京：中国人民大学出版社，1986年，第239页。

③ 同①，第62页。

阶级分别不大的全景图。然而，定县实际上却是阶级差别很大、存在严重的阶级对立的地方。

定县的阶级分别大还是不大，正是《批判》的作者讨论的焦点。那么，定县的阶级分别到底是大还是不大？也就是在20世纪30年代，既有调查报告提出可以佐证《定县社会概况调查》的论据，也有调查报告提出与《定县社会概况调查》不一样的观点。

陈翰笙领导的保定农村调查，经张培刚整理后，以《清苑的农家经济》一文公开发表。[①]清苑，与定县同属保定，两县距离不远。清苑的土地分配情况，与定县差别应该不会太大。张培刚认为，清苑的耕地分配不均问题非常明显，而且地权有渐渐集中的趋势。[②]陈翰笙领导的保定农村调查以阶级分析方法为指导，张培刚在整理时，难免受其影响。

张折桂当时是燕京大学研究生，曾长期在定县从事调查。在《河北定县八村土地问题的研究》中，他认为，定县八村土地分配不均，不可隐讳。据他的统计，拥有耕地不足9亩的农户占总户数的42.6%，耕地占比只有9.4%。[③]

与张培刚、张折桂不同，由董时进指导调查、杨汝南完成的调查报告《河北省二十六县五十一村农地概况调查》所提的观点可为《定县社会概况调查》提供间接佐证。杨汝南认为，河北省二十六县五十一村土地农民自耕占86%，自耕兼租种占13%，佃农则不到1%；至其经营面积，自耕农占84.6%，自耕兼租种占15%。[④]

更为有意思的是，《定县社会概况调查》出版三年后，李景汉公开发表了《定县土地调查》一文，提出了与《定县社会概况调查》明显不同的结论，他指出："其土地分配的不均状态也是很显然的，大多数小田产所有者拥有不到三分之一的田产，而占八分之一家数的大田产所有者却拥有将近半数的田产。"不仅如此，他

① 张培刚：《清苑的农家经济》，《社会科学杂志（北平）》1936年第7卷第1—2期；1937年第8卷第1期。

② 张培刚：《清苑的农家经济（上）》，《社会科学杂志（北平）》1936年第7卷第1期。

③ 张折桂：《河北定县八村土地问题的研究》，《北平晨报》副刊《社会研究》1934年第56、57期。

④ 杨汝南：《河北省二十六县五十一村农地概况调查（续）》，《农学月刊》1936年第1卷第6期。

还特别指出："这的确是农村的根本问题。"[①]这里，李景汉不仅推翻了此前他在《定县社会概况调查》的有关表述，也间接地承认了"愚贫弱私"理论的不足。

是三年前的李景汉错了，还是三年后的李景汉错了呢？仔细比较《定县社会概况调查》和《定县土地调查》，二者所使用的基本数据变化不是太大，其变化不足以支撑前后相反的两个观点。那么问题出在哪儿？对比《定县社会概况调查》《定县土地调查》《清苑的农家经济》《河北定县八村土地问题的研究》和《河北省二十六县五十一村农地概况调查》相关论述，就会发现，当讨论农户所拥有土地多寡时，就可能会得出农村土地分配不均的结论；当按照每户农场大小或土地租种情况讨论相关问题时，就可能得出"耕者有其田"的观点。这里，包含着三种农户分类分析方法。可见，以不同的农户分类方法，进行相关数据的汇整、统计分析，可能会得出不同的结论。但不管怎么样，农村土地分配方面的基本事实却是客观存在的。如何去发现事实，进而去解释事实，提出解决现实问题乃至救国救民的方案、道路，不同的主体在历史中的表现不一。对此，历史车轮也为重新认识这些主体的调查和主张提供了背景和坐标。

① 李景汉：《定县土地调查（上）》，《社会科学（北平）》1936年第1卷第2期。

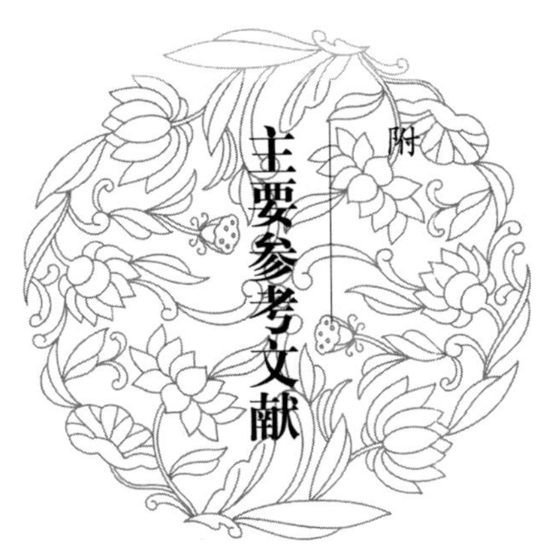

附 主要参考文献

一、数据库

晚清期刊全文数据库。

民国期刊全文数据库。

大成老旧刊全文数据库。

二、典籍、工具书

《隋书·食货志》。

《周书·苏绰传》。

《唐六典》卷三《尚书户部》。

《旧唐书·职官志》。

《旧唐书·刘晏传》。

《资治通鉴》卷二二六。

《旧唐书·宪宗本纪》。

《明史·赋役志》。

《明史纪事本末》卷六十一《江陵柄政》。

《明史·食货志》。

《商君书·去强篇》。

《昌言·损益篇》。

张廷玉等纂修：《明史》，卷 217，列传第 105，长沙：岳麓出版社，1996 年。

张廷玉等纂修：《明史》，卷 256，列传第 144，长沙：岳麓出版社，1996 年。

塞列根曼（Edwin R. A. Seligman）主编：《社会科学百科全书》第 8 卷，纽约：麦克米伦公司，1932 年。

塞列根曼（Edwin R. A. Seligman）主编：《社会科学百科全书》第 14 卷，纽约：麦克米伦公司，1934 年。

方毅等编校：《辞源·上》，上海：商务印书馆，1915 年。

皮艾尔绍（Judy Pearsall）主编：《新牛津英语辞典》，上海：上海外语教育出版社，2001 年。

[英]迈克尔·曼主编：《国际社会学百科全书》，成都：四川人民出版社，1989 年。

辞海编辑委员会编：《辞海（缩印本）》，上海：上海辞书出版社，1990 年。

中国大百科全书编委会：《中国大百科全书·社会学卷》，北京：中国大百科全书出版社，1991 年。

William L. Miller. *The Survey Method in the Social and Political Sciences: Achievements, Failures, Prospects.* New York: St. Martin’s Press, 1983.

W. T. Harris. *Webster’s New International Dictionary of the English Language.* Springfield: G. & C. Merriam Company, 1910.

Edwin R. A. Seligman. *The Encyclopedia of the Social Sciences.* New York: The Macmillan Company, 1934.

三、资料

（一）档案资料

中国第一档案馆馆藏

《为咨送湖南商事习惯报告书事致修订法律馆咨文》（1911 年 10 月 4 日），修订法律馆档，10–00–0018–063。

《为呈送民情风俗报告及绅士办事习惯报告事致宪政编查馆咨呈》（宣统朝），宪政编查馆档，09–01–04–0053–048。

《为咨送广东省第三次民事习惯书致修订法律馆文》（1911 年 3 月 6 日），修订法律馆档，10–00–00–0018–058。

《为咨送民事习惯答复册事致修订法律馆咨文》（1911 年 4 月 28 日），修订法律馆档，10–00–00–0018–062。

《黑龙江全身巡警局区官弁长警入款出款赢绌暨卫生消防户口统计表》（1909 年 1 月 15 日），民政部档，21–0487–0002。

《安徽省调查户口细则》（1909 年），民政部档，21–0499–0017。

山东《调查户口施行细则》（1909 年），民政部档，21–0489–0020。

廷杰：《为筹办自治及调查户口事致民政部电》（1909 年 2 月），民政部档，21–0014–0007。

朱家宝：《为报明宣统二年份安徽编查户口情形事致法部》（1911 年 2 月 16 日），刑部档，16–02–006–000083–0016。

民政部：《为咨送宣统三年十月汇报户数口数王公府第户口登记应用查口票事致宗人府》（1911 年 8 月 19 日），宗人府档，06–01–001–000727–0209。

民政部：《为咨催宣统元年各省第一次查报户数照式填表送部汇总入奏事致内务府》（1910 年 1 月 18 日），内务府档，05–13–002–000997–0038。

民政部：《为片查第二次调查口数表原报数目是否属实有无错误事致内务府》（1911 年 1 月 12 日），内务府档，05–13–002–001002–0132。

《为民政部汇造第二次查报户数清册排印时稍有错误立刻勘误事致内务府

等》（1911年7月28日），内务府档，05-13-002-001006-0007。

恩寿：《为自治区域现饬遵照表式分别填注事给民政部电》（1910年7月12日），民政部档，21-0377-0004。

张人骏：《为部颁自治区域表已分行各该官处所遵照填写事给民政部电》（1910年7月5日），民政部档，21-0381-0049。

《调查厅州县城镇乡旧有境界及户口要例》（1911年），民政部档，21-0320-0012。

《城镇乡户口调查表》（1911年），民政部档，21-0320-0013。

《城镇乡旧有境界调查表》（1911年），民政部档，21-0320-0014。

《广西临桂县地方自治区域人口表》（1910年11月23日），民政部档，21-0396-0024。

《奉天全身地方自治区域表》（1911年12月22日），民政部档，21-0364-0055。

民政部：《奏为酌定土地报告表式拟请颁发各直省照填报部事》（1907年10月25日），民政部档，21-0945-0005。

赵尔巽：《咨呈民政部为送成都等处宣统元年份地理报告表事》（1910年10月31日），民政部档，21-0945-0055。

民政部：《呈为提议请咨行东三省饬查户口疆理清册报部事》（1907年7月7日），民政部档，21-0324-0002。

民政部：《奏请饬云贵总督将永康州测绘地方详图户口清册咨部存案事》（1910年），民政部档，21-0914-0010。

民政部：《奏请饬属查核收回土地划清行政区域及调查户口等事》（1911年），民政部档，21-0917-0019。

《广东省户口调查清册》（1906年8月），民政部档，21-0029-0001。

《民政部具奏遵章第一次人户总数折单》（1910年1月28日），民政部档，21-0970-0001。

民政部：《奏报遵章调查第二次人户总数折单》（1911年1月17日），民政部档，21-0324-0012。

《民政部汇造第一次查报户数表册》（1910年7月13日），民政部档，21-

0971-0003。

《民政部第二次查报户数清册》（1911 年），民政部档，21-0029-0003。

李翰章：《奏为查明浙省滋生民数事》（1869 年 1 月 30 日），军机处档，03-4671-002。

杨昌濬：《奏报浙江省滋生民数事》（1873 年 1 月 19 日），军机处档，03-4671-092。

张曾敭：《奏为光绪三十二年浙江省男女大小丁口民数事》（1907 年 1 月 31 日），军机处档，03-5521-002。

魏景桐:《咨呈民政部为送临桂县自治区域人口表事》（1910 年 11 月 23 日），民政部档，21-0396-0023。

《宣统二年春夏二季湖南省河水总局清查船帮户口统计表》（1910 年），民政部档，21-0501-0059。

《宣统二年下届山西省各厅州县调查户口及工厂人数成绩表》（1911 年），民政部档，21-0488-0044。

《谨拟改定调查户口提前办法》（宣统朝），民政部档，21-0317-0025。

《奉天全省地方自治区域表》（1911 年 12 月 22 日），民政部档，21-0364-0055。

《为贵州巡抚片奏黔省编查保甲按季清查归入户口册咨部一折奉旨事等》（1909 年 3 月），刑部档，16-02-003-000171-0045。

赵尔巽：《为咨送光绪三十三年湖北各属民数户口清册事致法部》（1908 年 2 月 18 日），刑部档，16-02-006-000146-0043。

台湾“中央研究院”近代史研究所档案馆藏

《上海租界户口不易调查请照会英公使转饬遵照由》（1911 年 2 月 17 日），外务部档，02-10-028-02-003。

《威海日军欲稽查近营村落户口及炮台遇窃》（1896 年 5 月 24 日），总理各国事务衙门档，01-25-047-02-018。

《日人在延吉调查户口并钉门牌希转饬禁止由》（1909 年 1 月 19 日），外务部档，02-10-025-01-039。

《延吉日人查户口钉门牌一事抄送与日使往来照会由》（1909 年 1 月 29 日），

外务部档，02-10-026-01-003。

《日人在延吉调查韩人户口编钉门牌事请催日使速禁由》（1909年2月6日），外务部档，02-10-026-01-009。

《咨盛京将军俄不允委员赴金州租界履查户口再行抄录来往照会知照由》（1899年12月31日），总理各国事务衙门档，01-18-072-02-037。

台北故宫博物院馆藏

《咨呈军机处为光绪三十四年冬季分天主教堂坐落式样教士姓名籍贯及教民数目造册呈核由》（1909年2月18日），清代宫中档，184684。

王亶望：《奏报浙江省人口及实贮谷石数目》（1779年12月29日），清代宫中档，025702。

庞鸿书：《奏请切实造报汉苗户口片》（1909年1月15日），清代宫中档，408005547。

庞鸿书：《奏报黔省编查汉苗户口情形》（1909年3月2日），清代宫中档，175566。

岑春煊：《咨呈军机处湖南各府州厅县光绪三十四年民数谷数实力确查造册由》（1909年4月8日），清代宫中档，184870。

庞鸿书：《奏请切实造报汉苗户口片》（1909年1月15日），清代宫中档，408005547。

（二）资料集

李文海主编，夏明方，黄兴涛副主编：《民国时期社会调查丛编》，福州：福建教育出版社，2004年、2005年。

李文海主编，夏明方，黄兴涛副主编：《民国时期社会调查丛编（二编）》，福州：福建教育出版社，2009年、2010年、2014年。

李文海主编，夏明方，黄兴涛副主编：《民国时期社会调查丛编（三编）》，福州：福建教育出版社，2014年。

国家图书馆选编：《民国时期社会调查资料汇编》，北京：国家图书馆出版社，2013年。

国家图书馆选编：《民国时期社会调查资料续编》，北京：国家图书馆出版社，2015年。

国家图书馆选编：《民国时期社会调查资料三编》，北京：国家图书馆出版社，2017年。

郑成林选编：《民国时期经济调查资料汇编》，北京：国家图书馆出版社，2013年。

郑成林选编：《民国时期经济调查资料续编》，北京：国家图书馆出版社，2015年。

郑成林选编：《民国时期经济调查资料三编》，北京：国家图书馆出版社，2016年。

胡浩，钟甫宁，周应恒编著：《卜凯农户调查数据汇编：1929—1933》，北京：科学出版社，2017年、2019年、2020年。

全勤，姜小青主编：《二十世纪三十年代国情调查报告》，南京：凤凰出版社，2012年。

国家图书馆古籍馆编：《国家图书馆藏清代民国调查报告丛刊》，北京：燕山出版社，2007年。

孙善根整理：《二十世纪三十年代鄞县奉化县情调查资料辑录》，宁波：宁波出版社，2016年。

华中师范大学中国农村研究院，黑龙江省档案馆合编译：《满铁调查》，北京：中国社会科学出版社，2015年。

徐勇，邓大才主编：《满铁农村调查》，李俄宪，译，南宁：广西师范大学出版社，2018年。

许金生主编：《近代日本在华兵要地志调查资料集成》，北京：线装书局，2016年。

冯天瑜主编：《东亚同文书院中国调查手稿丛刊》，北京：国家图书馆出版社，2016年。

冯天瑜主编：《东亚同文书院中国调查手稿丛刊续编》，北京：国家图书馆出版社，2018年。

邵汉明，王建朗主编：《近代日本对华调查档案资料丛刊》，北京：国家图书馆出版社，2019年。

解学诗，宋玉印编：《满铁内密文书》，北京：社会科学文献出版社，2015年。

周俊旗，郭登浩主编：《天津社会科学院图书馆馆藏满铁华北文献资料选编》，北京：燕山出版社，2014年。

曾凡刚主编：《满铁调查报告》，南宁：广西师范大学出版社，2005年。

辽宁省档案馆编辑：《满铁调查报告》，南宁：广西师范大学出版社，2008年、2010年。

萧铮：《民国二十年代中国大陆土地问题资料》，台北：成文出版社有限公司，1977年。

陈翰笙主编：《华工出国史料汇编·第一辑·中国官文书选辑二》，北京：中华书局，1985年。

陈翰笙主编：《华工出国史料汇编·第一辑·中国官文书选辑三》，北京：中华书局，1985年。

上海图书馆编：《中国近代期刊篇目汇录（第一卷）》，上海：上海人民出版社，1965年。

上海图书馆编：《中国近代期刊篇目汇录（第二卷）·上》，上海：上海人民出版社，1979年。

上海图书馆编：《中国近代期刊篇目汇录（第二卷）·中》，上海：上海人民出版社，1981年。

上海图书馆编：《中国近代期刊篇目汇录（第二卷）·下》，上海：上海人民出版社，1982年。

天津图书馆，天津社会科学院历史研究所编：《袁世凯奏议（中）》，天津：天津古籍出版社，1987年。

甘肃省档案馆编：《甘肃历史人口资料汇编（第一辑）》，兰州：甘肃人民出版社，1997年。

章开沅，罗福惠，严昌洪主编：《辛亥革命史资料新编》第4册，武汉：湖北人民出版社，2006年。

北平村治月刊社编：《村治之理论与实施》，北平：北平村治月刊社，1930年。

陶孟和：《孟和文存》，上海：亚东图书馆，1925年。

毛泽东：《毛泽东农村调查文集》，北京：人民出版社，1992 年。

《全国经济委员会农村建设专门委员会组织规程》《全国经济委员会农村建设专门委员会委员题名录》，《全国经济委员会报告汇编第一集：国联农业专家特赖贡尼报告》，1933 年 4 月。

傅振伦：《傅振伦方志论著选》，杭州：浙江人民出版社，1992 年。

陈德溥编：《陈黻宸集（上册）》，北京：中华书局，1995 年。

刘大钧：《统计论丛》，上海：黎明书局，1934 年。

中央统计联合会编：《统计讲演集》，上海：中华书局，1937 年。

北京大学，中国第一历史档案馆编：《京师大学堂档案选编》，北京：北京大学出版社，2001 年。

陈元晖主编：《中国近代教育史资料汇编：学制演变》，上海：上海教育出版社，2007 年。

《大清法规大全卷六》，台北：考正出版社，1972 年。

吴大钧：《统计与行政三联制》，载《统计与行政》，版本不详。

吴文藻：《派克社会学论文集》，燕京大学社会学会，1933 年。

吴文藻：《吴文藻人类学社会学研究文集》，北京：民族出版社，1990 年。

晏阳初，[美] 赛珍珠：《告语人民》，宋国民，译，桂林：广西师范大学出版社，2003 年。

宋恩荣编：《晏阳初文集》，北京：教育科学出版社，1989 年。

宋恩荣主编：《晏阳初全集（第三卷）书信：1916—1984》，长沙：湖南教育出版社，1992 年。

千家驹编：《中国农村经济论文集》，上海：中华书局，1936 年。

詹一之编：《晏阳初文集》，成都：四川教育出版社，1990 年。

《张闻天晋陕调查文集》，北京：中共党史出版社，1994 年。

（三）单行本资料

《河南省南阳府南阳县户口地土物产畜牧表图说》，1904 年，石印本，北京大学图书馆藏。

李景汉：《实地社会调查方法》，北平：星云堂书店，1933 年。

费孝通：《禄村农田》，重庆：商务印书馆，1943 年。

《各厅州县采访修志底册格式》，版本不详。

薛德履：《奉天辉南厅志》，1910 年刻本。

马锡纯：《泰州乡土志》，泰州教育会劝学所发行，上海锦章书局印刷，1908 年。

康敷镕：《青海志》，版本不详。

康敷镕：《青海调查事项》，版本不详。

[荷兰]高延：《婆罗洲华人公司制度》，袁冰凌，译，《中央研究院近代史研究所史料丛刊：33》，台北："中央研究院"近代史研究所，1996 年。

张世文：《农村社会调查方法》，上海：商务印书馆，1947 年。

张世文：《农村社会调查方法》，重庆：商务印书馆，1944 年。

陆溁：《调查国内茶务报告书》，版本不详。

[日]横山雅男：《统计通论》，孟森，译，上海：商务印书馆，1931 年。

《江都县宜陵镇西广德乡彰墅庙户口一览表》，1908 年，写本，北京大学图书馆藏。

《拟订蒙古编审户口条例》，油印本，北京大学图书馆藏。

《四川绥定府太平县城镇乡地方自治区域表》，线装稿本，国家图书馆藏。

徐世昌等编纂，李澍田等点校：《东三省政略（上）》，长春：吉林文史出版社，1989 年。

徐世昌等编纂，李澍田等点校：《东三省政略（下）》，长春：吉林文史出版社，1989 年。

内政部统计司编：《民国十七年户口调查统计报告》，内政部总务司，1931 年。

陈翰笙等：《难民的东北流亡》，上海：国立中央研究院社会科学研究所，1930 年。

王海岑：《调查山东移民来奉事项报告书》，抄本，成书时间不详。

陈达：《南洋华侨与闽粤社会》，北京：商务印书馆，2011 年。

陈国樑，卢明：《樟林社会概况调查》，广州：国立中山大学社会研究所，1936 年。

爱尔窦登兄妹（William Palin Elderton & Ethel Mary Elderton）：《统计学原理》，赵文锐，译，上海：商务印书馆，1923 年。

朱君毅：《教育统计学》，上海：商务印书馆，1926 年、1933 年。

黄福燕编著：《实用社会调查》，上海：大东书局，1948 年。

许景英：《战后庙产分配之途径——成都县崇义乡庙产选样研究》，燕京大学学士学位论文，1945 年。

顾颉刚编著：《妙峰山》，广州：国立中山大学语言历史学研究所，1928 年。

《社会调查所概况》，北平：社会调查所，1933 年。

汉猛德：《汉猛德将军视察中国国有铁路报告》，台北：台湾学生书局，1970 年。

《全国经济委员会报告汇编第三集：沙尔德：中国与经济恐慌》，1934 年 5 月。

金陵大学农业经济系编：《中华民国二十年水灾区域之经济调查》，南京：金陵大学农学院，1932 年。

行政院农村复兴委员会编：《陕西省农村调查》，上海：商务印书馆，1934 年。

行政院农村复兴委员会编：《河南省农村调查》，上海：商务印书馆，1934 年。

行政院农村复兴委员会编：《江苏省农村调查》，上海：商务印书馆，1934 年。

行政院农村复兴委员会编：《浙江省农村调查》，上海：商务印书馆，1934 年。

行政院农村复兴委员会编：《广西省农村调查》，上海：商务印书馆，1935 年。

陈达：《现代中国人口》，廖宝昀，译，天津：天津人民出版社，1981 年。

陈达，等：《云南呈贡县人口普查初步报告》，（台湾）清华大学国情研究所，1940 年。

金陵大学秘书处编：《私立金陵大学一览》，1933 年。

金陵大学编：《金陵大学六十周年纪念册》，金陵大学，出版年不详。

[美] 卜凯（J. L. Buck），卡慈（W. M. Curtis）：《中国农场管理学》，戈福鼎，汪阴元，译，上海：商务印书馆，1947 年。

樊弘：《社会调查方法》，上海：商务印书馆，1927年。

蔡毓骢编：《社会调查之原理及方法》，北新书局，1927年。

傅运森：《新译列国岁计政要》，白作霖，译，海上译社，1901年。

《中国统计学社一览》，中国统计学社，1935年。

《民国七年最近改正国立北京大学规程》，版本不详。

王仲武：《统计学原理及应用》，上海：商务印书馆，1927年。

艾伟：《高级统计学》，上海：商务印书馆，1933年。

刘万镒：《教育调查统计法》，广州统计学校，1930年。

薛仲三：《高等统计学》，上海：商务印书馆，1948年。

秦古温编：《实用经济统计学总论》，秦庆钧会计师事务所，1931年。

史可京编著：《调查方法》，重庆：正中书局，1946年。

[英]鲍莱：《统计学原理》，李植泉，译，长沙：商务印书馆，1938年。

《中央政府公务统计方案纲目》之说明、《地方政府公务统计方案纲目》，国民政府主计局统计处编印，1941年。

李景汉编著：《定县社会概况调查》，上海：上海人民出版社，2005年。

廖泰初：《定县的实验——一个历史发展的研究与评价》，燕京大学硕士学位论文，1935年。

[美]葛雷德：《心理与教育之统计法》，朱君毅，译，上海：商务印书馆，1934年。

《农商统计表》，上海：中华书局，1916年。

《第二次农商统计表》，上海：中华书局，1917年。

《第三次农商统计表》，上海：中华书局，1918年。

《第四次农商统计表》，上海：中华书局，1919年。

《第五次农商统计表》，上海：中华书局，1920年。

《第六次农商统计表》，上海：中华书局，1921年。

《第七次农商统计表》，上海：中华书局，1922年。

《第八次农商统计表》，上海：中华书局，1923年。

《第九次农商统计表》，上海：中华书局，1924年。

卜凯：《芜湖一百零二农家之社会的及经济的调查》，金陵大学农林科农林丛刊第四十二号，1928 年。

金国宝：《统计学大纲》，上海：商务印书馆，1934 年。

金国宝：《统计新论》，上海：中华书局，1924 年。

上海特别市社会局编：《上海特别市工资和工作时间——民国十八年》，上海：商务印书馆，1931 年。

张世文：《定县农村工业调查》，中华平民教育促进会，1936 年。

张世文：《衡山师古乡社会概况调查》，中华平民教育促进会、湖南省衡山师范实验学校，1938 年。

李景汉，张世文编：《定县秧歌选》，中华平民教育促进会，1933 年。

杨铭崇：《近七年我国十三省五十九处乡村物资调查·第一编·四川西康两省十处》，四川：农林部中央农业实验所，1940 年。

张世文：《生命统计方法》，重庆：正中书局，1943 年。

[美]卫普尔（G. Chandler Whipple）：《生命统计学概论》，张世文，译，上海：商务印书馆，1936 年。

张世文：《农村实地调查经验谈》，北平友联社，1934 年。

杨铭崇：《实用统计学（上）》，版本不详。

周一夔：《统计学概论》，上海：民智书局，1931 年。

箫承禄：《调查统计》，上海：立信会计图书用品社，1947 年。

陈毅夫：《社会调查与统计学（上）》，上海：商务印书馆，1936 年。

林光澂：《商业统计》，上海：商务印书馆，1929 年。

李景汉编：《定县社会概况调查（重印本）》，北京：中国人民大学出版社，1986 年。

李景汉：《北平郊外之乡村家庭》，中华教育文化基金董事会社会调查部，1929 年。

杨庆堃：《邹平市集之研究》，燕京大学硕士学位论文，1934 年。

李景汉编：《社会调查》，中国国民党中央训练委员会编印，1944 年。

陈达：《社会调查（社会调查之主要方法）》，中央训练团党政高级训练班编印，1944 年。

杨骏昌：《清河合作》，燕京大学学士学位论文，1935 年。

李为宪：《昆明市十二个同业公会调查》，西南联合大学学位论文，1940年。

林耀华：《义序的宗族研究》，北京：生活·读书·新知三联书店，2000年。

杨哲娴：《平汉铁路人文区位之研究》，燕京大学学士学位论文，1935年。

沈晶：《平绥铁路区位研究》，燕京大学学士学位论文，1935年。

杨开道：《社会研究法》，上海：世界书局，1929年。

邱雪峩：《一个村落社区产育礼俗的研究》，燕京大学学士学位论文，1935年。

赵令瑜：《中国会馆之社会学的分析》，燕京大学学士学位论文，1937年。

张孝訢：《北平会馆调查》，燕京大学学士学位论文，1936年。

汤茂如主编：《定县农民教育》，中华平民教育促进会学校式教育部，1932年

中华平民教育促进会编：《定县实验工作提要》，中华平民教育促进会，1934年。

《定县平民教育农村运动考察记》，藏于中国人民大学图书馆(出版信息不详)。

姜书阁编述：《定县平民教育视察记》，察哈尔教育厅编译处，1932年。

《定县的社会调查工作》，中华平民教育促进会，1933年。

李景汉，余其心，陈菊人，等：《定县经济调查一部分报告书》，河北省县政建设研究院，1934年。

《定县赋税调查报告书》，河北省县政建设研究院，1934年。

《定县地方自治概况调查报告书》，河北省县政建设研究院，1934年。

《平民教育定县的实验》，中华平民教育促进会，1933年。

李景汉：《北京郊区乡村家庭生活调查札记》，北京：生活·读书·新知三联书店，1981年。

《揭露和批判章罗联盟的军师——费孝通 （第二辑）对费孝通反动言行的揭露》，北京：中央民族学院整风办公室，1957年。

《批判右派分子李景汉文集》，北京：中国人民大学出版社，1959年。

陈翰笙：《现代中国的土地问题》，中国农村经济研究会编：《中国土地问题和商业高利贷》，上海：中国农村经济研究会，1937年。

行政院农村复兴委员会编：《云南省农村调查》，上海：商务印书馆，1935年。

[美]丹尼尔·哈里森·葛学溥：《华南的乡村生活：广东凤凰村的家族主义社会学研究》，周大鸣，译，北京：知识产权出版社，2012年。

林耀华：《金翼——中国家族制度的社会学研究》，北京：商务印书馆，2015年。

林耀华：《凉山夷家》，昆明：云南人民出版社，2018 年。

费孝通：《江村经济》，上海：华东师范大学出版社，2018 年。

费孝通，张之毅著：《云南三村》，天津：天津人民出版社，1990 年。

许烺光：《祖荫下：中国乡村的亲属，人格与社会流动》，台北：南天书局有限公司，2005 年。

山西省长公署统计处编：《山西省第一次人口统计图表：民国七年》，山西省长公署统计处，1919 年。

国民政府主计处统计局编：《四川省选县户口普查总报告——彭县、双流县、崇宁县》，国民政府主计处统计局 1943 年发行。

陈翰笙，王寅生：《黑龙江流域的农民与地主》，《国立中央研究院社会科学研究所专刊（第一号）》，1929 年。

中共中央晋绥分局调查研究室编：《农村土地及阶级变化材料：根据老区九县二十个村调查》，中共中央晋绥分局调查研究室出版，1946 年。

[美] 卜凯：《河北盐山县一百五十农家之经济及社会调查》，孙文郁，译，南京：金陵大学农林科印，1929 年。

方显廷编：《天津地毯工业》，天津：南开大学社会经济研究委员会，1930 年。

方显廷编：《天津织布工业》，天津：南开大学社会经济研究委员会，1931 年。

方显廷编：《天津针织工业》，天津：南开大学社会经济研究委员会，1931 年。

方显廷：《天津毛纺线业调查》，天津：南开大学出版社，出版时间不详。

方显廷：《天津皮毛业调查》，天津：南开大学出版社，出版时间不详。

[美] 卜凯：《中国农家经济——中国七省十七县二八六六田场之研究》，上海：商务印书馆，1936 年。

陈翰笙，等编：《亩的差异：无锡 22 村稻田的 173 种大小不同的亩》，上海：中央研究院社会科学研究所刊，1929 年。

赵承信：《广东新公慈溪土地分配调查》，北京：燕京大学社会系，1931 年。

《全国土地调查报告纲要》，土地委员会编印，1937 年。

柴树藩等：《绥德、米脂土地问题初步研究》，北京：人民出版社，1979 年。

陈翰笙：《解放前西双版纳土地制度》，北京：中国社会科学出版社，1984 年。

[美] 卜凯：《中国土地利用：统计资料——中国 22 省、168 地区、16786 田

场及 38256 农家之研究，1929—1933》，南京：金陵大学，1937 年。

金陵大学农学院农业经济系编纂：《豫鄂皖赣四省之租佃制度》，南京：金陵大学农业经济系，1936 年。

John Stewart Burgess. *The Guilds of Peking.* New York: Columbia University Press, 1928.

Leonar S. Hsu. *Study of A Typical Chinese Town.* Department of Sociology & Social Work, Yenching University, 1930.

Cato Young & etc.. *Ching Ho: A Sociological Analysis.* Department of Sociology & Social Work, Yenching University, 1930.

Jean Dickinson. *Observations on the Social Life of A North China Village.* Department of Sociology, Yenching University, 1924.

Sidney G. Gamble. *Peking: A Social Survey: Conducted Under the Auspices of the Princeton University Center in China and the Peking Young Men' s Christian Association.* New York: George H. Doran Company，1921.

（四）报刊资料

赵子钦：《中国宜多聘西人查矿说略》，《格致汇编》1877 年第 8 卷。

谭嗣同：《浏阳土产表叙》，《农学报》1897 年第 3 册。

黎宗鋆：《浏阳土产表》，《农学报》1897 年第 3—5 册。

《山西农工局遵批通饬各属复查土产札》，《四川官报》1904 年第 5 册。

《四川物产表》，《湖北商务报》1899 年第 28 期。

程明超：《湖北调查部记事叙例》，《湖北学生界》1903 年第 1 期。

《浙江同乡会调查部叙例》，《浙江潮（东京）》1903 年第 2 期。

《江苏同乡会调查部公约》，《江苏（东京）》1903 年第 1 期。

《安徽调查会的章程》，《安徽俗话报》1904 年第 17 期。

《绍兴新昌县物产表》，《浙江潮（东京）》1903 年第 4 期、《农学报》1904 年第 246 期。

《总理衙门奏复褚给谏成博洋商改造土货应筹抵制折(附江督札)》,《时务报》1897年第27期。

《商部咨各省督抚考查土货文》，《时报》1904年7月8日。

《商部咨催各省汇送土性物产表册文》，《四川官报》1904年第21册。

《考察各省土货表例说》，《时报》1904年7月8日。

《江西恽叔畬大令积勋查勘萍乡煤矿情刑条陈》,《时务报》1897年第35期。

《黄幼达孝廉上盛京卿查勘芦汉铁路情形说帖》,《时务报》1897年第47期。

《渝城物价表》，《渝报》1897年第1—8期，1898年第10—15期。

《宪政编查馆奏请饬各省设调查局折》《又请饬各部院衙门设统计处片》,《北洋法政学报》1908年第52、53合册。

《宪政编查馆奏定统计表总例》，《北洋法政学报》1909年第104册。

雪生：《腾越关之商务》，《云南》1907年第9号。

李逢谦：《调查河套情形记》，《东方杂志》1908年第7期。

[日]奇峰：《蒙古调查记》，《东方杂志》1908年第7期。

姚锡光：《东瀛学校举概公牍：查看日本各学校大概情形手折（戊戌闰三月二十日上南皮制府）》，《湘报》1898年第119—121期。

《两湖议遣子弟出洋》，《湘报》1898年第10号。

《日本学校总数表》，《东方杂志》1904年第11期。

《浮尘子调查》，藤田丰八，译，《农学报》1897年12月第16册。

《三门湾紧要调查书》，《浙江潮（东京）》1903年第5期。

《本馆启事二》，《华商联合报》1909年第2期。

《本馆致安南、槟榔屿中华商务总会函》，《华商联合报》1909年第17期。

《宁波商务总会总董会调查商业之原因》，《华商联合报》1909年第15期。

《商部奏陈矿政调查局章程折》，《东方杂志》1906年第2期。

《本部奏调查各省谷棉烟草收获情形折》，《商务官报》1910年第12期。

《修定法律大臣沈等奏拟咨议调查章程折》，《东方杂志》1908年第8期。

《调查部特别征事广告》，《浙江潮（东京）》1903年第4期。

沧江：《北京调查户口之报告》，《国风报》1911年第4期。

明水：《读币制调查局调查研究问题书后》，《国风报》1910年第11期。

明水：《中国人口问题》，《国风报》1911 年第 5 期。

邹汉勋：《南高平物产记》，《农学报》1903 年第 238 期，1904 年第 239—240 期。

王元增:《京师习艺所参观记(二龙坑)》,《时报》1908 年 9 月 15 日第 2 版。

王元增：《参观贫儿院记》，《龙门杂志》1909 年第 6 期。

严景耀：《北京犯罪之社会分析（附表）》，《社会学界》1928 年第 2 期。

严景耀：《北京犯罪问题》，《真理与生命》1927 年第 2 卷第 13 期、第 2 卷第 18 期。

严景耀：《北平监狱教诲与教育》，《社会学界》1930 年第 4 期。

王元增：《太仓州监狱调查记》，《时报》1908 年 7 月 28 日、30 日第 9 版。

王元增:《天津府凌守福彭调查日本监狱习艺详细情形呈直隶总督袁禀》,《东方杂志》1906 年第 2 期。

章亮元:《考察陆军监狱报告书(附图)》,《南洋兵事杂志》1907 年第 7 期。

章亮元：《大理院奏调查日本裁判监狱情形折》，《北洋法政学报》1907 年第 30—36 期。

《江西学务调查报告》，《教育世界》1907 年第 163—165 期。

《江宁提学使呈报全属学堂一览表（续）》，《学部官报》1908 年第 71 期。

《奏派调查直隶学务员报告书》，《学部官报》1907 年第 21 期。

《本部视学官调查山东学务委员报告书》，《学部官报》1908 年第 55 期。

《皖北的土话》，《安徽俗话报》1905 年第 20 期。

滕越，杨发锐：《云南腾越厅属物产种人矿厂调查》，《新民丛报》1906 年第 15 期。

直斋：《安南人种之调查》，《云南》1907 年第 6 期。

朱惠贞：《苏州婚嫁之风俗》，《妇女时报》1911 年第 3 期。

《京外学务报告：黑龙江省学务统计总表（光绪三十三年）》，《学部官报》1909 年第 88—90 期。

《农民疾苦调查会章程》，《天义》1907 年第 8—10 卷合册。

《嘉定农人生计》，《江苏（东京）》1903 年第 7 期。

《天津自治府试办调查简章》，《北洋法政学报》1906 年第 9 册。

《民政部奏定调查户口章程》，《北洋法政学报》1909 年第 90 册。

章鸿钊：《中华地质调查私议》，《地学杂志》1912 年第 1 号；1912 年第 3、4 号合刊。

《新加坡华商总会坐办林竹斋君致本馆经理陈君贻君函（为委寄农工商部商习惯账样事）》，《华商联合报》1909 年第 19 期。

《委员调查度量权衡习惯》，《新闻报》1910 年 1 月 26 日。

《调查粤省银币习惯答问表》，《广东劝业报》1909 年第 78 期。

徐曰彪：《近代香港人口试析（1841—1941 年）》，《近代史研究》1993 年第 3 期。

《烟户册》，《东西洋考每月统记传》1835 年 5 月。

《大美国事》，《教会新报》1872 年第 206 期。

《伦敦生死册记》，《中西闻见录》1873 年第 15 期。

《各国按地方里数科算人数单》，《万国公报（上海）》1876 年第 373 期。

《折中计寿》，《益闻录》1887 年第 633 号。

《核计识字人多寡》，《画图新报》1889 年第 12 卷。

《美国客民数清单》，《中国教会新报》1870 年第 85 卷。

《美国客民稽数》，《益闻录》1880 年第 49 号。

《野人数目》，《中国教会新报》1870 年第 114 卷。

《各国形势民籍考略》,《益闻录》1891 年第 1085 号;《各国形势人民考》,《益闻录》1891 年第 1087 号;《续录各国形势民籍考略》,《益闻录》1891 年第 1089 号;《续各国形势民籍》，《益闻录》1891 年第 1101 号。

《大英国事：前后三十年比较兴旺清单》，《万国公报（上海）》1877 年第 435 期。

《论各国民数增减》，《万国公报（上海）》1877 年第 435 期。

《地球人数渐多应设法以添粮食论（附图）》，《格致汇编》1892 年第 7 卷。

《南洋公学译书院所译书目》，《南洋七日报》1901 年第 8 期。

梁启超：《禁早婚议》，《新民丛报》1902 年第 23 号。

何棫：《日本东京市势之调查》,《预备立宪公会公报》1908 年第 14、16、17 期。

《宪政编查馆奏定统计表总例》，《北洋法政学报》1909 年第 104—107 册。

《民政部奏各省查报民数宜筹切实办法折》，《东方杂志》1908 年第 5 期。

《政务处吏部巡警部议覆御史顾瑗奏请厘定户籍并设立乡官折》，《时报》1906 年 9 月 4 日。

王士达：《民政部户口调查及各家估计（一）》，《社会科学杂志（北平）》1932 年第 3 卷第 3 期。

高凤谦：《十八省疆域户口表》，《萃报》1897 年第 3 册。

《丁口册》，《时务报》1897 年第 43 册。

《保卫总局清查户籍章程》，《湘报》1898 年第 146 号。

《拟定天津四乡巡警章程》，《广益丛报》1905 年第 89 期。

《浙臬司详张抚清查户口办法并议定赏罚章程文》，《时报》1907 年 9 月 19 日。

《条陈清查户口章程》，《北洋官报》1907 年第 1279 册。

《改订清查户口章程》，《北洋官报》1907 年第 1416 册。

《河南警务处清查户口章程》，《申报》1907 年 9 月 26 日。

《江南巡警局厘定清查户口章程详江督宪文》，《南洋官报》1907 年第 72 册。

《天津巡警总局重定调查户口要规》，《北洋官报》1908 年第 1863 册。

《奏定巡警部章程》，《时报》1906 年 2 月 7 日、8 日。

《巡警部奏请清查户籍折》，《时报》1906 年 6 月 7 日。

《巡警部前订稽查户口章程十二条》，《东方杂志》1906 年第 13 期。

《清查户口》，《卫生学报》1906 年第 5 册。

《巡警部清查户口之结果》，《时报》1906 年 6 月 7 日。

《各省内务汇志》，《东方杂志》1907 年第 7 期。

《民政部奏清查户口以举民政折》，《时报》1907 年 6 月 14 日。

《民政部奏调查户口章程折》，《北洋法政学报》1909 年第 90 册。

《巡警部奏请清查户籍折》，《时报》1906 年 6 月 7 日。

《京师调查户口施行细则》，《时报》1910 年 3 月 23—29 日。

《民政部暂定京师调查户口守则》，《新闻报》1910 年 3 月 12 日。

《户口管理守则》，《新闻报》1910 年 3 月 12 日。

《调查户口执行法》，《新闻报》1910 年 3 月 13 日。

《调查户口员官长警遵守守则》，《新闻报》1910 年 3 月 13 日。

《户口调查总簿填载式》，《新闻报》1910 年 3 月 13 日。

《户口异动簿填载式》，《新闻报》1910 年 3 月 13 日。

《浙江全省调查户数详细规则》，《浙江官报》1911 年第 32 期。

《直隶曲周县调查户口开办规则》，《北洋官报》1909 年第 2225—2227 册。

《漕河泾区调查户口粗定凡例》，《时报》1910 年 5 月 7 日。

《稽查轿担馆简章》，《广东警务官报》1910 年第 3 期。

《苏警署新定清查户口办法》，《江南警务杂志》1911 年第 13 期。

《督宪张批江苏巡警道详报调查各州厅县人户总数通饬遵办由（录原详）》，《江南警务杂志》1910 年第 7 期。

《第四次调查户口》，《新闻报》1910 年 3 月 13 日。

《直督咨民政部调查户口事甚繁重应责成警道担任部议准通行各省照办》，《新闻报》1910 年 6 月 18 日。

《巡警道又担任调查户口之责》，《新闻报》1910 年 6 月 24 日。

《清查番裔户口调查表》，《吉林官报》1909 年第 33 期。

《会商调查蒙番户口》，《新闻报》1910 年 1 月 23 日。

《清查土裔户口》，《大同报（上海）》1910 年第 23 期。

《编造户口册不分满汉》，《新闻报》1910 年 8 月 21 日。

《旗制处实行调查户口办法》，《大同报（上海）》1909 年第 10 期。

《调查租界地方户口》，《新闻报》1909 年 12 月 27 日。

《上海县照会统计处绅董文（为西官不允在租借办理统计调查事）》，《新闻报》1910 年 4 月 5 日。

《移各司道抚札租界内士民一律办理调查选举文》，《江苏自治公报》1910 年第 18 期。

《民政部咨行各省另编教民户口表》，《时报》1909 年 6 月 30 日。

《宪政编查馆为调查教民户口田产事咨各督抚文》,《外交报》1910 年第 9 期。

《督宪通饬各属调查户口无分民教一体妥办札文》，《四川官报》1910 年第 1 册。

《江宁省城宣统元年分天主耶稣教会教民分别统计表》，《江南警务杂志》

1910年第4期。

《宣统元年省城警区第一次调查户口一览表》，《四川官报》1910年第2册。

《天津府自治局章程》，《直隶教育杂志》1906年第15期。

《试办天津地方自治章程》，《万国公报（上海）》1907年第227期。

《民政部通咨各省试办自治等会》，《新闻报》1907年8月9日。

《民政部拟订地方自治则例条件》，《新闻报》1907年8月10日。

《提议清查户口》，《新闻报》1907年8月29日。

《自治会拟办清查户口》，《时报》1907年11月7日。

《详呈调查户籍总章》，《新闻报》1908年10月7日。

《调查户口限期竣事》，《新闻报》1908年11月23日。

《江南筹办地方自治总局调查户口简章》，《北洋官报》1909年第2022册。

《通饬各属调查户口及城镇乡自治选民资格简则》，《江苏自治公报》1909年第1期。

《华娄两县详定筹备城厢自治公所调查细则凡例》，《江苏自治公报》1909年第7期。

《川沙厅详报川沙城厢区调查户口细则》，《江苏自治公报》1910年第14期。

《靖湖厅详报城厢自治筹备公所暂行调查章程》，《江苏自治公报》1910年第14期。

《各属初次调查城户口并带查选民资格细则》，《湖南地方自治白话报》1910年第3、5、6期。

《城镇乡地方自治区域表》（空白表），《江苏自治公报》1910年第14期。

《民政部奏遵设统计处折（附清单）》，《东方杂志》1908年第8期。

《又咨复东督等民政各表统计造报期限文》，《政治官报》1909年第686号。

《宪政编查馆咨复粤督广东劝业道衙门统计应仍遵奏定年限办理文》，《政治官报》1909年第686号。

《调查民籍》，《时报》1909年4月10日。

《宪政编查馆调查商埠警务户口咨文》，《商业杂志（绍兴）》1909年第1期。

《宪政编查馆会奏遵拟宪法大纲暨议院选举各法并逐年应行筹备事宜折》，《四川官报》1908年第28册。

《咨行编纂户籍法调查四大纲要》，《时报》1909 年 12 月 6 日。

《编纂户籍法纲要书后》，《时报》1909 年 12 月 14 日。

《法部编审户籍章程书后（续）》，《时报》1909 年 12 月 17 日。

《四川华阳县禀调查地理完竣填表绘图赉司核转请示文并批》，《北洋官报》1909 年第 2256 册。

《呈苏都督文：送奉颁兵要地理调查表》，《宝山共和杂志》1912 年第 5 期。

《宝山县地理调查表》，《宝山共和杂志》1913 年第 8 期。

《咨送地理调查表》，《吉林官报》1909 年第 30 期。

《督宪准陆军部咨札发填造表册文》，《四川官报》1909 年第 4 册。

《催饬各属赶造村镇户籍及地理调查表》，《时报》1909 年 9 月 10 日。

《督宪陈准军咨府咨请饬各属迅速造送地理调查表札饬各该县遵照文》，《北洋官报》1911 年第 2861 册。

《催填村镇户口表之文牍》，《新闻报》1910 年 6 月 3 日。

《上海县奉札办理清乡查编户口章程》，《新闻报》1908 年 3 月 9 日。

《新城调查客民新章》，《时报》1906 年 7 月 31 日。

《清查朱家庄户口之抚批》，《新闻报》1910 年 6 月 23 日。

《清查九江府属江北被灾田亩户口单》，《新闻报》1901 年 10 月 8—14 日。

《海州水灾急振调查预算表》，《新闻报》1909 年 10 月 31 日。

《常州户口学堂记数》，《新闻报》1909 年 6 月 22 日。

《黑龙江省学务统计总表(光绪三十三年)》，《学部官报》1909 年第 88 册。

《吉林省城户口职业表》，《吉林官报》1907 年第 26、28 期。

《度支部会同禁烟王大臣外务部奏请饬各省将军督抚都统稽查吸户按照奏定吸烟牌照捐章程实力奉行》，《东方杂志》1909 年第 9 期。

《禁烟公所订吸户牌照章程》，《浙江官报》1911 年第 13 期。

《苏垣调查烟户之办法》，《江南警务杂志》1911 年第 11 期。

《怀来县详禁烟分期调查吸户情形文并批》，《北洋官报》1911 年第 2921 册。

《东清铁路沿线中外户口之调查》，《新闻报》1911 年 11 月 6 日。

《营口埠最近户口调查表》，《新闻报》1909 年 5 月 11 日。

《谕查教堂户口》，《新闻报》1905 年 10 月 6 日。

《天津巡警总局重定调查户口要规》，《北洋官报》1908 年第 1863 册。

《浙江全省调查户数详细规则》，《浙江官报》1911 年第 32 期。

杜明：《国民政府内政部处理北洋内务部档案史料选（一）》，《民国档案》2005 年第 2 期。

《闽省巡警章程》，《新闻报》1902 年 12 月 29 日、30 日。

《开办巡警》，《新闻报》1902 年 5 月 21 日。

《查抄绿营改编巡警章程》，《时报》1906 年 6 月 5 日。

《督宪批华阳县钮遵章办理调查户口委任员长开所讲习并申赍表册示稿禀（并原禀）》，《四川官报》1909 年第 19 册。

《宜兴汪令调查户口白话谕文》，《新闻报》1910 年 6 月 10 日。

《安徽南陵县乡民滋事殴伤调查员》，《东方杂志》1910 年第 5 期。

《调查户口起衅之原因》，《新闻报》1910 年 4 月 29 日。

《调查户口之成绩》，《时报》1909 年 9 月 30 日。

《镇郡调查户口总数》，《新闻报》1910 年 1 月 7 日。

《通州户口之总数》，《新闻报》1910 年 3 月 3 日。

《大清国籍条例》，《北洋法政学报》1909 年第 100 册。

《宪政编查馆奏核定城镇乡地方自治章程》，《浙江教育官报》1909 年第 11 册。

《武阳地方自治区域之争议》，《时报》1910 年 3 月 24 日。

《督院张批广东地方自治筹办处详拟订府厅州县地方自治划区分配议员额数释要暨议事参事等会章程摘要并各项表式缘由文（附件五）（附表）》，《两广官报》1911 年第 12 期。

《光绪三十一年分各省人口统计》，《时报》1907 年 3 月 11 日。

《上海县谕文（为饬造民数册籍事）》，《新闻报》1910 年 5 月 10 日。

《民政部通咨各省文为调查人民实数事》，《大同报（上海）》1908 年第 11 期。

《督宪民政部咨催查报民数行司文》，《四川官报》1908 年第 22 册。

[日] 古城贞吉：《中国人口》，《时务报》1897 年第 45 册。

《照请开造松属户口表》，《新闻报》1905 年 4 月 8 日。

《江苏人口》，《时报》1905 年 4 月 8 日。

《青浦县丁口统计》，《时报》1905年6月28日。

《江海关札各属查报人口数》，《时报》1908年4月19日。

《公共租界各省侨寓华人户口清册（据工部局调查）》，《时报》1905年12月1日。

《租界举行调查户口人数》，《新闻报》1910年10月10日。

《租界方里户口表》，《新闻报》1911年8月11日。

《全台人数》，《新闻报》1896年6月28日。

《台湾现住户口表（据己亥年终查核之数）》，《译林》1901年第8、9期。

《拟查户口》，《觉民报》1899年第8期。

《清查户口记闻》，《新闻报》1901年3月21日。

《日本派驻间岛斋藤中佐派兵调查延吉厅东古城子华民户口》，《时报》1907年11月26日。

《日人查考顺天地丁户口钱粮》，《新闻报》1905年4月11日。

《外务部为民教一律清查户口事致法使照会》，《外交报》1910年第9期。

社评（张季鸾）：《应尽先注意西北建设》，《大公报（天津）》1933年8月1日。

《大同二年中苦力出入国调查（概数）》，《民政部半月刊》1934年第2卷第4期。

张夔：《南京尧化门农民离村调查》，《农报》1935年第2卷第1期。

刘宣：《二十四村离村人口之分析》，《统计月报》1935年第9期。

《各省农民离村调查》，《农情报告》1936年第4卷第7期。

陈国檪，卢明：《樟林乡村的人口状况》，《社会研究》1936年第1卷第2期。

陶履恭（即陶孟和）：《北京人力车夫之情势》，黄钟，译，《南开思潮》1917年第1期。

江卓群：《国语教学的视察报告和商榷》，《教学研究》1928年第2—3期。

《江西省推行音乐教育委员会二十四年度视导省会各小学音乐教育报告》，《江西教育》1935年第14期。

符鼎升：《江苏教育厅训令第一千三百二十一号（中华民国七年十月五日）：令六十县知事：为奉颁发修正县视学视察报告表仰各县遵照办理（附表）》，《江苏省公报》1918 年第 1729 期。

《训令六十县知事：第一三二号（令为通饬各县视学调查教育状况依式填报由）（十年一月二十五日）：附各种报告表式》，《安徽教育月刊》1921 年第 37 期。

《指令山西教育厅所订省视学处务细则应准照行文（第八百二十八号，六年十二月十七日）（附表）》，《教育公报》1918 年第 3 期。

周启巽：《小学默字错误研究》，《教育研究（广州）》1928 年第 5、6 期。

陈大齐：《北京高小女生道德意识之调查》，《北京大学月刊》1919 年第 1 卷第 4 期。

茅以新：《商界义务学校学生道德意识的调查》，《南洋周刊（上海 1919）》1920 年第 15 期。

俞子夷：《儿童对于各科好恶的调查》，《教育杂志》1926 年第 18 卷第 6 期。

徐锡龄：《儿童阅读兴趣习惯的调查》，《教育研究（广州）》1930 年第 21 期。

徐锡龄：《儿童阅读兴趣与习惯的调查（二）》，《教育研究（广州）》1930 年第 23 期。

邵瀞容：《劳作科儿童学习兴趣的调查研究》，《中华教育界》1933 年第 21 卷第 2 期。

《高师学生兴趣现况及思想倾向调查之结果》，《集美周刊》1933 年第 14 卷第 9—10 期。

冯湘：《调查儿童美术兴趣的研究报告》，《绍兴教育公报》1933 年第 238 期。

范同会：《成人学习意见的调查》，《中华教育界》1935 年第 23 卷第 1 期。

伊能嘉矩：《台湾踏查日记》，台北：远流出版事业公司，1996 年。

孟森：《视察蒙古郭尔罗斯后旗报告》，《东方杂志》1912 年第 5 号。

《统计消息》，《统计季报》1935 年第 3 号。

曹立瀛：《超然主计制度与统计行政》，《中山文化教育馆季刊》1937 年第 4 卷第 3 期。

《统计法》，《统计月刊（湖南）》1933 年第 1 号。

《统计法施行细则（廿三年五月四日行政院令发）》，《统计月刊（广东）》1934 年第 2 期。

朱君毅：《中国政府超然统计制度》《统计月报》1947 年第 5、6 号合刊。

《湖南省政府办理统计暂行规程》《湖南省各县市政府办理统计暂行规程》，《统计月刊（湖南）》1933年第1号。

《筹设中央各机关统一统计组织之经过》，《统计季刊》1935年第2号。

《统计通讯》，《统计月报》1937年第30号。

林晧：《中央党部及政府机关统计工作之调查》，《统计月报》1929年第3期。

周维樑：《国势调查（census）的理论及实况》，《建国月刊（上海）》1932年第6卷第4、5期合刊。

刘治乾：《抽样法在统计学内之重要》，《统计月报》1930年第2卷第11期。

朱祖晦：《中国人口统计之过去及其目前救急之途径》，《统计月报》，1931年第3卷第2期。

徐钟济：《美国人口抽样调查》，《统计月报》1947年第119、120号合刊。

《上海农家抽样调查》，《经济统计月志》1935年第2卷第5期。

《非常时期与大学生态度测验：社会测量班报告》，《之江学报》1936年第1卷第5期。

林幽：《风俗调查计划书》，《民俗》1928年第7期。

《中共中央关于调查研究的决定（一九四一年八月一日）》，《解放日报》1941年9月8日。

《中央常会通过之社会调查纲要》，《统计月报》1929年第1卷第7期。

《本会三年来工作略述》，《禹贡》1937年第7卷第1—3期合刊。

《公安局户籍调查登记办法之变迁及事实之统计》，《新汉口》1930年第7期。

吴敬敷：《华洋义赈会农村合作事业访问记》，《农村复兴委员会会报》1934年第4号。

韩德章：《研究农业经济所遇到的技术问题》，天津《益世报·农村周刊》，1935年1月13日。

戴世光：《统计学与社会科学研究方法》，《社会科学（北平）》1937年第1期。

褚一飞：《统计学各种见解的批评（对于统计学定义之商榷）》，《统计月报》1931年第3卷第2期，立法院统计处刊行。

容肇祖：《我最近对于“民俗学”要说的话》，《民俗》1933年第111期复刊号。

金陵大学：《金陵大学农学院近况便检》，《农村复兴委员会会报》1934 年第 2 卷第 7 号。

《本院农业经济系总动员：调查鄂豫皖赣农村经济》，《农林新报》1934 年第 11 卷第 11 期。

朱希祖：《广东通志馆征访条例》，《国立中山大学文史学研究所月刊》1933 年第 1 卷第 4 期。

蒋梦麟：《酌拟嗣后续修新志体例及进行办法请公决案》，《国立中山大学语言历史学研究所周刊》1929 年第 81 期。

吴景超：《中国县志的改造》，《独立评论》1933 年第 60 号。

陈友伟：《从黔省苗胞的婚姻习俗看中国史前婚姻形态》，《历史社会季刊》1937 年创刊号。

《发刊词：人类是有长久的过去的动物》，《中国近代经济史研究集刊》1932 年第 1 卷第 1 期。

梁任公：《历史统计学》，《史地学报》1923 年第 2 卷第 2 号。

罗尔纲：《太平天国革命前的人口压迫问题》，《中国社会经济史集刊》1949 年第 8 卷第 1 期。

丁文江：《历史人物与地理的关系》，《史地学报》1923 年第 4 号。

梁启超：《续译列国岁计政要叙》，《时务报》1897 年第 33 册。

[日]高野岩三郎：《统计谈》，《法政杂志（东京）》1906 年第 3 号。

《侄答叔书》，《东西洋考每月统记传》1838 年 7 月。

丁韪良：《各国近事：印度近事：五：印度新造民册》，《中西闻见录》1873 年第 17 期。

《中外政事近闻：大英国事：英属印度人数》，《教会新报》1873 年第 252 期。

《中外政事近闻：印度：入出款项年单》，《教会新报》1873 年第 254 期。

丁韪良：《各国近事：日本近事：相国被刺》，《中西闻见录》1874 年第 19 期。

《大日本国事：人丁册》，《万国公报（上海）》1875 年第 370 期。

《各国近事：土耳机：疆域户口表》，《万国公报（上海）》1878 年第 514 期。

《杂事近闻：卑能埠华商之事》，《教会新报》1873 年第 222 期。

《三得惟枝岛国（纪略）》，《万国公报（上海）》1875 年第 323 期。

《皇洲春语：人数核算》，《画图新报》1891 年第 11 卷第 10 期。

汤爱礼，吴虹玉：《虹口同仁医馆年单》，《中国教会新报》1869 年第 18 期。

《译北京医院清单》，《中国教会新报》1869 年第 44 期。

《各国近事：大法：进博物院人数清单》，《万国公报（上海）》1878 年第 520 期。

《经学指南序》，《万国公报（上海）》1875 年第 325 期。

艾约瑟：《铁路有益说》，《中西闻见录》1873 年第 10 期。

《续铁路有益说：下货价表附》，《中西闻见录》1873 年第 11 期。

《论上海户口总数》，《万国公报（上海）》1881 年第 630 期。

[日] 古城贞吉：《美国人观察日本情形记》，《时务报》1896 年第 5、8 期。

《丁酉列国岁计政要例言、丁酉列国岁计政要目录》，《知新报》1897 年第 24 期。

《新出列国岁计政要书序并目录》，《万国公报（上海）》1877 年第 458 期。

徐勤：《丁酉列国岁计政要序》，《知新报》1897 年第 24 期。

梁士贻：《美国统计局各物分类法》，《商务官报》1907 年第 12 期。

《筹设京师法政学堂酌拟章程折》，《学部官报》1907 年第 14 期。

《吉林统计学会简章》，《现世史》1908 年第 4 号。

《统计学设所研究（录神舟日报）》，《北洋官报》1911 年第 2739 期。

涂景瑜：《统计学讲义》，《北洋法政学报》1910 年第 141—147 期。

《设立统计学堂》，《直隶教育杂志》戊申第 6 期（总第 70 号），1908 年 5 月 14 日。

《度支部奏定设立统计处章程》，《北洋法政学报》1908 年第 63 期。

《又奏裁撤调查局设统计处片》，《内阁官报》1911 年第 52 期。

《准宪政编查馆奏裁各省调查局变通调查办法》，《东方杂志》1911 年第 3 期。

陈毅：《藩政统计表式解说》，《西北杂志（北京）》1912 年第 1 卷第 1—2 期，1913 年第 1 卷第 4 期。

吴兴让：《各省调查局章程释疑》，《北洋法政学报》1908 年第 55 册。

陈达：《社会调查的尝试》，《清华学报》1924 年第 2 期。

《日本数学书目》，《亚泉杂志》1901 年第 8 期。

《日本算学书目》，《亚泉杂志》1901 年第 10 期。

陈威：《铁路统计略述》，《交通官报》1910 年第 8 期。

吴文藻：《现代社区实地研究的意义和功用》，《北平晨报》副刊《社会研究》第 66 期，1935 年 12 月 26 日。

吴文藻：《社区的意义与社区研究的近今趋势》，《社会学刊》1936 年第 5 卷第 1 期。

吴文藻：《中国社区研究计划的商榷》，《社会学刊》1936 年第 5 卷第 2 期。

李有义：《从社会调查到社会学的调查》，《天津益世报》1937 年 6 月 30 日。

周叔昭：《从洞察论到统计方法的得失》，《北平晨报》副刊《社会研究》第 70 期，1935 年 1 月 30 日。

[英]拉得克里夫·布朗：《对于中国乡村生活社会学调查的建议》，吴文藻，译，《社会学界》1936 年第 9 卷。

《直督袁奏拟定法政学堂章程规则折》，《北洋官报》1906 年第 1089—1092 期。

《燕大社会学会及其工作》，《社会学界》1927 年第 1 卷。

许仕廉：《对于社会学教程的研究》，《社会学杂志》1925 年第 2 卷第 4 号。

《编余》，《社会学杂志》1925 年第 2 卷第 4 号。

许仕廉：《燕大社会学系教育方针商榷》，《燕大周刊》1926 年第 104、105 期。

许仕廉：《建设时期中教授社会学的方针及步骤》，《社会学界》1929 年第 3 卷。

《燕京大学社会学及社会行政学系一九二九年至一九三〇年工作略述》，《社会学界》1930 年第 4 卷。

《社会研究问题表格》，《社会学杂志》1925 年第 4 号。

《校闻》，《燕大周刊》1926 年第 110 期。

《社会学界消息》，《社会学界》1928 年第 2 卷。

《燕京大学社会学及社会服务学系一九三三至一九三四年度概况》，《社会学界》1934 年第 8 卷。

张玉山：《山东乡村建设研究院社会调查工作简述》，《乡村建设旬刊》1935 年第 4 期。

梁桢：《北平手工毛呢业之研究》，《社会学界》1934 年第 8 卷。

麦倩曾：《北平娼妓调查》，《社会学界》1931年第5卷。

《燕京大学社会学及社会服务学系一九三四至一九三六年度概况》，《社会学界》1936年第9卷。

子厚：《燕大社会学系近况调查》，《社会学界》1931年第5卷。

《燕京大学一九二八年秋季消息》，《社会学界》1929年第3卷。

于恩德：《燕京大学社会学系概况》，《社会学界》1930年第4卷。

《燕京大学社会学及社会服务学系一九三二至一九三三年度报告》，《社会学界》1933年第7卷。

王贺宸：《燕大在清河的乡建试验工作》，《社会学界》1936年第9卷。

《清河完全小学的片面研究》，《清河旬刊》1935年第79号。

房福安：《成府人口调查》，《社会学界》1927年第1卷。

于恩德：《北平工会调查》，《社会学界》1930年第4卷。

《国立中央大学社会学系学程》，《社会学刊》1936年第5卷第1期。

《大夏大学社会系课程概要——二十五年》，《社会学刊》1936年第5卷第2期。

《厦门大学社会学系消息》，《社会学界》1929年第3卷。

《沪江大学社会学系情形》，《社会学界》1929年第3卷。

赵承信：《平郊村研究的进程》，《燕京社会科学》1948年第1卷。

吴文藻：《德国的系统社会学派》，《社会学界》1934年第8卷。

编者：《燕京大学社会学系面面观》，《社会学界》1933年第7卷。

费孝通：《社会研究的程序》，《北平晨报》副刊《社会研究》第6期，1933年10月11日。

《我们的自白》，《北平晨报》副刊《社会研究》第16期，1934年1月10日。

赵承信：《怎样去研究中国的人口问题》，《北平晨报》副刊《社会研究》第55期，1935年10月10日。

徐亦如：《实地研究与局内观察》，《北平晨报》副刊《社会研究》第93期，1935年7月10日。

徐亦如：《局内观察法实用谈》，《北平晨报》副刊《社会研究》第95期，1935年7月23日。

言心哲：《社会调查与统计》，《北平晨报》副刊《社会研究》第 90 期，1935 年 6 月 19 日。

杨开道：《社会研究的准备》，《北平晨报》副刊《社会研究》第 82 期，1935 年 4 月 24 日。

赵承信：《社区研究与社会学之建设》，《社会学刊》1937 年第 5 卷第 3 期。

吴文藻：《功能派社会人类学的由来与现状》，《北平晨报》副刊《社会研究》第 111、112 期，1936 年 12 月。

吴文藻：《布朗教授的思想背景与其在学术上的贡献》，《社会学界》1936 年第 9 卷。

《社会学系近十年概况》，《燕京社会科学》1948 年第 1 卷。

《花蓝猺社会组织·导言》，《天津益世报》1936 年 7 月 1 日。

费孝通：《现代社会学的趋势》，《天津益世报》1948 年 2 月 5 日。

张世文：《论中国农村社会调查运动发展之途径》，《华西乡建》1947 年第 4—6 期。

赵承信：《实地研究与中国社会学之建设》，《天津益世报》1948 年 2 月 5 日。

李黄孝贞：《统计方法与社会学》，《统计月报》1931 年第 3 卷第 1 期。

唐希贤，施中一，张保纯：《参观华北农村改进事业后》，《农林新报》1934 年第 22 期。

孙诗锦：《定县实验与农村复兴运动》，《史学月刊》2006 年第 7 期。

张海英：《“县政改革”与乡村建设运动的演进》，《河北师范大学学报（教育科学版）》2004 年第 3 期。

冯锐：《平教总会兴办乡村平民生计教育之理由方法及现状》，《教育杂志》1927 年第 19 卷第 9 号。

李景汉：《定县土地调查（上）（下）》，《社会科学（北平）》1936 年第 1 卷第 2、3 期。

王维显：《“模范县”期与“实验区”期的定县县政》，《政治经济学报》1937 年第 3 期。

冯华德，李陵：《河北省定县之田赋》，《政治经济学报》1936 年第 3 期。

吴敬敷：《定县印象记》，《农村复兴委员会会报》1934 年第 4 号。

汤茂如：《平民教育运动的经过》，《教育杂志》1927 年第 19 卷第 9 号。

汤茂如：《平民教育促进会总会的组织》，《新教育评论》1926 年第 9 期。

李景汉：《平民教育运动的社会调查》，《新教育评论》1926 年第 9 期。

冯锐：《改良农村生活方法》，《农民》1926 年第 64、65 期。

胡适：《我们走那条路？》，《新月》1930 年第 10 期。

冯锐：《今年本会在保定县改进农业的工作》，《农民》1927 年第 31 期。

张培刚：《清苑的农家经济》，《社会科学杂志（北平）》1936 年第 7 卷第 1、2 期，1937 年第 8 卷第 1 期。

张折桂：《河北定县八村土地问题的研究》，《北平晨报》副刊《社会研究》1934 年第 56、57 期。

杨汝南：《河北省二十六县五十一村农地概况调查（续）》，《农学月刊》1936 年第 1 卷第 6 期。

Dr. F. WANG. *Report on the Health of Canton for the Half Year Ended 30th September.* Medical Reports, 1871, No. 2 of the Series.

Dr. F. WANG. *Report on the Health of Canton for the Half Year Ended 31th March.* Medical Reports, 1872, No. 3 of the Series.

Dr. F. WANG. *Report on the Health of Canton for the Half Year Ended 30th September.* Medical Reports, 1872, No. 4 of the Series.

Dr. F. WANG. *Memorandum on Leprosy.* Medical Reports, 1873, No. 6 of the Series.

Dr. F. WANG. *Report on the Health of Canton for the Half Year Ended 30th September.* Medical Reports, 1873, No. 6 of the Series.

Dr. WANG. *Report on the Health of Canton for the Half Year Ended 30th September.* Medical Reports, 1877, 14th Issue.

Dr. WANG. *Report on the Health of Canton for the Half Year Ended 31th March.* Medical Reports, 1878, 15th Issue.

J. S. Burgess . *Statement Regarding Proposed Priceton School of Political and Social Science in Connection with Yenching University*,《社会学杂志》1925 年第 5、6 号合刊。

四、已有研究

（一）专著、译著

水延凯等编著：《社会调查教程（修订本）》，北京：中国人民大学出版社，1988 年。

李大钧等：《调查研究概述》，长春：吉林大学出版社，1990 年。

杨鹏编著：《20 世纪二三十年代中国农村调查运动研究》，咸阳：西北农林科技大学出版社，2017 年。

水延凯主编：《中国社会调查简史》，北京：中国人民大学出版社，2017 年。

范伟达，范冰编著：《中国调查史》，上海：复旦大学出版社 , 2015 年。

罗平汉：《中国共产党农村调查史》，福州：福建人民出版社，2009 年。

马玉华：《国民政府对西南少数民族调查之研究 : 1929—1948》，昆明：云南人民出版社 , 2006 年。

陶永祥编著：《毛泽东与调查研究》，北京：中央文献出版社，2011 年。

孙克信，于良，佟玉琨，等编著：《毛泽东调查研究活动简史》，北京：中国社会科学出版社， 1984 年。

岳谦厚，张玮：《20 世纪三四十年代的晋陕农村社会：以张闻天晋陕农村调查资料为中心的研究》，北京：中国社会科学出版社，2010 年。

李列：《民族想像与学术选择：彝族研究现代学术的建立》，北京：人民出版社，2006 年。

夏卫东：《民国时期浙江户政与人口调查》，北京：中国社会科学出版社，2011 年。

何炳棣：《中国古今土地数字的考释和评价》，北京：中国社会科学出版社，1988 年。

眭鸿明：《清末民初民商事习惯调查之研究》，北京：法律出版社，2005 年。

苗鸣宇：《民事习惯与民法典的互动：近代民事习惯调查研究》，北京：中国人民公安大学出版社，2008 年。

迟景德：《中国对日抗战损失调查史述》，台北："国史馆"，1987年。

解学诗：《评满铁调查部》，北京：人民出版社，2015年。

[日]薄井由：《东亚同文书院大旅行研究》，上海：上海书店出版社，2001年。

梁方仲编著：《中国历代户口、田地、田赋统计》，上海：上海人民出版社，1980年。

朱君毅：《民国时期的政府统计工作》，北京：中国统计出版社，1988年。

王德发：《中华民国统计史（1912—1949）》，上海：上海财经大学出版社，2018年。

庄孔韶：《银翅：中国的地方社会与文化变迁》，北京：生活·读书·新知三联书店，2000年。

周大鸣：《凤凰村的变迁：〈华南的乡村生活〉追踪研究》，北京：社会科学文献出版社，2006年。

[美]托马斯·库恩：《科学革命的结构》，金吾伦，胡新和，译，北京：北京大学出版社，2003年。

西奥多·M.波特，多萝西·罗斯主编：《剑桥科学史（第七卷）：现代社会科学》，郑州：大象出版社，2008年。

袁方主编：《社会研究方法教程》，北京：北京大学出版社，1997年。

张彦主编：《社会统计学》，北京：高等教育出版社，2005年。

张彦：《社会统计学：原理与方法（修订本）》，南京：南京大学出版社，1997年。

中共中央电视台《大国崛起》节目组编著：《大国崛起·英国》，北京：中国民主法制出版社，2006年。

赵迺抟：《欧美经济学史》，北京：东方出版社，2007年。

[英]杰弗里·巴勒克拉夫：《当代史学主要趋势》，北京：北京大学出版社，2006年。

[苏]科恩：《十九世纪至二十世纪初资产阶级社会学史》，梁逸，译，上海：上海译文出版社，1982年。

[英]查尔斯·狄更斯：《奥立弗·退斯特》，荣如德，译，上海：上海译文出版社，1984年。

恩格斯：《家庭、私有制和国家的起源》，《马克思恩格斯全集》，第23卷。

贾东海，孙振玉主编：《世界民族学史》，银川：宁夏人民出版社，1995年。

[英]艾伦·巴纳德：《人类学历史与理论（修订版）》，王建民，刘源，许丹，译，北京：华夏出版社，2006年。

杨堃：《民族学概论》，北京：中国社会科学出版社，1988年。

[英]爱德华·埃文思－普里查德：《论社会人类学》，冷凤彩，译，北京：世界图书出版公司，2010年。

[挪威]弗雷德里克·巴特，[奥]安德烈·金格里希，[英]罗伯特·帕金，等：《人类学的四大传统——英国、德国、法国和美国的人类学》，北京：商务印书馆，2008年。

贾春增主编：《外国社会学史（修订本）》，北京：中国人民大学出版社，2000年第2版。

卫聚贤：《历史统计学》，上海：商务印书馆，1934年。

李惠村，莫曰达：《中国统计史》，北京：中国统计出版社，1993年。

杨雅彬：《近代中国社会学（上）》，北京：中国社会科学出版社，2001年。

阎明：《一门学科与一个时代：社会学在中国》，北京：清华大学出版社，2004年。

郑杭生，李迎生：《中国社会学史新编》，北京：高等教育出版社，2000年。

张注洪，王晓秋主编：《国外中国近现代史研究述评》，北京：中国文史出版社，1999年。

[法]杜阁：《关于财富的形成和分配的考察》，北京：商务印书馆，1961年。

容闳：《西学东渐记》，长沙：岳麓书社，1985年。

汪林茂编著：《中国走向近代化的里程碑》，重庆：重庆出版社，1998年。

李贵连：《沈家本传》，北京：法律出版社，2000年。

何炳棣：《明初以降人口及其相关问题（1368—1953）》，葛剑雄，译，北京：生活·读书·新知三联书店，2000年。

姜涛：《中国近代人口史》，杭州：浙江人民出版社，1993年。

王建朗，黄克武主编：《两岸新编中国近代史（晚清卷下）》，北京：中国社会科学文献出版社，2016年。

实业部中国经济年鉴编纂委员会编：《中国经济年鉴》第三章《人口》，上海：商务印书馆，1934 年。

侯杨方：《中国人口史（第六卷）：1910—1953 年》，上海：复旦大学出版社，2001 年。

路伟东：《晚清西北人口五十年（1861—1911）——基于宣统“地理调查表”的城乡聚落人口研究》，上海：复旦大学出版社，2017 年。

李竞能主编：《天津人口史》，天津：南开大学出版社，1990 年。

乔治 · E. 马尔库斯，米开尔 · M. J. 费彻尔：《作为文化批评的人类学》，王明明，蓝达居，译，北京：生活 · 读书 · 新知三联书店，1998 年。

[美] 顾定国：《中国人类学逸史——从马林诺斯基到莫斯科到毛泽东》，胡鸿保，周燕，译，北京：社会科学文献出版社，2000 年。

赵世瑜：《眼光向下的革命——中国现代民俗学思想史论（1918—1937）》，北京：北京师范大学出版社，1999 年。

莫曰达编著：《中国近代统计史》，北京：中国统计出版社，2006 年。

[美]斯蒂文·M.斯蒂格勒:《统计探源——统计概念和方法的历史》,李金昌等，译，杭州：浙江工商大学出版社，2014 年。

孙本文：《当代中国社会学》，南京：胜利出版公司，1948 年。

[美] 施坚雅：《中国农村的市场和社会结构》，史建云，徐秀丽，译，北京：中国社会科学出版社，1998 年。

程继隆，向宏：《中国调查研究学》，长春：吉林大学出版社，1995 年。

林耀华：《义序的宗教研究》，北京：生活 · 读书 · 新知三联书店，2000 年。

吴相湘：《晏阳初传——为全球乡村改造奋斗六十年》，长沙：岳麓书社，2001 年。

宋恩荣，熊贤君：《晏阳初教育思想研究》，沈阳：辽宁教育思想出版社，1994 年。

[美] 黄宗智：《华北的小农经济与社会变迁》，北京：中华书局，2000 年。

（二）论文、译文（含论文集）

李景汉：《中国社会调查运动》，《社会学界》1927 年第 1 卷。

刘育仁：《中国社会调查运动》，燕京大学学士学位论文，1936 年。

王万俊：《社会调查方法的研究与社会调查方法的运用——二十世纪上半叶中国社会调查方法的构成解析》，中国人民大学博士学位论文，2000 年。

王万俊：《二十世纪上半叶中国社会调查方法解析》，成都：四川人民出版社，2011 年。

崔晓黎，尚晓原：《综述：本世纪以来的中国农村调查——第一部分：1949 年以前》，未刊本，中国人民大学清史研究所夏明方教授提供。

李章鹏：《现代社会调查在中国的兴起：1897—1937》，中国人民大学博士学位论文，2006 年。

李章鹏：《清末中国现代社会调查肇兴刍论》，《清史研究》2006 年第 2 期。

李章鹏：《清末中国的近代人口调查》，《清史研究》2020 年第 1 期。

黄兴涛，夏明方主编：《清末民国社会调查与现代社会科学兴起》，福州：福建教育出版社，2008 年。

赵承信：《社会调查与社区研究》，《社会学界》1936 年第 9 卷。

黄兴涛，夏明方：《清末民国社会调查及其学术内蕴》，《中国图书评论》2008 年第 11 期。

李金铮，邓红：《另一种视野：民国时期国外学者与中国农村调查》，《文史哲》2009 年第 3 期。

汪小宁：《20 世纪上半叶中国社会调查运动中的认识论转向考察》，《广西师范学院学报（哲学社会科学版）》2019 年第 3 期。

侯建新：《二十世纪二三十年代中国农村经济调查与研究评述》，《史学月刊》2000 年第 4 期。

张泰山：《20 世纪 30 年代前后的中国农村经济调查与成果回顾》，《湖北师范学院学报（哲学社会科学版）》2002 年第 1 期。

陶诚：《30 年代前后的中国农村调查》，《中国社会经济史研究》1990 年第 3 期。

陈勇:《清末政府统计机构的设置及其调查活动》,《调研世界》2005年第8期。

江兆涛：《清末中外法制调查局考略》，《兰台世界》2013 年第 28 期。

姚婕：《清末官员日本陆军考察热的社会背景》，《杭州师范学院学报（人文社会科学版）》，2001 年第 5 期。

冯丽:《清末赴日考察学务官员对日本教育的观察和考量》,《普洱学院学报》2014 年第 1 期。

樊汇川，石云里：《清末民初的境外茶业考察及其影响》，《中国农史》2018 年第 2 期。

关永强，王玉茹：《近代中国官方经济调查的发端——经济讨论处系列机构初探（1920—1937）》，《清华大学学报（哲学社会科学版）》2015 年第 4 期。

张雪峰：《中国共产党人建国前的农村调查（1921—1949）》，华中师范大学博士学位论文，2009 年。

李赪武:《中国共产党人对近代中国国情的调查研究》,《甘肃行政学院学报》2003 年第 1 期。

李赪武：《中国共产党人对中国革命道路的认识与调查研究》，《甘肃行政学院学报》2003 年第 3 期。

黄耀春, 彭道宾:《中央苏区调查统计工作的特点作用及对统计改革的启迪》,《统计研究》2001 年第 6 期。

张曙明：《延安整风与调查研究》,《安徽教育学院学报（哲学社会科学版）》1995 年第 1 期。

任伟伟：《南京国民政府社会调查研究》，山东大学博士学位论文，2012 年。

阎明：《历史上的燕京大学社会学系》，《中国社会导刊》2007 年第 14 期。

赵晓阳：《寻找中国社会生活史之途：以燕大社会调查为例》，《南京社会科学》2016 年第 2 期。

朱浒, 赵丽:《燕大社会调查与中国早期社会学本土化实践》,《北京社会科学》2006 年第 4 期。

丁元竹:《费孝通社区研究的理论与方法》, 北京大学博士学位论文, 1991 年。

吕付华:《派克、布朗与中国的“社区研究”》,《思想战线》2009 年第 2 期。

娄岙菲，李涛 ：《许仕廉与燕京大学社会学中国化实践》，《北京教育学院学报》2018 年第 6 期。

张静：《太平洋国际学会与 1929—1937 年中国农村问题研究——以金陵大学中国土地利用调查为中心》，《民国档案》2007 年第 2 期。

孟玲洲，张德明：《经济学中国化的历史节奏：南开经济学人的城市工业调查与研究》，《天津社会科学》2013 年第 4 期。

彭南生，易仲芳：《南开经济学人的乡村工业理论与实践》，《安徽大学学报（哲学社会科学版）》2012 年第 5 期。

容观：《中山大学人类学教学和研究述略》，《广西民族学院学报（哲学社会科学版）》2001 年第 5 期。

王传：《岭南大学西南社会经济研究所与中国西南研究》，《中山大学学报（社会科学版）》2012 年第 4 期。

范铁权，马世荣：《知识传播与学术研究——以中国农村经济研究会为中心》，《农业考古》2012 年第 6 期。

王献军：《民国时期的"海南岛黎苗考察团"》，《海南大学学报（人文社会科学版）》2016 年第 5 期。

傲东：《参与观察、类型比较和文化变迁的经验基础——评费孝通与利奇之间的理论分歧》，《青海民族研究（社会科学版）》2002 年第 1 期。

岳谦厚，张玮：《抗战时期张闻天之晋陕农村调查简述——兼述新发现的晋西北兴县农村调查原始资料》，《晋阳学刊》2005 年第 2 期。

蔡正雅：《工业清查》，《社会半月刊（上海）》创刊号，1934 年 9 月。

张心一：《中国棉产统计方法之商榷》，《统计月报》1931 年第 3 卷第 2 期。

王子建：《中国劳工生活程度——十四年来各个研究的一个总述》，《社会科学杂志（北平）》1931 年第 2 卷第 2 期。

朱祖晦：《谈中国生活费用调查》，《实业统计》1933 年第 1 卷第 3、4 号合刊。

刘永鑫：《中国物价指数及生活费指数之研究》，燕京大学学士学位论文，1944 年。

袁为鹏，高廉：《全国县以下镇市村落调查（1930—1933）评介》，《河北师范大学学报（哲学社会科学版）》2018 年第 5 期。

吴建雍：《民国初期北京的社会调查》，《北京社会科学》2000 年第 1 期。

杨学新，庞琳：《20 世纪二三十年代河北农村社会状况调查述评》，《河北学刊》2010 年第 4 期。

马玉华，齐逾：《国民政府对云南土司的调查》，《贵州民族研究》2004 年第 4 期。

马玉华：《试论民国政府对贵州少数民族的调查》，《贵州民族研究》2005 年第 2 期。

马玉华：《20 世纪上半叶民国政府对西南边疆少数民族的调查》，《中国边疆史地研究》2005 年第 1 期。

聂蒲生：《抗战时期民族语言学家对云南各民族语言的田野调查研究》，《中央民族大学学报（哲学社会科学版）》2003 年第 6 期。

郑发展：《民国时期河南人口统计调查述论》，《河南社会科学》2008 年第 5 期。

王广义，张宽：《民国时期东北移民的片断记忆——稿本〈调查东北移民日记〉的发现及其学术价值》，《图书馆》2015 年 9 月。

赵从胜：《近代化视域下的民国时期海南岛农业调查与开发》，《南海学刊》2017 年第 4 期。

邓杰：《民国时期川西羌寨萝卜寨农业发展概述——以中华基督教会全国总会 1940 年代的川西农业调研为例的考察》，《四川文理学院学报》2018 年第 6 期。

易凤林：《“传统农业生产的缩影”：民国江西农作物调查》，《农业考古》2016 年第 4 期。

马伟，衣保中：《清末以来中国东北调查报告中的农业资料及相关研究》，《农业考古》2019 年第 3 期。

周彦乔，倪根金：《抗战前民国广东朝野振兴蚕业的探讨——以民国广东蚕桑调查报告为中心》，《农业考古》2015 年第 6 期。

江兆涛：《清末变法修律中的习惯调查：中国法制现代化中的本土化自觉》，中国政法大学博士学位论文，2010 年。

华安：《旧中国社会学婚姻问题的初始调查》，《社会》1984 年第 3 期。

费孝通：《内地农村的租佃和雇佣——评农村复兴委员会的〈云南省农村调查〉》，《中农月刊》1940 年第 1 卷第 4 期。

郭大松：《〈济南道院暨红卍字会之调查〉辨正》，《青岛大学师范学院学报》2005 年第 3 期。

[日]岩间一弘，甘慧杰：《1940 年前后上海职员阶层的生活情况》，《史林》2003 年第 4 期。

小田：《社群心态的解读——围绕 1933 年的浙江乡村调查而展开》，《社会科学》2004 年第 7 期。

雷晓静：《〈月华〉与社会调查》，《回族研究》2000 年第 2 期。

《配第——政治经济学之父·统计学的创始人》,《北京统计》2004 年第 1、2 期。

汪天德：《美国社会学研究及主要理论的发展》，《江苏社会科学》2010 年第 1 期。

周晓虹：《社会学经验研究传统的形成与确立》，《南京大学学报（哲学·人文科学·社会科学版）》2001 年第 1 期。

汪汝会：《林肯·斯蒂芬斯：揭开地狱盖子的美国新闻人》，《学习博览》2008 年第 7 期。

徐富海：《从汤恩比馆到赫尔大厦——社区睦邻运动发展过程及启示》，《中国民政》2016 年第 14 期。

江宏编译：《鲍莱》，《统计》1985 年第 7 期。

齐治平：《数理统计学的产生和发展》，《辽宁师范大学学报（自然科学版）》1989 年第 4 期。

吴大钧：《户口普查》，中央统计联合会编：《统计讲演集》，北京：中华书局，1937 年。

戴建国：《宋代籍帐制度探析——以户口统计为中心》，《历史研究》2007 年第 3 期。

吴松弟：《宋代户口的汇总发布系统》，《历史研究》1999 年第 4 期。

李香亭，梁如霞：《〈管子〉中的统计思想及其应用》，《管子学刊》1991 年第 2 期。

杨贵：《诡名子户对宋代户口统计的影响》，《陕西师大学报（哲学社会科学版）》1986 年第 3 期。

何忠礼：《宋代户部人口统计考察》，《历史研究》1999 年第 4 期。

王树槐：《鸦片毒害——光绪二十三年问卷调查分析》，台湾《中央研究院近代史研究所集刊》第 9 期，1980 年 7 月。

[日] 西英昭：《清末・民国时期的习惯调查和〈民商事习惯调查报告录〉》，载《中国文化与法治》，北京：社会科学文献出版社，2007 年。

刘广安：《传统习惯对清末民事立法的影响》，《比较法研究》1996 年第 1 期。

胡旭晟：《20 世纪前期中国之民商事习惯调查及其意义》，《湘潭大学学报（哲学社会科学版）》1999 年第 2 期。

刘大钧：《中国之统计事业》，《统计月报》1930 年第 2 卷第 10 期。

牟永如：《清末社会调查研究》，华中师范大学硕士学位论文，2008 年。

牟永如，许小青：《社会调查真开始于民国吗？——以清末社会调查为中心探讨》，《甘肃社会科学》2008 年第 2 期。

李志英：《古代方志与近代社会调查之渊源关系探究》，《北京师范大学学报（社会科学版）》2013 年第 3 期。

谈敏：《重农学派经济学说的中国渊源》，上海财经大学博士学位论文，1989 年。

黄启臣：《16—18 世纪中国文化对欧洲国家的传播和影响》，《中山大学学报（社会科学版）》1992 年第 4 期。

谭树林：《清初在华欧洲传教士与中国早期的海外留学》，《历史教学》2002 年第 6 期。

张大庆：《黄宽研究补正》，《中国科技史杂志》2011 年第 1 期。

刘泽生：《首位留学美英的医生黄宽》，《中华医史杂志》2006 年第 3 期。

史革新：《20 世纪初西史东渐与中国近代新史学的发轫》，《郑州大学学报（哲学社会科学版）》2004 年第 2 期。

王铭铭：《小地方与大社会——中国社会人类学的社区方法论》，《民俗研究》1996 年第 4 期。

张勤，毛蕾：《清末各省调查局和修订法律馆的习惯调查》，《厦门大学学报（哲学社会科学版）》2005 年第 6 期，又载中国人民大学报刊复印资料《中国近代史》2006 年第 4 期。

王士达：《民政部户口调查及各家估计》，《社会科学杂志（北平）》1932

年第 3 卷第 3 期；1933 年第 4 卷第 1 期。

米红，李树苗，胡平，等：《清末民初的两次户口人口调查》，《历史研究》1997 年第 1 期。

侯杨方:《宣统年间的人口调查——兼评米红等人论文及其他有关研究》,《历史研究》1998 年第 6 期。

杨海贵：《清末民初人口研究（1901—1920）》，中国社会科学院研究生院博士学位论文，2013 年。

杨海贵：《丁尼对清末中国人口的估计》，《江苏社会科学》2013 年第 1 期。

蒋正华，米红，张友干：《1946—1949 年中国大陆人口向台湾及海外迁移估计》，《中国人口科学》1996 年第 4 期。

姜涛，卞修跃：《抗日战争时期中国人口损失综合估计》，《学术动态（北京）》2005 年第 25 期。

邱羽，袁泉：《试论清末户口调查》，《河北青年管理干部学院学报》2010 年第 3 期。

王倩，石庆海：《清末宣统年间安徽人口普查研究》，《宁夏大学学报（人文社会科学版）》2013 年第 5 期。

文静：《对清末民初两次人口调查的分析（以当时新疆人口为中心）》，《西北史地》1998 年第 4 期。

管书合：《清末长春的人口调查和人口数量》，《东北史地》2009 年第 3 期。

何亮，马龙：《论清末反抗户口调查的原因及影响》，《乐山师范学院学报》2010 年第 7 期。

樊翠花，池子华：《清末反户口调查风潮与政府合法性危机——以江苏为中心的考察》，《江苏社会科学》2009 年第 5 期。

邱羽：《清末户口调查中的官绅与民》，《学理论》2010 年第 26 期。

薛瑞汉:《善耆与清末户口调查》,《河南广播电视大学学报》2007 年第 2 期。

邱羽：《清末户口调查述论（1906—1911）》，华中师范大学硕士学位论文，2011 年。

管书合:《清末吉林全省第一次人口调查探析》,《北方文物》2009 年第 3 期。

白雪：《清末甘肃户口调查》，《甘肃广播电视大学学报》2018 年第 6 期。

王声多：《马尔萨斯人口论在中国的流传和论争》，《社会科学研究》1986年第6期。

郑晓红：《中国近代警政的滥觞：湖南保卫局》，《安庆师范学院学报（社会科学版）》2003年第5期。

衣保中，房国凤：《论清政府对延边朝鲜族移民政策的演变》，《东北亚论坛》2005年第6期。

文永询：《我国历来之人口调查》，《统计月报》1934年第26号。

赣瑞：《苏区调查统计局旧址至今犹存》，《统计与信息》1997年第3期。

黄克富，钟艳丽，刘友辉：《毛泽东与中央苏区的调查统计工作》，《赣南师范学院学报》2000年第5期。

陈国强，林加煌主编：《中国人类学的发展》，上海：上海三联书店，1996年。

张继焦：《中国人类学和民族学的特点和发展——中外人类学和民族学比较分析》，《云南社会科学》1992年第1期。

于光远：《陈翰笙风云三世纪》，《炎黄春秋》2003年第12期。

陈永香：《对民俗学与相关学科关系的再认识》，《青海民族学院学报（社会科学版）》2001年第1期。

王存奎：《整理国故与中国现代民俗学》，《民俗研究》2002年第2期。

杨国桢，叶显恩：《〈傅衣凌治史五十年文编〉序、跋》，《中国社会经济史研究》1985年第4期。

李章鹏：《“列国岁计政要”的翻译出版及其意义》，《统计研究》2015年第9期。

黄兴涛，李章鹏：《现代统计知识和观念的传入与清末新史学》，《史学史研究》2016年第3期。

李惠村：《中国古代应用统计方法的若干事例》，《统计研究》1987年第5期。

李孝林，弋建明，熊瑞芳：《尹湾汉简集簿研究——我国首见的郡级统计年报探析》，《统计研究》2004年第9期。

李孝林，熊瑞芳：《我国首见的郡级统计年报——尹湾汉简集簿再探》，《统计与决策》2005年第23期。

莫曰达：《“中国统计思想史”若干问题》，《统计研究》1995年第5期。

罗亮畴：《中国“统计”一词创始时代刍议》，《现代财经（天津财经学院学报）》1991 年第 2 期。

刘奇：《从统计史的角度来看现代统计学》，《财经理论与实践（双月刊）》1999 年第 102 期。

夏南新：《统计学史论》，《统计与预测》1999 年第 2 期。

吴诣民，张萍：《统计学发展轨迹的考察与认识》，《理论导刊》1999 年第 5 期。

彭道宾：《统计分析的起源与发展（三）》，《统计与信息》1998 年第 1 期。

林鸿洲，邹懿玉：《统计理论的产生与发展——国内外关于统计学史阶段划分的综述与己见》，《青岛海洋大学学报（社会科学版）》1995 年第 2 期。

陈希孺：《数理统计学小史》，《数理统计与管理》1998 年 3 月第 17 卷第 2 期、1998 年 5 月第 17 卷第 3 期、1998 年 7 月第 17 卷第 4 期、1998 年 9 月第 17 卷第 5 期、1999 年 1 月第 18 卷第 1 期、1999 年 1 月第 18 卷第 2 期、1999 年 3 月第 18 卷第 3 期、1999 年 7 月第 18 卷第 4 期。

黄良文：《社会经济统计学和数理统计学的关系》，《统计》1982 年第 4 期。

陈希孺：《数理统计学及其与社会经济统计学的关系》，《中国统计》2001 年第 7 期。

张小龙：《医学统计在中国的起步与发展（1840—1937）》，中国科学技术大学博士学位论文，2014 年。

刘叔鹤：《我国“统计学”一词的由来和西方统计学的传入》，《统计》1983 年第 4 期。

王幼军，Andrea Bréard：《统计学在近代中国的演变——从社会统计到数理统计》，《上海交通大学学报（哲学社会科学版）》，2010 年第 3 期。

郭世荣：《西方传入我国的第一部概率论专著——〈决疑数学〉》，《中国科技史料》1989 年第 10 卷第 2 期。

陈明智：《清末统计学译著〈统计通论〉研究》，东华大学硕士学位论文，2013 年。

孙建冰：《奉天的统计讲习所》，《兰台世界》工作版 2006 年第 21 期。

陈达：《生活费研究法的讨论》，《清华学报》1926 年第 2 期。

张世文：《论中国农村社会调查运动发展之途径》，《华西乡建》1947年第4、5期合刊。

叶士东：《试论清末的铁路立法思想——以铁路总务为中心》，《新乡师范高等专科学校学报》2002年第1期。

黄钟：《评民国十七年我国全国人口调查的方法》，《统计月报》1933年第14号。

李章鹏：《20世纪二三十年代陈翰笙农村调查的历史考察》，《河北学刊》2006年第2期。

[美]文陈达：《许宝騄——中国统计学家的先驱》，张尧廷，译，《统计教育》2001年第1期。

[美]T.W.Anderson:《许宝騄在多元分析方面的工作》,《教学的实践与认识》1980年第3期。

金陵大学农业经济系:《中华民国二十年水灾区域之经济调查》,《金陵学报》1932年第1期。

胡养元：《李景汉先生定县农村借贷调查略评》，《中国农村》1935年第1卷第11期。

应成一：《社会研究及社会测验在中国之讨论》，《社会学刊》1930年第2卷第1期。

许仕廉：《中国社会学运动的目标经过和范围》，《社会学刊》1931年第2卷第2期。

傅愫冬：《燕京大学社会学系三十年》，《咸宁师专学报》1990年第3期。

杨雅彬：《以社会为己任的中国社会学》，《人民论坛》2000年第12期。

刘洪英：《孙本文对社会学中国化的贡献》，《徐州师范大学学报（哲学社会科学版）》1998年第1期。

欧阳湘：《孙本文构建的中国理论社会学体系》，《益阳师专学报》1999年第3期。

费孝通：《关于人类学在中国》，《社会学研究》1994年第2期。

费孝通：《我又“找”到了派克老师》，《百年潮》1999年第1期。

费孝通：《略谈中国的社会学》，《社会学研究》1994年第1期。

费孝通：《从人类学是一门交叉的学科谈起》，《广西民族学院学报（哲学社会科学版）》1997 年第 2 期。

韩明谟：《中国社会学调查研究方法和方法论发展的三个里程碑》，《北京大学学报（哲学社会科学版）》1997 年第 4 期。

四川省政协文史资料委员会，巴中县政协文史资料委员会合编：《平民教育家晏阳初》，成都：四川大学出版社，1990 年。

（三）外文著作

英文

Yung-chen Chiang. *Social Engineering and the Social Sciences in China, 1919—1949.* New York: Cambridge University Press，2001.

Lucien Bianco. *Mao' s Views on Peasants (1912—1949): A Report on Mao Re-evaluated—A Conference to Mark the 110 Anniversary of the Birth of Mao Zedong and Honor Stuart Schram for His Signal Contribution to Mao Studies.* Harvard University, 2003.

梁方仲：《卜凯〈中国土地的利用〉评介》，《社会科学杂志（北平）》第 9 卷第 2 期，1947 年 12 月。

Martin Bulmer, Kevin Bales, Kathryn Kish Sklar. *The Social Survey in History Perspective, 1880—1940.* New York: Cambridge University Press，1991.

Michael J. Lacey and Mary O. Furner. *The State and Social Investigation in Britain and the United States.* New York: Woodrow Wilson Center Press and Cambridge University Press，1993.

日文

[日]薄井由:《东亚同文书院大旅行研究》,上海:上海书店出版社,2001 年。

[日]本庄比佐子，内山雅生，久保亨，等编：《兴亚院与战时中国调查》，东京：岩波书店，2002 年。

[日]中村哲夫：《清末乡绅调查情况》，《社会经济学史》1978 年第 6 期。

[日]中村哲夫：《清末地方习惯调查报告书》，载《布目潮沨博士古稀纪念论集——东亚的法与社会》，汲古书院，1990年。

[日]岛田正郎：《清末近代法典的编纂》，创文社，1980年。

[日]滋贺秀三：《民商事习惯调查录》，载滋贺秀三主编：《中国法制史——基本资料研究》，东京大学出版社，1993年。

[日]西英昭：《〈民商事习惯调查报告录〉成立过程的再考察——基础资料的整理和介绍》，《中国社会与文化》2001年第16期。

[日]川合隆男：《近代日本社会调查的轨迹》，东京：恒星社厚生阁，2004年。

后记

自开始从事中国近现代调查史命题研究，已近二十年。在这十几年中，有时虽然较为懒散，但在导师黄兴涛教授、夏明方教授等师长的一再鞭策下，对中国现代社会调查史的关注、研究一直未曾放下。现在，呈现在读者面前的这本书，即系笔者十几年潜心研究的成果。

中国现代社会调查之兴起，是一个复杂的社会、学术历史现象。晚清民国时期，从事社会调查的主体非常广泛，调查的目的复杂多样，调查成果丰富庞杂，调查所涉学科、领域众多。应该说，现代社会调查史是一个宏大的课题。对其进行研究，其难度可想而知。不仅如此，相对于最初几年，这十余年间，学术界的相关研究层出不穷，学术界也编辑、整理、出版了与晚清民国社会调查相关的各种大型资料集，更为重要的是，晚清民国期刊全文数据库、大成老旧刊全文数据库等相继上线。从事相关研究，必须紧跟学术界动态，理应借鉴、参考新近发表、出版的成果，不断丰富自己所掌握的原始材料。各种数据库的上线，虽然方便了资料的查找，但也使得必须掌握的材料海量化，这促使我必须投入大量的时间和精力，搜集、鉴别、整理相关资料，并在此基础上，展开新的探索，有时甚至否定自己原来已有的研究。否定自己，总是很难，但也正是在否定自己的过程中，进一步推进了相关研究。

从当初一个门外汉，到成为这个领域的专门研究者，我的研究离不开众多师长、亲友的帮助、指导和支持，我的每一次学术进展都与他们分不开。

导师黄兴涛教授在学习上、生活上均给予我无微不至的关怀。他孜孜不倦的教诲，使我对为学之路径和做人之道德有了更为深入的认识，他不仅是我学业上的导师，更是我做人的导师。副导师夏明方教授无论从选题的确立，还是从资料的搜集、书稿的具体写作和修改方面都给予了我无私的指导和帮助。杨念群教授、何瑜教授、梁景和教授、左玉河教授、郭双林教授、李少兵教授和曹新宇博士均提出了许多中肯的批评意见和修改建议。参加《民国时期社会调查丛编》出版座谈会的各位老师的发言，在资料来源或有关观点上都给予我以有益的提示。

中国人民大学图书馆、国家图书馆、北京大学图书馆、上海图书馆、清华大学图书馆、国家科学图书馆和中国第一历史档案馆、平谷档案馆、江苏省兴化市档案馆的各位老师，在资料搜集上给我提供了极大的便利。台湾“中研院”近代史研究所档案馆、台北故宫博物院的相关档案数据库，也是我写作的重要资料来源。

同学邱志红、肖红松、李自华、张立程、师妹杜佩红和同事乔印伟等或在资料的搜集上给予帮助，或在观点的交流上给以灵感的碰撞。

西苑出版社社长赵晖全力支持本书的出版，不计成本襄助学术研究和发展，实属难得。对此，表示崇高的敬意。出版社编辑认真负责，对本书的编辑工作投入巨大的热情，并提出许多专业性的修改意见。对此，表示诚挚的谢意。没有出版社的支持和编辑的辛勤劳动，这本书不知何时出版，也不会以如此精美的样态面世。

帮助我的人还有很多，在此不能一一列举，深表歉意，也致以衷心的感谢。

最后还应特别感恩我的家人。父亲的含辛茹苦，使我得以顺利地完成大学学业，这是我以后人生成长历程的基础。姐夫姐姐、岳父岳母、爱人或在我求学生涯、科研写作中，或在我工作生活中，给我提供了莫大的支持和帮助，两个可爱的女儿更是给我以无尽的快乐！他们是我最亲爱的人，是我强大的精神支撑和力量源泉。我每前进一步，都有他们的无私付出！

李章鹏
2020 年 8 月 5 日